无罪辩护

INNOCENT DEFENSE

COMPREHENSIVE REVIEW AND DEFENSE GUIDELINES FOR TYPICAL CRIMINAL CASES

典型刑事案例全程复盘与辩护指引

褚中喜 著

法律出版社 LAW PRESS · CHINA | 北京

图书在版编目（CIP）数据

无罪辩护 ：典型刑事案例全程复盘与辩护指引 / 褚中喜著. -- 北京 ：法律出版社，2025. -- ISBN 978 - 7 - 5197 - 9756 - 0

Ⅰ. D925.210.5

中国国家版本馆 CIP 数据核字第 2025JD0356 号

无罪辩护：典型刑事案例全程复盘与辩护指引
WUZUI BIANHU：DIANXING XINGSHI ANLI QUANCHENG FUPAN YU BIANHU ZHIYIN

褚中喜　著

策划编辑 朱海波
责任编辑 朱海波
装帧设计 汪奇峰

出版发行 法律出版社
编辑统筹 法律应用出版分社
责任校对 蒋　橙
责任印制 刘晓伟
经　　销 新华书店

开本 710 毫米 × 1000 毫米　1/16
印张 23.75　　**字数** 380 千
版本 2025 年 2 月第 1 版
印次 2025 年 2 月第 1 次印刷
印刷 三河市龙大印装有限公司

地址：北京市丰台区莲花池西里 7 号（100073）
网址：www.lawpress.com.cn
投稿邮箱：info@lawpress.com.cn
举报盗版邮箱：jbwq@lawpress.com.cn

销售电话：010 - 83938349
客服电话：010 - 83938350
咨询电话：010 - 63939796

书号：ISBN 978 - 7 - 5197 - 9756 - 0　　**定价**：98.00 元

凡购买本社图书，如有印装错误，我社负责退换。电话：010 - 83938349

序

从小就认识到法律的重要性，梦想要努力成为一名真正的律师，惩恶扬善，维护公平正义。相对于民事案件及行政案件，最能体现律师演讲能力和逻辑思维及文字功底的当属刑事辩护，尤其是无罪辩护，

历经一次次大案要案的洗礼，一次次有效的刑事辩护，我对法治梦想和律师职业的信念更加坚定。律师在办理具有重大影响的复杂案件时，尤其是媒体高度关注的热点案件时，要耐得住寂寞，保持律师的独立性，不受外来因素的干扰。

近二十年的律师执业经历，办理无数刑事案件，喜欢法庭上滔滔不绝和激情高昂的辩护以及铿锵有力的争论，往往能碰撞出案件真相。最有成就感的是，经过辩护，蒙冤者被无罪释放。人身自由是公民最宝贵的权利，让无辜者免受不白之冤，是律师的天职。

根据最高人民法院和最高人民检察院在第十四届全国人大一次会议上的所作的工作报告。五年来，公诉 827.3 万人，对 2675 名公诉案件被告人宣告无罪，可见，五年的公诉案件无罪判决率仅为万分之三点二三，也就是说一万名公诉案件被告人中，只有约三人被判无罪。

2022 年 7 月 28 日，在中共中央宣传部举行的“中国这十年”系列主题新闻发布会第 18 场发布会上，司法部负责人介绍：“至 2022 年 6 月，全国共有律师 60.5 万人。”而五年来公诉案件无罪判决仅 2675 人，从简单的算法上看，相当于全国每 224 名律师中只有一名律师能在近五年为一名公诉案件被告人争取到无罪判决。

学者把无罪案例分为狭义和广义，法院直接判决无罪的属于狭义的无罪，

作撤案或不起诉处理的为广义的无罪。多数律师，包括一些著名的刑辩律师，终其一生，也未能拿到一起无罪判决，无罪判决之难，可见一斑。

有些案件虽然是无罪辩护，但最终当事人因公诉机关撤诉、判决部分无罪、判决缓刑、作出不起诉决定等而恢复自由，体现的是法庭内辩护。还有的案件的当事人是在侦查阶段、起诉阶段因被撤销或取保候审而恢复自由，体现的是法庭外辩护。

撰写本书时，案件中的每一位法官仿佛就呈现在眼前。没有这些善良而又有法律信仰的法官的良心坚守，就不会有这些案件的公正判决。所以说，公正的判决，虽然离不开律师的努力，但绝对不能忘记秉公判案并对案件具有决定性作用的法官，这些案例体现了法治的不断进步，法治环境的日益好转，充分展现了司法机关始终坚持“实事求是，有错必究”的优良传统，让民众更有法治信仰。其中，被纠正的涉民营企业家案件，更彰显了国家和各地对营商环境和对民营企业家合法权益的重视。

在普通人心里，律师是高收入、西装革履、衣着光鲜的行业，尤其是各种影视剧，把律师刻画成法庭上唇枪舌剑、铿锵激扬的斗士，其实这是误读。现实中，成功的律师都曾受到过许多委屈和磨难，可谓千锤百炼。

每一起无罪案件，对律师而言，都是一个个不眠之夜的挑灯夜战。想从厚厚的案卷中发现蛛丝马迹或证据突破口，需要耐心、细心、恒心和超人的毅力。有些案件的辩护成功，得到了一些著名专家教授的学术支持，辩护词也借鉴了其他律师和学者的观点，在此表示由衷的感谢！

有些当事人家属找到律师，总是关心律师是否有社会关系，能否捞人？律师是通过法律知识解决实际问题的专业人士，不是“黄牛党”。许多当事人宁可花钱找所谓“关系”，也不愿相信专业律师，最终被骗得倾家荡产，在没有支付能力时才想到去找真正能解决问题的律师，令人痛惜。

一些刑事案件，需要借助民事或行政诉讼釜底抽薪或调查取证，有时刑诉与民诉、行诉的综合运用，才能解决罪与非罪问题。本书收录的案例，取得好的结果，离不开被告人或其家属原聘请律师前期努力打下的基础，也感谢曾和我一起共同出庭的律师。

据说，律师行业有关系派、技术派、较真派等之分，我把自己定位为技术派。既无任何关系背景和学术派别，也不愿靠近权贵阶层，更不愿勾兑，把法律专业技术作为立身之本，是我终极追求的目标。

要成为一名卓越的刑事辩护律师，需要在法律框架下，有颠覆性的思维方式和出其不意的解决问题的方案，未雨绸缪，才能无罪辩护成功。如果按部就班，简单敷衍应付，既辜负了家属的重托，可能让被告人万劫不复，也不能协助司法机关避免错案，律师的意义和价值就荡然无存。

许多律师，为了职业和法治梦想，不畏黑恶势力，出生入死，呕心沥血，唇枪舌战，任劳任怨，严守底线，凛然风骨，鞠躬尽瘁，死而后已。这些律师撑起了中国律师的脊梁，是法治梦和律师梦的坚定践行者。

本书拟定的二十个案例，有些曾一度震惊全国，有的案卷被中国法院博物馆收藏陈列，基本上都属于当地的大案要案。

每一个案例分为简要案情、争议焦点、办案思路、辩护意见、裁判结果、思考与总结等不同篇幅。为了案例尽可能具可读性，撰写时尽量回避法律专业术语，努力做到通俗易懂。既满足法律专业人士的需要，也兼顾普通读者的阅读习惯。基于法律的硬性规定，也为最大限度地保护当事人商业秘密和个人隐私，对案例中的姓名、名称、地名、案情等都作了技术处理。如有案例相同或相近似，姓名或名称相同，纯属巧合，切勿对号入座。

为了方便表述和保证案例的"原汁原味"，引用的法律条款都是当时有效的。由于案例时间跨度大，有些法律规定可能已经修改或废止，引用本书中法律条款要特别谨慎，建议通过正规渠道仔细查阅该法律条款是否已经废止或修改。

案例中的一些辩护观点也是依照当时的法律和司法实践，如果需要借鉴，应当考虑法律的修改和司法实践的变化，避免出现错误。个别案例，由于多个被控罪名绞在一起，错综复杂，为表述方便和满足大家的阅读习惯，进行了分拆，对场景、人物、案情等进行了技术处理，以不同的方式呈现。

许多具有一定影响的案件还正在办理之中，没有初步结果，暂时忍痛割爱但计划会在若干年之后再次结集出版。所以，本书既不是开始，也不是结束，只要不改行，就会继续在法庭理性地辩、客观地写，记录法治进程的点滴。

谨以本书送给所有支持律师工作的各界同仁！向每一位为了公平正义奔波在路途中的律师同行致敬！由于时间仓促，书中错误在所难免，敬请批评指正，尤其是一些个人观点，不代表所任职的律师事务所或参加的其他社团组织。

2024年10月于北京

目录

第一章　对民营企业家如魔咒的挪用资金罪二审被改判无罪

——赵一建被控挪用资金案

简要案情

因经济上的分歧，合作伙伴向公安局报案称赵一建挪用资金，欲将其踢出公司，夺取公司控制权。公安局将赵一建“跨省”抓捕，收集证据，向检察院移送起诉。经过两次补充侦查，区检察院向区法院提起公诉。

经审理，区法院认定罪名成立，作出一审有罪判决，判处赵一建 3 年有期徒刑。赵一建上诉，该案件因涉及民营企业家合法权益保护问题，经过家属求助及反映，引起赵一建老家及案发地两地省级政法委关注和二审法院高度重视。

二审法院经过开庭审理，撤销原判，宣告赵一建无罪，赵一建的公职人员退休待遇得以保留。赵一建向区法院提出国家赔偿申请，区法院作出国家赔偿决定，给予赵一建近 34 万元的国家赔偿，此案画上句号。

一、跨省投资房地产，被控涉嫌挪用资金

（一）原以为是生意，没想到却是一个坑

赵一建曾任职某镇党委书记、市城建局局长等职，经批准，早年提前内退，下海经商，在其他城市兢兢业业地经营着几家企业，虽有一些现金流，但遇到了发展“瓶颈”，如何突破“瓶颈”一直困扰着赵一建。在经营企业之余，赵一建也

进行了一些房产投资，发现房产价值的涨幅甚至超过企业一年的利润。赵一建逐渐认识到，有时制造业真干不过房地产。

20 世纪 80 年代初期，随着住房和土地使用制度改革的启动与推进，房地产行业开始繁荣，一路凯歌。经济学上常把投资、消费、出口生动形象地比喻为拉动经济增长的三驾马车，而三驾马车之一的投资又在较大程度上依赖房地产。

熟人向赵一建推荐了一个外地小城的项目，当地的一家公司取得了一块土地的开发权，但苦于没有资金，一直无法推进。经过几番考察，赵一建发现，该公司欠缺必要的专业技术和管理人员，且无持续稳定的资金来源，却通过协议取得了一家濒临破产的国有企业闲置土地开发权。

在其他人认为这个公司是“烫手山芋”时，赵一建凭着敏锐的商业嗅觉，发现这是一家有发展潜力的公司，其拥有的房地产项目将会取得可观的经济效益。经过谈判，赵一建成为该公司股东，与另外两个本地股东共同经营管理公司。股权转让协议签订后，赵一建向该公司投入 5500 万元巨额资金，推进房地产开发。

虽有许多困难，但赵一建逐一克服，并在熟人介绍下，与一家建筑公司签订垫资建设合同。眼看项目顺利启动且按部就班开展逐项事宜，未来收益可观，面对赵一建极有可能获得的巨大收益，两名股东与垫资建筑公司的负责人樊中军经常在一起发牢骚，两名股东不甘心自己的股权当初低价卖给赵一建，而樊中军认为赵一建是在用自己的真金白银赚钱。

由于沟通不畅，各方都有自己的想法，时间一长，矛盾越来越深，最终一发不可收拾。他们都忽略了一个问题，若没有赵一建前期资金投入及精心经营，就没有目前的平稳发展和未来的光明前景。此时樊中军认为，根据合同，自己已经具备成为公司股东的条件，眼看赵一建因该项目可能获得较可观的收益，几人向公安机关控告赵一建涉嫌挪用公司资金，欲将其踢出公司，送进监狱。

（二）检察机关指控赵一建挪用公司资金 885.5 万元

公安机关经过侦查，向区检察院移送审查起诉，区检察院向区法院指控赵一建有如下所谓挪用资金的犯罪事实：

被告人赵一建在担任汇达公司法定代表人、执行董事期间，未经其他股东

同意,将汇达公司的钱挪用给其弟赵二建和妻子章华娟的公司。具体事实如下:

第一笔:2014 年 5 月 26 日,赵一建让汇达公司财务人员将公司的 200 万元给某小额贷款有限公司,替章华娟的浩瀚公司还所欠小额贷款有限公司的钱,同时挪用给浩瀚公司 300 万元,共计 500 万元。

第二笔:2014 年 7 月 16 日,赵一建让汇达公司财务人员将公司 126 万元,挪用给浩瀚公司。

第三笔:2014 年 7 月 22 日,赵一建让汇达公司财务人员将公司 20 万元,挪用给浩瀚公司。

第四笔:2014 年 8 月 19 日,赵一建让汇达公司财务人员将公司 20 万元,挪用给赵二建的唐恒公司。

第五笔:2014 年 9 月 5 日,赵一建让汇达公司财务人员将公司 50 万元,挪用给赵二建的唐恒公司。

第六笔:2014 年 9 月 9 日,赵一建让汇达公司财务人员将公司 84.5 万元,挪用给赵二建的唐恒公司。

第七笔:2015 年 6 月 12 日,赵一建让汇达公司财务人员将公司 20 万元,挪用给赵二建的唐恒公司。

第八笔:2015 年 8 月 25 日,赵一建让汇达公司财务人员将公司 65 万元,挪用给赵二建的唐恒公司。

案发后,以上共计 885.5 万元未归还给汇达公司,用于归还了赵一建的个人借款。以上事实有书证、证人证言、被告人的供述与辩解、估价认定结论书、视听资料等证据予以证实,被告人赵一建利用职务便利,挪用汇达公司资金,数额巨大,应当以挪用资金罪追究其刑事责任。

公诉书中多达 8 项的指控其实就是一种行为,那就是对公账户向对公账户的转款行为。针对上述指控,辩护人准备了 20 余份书证,装订成册,证明所有挪用资金指控均不能成立,尤其是第一笔的 500 万元,有借条能直接证明不是挪用。

辩护人通过分析案情,在一审开庭前提炼出了本案的全部焦点,所有的焦点都要针对检察机关挪用公司资产罪的指控,有理有据反驳。

(三)涉及挪用资金的12个争议焦点问题

辩护人通过分析案情，在一审开庭前提炼出了本案的全部焦点，所有的焦点都要针对检察机关挪用资金罪的指控，以方便以后的据理反驳：

1. 对公账户向对公账户的转款是否就一定是挪用？
2. 案发时汇达公司的实际控制人究竟是谁？赵一建是否有职务上的便利？
3. 共管账户上的资金的所有权是否属于汇达公司？
4. 最大一笔指控的500万元究竟是借款？还是挪用？
5. 报案材料高度一致，是否存在造假？
6. 汇达公司是否存在利用其他公司套现的行为？
7. 作为定案依据的企业账本为何不能提供？
8. 厚厚一摞银行流水单，怎么证明是挪用？
9. 仅凭言辞类的主观证据能否定案？
10. 指控的每一笔挪用资金的去向是否明确？
11. 是否挪用的举证责任在公诉方还是被告人？
12. 本案是经济纠纷，还是借用司法资源争夺公司股权？

二、力排众议，在法庭上为赵一建作无罪辩护

区法院的一审开庭如期进行，公诉人出示了足有半米厚的一摞摞的证据材料，证人证言、被告人供述、受害人陈述、情况说明等言辞类的证据占绝对多数。公诉人认为，现有证据足以证实赵一建实施了挪用资金行为，金额高达885.5万元，且赵一建拒不认罪悔罪，应当依法从重处罚。

对于公诉人出示的证据，辩护人前期未雨绸缪，厉兵秣马，早已耳熟能详、滚瓜烂熟地装进了脑海。法庭上辩护人围绕着争议焦点、证据效力、法律适用等问题，适当提高了嗓音，滔滔不绝，对指控的8笔所谓的挪用行为顺藤摸瓜，去伪存真，逐一进行反驳。

(一)赵一建向浩瀚公司转款126万元及20万元的证据存在问题

欲加之罪，何患无辞。赵一建斥巨资进入濒临倒闭的公司，让公司起死回

生。在开花结果,甚至硕果累累时,原负责人为了利益恩将仇报,意欲独占公司,采用手段将赵一建踢出红利圈,甚至想将他送进监狱,这无疑是令人寒心的。用现在流行的话说就是:吃相太难看了。

至此,没有任何证据能够证明上述两笔款项的发生系受赵一建指使,反而事实上均是樊中军所安排。

程中平等人证言要么是“猜测”,要么是“孤证”。该两笔款系汇达公司对被告人赵一建的还款。请注意,是还款。

赵一建进入汇达公司后,除向汇达公司汇入的5000万元支付至市土地收储中心外,因公司当时的另外两名股东没有对汇达公司进行实际出资,为维持公司正常运营,赵一建陆续借给汇达公司500万元。

这500万元中,有150万元是汇入汇达公司在中国银行某支行账户上,有100万元是汇入汇达公司在工商银行某支行账户上,另有约250万元系赵一建直接支付,其中的120万元是经赵小个人账户后支出,虽未经公司账户,但均是用于公司开支且公司向赵一建出具了收据。

程中平手写、赵小签字的情况说明,载明公司对赵一建的还款为76万元。在2014年7月17日,浩瀚公司即向赵小尾号为8789的个人账户转入50万元,这就是情况说明上载明的“同时公司向赵一建借款50万元”,这也佐证了情况说明的真实性。可见,关于这笔126万元资金的性质已形成完整的证据链条,没有任何违规违法之处。

公诉机关指控的“2014年7月22日汇达公司转入浩瀚公司20万元”,也是类似的性质,系樊中军审批支出,偿还汇达公司对被告人赵一建的借款。

(二)转款50万元至唐恒公司事实认定不清、证据不足

在庭审中,赵小对此笔款项进行了说明:2014年9月初,樊中军签批由汇达公司借贷给赵一建个人100万元,加之樊中军通知赵小需准备35万元现金,故赵小先利用唐恒公司过账后提取现金50万元,其中连同已有的库存现金交给赵一建现金5.5万元,另45万元存入赵小银行卡。

赵小于2014年9月6日从其银行卡转账10万元至赵一建,剩余35万元存放在赵小银行卡上用作汇达公司库存现金。以上两笔共计交付赵一建15.5万

元。后又于2014年9月9日从汇达公司账户转至唐恒公司84.5万元。至此,樊中军签批的汇达公司对赵一建个人的100万元借款交付完毕。

关于2014年9月10日从赵小银行卡转至章华娟卡上20万元的问题,被告人赵一建在检察院调查时解释为:“本人于2014年10月得知浩瀚公司向汇达公司拆借资金20万元后,认为不妥,遂代浩瀚公司全部归还上述20万元。”

赵一建在财务上发现有不妥之处,立即主动纠正。作为一名曾有过城建局长和党委书记履历的企业家,他对财务上的敏感和严谨态度是超出常人的。

被告人赵一建于2014年10月21日、11月15日分别转款12万元、6万元至赵小个人银行卡上,剩余2万元用赵一建的差旅报销费用冲抵。被告人赵一建本人没有安排赵小在2014年9月10日向章华娟账户转账20万元,赵一建也没有安排章华娟于2014年9月10日向贷款公司转款14.98万元。

基于以上:

第一,公诉机关没有任何证据证明赵一建于2014年9月5日安排汇达公司向唐恒公司转款50万元,公诉机关也没有任何证据证明赵一建安排赵小用其自己的银行卡向赵一建、章华娟转款10万元、20万元。

第二,浩瀚公司对赵一建向贷款公司的借款承担连带责任,浩瀚公司亦可向贷款公司还款,而章华娟又是浩瀚公司法定代表人。章华娟向贷款公司转款的行为不能想当然认定为赵一建的个人行为,章华娟的转款行为既可以是浩瀚公司向贷款公司还款,也可以是浩瀚公司代赵一建还款,因此,认定赵一建挪用上述款项属事实不清、证据不足。

第三,退一步讲,即便假设上述所有行为均系赵一建安排的,但因赵一建在约两个月的时间内归还了上述款项,最多只能证明被告人是没有超过法定三个月的暂时挪用,公诉机关没有任何证据证明赵一建具备“非法占有或非法使用”的故意。

由此可见,既无证据证明被告人赵一建安排汇达公司财务人员向唐恒公司转款50万元,也无证据证明被告人赵一建安排赵小用自己的银行卡向赵一建、章华娟转款10万元、20万元,更无证据证明被告人赵一建安排章华娟用其个人账户向贷款公司转款14.98万元用于归还赵一建对贷款公司的欠款。可事实上,反而是被告人赵一建代为偿还了上述20万元。可见,指控完全基于臆想,而不是依据事实和证据。

(三)第一笔指控的挪用500万元纯属无中生有

汇达公司通过双控共管账户向赵一建借款,是经过了樊中军同意的。既然是双控共管账户,那么该账户的每一分钱的支出,必须经过樊中军与赵一建的共同认可。显然,双控共管账户向赵一建支付的500万元,是樊中军同意的,否则,支付不会成功。正如该账户如果向樊中军支付,没有赵一建的同意,也是不可能的。

根据借条、《借款协议》的约定,支付给赵一建的500万元是借款,不是所谓挪用。退一步来讲,赵一建对汇达公司除投资5000万元外,还有500万元的借款,即便假定双控共管账户向赵一建支付的500万元是借款,也应视汇达公司对赵一建的500万元借款的还款。

再退一步,根据《合作合同书》的约定,赵一建将其所持有的汇达公司20.8%的股权转让给樊中军,赵一建、樊中军各承担出资4800万元、3200万元,赵一建已缴纳前期投资5000万元以及公司前期费用500万元,扣除其应承担的出资剩余部分难道就不能视为赵一建收回投资吗?

可见,公诉人无视上述客观证据反映的基本事实,想用言辞类的主观证据推翻书证记载的内容的目的是不可能实现的。

本案中,辩护人所走的每一步,都以法律为准绳、以事实为依据而拾级而上的。在法律的撑腰下,我们每一步都走得铿锵有力,每一句辩护词都能找到对应的法律依据。这也是我们越来越有信心的原因。

(四)没有财务凭证,仅凭主观证据不能定案

挪用资金涉及“钱”的问题,能证明“钱”的去向是否合法合规最有力的证据,只能是财务会计凭证。本案中,汇达公司及所谓的报案人一直拒不提供账务账册,却一口咬定被告人赵一建有挪用行为,令人匪夷所思。财务账册是书面证据,也是客观证据,而证人证言属于言词证据,是主观证据。公诉机关凭主观的言词证据作为依据,而忽视书面的客观证据的作用,这是本案指控的一大“缺陷”,或者说一大遗憾。

(五)汇达公司只有支出没有收入,不存在挪用

挪用资金,侵犯的是公司的独立财产权,更进一步,侵犯了公司其他股东的财产权益和债权人的利益。汇达公司自成立以来,两名股东并没有真实出资,樊中军的大海公司是按约定垫资建设,整个公司的运行靠被告人赵一建的500万元借款和5000万元投资款在维持。目前,建设项目没有达到销售条件,公司也没有其他收入,指控被告人赵一建挪用资金没有依据。

(六)关于银行流水,公诉人无法自圆其说

公诉机关是代表国家执行公诉职能,依法向法院提请追究被告人刑事责任的机关提起公诉,是法律赋予其的神圣职责,不可草率提起公诉。仅凭厚厚的银行流水单,没有汇达公司的财务账册相互印证,及公诉人自己都说不清楚的银行流水,何以定案?银行流水中每一笔款的用途、哪些是指控所需要的,面对审判人员和本辩护人的发问,公诉人无法准确回答。律师、法官、被告人都不是专业的财会人员,仅抛出银行流水给法庭,是极不负责任的行为。公诉人对银行流水中的每一笔款项不作出具体的指控指向,也无证据清单,这样的银行流水其实就相当于废纸一摞。

(七)公诉机关的资金支出证据没有形成完整证据链

刑事案件的证据,必须具有确定性,不能有第三种解释或得出其他结论。刑事案件关系着当事人的人身、财产甚至生命自由。本案中,公诉机关提供的证据仅是汇达公司向被告人赵一建或其亲属开设的公司的支出,而并没有向法庭提交被告人赵一建或其亲属公司向汇达公司的资金往来或相关凭证。也就是说,公诉机关提供的资金往来证据只有支出,没有进入,没有形成完整的证据链条,许多合理怀疑无法排除。在汇达公司拒不提供财务账册的情况下,公诉机关仅凭单向财务支出凭证指控赵一建的行为构成挪用资金罪,根本不能成立。

综上,被告人赵一建的行为不构成挪用资金罪,公诉机关的指控欠缺最基本的事实和法律依据,请依法宣告赵一建无罪。

我在法庭辩护时，因证据充足确凿，法律又了解得透彻，故中气十足，声音洪亮。由于觉得自己的当事人过于冤屈，不管出于对法律的敬畏还是对公平的求索，都会不遗余力地辩护，这也是对法律的呐喊。

开庭之后，我先后几次去见赵一建，安抚他的情绪，鼓励他振作精神，不要气馁。又不断到审判长和承办法官的办公室，当面沟通交流，指出本案的关键节点，把检索到的类似案例和学者对挪用资金罪构成进行探讨的文章呈到法官案头。

为了尽可能少的打扰到法官，每次交流时间都控制在 10 分钟之内，并将更详细的意见形成文字稿和图表，梳理出时间线索，既不会影响到法官的其他工作，又让法官感觉律师的工作可以有效帮助节约阅卷时间。

律师办案，有时为了与办案人员进行一次短暂沟通，可能就需要在路途上花上一整天的时间，如果是没有机场和高铁的地方，占用有效工作的时间会更多。律师是一个需要勤跑勤说的职业，闭门造车和纸上谈兵，往往无济于事，收效甚微。

三、一审法院以挪用资金罪判赵一建 3 年有期徒刑

2018 年 12 月 24 日，一审法院作出有罪判决，认定公诉机关指控的挪用资金罪名成立，判处赵一建 3 年有期徒刑。

一审法院认为，赵一建利用职务便利，挪用汇达公司资金人民币 385.5 万元，其中 100 万元已退还，其余 285.5 万元未退还，属数额较大不退还，其行为构成挪用资金罪。

2014 年 5 月 26 日，赵一建向樊中军借款 500 万元，经樊中军同意，从汇达公司尾号 3436 的账户中支取 500 万元。该尾号 3436 的账户属于双控账户，办理支取业务除需要公司财务专用章外，还同时需要赵一建及樊中军的手签章，即赵一建无法自由控制该账户。

借款合同、樊中军证言证明，2014 年 5 月 26 日，赵一建向樊中军借款 500 万元，赵一建给樊中军写了借条，并有借款合同，通过银行保证金账户支付给赵一建。赵一建供述其向樊中军借 500 万元，其与樊中军之间有借条，还款后樊

中军将借条给了他，通过汇达公司的账户转到浩瀚公司账户上，目的为偿还小额贷款公司的借款。

赵小证明经赵一建及樊中军同意后，办理的汇达公司向小额贷款公司转账200万元。故涉案500万元为樊中军通过汇达公司建设银行尾号3436的账户（双控账户）向赵一建支付的借款，起诉书指控的挪用资金犯罪第一笔罪名不能成立。对于赵一建及其辩护人提出该起500万元属于借款的辩护意见，法院予以采纳。对于辩护人向法庭提交的借款合同原件，法院予以采信。

起诉书指控所涉转给浩瀚公司的146万元，发生在合作协议签订后，资金来源于大海公司汇入的400万元"付流动资金借款"，赵一建通过汇达公司银行账户转账的事实存在，赵一建与樊中军二人私下的协议对汇达公司不产生法律效力，赵一建不能依据和樊中军的约定"收回剩余投资"就从公司账户转账收回投资，故此146万元构成挪用资金罪，且未退还。

起诉书指控的另外挪用资金239.5万元，在案证据能够证明系由汇达公司账户转账至唐恒公司的事实，赵一建作为汇达公司法定代表人，公司出纳赵小为其侄子，唐恒公司负责人赵二建为其弟，赵一建称其不清楚转账的原因与目的，但也未提供证据证明第四笔至第八笔转账系他人指使或审批。

赵小、程中平的证言证明其中100万元为赵二建向汇达公司的借款，赵一建当庭供述其得知赵二建向汇达公司借款100万元后让其爱人章华娟替赵二建还了借款，即2015年4月17日及20日章华娟向汇达公司建设银行尾号2586的账户转账的50万元及2015年5月18日赵一建向汇达公司建设银行尾号2586的账户转账的50万元，即239.5万元中100万元已退还，其余139.5万元未退还。

赵一建辩护人向法庭提交的2014年6月27日收据，虽加盖汇达公司财务专用章，但仅有收款人，交款人不明，辩护人向法庭提交的2014年7月16日情况说明没有加盖汇达公司的任何印章，且二份证据所涉及的金额没有与汇达公司在案的银行账户流水对应的记录。

对于樊中军进入汇达公司前后财务管理情况，赵一建及赵小证言相互矛盾，汇达公司财务人员在没有相应银行交易流水的情况下，相隔几个月后凭记忆补充出具收条及说明，不能辨别真假，不能证明汇达公司向赵一建借款的事实,辩护意见不予采纳,向法庭提交的收据及情况说明不予采信,辩护人向法庭提交的《借款协议》《合作合同书》等,予以采信。

为此,法院判处赵一建犯挪用资金罪,判处有期徒刑 3 年,赵一建不服,依法提出上诉。

可以看出,检察机关指控挪用总金额 885.5 万元中的 500 万元被否定,一审判决认定挪用的金额下降至 385 万元。

在建议之下,赵一建提出上诉,并继续委托我为二审辩护律师。案件很快到市中级人民法院,吸取了一审辩护中的经验和教训,为了未焚徙薪,我开始进行更充分的准备工作。

四、在二审中的办案思路和策略

(一)第一时间熟悉二审合议庭组成人员的办案风格

案件到市中级人民法院后,中间又有较长的一段时间貌似空闲,我对本案不敢有丝毫松懈,因为当事人还在看守所关着。我密切关注着有关案件的各种动态,第一时间查询到二审主审法官及合议庭组成人员名单,发现全是女性法官,眉头舒展了许多。随即让助理检索出三位女法官曾办理的与挪用资金等相关的案件,汇总裁判意见和裁判规律及证据采信习惯,对三位合议庭成员的办案风格进行系统分析。除此之外,还通过合法渠道,获取了三位合议庭成员毕业院校、所学专业、工作经历、开庭风格、发表的文章等重要信息。

律师不能粗暴简单地将自己的辩护意见强加给合议庭,容易让合议庭成员反感或产生逆反心理,从而可能导致前功尽弃,功亏一篑。如果合议庭成员对律师的辩护方式和辩护观点不认同,只要出发点是为了查明案情和正确适用法律,而不是故意刁难,作为律师就尽量去改变自己,适当调整和变换工作方式,努力去适应合议庭成员的工作方式和裁判习惯。

适应合议庭成员的思维,摸清合议庭成员的思路,才能让法官愿意听辩护律师讲的意见,愿意看辩护律师写的材料。事实证明,提前的准备工作,在以后有针对性的辩护中发挥了事半功倍的积极作用。在发表辩护意见时,如果经常引用到合议庭法官曾在以往其他案件中的裁判意见和曾发表的文章中的学术观点,可以让法官对辩护意见产生似曾相识的亲切感,有益无害。

事后,我也让助理检索到市检察院出庭检察官的各种背景资料,意外发现出庭检察官写的一篇关于“不要让挪用资金等罪名成为民营企业家成长的拦路虎”的文章。于是让助理赶紧将该文章提交给了承办法官和出庭检察官,准备在法庭上对该文章“旁征博引”,实现“以其矛攻其盾”的效果。

(二)根据一审判决内容重新在案卷中寻找突破口

多少次,我反复问自己,有能力让我的当事人被法院宣判无罪吗?法庭上有哪些证据的突然呈现可以让对方目瞪口呆、措手不及?经过反复翻阅浩如烟海的案卷材料,我们发现了报案人之一樊中军签字的一张很不显眼的借款单,如获至宝。根据借款单上记载的内容,汇达公司的时任实际负责人樊中军同意汇达公司借给赵一建个人100万元,对资金的安排等均有明确的标注。该借款单能直接证明汇达公司对赵一建的100万元转款是借款,而非挪用。

根据检察机关的意见,樊中军并非汇达公司当时的实际控制人,无权决定汇达公司向赵一建借钱,其目的就是证明即便存在转款和借款,借款行为无效,这无疑是检察机关筑成的两道证据防线。借款单将第一道证据防线突破,接下来就是突破第二道证据防线,证明樊中军就是汇达公司当时的实际控制人。

围绕着上述目的,我们继续在案卷中检索有价值的材料,但一无所获。在无路可走的情况下,我们到看守所会见了赵一建,希望他能提供一些线索。天无绝人之路,他突然告诉我们一个知情人的姓名和联系方式,让我们联系知情人。我们马上行动,费了些周折后,如愿得到了股东签名的授权书、任命书、聘请书等重要书证原件,这为以后在法庭上的辩护奠定了坚实的基础。

虽然刑事诉讼活动中应由公诉机关就是否存在犯罪、罪轻罪重、此罪彼罪等事实承担举证责任,但并不意味着辩护律师就可高枕无忧,无所事事。即便律师才高八斗,学富五车,如果没有适当证据支撑,而只是在法庭上的高谈阔论、信马由缰,效果只会不尽如人意,而且会被法官制止发言。

(三)申请公开开庭,并建议将案件提交审判委员会讨论

法庭上的律师,除了要拥有法律扎实的基本功,还要有情商。情商的作用力在很多时候是大于智商的。根据以往经验,如果二审不开庭的案件,90%以上概率是裁定驳回上诉,维持原判。为了争取到二审开庭,我三次从北京飞往当地,反复向承办法官强调二审开庭的必要性和重要性。在法官狐疑的目光中,我的目光却越来越坚定。果然,不久后,法庭采纳了公开开庭建议,在事后的开庭审理中,针对原审判决存在的问题,我与出庭的市检察院检察官针锋相对,互不相让,进行激烈的辩论。

我同时向合议庭建议,鉴于本案是一起涉嫌"跨省"迫害异地民营企业家的刑事案件,控辩双方存在重大分歧,希望提交审判委员会讨论。事实证明,该建议也得到合议庭支持,我赶紧向全体审判委员会委员提交了辩护意见及简要案件材料。一次审判委员会会议,往往要讨论好几个案子,时间非常紧张,律师事先做好"功课"非常必要。

(四)请求赵一建户籍所在地的省政法委员会关注本案

仅凭这些还不够,我又开动脑筋,继续寻找生路。当案件进入关键阶段,我忽然想到,如果能得到外力支持,无疑具有重要意义。按照司法部及中华全国律师协会的规定,不能通过媒体或网络披露案件,能做的就是向上级机关"借力"。我分批次向上级机关反映赵一建这位老共产党员面临的困境,一些机关收到材料后,电话回复,甚至给出建议和告知反映渠道,给了我精神上的支持和鼓励。

赵一建家乡的省政法委员会在接到家属的情况反映后也高度重视,派专人向法院所在地的省政法委去函,内容为"中共某省党委政法委:现介绍我省某市委政法委书记赴贵委,商请协调处理赵一建事项,请贵委予以接洽。为方便开展工作,请贵委收到函件后告知联络人员姓名及联系方式。赵一建所涉事项简要情况:赵一建因涉嫌犯罪被刑事拘留后羁押至今,赵一建一方认为当地司法机关利用公权力插手民事纠纷"。

我及时到看守所把上述情况告诉了赵一建,陷入绝望中的他感到温暖,毕

竟有来自家乡的关注和关心。赵一建户籍所在地的省级政法委的函件，引起了案发地省、市两级政法委员会的高度重视，对本案以后排除不正当干预、公正审判起到了积极作用。

（五）寻求会计师等专业人士对财务数据进行分析判断

案卷中，有几本厚厚的银行流水和财务会计凭证，我作为非财务专业的律师，虽然也能看懂，但总是停留在表层，很难准确深入地了解、判断各数字与财务凭证之间的内在联系。我先让律师事务所具有法务会计师资格的内勤工作人员帮忙看银行流水，寻找突破口。

后我又请几位具有律师、注册会计师、注册税务师资格的同行帮我整理出通俗易懂的分析意见，还画出精美的图表，并作出标记，让我耳目一新。我把这些资料及时提供给了承办法官，后来法官在电话中问我是不是曾经学过财务知识？我如实回答："没有，是因为有几位具有注册会计师资格的律师朋友帮我。"

（六）强化记忆案卷中的财务数据及新证据记载的内容

律师进行刑事案件的辩护时，必须对案卷材料熟记于心，涉及民营企业家职务侵占、挪用资金等案件，必须对金额额数、时间节点、资金走向等强化记忆，甚至达到能背诵的程度。如果律师在法庭上对案卷及重要事实节点不熟悉，就不可能在法庭上释放出足够的气场，律师的自信来自对案卷的熟悉程度，没有底气的辩护难以打动法庭。

为此，按照时间的先后顺序，我根据律师同行们提供的财务图表，进一步细化，对时间、金额等进行穿透性强化记忆，重要的数据直接背诵。我把各个证人、报案人前后供述不一致的地方进行系统摘抄和分析归纳，结合涉及的财务数据，进行模拟推演，判断其是否具有合理性、正当性、合法性。我在内心确认的基础上，反复审阅和回顾。

作为律师，在刑事法庭上，面对强势而专业的公诉人，只有准备充足，有备无患，把对案卷的熟悉程度和对法律的运用紧密结合，才不会在法庭上处于弱势。对于有重大争议的刑事案件，如果辩护律师仅仅走形式、做样子、混时间，案件是不可能有好结果的。

五、二审开庭中再度发力，提出无罪意见

2019年3月21日二审开庭，市检察院的出庭检察官对一审判决所谓的“事实清楚、证据充分、程序合法、定性准确、量刑适当”进行了全方位肯定、赞许、认可，并建议二审法院驳回上诉，维持原判。

在我看来，这些观点可能是二审出庭检察官按部就班的职业化的习惯用语，内心自然波澜不惊。在出庭检察官发表完出庭意见后，我开始有条不紊、层次分明、有理有据地即兴发表二审无罪辩护意见，重点引用合议庭法官以往对类似案件的裁判观点，特意对出庭检察官曾所写的关于不要让挪用资金等罪名成为民营企业家成长的拦路虎的文章大加赞赏，复述其中的主要观点。

第二轮辩论意见中，对我提出的第一轮辩护意见，出庭检察官没有过多回应，只是再三强调：“事实胜于雄辩，辩护律师说得再多，也改变不了赵一建挪用资金的事实，建议二审驳回上诉，维持原判。”在发表第二轮辩论意见时，重点论证了民营企业家合法权益保护问题及司法公权力干预经济纠纷的危害。

(一)原判认定事实无法自圆其说，属于主观臆断

我由于做了大量的案头工作，二审就更加自如、自信。就本案指控的所谓挪用资金，我非常直率地指出，本案其实很简单，只要公诉机关证明每一笔犯罪是否赵一建实施或安排？是归本人或者其他自然人使用？还是以个人名义将所挪用的资金借给其他自然人和单位？有哪些具体的证据能够证明公诉机关指控的每一笔款项均发生在公司之间？在现有证据条件下，无公司账簿，如果接收款项的浩瀚公司或唐恒公司没有证明任意一笔款项为赵一建或其他自然人借用公司账户收款，那么“归本人或者其他自然人使用”就不能成立。

我提供的多份书证，结合赵一建的辩解和樊中军、程中平的部分证言，可以证实：2004年7月之后，汇达公司财务管理权掌握在樊中军手中。其担任汇达公司总经理，掌管汇达公司包括财务管理权在内的日常经营管理权，唯有樊中军可以支出汇达公司资金。

汇达公司原出纳赵小亦当庭证明每一笔所谓的挪用，均系樊中军安排或批

准汇达公司支出后,由其实施。尽管樊中军和程中平作出了一些不利于赵一建的证言,诸如没有签字借款给赵一建,没有安排支付拆迁款等,但与赵一建的辩解、经办人赵小的证言相冲突,在无其他书证佐证的情况下,应当认定为事实不清、证据不足,即公诉机关无法证明每一笔款项的发生究竟是赵一建签批还是樊中军签批。

证人赵一建在原审中当庭证实:"其于2014年9月向汇达公司借款100万元,此笔借款是樊中军签字同意的,赵一建事后才得知此事。"原判在第40页第2段认定赵一建向汇达公司借款100万元,既然采信了赵一建的证言,却只采信其借款的部分,不采信樊中军签批的部分,明显是对同一证据的选择性采信。我手上持有一份涉及该笔借款的借款单,时间为2014年9月6日,樊中军签批了"同意借款"四字,并有亲笔签名。如果该笔款项存在"挪用",应当是樊中军挪用,而绝非赵一建。

证人赵二建作为唐恒公司的负责人当庭进一步证实:100万元中有84.5万元系汇达公司直接转账至唐恒公司后,由赵一建支取,剩余15.5万元由汇达公司现金交付。除上述84.5万元外,其余由汇达公司转入唐恒公司的款项,均为汇达公司借用唐恒公司账户提现,而非借贷给唐恒公司或赵一建个人使用。

最高人民法院对张某中改判无罪的(2018)最高法刑再3号刑事判决中,在"挪用资金"部分第1项明确指出:"在案书证显示,涉案资金均系在单位之间流转,反映的是单位之间的资金往来,无充分证据证实归个人使用,挪用资金不能成立。"而原判和公诉机关的表述均为"挪用给章华娟的浩瀚公司"或"挪用给赵二建的唐恒公司"。可见,本身都是对公账户转对公账户,但原审法院和公诉机关将个人与公司两个不同的主体混为一谈,在浩瀚公司前面加上"章华娟的",在唐恒公司前面加上"赵二建的"。

(二)本案必须重视对定性具有重大影响的几个问题

1. 汇达公司建行尾号2586的账户基本没有现金支取

汇达公司建行尾号2586的账户流水,是公诉机关指控和原判对赵一建定罪的主要依据之一。但建行尾号2586的账户流水显示,该账户基本没有现金支取。那么汇达公司在日常经营过程中所必要的支出是通过何种方式呢?证人樊中军、程中平均证实汇达公司以现金方式发放员工工资。汇达公司当时有员工约20人,按照人均5000元计算,每月应付工资10万元。

汇达公司每月水电费、餐饮费、差旅费、房租、车辆使用等费用又是如何支出的呢？证人赵小当庭证实:因汇达公司作为房产开发企业经常面临大额现金支出,但建行尾号2586的账户每日现金支取或向自然人转账不得超过人民币5万元,故汇达公司采取过利用浩瀚公司、唐恒公司账户过账取现的方式提取现金,再存入赵小建行尾号8789的个人账户或逐日由建行尾号2586的账户向赵小建行尾号8789的个人账户转账,最后通过赵小个人建行尾号8789的账户支出汇达公司相关业务费用。

也就是说,汇达公司存在利用浩瀚公司、唐恒公司账户过账提取现金及利用赵小个人账户存放库存现金的行为。以上事实,证人赵小当庭证实过,在案的赵小建行尾号8789的账户的银行流水也能证实。

比如,原判所认定的:"2015年8月25日,赵一建让汇达公司财务人员将公司的65万元,挪用给赵一建的唐恒公司。"证人赵小在原审开庭时当庭证明:2015年8月25日时任汇达公司总经理樊中军批准支付拆迁户茅某等人拆迁补偿款,因汇达公司基本账户单日向自然人转账不能超过人民币5万元,故赵小利用唐恒公司账户提现65万元后用于支付拆迁补偿款。

在案的赵小建行尾号8789的账户流水显示:2015年8月25日,该账户分两笔现金存入30万元、35万元,并于当日向茅某、王某、石某、顾某、王某华转账222,600元、107,173元、110,978元、107,173元、107,173元,共计655,097元。这充分证明证人赵小、赵一建证言的真实性,也证明原判对该笔资金性质的认定完全背离事实。

一桩桩,一件件,对于如此清晰地说明问题的银行流水数据,公诉机关就是视而不见,或者说不屑提起,或者说有意绕过,不知是何用意。

2. 樊中军存在利用汇达公司、浩瀚公司等进行套现的行为

樊中军的大海公司是否存在利用汇达公司建行尾号2586的账户过账的行为？需要进一步查证。再如,原判所认定的"2015年6月12日,赵一建让汇达公司财务人员将公司的20万元,挪用给赵一建的唐恒公司"。在案的汇达公司建行尾号2586的账户流水显示:2015年6月9日08:54:28,该账户余额为

10,886.3元。2015年6月9日，该账户收到大海公司转入两笔款项10万元和25万元，备注分别为“防水工程款”和“工程款”。

事实上，证人赵小在原审开庭时当庭证明：此笔款项系时任汇达公司总经理樊中军安排其帮助大海公司利用汇达公司账户过账取现。汇达公司建行尾号2586的账户流水显示：2015年6月9日、6月12日，该账户分别转至赵小建行尾号8789的账户49,999元、5万元和5万元，6月12日转至唐恒公司20万元，以上共计35万元，即大海公司完成利用汇达公司账户过账提现的行为。

类似行为，大海公司做过多次，查阅在案的汇达公司建行尾号2586的账户流水就能证实。至于大海公司利用汇达公司建行尾号2586的账户提现后的35万元的走向，虽与本案无关，但赵小建行尾号8789的账户流水也基本上能够证实：2015年6月9日，该账户支取现金25万元，2015年6月12日该账户存入现金199,850元后，于当日转账至欧阳某20万元、邹某10万元。

3. 情况说明符合证据三性原则，效力必须得到确认

在原审向法庭提交的由汇达公司财务主管程中平手写、经手人赵小签字的情况说明真实合法有效，能直接证明案件基本事实。理由一，赵小建行尾号8789的账户流水证实：2014年7月17日，该账户收到浩瀚公司转入50万元，这就与情况说明记载的“同时公司向赵一建借款50万元”相互印证，证人赵小当庭也证明了情况说明记载的内容属实。至于赵一建为何留存情况说明原件，是因为赵一建借了50万元给汇达公司，但汇达公司没有开具收条。

（三）本案资金走向和性质十分清楚，不属于挪用

1. 原判认定的挪用20万元和126万元均不能成立

首先，在案证据显示存在的事实只是汇达公司银行账户向浩瀚公司账户转账126万元，而非赵一建通过汇达公司银行账户转账给浩瀚公司126万元。原判为了给赵一建定罪，玩文字游戏，先行制造出了一个“事实”。事实上，在案证据并不能证明汇达公司银行账户向浩瀚公司账户转账126万元的行为系赵一建授意或安排。

其次，从证据上看，向法院提交的书证原件情况说明载明：“2014年7月16日，公司还赵一建借款126万元，同时向赵一建借款50万元（现金），本次实际

还赵一建76万元。”赵小的建行尾号8789的账户流水证实:2014年7月17日,该账户收到浩瀚公司转入50万元。证人赵小当庭证实,此笔50万元即为情况说明记载的“同时向赵一建借款50万元(现金)”,系汇达公司借用赵小建行尾号8789的账户存放库存现金。以上证据能够相互印证、已形成完整的证据链,证明起诉书所涉及汇达公司转给浩瀚公司的126万元为汇达公司归还对赵一建的借款。原审法院明知上述书证真实有效,能够直接否定该项指控,但拒不采纳,也不明示不采纳的理由。

再次,按原判所认定,赵一建和樊中军私下的约定对汇达公司不产生法律效力,那么大海公司向汇达公司汇入的400万元是何性质呢?道理其实非常简单,如认定126万元系赵一建依其与樊中军所签《合作合同书》收回投资款,那么就必须认定樊中军与赵一建已开始履行合作经营合同,而非仅仅履行《合作合同书》中赵一建“收回剩余投资款”这一句话,那么上述400万元也只能认定为樊中军履行《合作合同书》的内容。

既然认定《合作合同书》对汇达公司不产生法律效力,那么相对汇达公司而言,大海公司汇入的400万元也应认定为赵一建筹措的流动资金,赵一建所谓的收回的“投资款”尽管流经了汇达公司账户,但赵一建并非向汇达公司收回,而是向樊中军收回。赵一建对汇达公司的投入不仅没有收回,反而是增加了400万元-126万元=274万元。因此,如认定赵一建依据和樊中军约定的“收回剩余投资款”,且二人之间的约定对汇达公司不产生法律效力,就不可能得出赵一建从汇达公司“收回投资”的结论。

最后,如认定汇达公司向浩瀚公司转款126万元系赵一建向汇达公司“收回投资”的行为,就必须以赵一建、樊中军二人转让股权为前提,赵一建、樊中军之间的约定自然对汇达公司产生法律效力。但汇达公司注册资金只有3000万元,赵一建彼时向汇达公司投入的资金为5500万元,远高于注册资金。这笔所谓的“收回投资”,只能是公司归还其向赵一建的借款,否则,赵一建收回的所谓“投资”是什么性质呢?这就再次印证了书证情况说明的真实性。

无论如何认定《合作合同书》的效力,都不与书证情况说明相矛盾,也都不能得出赵一建构成犯罪的结论。且赵一建、樊中军二人的股权转让行为已得到生效民事判决的确认,刑事法律不应再次干预。辩护人对126万元转款应为汇达公司对赵一建还款的辩护意见应予采纳。

关于上述事实，在案证据已形成完整的证据链条，足以充分证明。除此之外，原判也未能排除樊中军利用汇达公司账户向赵一建支付股权转让款或其他款项的合理怀疑。至于起诉书所涉及汇达公司转给浩瀚公司的20万元。首先，在案证据并不能证明该笔款项系赵一建授意或实施。其次，不能排除汇达公司向赵一建归还借款的合理怀疑。最后，此笔款项发生后的第二天，浩瀚公司即向赵小个人账户转款20万元，结合汇达公司财务管理实际，不能排除樊中军安排赵小利用浩瀚公司账户过账后支取现金的合理怀疑。

2. 最后五笔挪用资金239.5万元指控同样不能成立

最后五笔共239.5万元的所谓挪用款，赵一建并不知情，公诉机关也没有任何有效证据证明系挪用。我方出示的证据能证实：2014年7月7日之后，樊中军担任汇达公司总经理，实际控制汇达公司，包括经营管理权和财务控制权，也承担相应的管理责任。樊中军询问笔录中也陈述："在我担任总经理期间，所有支出由我管控，不可能出现挪用资金的情况发生。"最后五笔所谓挪用，都发生在樊中军实际控制公司之后，赵一建即便想挪用，也没有职务上的便利条件。

3. 尾号为3436的双控账户里的资金所有权不属于汇达公司

挪用资金罪，侵犯的客体是公司资金使用权，如果不属于公司资金，则无所谓挪用的问题，而是与资金所有权人之间的经济纠纷。尾号为3436的银行账户，是汇达公司和樊中军的双控账户，资金是樊中军的履约保证金，有施工协议、樊中军的当庭陈述、账户预留印鉴印模存根、汇达公司的汇款凭证等证据充分证实。双控账户里的资金属于质押形式，资金虽在汇达公司名下，但所有权仍属樊中军，而非汇达公司。

（四）原判认定的"立案侦查并不违法"与客观事实不符

原判称"覃国华、刘大明报案后，公安机关对赵一建立案侦查并没有违反《刑事诉讼法》相关规定，提出本案启动刑事侦查程序属于滥用职权的辩护意见不予采纳"。该项认定和本案基本事实不符。具体理由如下：

1. 两位股东作为报案人的报案笔录如出一辙

这种复印机式的报案笔录，既伤害了法律的尊严和法律的公信力，也伤了人心。汇达公司两位股东各有一份报案材料和询问笔录,内容一样。尤其是报案笔录中的标点符号、段落、打印字体、纸张、错别字等,一模一样,如出一辙。在公诉机关要求公安机关进一步查明的44个问题中,第26个问题就是“两股东的部分笔录特别相同,请侦查人员说明情况”。也就是说,公诉机关也认为这是一个不可小视的问题,但至今公安机关侦查人员并未作出任何解释。

2. 报案人对885万元支出了如指掌不合情理

报案人之一的妹夫程中平作为汇达公司财务人员,在多份笔录和开庭中,曾明确表示,其不知道汇达公司账册下落,对财务情况并不熟悉。而作为非财务专业人士的报案人更不可能知道具体的财务信息,尤其是银行长达三年多的交易记录。如今报案人竟然对赵一建所谓“挪用金额”了如指掌,且与公安机关最终认定金额,惊人一致,完全吻合。

由此可见,本案是在中央已经发布各种保护民营企业新政的大背景下发生的以刑事手段干预经济纠纷的典型案件。原判所称“公安机关对赵一建立案侦查并没有违反《刑事诉讼法》相关规定,没有滥用职权”与基本事实不符。

(五)原判无法回避的几个问题证明赵一建无罪

1. 原判要求赵一建自证无罪违反刑事诉讼基本原则

原判第40页第2自然段“在案证据能够证明汇达公司转账至唐恒公司的事实,赵一建作为汇达公司法定代表人、出纳赵小为其侄子、唐恒公司负责人赵二建为其弟,赵一建称不清楚转账的原因与目的,但也未提供证据证明以上五笔转账系他人指使或审批。因借款金额供述前后矛盾,且没有提供证据予以证明”。由此推定赵一建存在挪用行为,是有罪推定。

公诉案件中被告人有罪的举证责任由人民检察院承担,审判人员、检察人员、侦查人员必须依照法定程序,收集能够证实犯罪嫌疑人、被告人有罪或者无罪的各种证据,不得强迫任何人证实自己有罪。

本案中,证明赵一建构成挪用资金罪的责任主体是公诉机关,办案人员也有义务依照法定程序收集赵一建是否有罪的证据,否则罪名不能成立。而原审法院将该举证责任强加给赵一建,要求其自证无罪,是有罪推定。

2. 原审不尊重本案基本事实，对证据进行选择性采信

书面证据优于言辞类证据，客观证据优于主观证据，是刑事证据采信基本原则。而本案中，辩护人向原审提供的10余份证据都属于书证，尤其是2014年6月27日的收据和2014年7月16日的情况说明能直接证明赵一建不构成犯罪。但原审竟然以收据虽加盖了汇达公司财务章，但仅有收款人，交款人不明及情况说明上没有加盖汇达公司印章，金额没有在案银行明细对应记录，不能辨别真假为由不予采信。

言辞类的主观证据，带着主观意识色彩，尤其是在言辞类证据提供人和案件具有一定利害关系时更甚，而作为书证的客观证据，通常在案发时或案发前已经形成，不太可能更改，不受主观意识影响。原审法院宁可采信和本案明显具有利害关系的报案人的言辞类主观证据，也不采信作为客观证据的书证，缺乏正当性。

3. 对出庭检察官的几点出庭意见的反驳与澄清

出庭检察官的出庭意见是经不起推敲的。第一，检察官认为赵一建和樊中军私下签订的协议无效，辩护人不认同。双方签订的协议，经过两级法院审理，生效民事判决已经认定其效力，且根据该判决，已经办理了股权变更登记。第二，本案并非账目清楚，必须正视本案账本神秘失踪和没有司法会计技术鉴定的客观事实，银行流水的每一笔款项收付，原审公诉人及今日的出庭检察官并不能给出合理解释。第三，小额贷款公司的还款和本案无关，且原审法院就500万元的性质已作认定。

出庭检察官具有非常过硬的法律专业知识，关注民营企业和民营企业家的权益保护，其写的相关文章，具有非常高的学术价值，辩护人无数次拜读，对其中的观点非常认同。挪用资金罪确实不应成为制约民营企业家成长的绊脚石和拦路虎，更不能让这些涉民营企业家的罪名成为民营企业家的“魔咒”。

综上，根据疑罪从无原则，控方现有证据根本不足以证实赵一建构成挪用资金罪，二审应当改判其无罪。本案是一起借刑事侦查之名、行干预经济纠纷之实的案件。在从中央到地方倡导保护企业家合法权益、支持经济发展的大背景下，原审法院判决赵一建3年有期徒刑，是对营商环境的破坏，不符合当前各地各级法院密集纠正涉及民营企业家冤假错案的大好形势。请二审法院在裁

判本案时慎之再慎。

由于案情复杂,二审未能当庭宣判。

当得知本案要提交审判委员会讨论决定之后,在2019年6月14日我向市中级人民法院院长和承办法官提交了关于参加审判委员会陈述律师意见的申请。理由是:目前辩护律师列席审判委员会发表辩护意见,已有先例,法律界和社会公众普遍反映良好。为了客观呈现案件基本事实,正确适用法律,避免错案,申请列席贵院审判委员会对此案的讨论,在必要时发表辩护意见,解答本案中的疑难问题。

后来承办法官回复我:"律师的所有辩护意见及出示的所有证据,会一并提交审判委员会讨论,请务必相信本院审判委员会成员的专业能力和责任担当,暂时不考虑律师参与审判委员会讨论本案,这也是院领导的意见。"从中,我感受到承办法官的诚意,也就没再坚持。

六、二审改判赵一建无罪,并当庭释放

之后,我又反复通过微信、短信、电话等方式与承办法官沟通,合议庭成员非常负责,审判长和主审法官又多次到看守所提讯赵一建,就证据方面存在的疑点问题当面向赵一建核实。2019年7月23日,市中级人民法院就此案作出如下二审判决,撤销原判,宣告赵一建无罪。主要裁判意见如下:

二审法院认为,原判认定上诉人赵一建利用职务便利,挪用汇达公司资金人民币385.5万元,其中100万元已退还,其余285.5万元未退还,属数额较大不退还,其行为构成挪用资金罪的证据不足。

关于原判认定赵一建通过唐恒公司账户挪用汇达公司资金239.5万元的事实,经查,在案银行流水显示汇达公司于2014年8月19日至2015年8月,分五笔转入赵一建弟弟任负责人的唐恒公司账户239.5万元,该款进入唐恒公司之后立即被取现,其中有140万元存入汇达公司出纳赵小的个人账户,之后该款项部分被取现,部分转账给他人,有一笔转账经调查核实用于汇达公司支付

拆迁费用。

另外赵小的个人账户有汇达公司账户转入的大量钱款并用于支付汇达公司相关费用的情形，故本案既无证据证实上述转款行为的指使人是赵一建，亦无证据证实上述款项系赵一建个人使用，所以，原判认定赵一建挪用汇达公司239.5万元的证据不足。

关于原判认定赵一建通过浩瀚公司账户挪用汇达公司资金146万元的事实，经查，2014年7月16日、7月22日汇达公司账户向赵一建妻子任法定代表人的浩瀚公司账户分两次转款146万元，其中有70万元进入了赵小账户后被取现，取现后用途不明，故认定该70万元系赵一建使用的证据不足。

赵一建与汇达公司签订的《合作合同书》约定"首期5000万元在新法定代表人依法变更登记后五个工作日到位，剩余款在土地摘牌时全额到位"，现土地未摘牌，而汇达公司银行流水显示赵一建实际转入汇达公司账户款为5150万元，汇达公司未给赵一建出具相关收款凭证，亦未进行过结算，故赵一建转入汇达公司5000万元以外资金的性质不明确。

另有财务总监程中平2014年7月16日书写的情况说明称"公司还赵一建款126万元，同时公司向赵一建借款50万元现金，本次实际还赵一建76万元"，因此现有证据不能排除该76万元是公司偿还赵一建款的可能性，故认定赵一建挪用汇达公司146万元的证据不足。

对于上诉人赵一建及其辩护人提出的赵一建无罪的辩解及辩护意见成立，法院予以采纳。

宣判当日，已羁押907天的赵一建被正式无罪释放。随后，赵一建向一审法院申请国家赔偿，要求赔礼道歉，消除影响，并赔偿非法限制人身自由的损失。2019年11月7日，一审法院作出赔偿决定，向赵一建支付被侵犯人身自由907天的赔偿金28.655758万元，并支付精神抚慰金5万元。这好歹给了赵一建一些安慰。

赵一建自由地走出看守所时，看着迎上来的亲人，他流下了百感交集的泪水。

七、因辩护本案产生的一些思考和建议

(一)公司管理有风险,老总向公司借钱需谨慎

挪用资金罪,如同施加在民营企业家身上的“魔咒”,让许多民营企业家遭受牢狱之灾。挪用资金罪,顾名思义,是指公司、企业或者其他单位的工作人员利用职务之便将本不属于自己的资金挪为己用或借贷给他人,超过三个月未还或符合其他条件,即构成此罪,是暂时的转移占有,而非永久占有,若永久占有则构成职务侵占罪。

很多企业家、管理者对此不以为然,随意挪用公司资金,尤其是未经公司决策机构同意,利用职务之便将公司资金借贷给他人,殊不知如果超过三个月借款仍未清偿就会有挪用资金罪之嫌。如若证据确凿而被定罪,最高将可能被判处7年有期徒刑,而且本罪是故意犯罪,将对行为人自己及家人的前途和生活产生一系列不良影响。

因此,所有企业家、管理者,要管好公司钱袋,更要合法合规使用、处置公司资产,并保留完整的履行审批手续的证据。

回到本案,赵一建在合同约定条件尚未成就时便向公司投入了超过合同约定金额的大量资金,却仍被控挪用资金罪而站在被告席上接受审判,虽最终被判无罪但毕竟失去了907天的人身自由,除此之外,其直接经济损失和失去的机会无法估量,更无处找赔偿。

(二)家属信任与法官担当是无罪辩护成功的关键

此案进行的是无罪辩护,从事律师行业的都知道,无罪辩护特别是一审已经定罪的二审还要无罪辩护的案子是最难,风险也最大,万一无罪辩护失败,当事人的定罪肯定不会减轻的。在为赵一建辩护并确定了无罪辩护的策略后,我就清晰地知道前面的路有多难走。

该案在一审和二审时,有不少律师支招,建议赵一建认罪认罚,争取判处缓刑或最短刑期,及时恢复自由,好汉不吃眼前亏,能少坐一年牢就少坐一年牢,

但均被赵一建拒绝。赵一建的这份勇气是对我最好的信任，在本案一审对自己不利的情况下继续委托我二审辩护，这份始终如一的信任，让我更坚定了不怕困难的信心。

许多刑事案件，如果一审结果不利，家属往往归咎于律师，认为要么是律师无能，要么是律师没有尽全力，多在二审时更换律师。但这样做的后果是，二审律师由于没有全程参与一审工作，半路参与，很多案件细节无法全面充分掌握，导致一审和二审衔接中断，没有连续性，反而处于被动地位，而现实情形也是二审多为维持原判，这种事例非常多。因此，委托人的信任给予了我莫大的勇气和力量。

虽然本案辩护成功无疑有律师的功劳，但承办法官的敢于担当、径行改判无罪才是赵一建早日恢复自由的关键。无疑，赵一建遇到了一个恪尽职守的主审法官、一群优秀的合议庭成员及审判委员会委员。

第二章　去向成谜的一串钥匙成再审改判无罪突破口

——章伟军被控故意杀人、强奸案

简要案情

1999年12月3日早晨，章伟军发现侄女章倩房门大开，人不见踪影。发动全村人及亲戚找寻，最终在村边的一口机井里发现了章倩的尸体，脖子上还捆着装有红砖头的面粉袋子。公安机关很快投入了紧张的侦破工作中，并将此案列为当地"千禧年第一大案"。

根据现场遗留的痕迹以及门窗完好无损等情况，警方推断是"熟人"作案。公安机关将侦查视线转向了章倩没有结婚的叔叔章伟军。办案人员破案心切，最终让章伟军"供认"了全部"作案"经过。

2002年12月，章伟军因"奸杀"亲侄女被一审判处死刑。章伟军不服，提起上诉，二审时改判为死缓。章伟军一直不服，提出申诉，6年之后，省高级人民法院再审本案，采纳律师无罪辩护意见，撤销一、二审错误判决，改判章伟军无罪，并当庭释放，章伟军获得国家赔偿。

公安机关经过侦查，发现真凶是章倩弟弟曾经的同班同学，经一、二审法院判处真凶死刑。对当年办理章伟军案的涉案民警均被追究刑事责任。

一、美丽村医被强奸杀害，亲叔叔被认定是"凶手"

1999年12月3日清晨，南方某县农民章伟军发现同住一个院子东面卧室的侄女章倩不见踪影。章倩是年轻美丽的村医，积善行德，收费低廉，谁要有个头痛脑热，都会第一时间想到她，对于家庭困难的村民，善良的她有时会自己垫付药费或少收费，深得附近村民的好感和尊敬。

虽然章倩平时也经常出外巡诊，但从未彻夜不归。对于章倩的失踪，章家人发动所有的亲戚和朋友四处寻找，将方圆几十里翻了个底朝天，仍一无所获。就在家人近乎绝望时，有人在村边的一口机井中发现一具浮尸，打捞起来一看，死者就是章倩！

村民心里的白衣天使被害，民怨沸腾，大家咬牙切齿，怒不可遏，恨不得马上揪住凶手，将其千刀万剐。曾经得到章倩救助的老人们老泪纵横，泣不成声。面对如此惨绝人寰的场景，章家人更是悲痛欲绝、万箭穿心、肝肠寸断。

即将步入2000年，原本是跨越千禧年的喜庆日子，竟然发生了这种残忍得令人发指的凶杀案，上级机关高度重视，将此案列为当地“千禧年第一大案”。警方很快投入了紧张的侦破之中，勘查章倩的卧室及诊所，发现门窗完好无损，也没有撬盗痕迹，警方断定是“熟人”作案，属见色起意。

虽然能确定是“熟人”作案，但一直都无法锁定具体的嫌疑对象。曾经被排查的部分嫌疑人经深入调查，又无法确定是否有作案时间，侦破工作一度陷入僵局。这时，在章家办案的民警无意中发现，章倩的叔叔章伟军站在窗外“偷听”案情分析和讨论。于是，其不经意间进入了警方的侦查视线。

章伟军没有念过书，一直与侄女章倩、侄子及姑嫂共同生活。章倩出事时，章家只有章倩、章伟军及章倩年近八旬的老奶奶在家。家中门窗完好，章倩房中又没有其他明显异常，这一切，似乎只有章伟军才有条件和机会“见色起意”！办案民警随后将章伟军带走。

章倩的事还没定论，章伟军又被带走，章家人心里不安，便到公安局探听究竟。结果看到章伟军被铐着手歪在墙角，奄奄一息。民警指着章伟军告诉章家人：“缺德事就是这小子干的！”但章伟军大喊“不是我干的，是他们打我……”话音未落，就遭到民警制止。

已经麻木的章伟军最终按要求“构思”了全部“犯罪事实”：1999年12月2日夜，趁家中其他成员外出之机，窜入侄女的卧室，见侄女熟睡，顿生歹念，不顾侄女的苦苦哀求和拼死反抗，将侄女“强奸”。事后唯恐罪行败露，又返回侄女卧室将其“掐死”，然后找了一个大面袋，装了半袋红砖头，系在侄女脖子上，沉尸机井。

2002 年 12 月 25 日，市中级人民法院以故意杀人罪、强奸罪一审判处章伟军死刑。章伟军不服，以“自己没干这事”为由提起上诉，原有的强奸、杀人供述属急功近利的办案人员刑讯逼供所致。

2003 年 11 月，省高级人民法院二审认定，原判认定事实清楚，证据确实、充分，定罪准确，程序合法。但根据“该案的具体情况”，维持强奸罪名，撤销对故意杀人罪的量刑部分，二罪并罚，改判死缓。

罪名没有改，但毕竟留下了一条活路，章伟军认为是老天爷知道冤枉，在暗中保护他。其服刑期间不断申诉，但苦无证据证明自己“无罪”。由于长期的申诉和案情出现的一些新情况，省高级人民法院决定再审此案。

二、针对这起死刑案的无罪辩护思路与策略

（一）论证章倩的一串钥匙对本案的重要性

章倩父母哭诉，女儿在医护上有很高的职业素养，一串钥匙不离身，避免药品、耗材、针管因被乱动而被污染，那种执拗劲儿，就连本是老医生的父亲都觉得过了。女儿说，我在学校就是这样被培训的，医疗事业是个很神圣的职业，怠慢不得。父母重复女儿生前说过的这些话，尤其催泪。可是在章伟军的供述中，他先说在作案后，把钥匙扔进了邻居家的茅厕，经过摸排，在茅厕里并没有找到钥匙。后来在办案人员的进一步审问下，章伟军改口又称扔进了院后的小水沟，同样没有打捞到。

钥匙是本案的核心物证，与作案工具同等重要。首先，章伟军关于钥匙去向的交代，两次说法不一，本身就存在严重问题，很难说他这种改口是狡猾或抗拒，抗拒或者戏耍公安机关对他没有半点好处。还有一点，公安机关费了那么多人力、物力，依然没有在章伟军交代的邻居茅厕和院后小水沟里找到钥匙，可以说明章伟军说的是假话。

上述问题，就是本案的重大疑点，如果章伟军确实作案，必定知道钥匙藏在何处或扔在哪里，因为屡次说假话，他在审讯室里也是很难受的。钥匙的确切

去向,是办案机关必须核实到的重要事实,也只有核实到这些重要事实,才能合理推断章伟军所谓的“作案”是否具有客观真实性。章倩平时随身携带而在案发后却神秘消失的钥匙,必须找到,否则,无论章伟军的“有罪”供述里说了什么,都不能作为定案依据。

所以,该串钥匙的去向之谜,对这起错案的纠正发挥着重要作用。

(二)质疑章倩丢失的近千元药费款的去向

根据案卷中的记载,章倩的抽屉里近千元的现金,也一并失踪了。按章伟军的供述,该款被自己用掉了。近千元在当时贫困偏僻的农村不是一个小数目,究竟怎么用掉的?为什么没有明示?只有落实该款的去向,才可以与章伟军的其他供述相互印证,本案虽不是经济犯罪,但查明资金去向依然至关重要。比如,章伟军拿这钱到某小卖部买了一条烟,可调查发现,店老板否认了章伟军买过整条的烟。因为这是子虚乌有的事。

问题就来了,为什么章伟军全线说谎呢?

章倩的奶奶,也就是章伟军的母亲,曾经告诉办案警官,章伟军平时在家里基本不管钱,也使用不了多少钱,日常的开支就是买点便宜酒,偶尔和村里人打一下输赢在20元之内的扑克牌。在村里小卖部买酒和其他生活用品,也是赊账,月底结账一次。

案卷材料显示,办案人员曾问过小卖部的老板,也走访了村民,曾想弄清钱款的去向,发现在案发的几日里,并未见章伟军有与近千元现金相匹配的大额支出或消费。既然认定章伟军拿了近千元的现金,为何没有判定章伟军犯了抢劫罪?如果这近千元赃款没有花掉,它又藏在哪里?

很显然,这一个个拦路虎都没清除,办案机关却因种种原因选择绕道而走,显然有问题。

(三)指出未做精斑DNA和现场指纹痕迹鉴定

章伟军“承认”先强奸后杀人灭口,那么章倩的体内或体表一定残留有精斑,办案机关是如何提取精斑?为什么不与章伟军进行DNA比对?众所周知,DNA比对是强奸案最基本的侦查工作。尤其是章伟军在反复辩解其没有强奸杀人的情况下,更应当进行 DNA 比对,可以用鉴定结论让章伟军“无话可说”。

根据章伟军的“交代”,他在章倩房间的作案时间有 20 多分钟,手碰到了床沿、药柜、窗户、抽屉、开关、剪刀、衣服等物品,脚在房间来回折腾过,章倩还曾剧烈挣扎……综上所述,这应闹出了很大的动静,应有很多可收集的证据。然而,侦查机关在案发现场并没有收集固定的指纹、脚痕,更没有与章伟军的指纹、鞋印进行司法技术鉴定,给本案留下了更大的悬念与疑问。

退一步讲,如果说对精斑的 DNA 比对鉴定没有做,是因为侦查工作疏忽,而现成的指纹、脚痕也不进行司法技术鉴定,则完全不合情理,更不符合最基本的办案程序。这两个关键的司法鉴定,对于认定章伟军罪与非罪至关重要,在没有司法鉴定结论印证的情况下,原一、二审法院认定章伟军强奸并杀害了自己的亲侄女章倩,明显错误,且不合情理,让人极不信服。

侦查机关怎能放着如此多的疑问不去解答,就匆忙得出章伟军强奸并杀人灭口的结论?

(四)通过调查了解到章倩与叔叔章伟军非常亲近

侦查机关其实也走访了大量村民,村民们反映,章倩从小和叔叔章伟军很亲近,因为章伟军一直没有结婚,将侄女和侄子,当作自己的子女一样看待,还经常接送章倩上学放学。章倩学医后,有一部分学费和生活费还是章伟军在外打工挣的。章倩选择回乡为附近村民提供医疗服务,只要出远诊,章伟军就骑车送,帮忙拎药箱,情同父女。

因为哥嫂经常外出打工,家里只有侄女章倩和年近八旬的老母亲,如果章伟军有非分之想或邪恶念头,早有无数个更好的机会去实施,为何偏在案发当晚实施?

章伟军的母亲、章倩的奶奶,在 2000 年 1 月 4 日的笔录中说道,章伟军把唯一的侄女和侄儿早当成了自己亲生的孩子。章倩经常对奶奶说,叔叔对她可好了,以后赚钱给叔叔用,叔叔老了后,她赡养叔叔,还要给叔叔养老送终。听到这样的贴心话,章伟军可以说一直感动得热泪盈眶,怎么舍得痛下杀手?

(五)紧抓章伟军供述中的“作案”前后矛盾不放

在审阅案件材料时，辩护律师发现关于作案情节，有多处前后不一，破绽频出。如：关于所谓杀人的位置，先说是在床上，又称是在地上；又如：关于杀人的方式，先说是手掐，后又说用胳膊扼，又说是用布袋勒，最后称是用绳索缠；再如：关于装砖块的袋子，先说是自己房间里的，又称是提前找村里小卖部借的，再讲是在章倩的房间里拿的；继如：关于砖块，一时说是自家的，一时又说是邻居家的。

但是经过调查，邻居家的砖块并没有丢失，小卖部也没有借袋子给章伟军，章伟军有肩周炎，两个胳膊平时无力，身材也极其矮小，章倩的房间很小，地上还堆着粮食。这些足以证明章伟军供述的所谓“作案经过”不能成立，而且前后矛盾的“有罪供述”没有其他旁证支撑，这更是案件的关键突破口。

(六)找到章伟军曾受惨无人道刑讯逼供的证据

从章伟军的多次笔录上记载的讯问时间可以看出，每次对章伟军都是长时间轮流讯问，疲劳审讯，并没有保障章伟军必要的休息权。章伟军被带走，章家人心里不安，与村干部一起到公安局想知道案情进展，结果看到章伟军双手被反铐在背后，只穿着单衣，歪在冰冷的墙角，浑身冻得发抖，奄奄一息。

当章伟军看到村干部，仿佛见到了救星，他哭着哀求：“我真没有杀人，他们轮流打我，我实在是受不了啦！”为了固定这一证据，在与村干部的交流中，因为村干部不愿意作证，或者是害怕作证(可以理解)，辩护律师只得录音，用以证实村干部曾听到过章伟军自称其被刑讯逼供的事实。

被冤枉时，对于一个冤者来说，内心该有多大的绝望和恐惧。每一名办案人员有没有想过，在章伟军只是嫌疑人时，要充分保障他的人权和尊严，不仅为他的最终清白，也为给自己留下挽回的后路。刑讯逼供是在抹黑神圣公平正义的法律。

家属明显感觉到了章伟军是冤枉的，便极其艰难地为章伟军维权，一是想要真相，二是挽回家人的脸面，三是最核心的“让真凶落网伏法”。

（七）用录音固定夏小明对本案有重大作案嫌疑

有人证明案发前章倩弟弟的同班同学夏小明到过章倩的诊所，办案人员也对其做过简单调查，在没有排除其是否具有作案时间的情况下，仅凭其一面之词就没有继续查证。据夏小明村里的人说，自从公安机关找过夏小明后，夏小明一家三口突然一夜之间人间蒸发，去向不明。

这是多么明显的异常，却被侦查机关忽略了。这一个细节，最让人痛心，也最让人不可理解。老百姓都能轻易发觉的异常，侦查机关却忽略了，令人无奈、无语。

章倩的父母也就是章伟军的哥嫂，曾经以为就是章伟军做了伤天害理、人神共愤的杀人行为，咬牙切齿，恨不得将章伟军撕成碎片。但是这几年，各种迹象表明，章伟军被冤枉了，真正的嫌疑人夏小明快速进入了视野。

比如，夏小明与妻子关系一直不好，没有固定的经济来源，平时很拮据，夏小明爱在章倩的诊所附近晃悠。案发后的最近几年，夏小明村里的人都在传言："是夏小明掐死了隔壁村的村医（章倩），村医的叔叔是个冤大头。"后来，从新疆回来的夏小明村里的人也说，在新疆见过夏小明周围的人，大家都知道章倩就是夏小明害死的。

这些传言，当然也引起了章伟军哥嫂及侄儿的高度关注，更急切地要为章伟军申冤，开始控告夏小明，并积极收集证据。但村民胆小怕事，不敢招惹夏小明，所以，平时敢怒不敢言，也不愿意作证，辩护律师只能对村民采用了私下录音的方式。虽然，村民的说法只是传来证据，但是，对于查明章倩的真正被害原因有着重要的参考价值。

三、根据争议焦点，坚定地为章伟军进行无罪辩护

根据案宗中的材料和检方观点，辩护人归纳出本案如下争议焦点：

1. 仅凭被告人的有罪供述能否定罪？物证在哪里？

2. 抽屉中的近千元现金去了哪里？章伟军是怎么花掉的？

3. 涉案钥匙章伟军扔到了哪里？如此重要的物证为何不查清？

4. 没有做精斑 DNA 鉴定的强奸杀人能否定案?

5. 案件现场为何没有做排除章伟军指纹的技术鉴定?

6. 原二审判决中“鉴于本案的具体情况改判死缓”是否说明案件存疑?

7. 现有证据能否推定刑讯逼供成立?

8. 事实证据方面是否全面存疑?能否推定无罪?

9. 被告人的口供前后不一,能否作为定案依据?

10. 受害人弟弟的同班同学是否具有重大作案嫌疑?

11. 亲如父女,视如己出,叔叔是否会奸杀自己疼爱的亲侄女?

12. 被告人供述的作案情节、手段、方式等为何前后不一?

在省高级人民法院就本案的审理中,辩护律师准备了多份新证据,并提出了如下无罪辩护意见:

(一)仅凭口供不能认定章伟军有罪,本案疑点无法排除

对一切案件的判处都要重证据,重调查研究,不轻信口供。只有被告人供述,没有其他证据的,不能认定被告人有罪和处以刑罚。原一、二审法院在只有违法获取的章伟军的口供,且没有其他任何证据相互佐证的情况下,仍然判决章伟军有罪,这与“只凭口供不能认定被告人有罪”的重要刑事诉讼规则背道而驰。

以下必备证据或事实没有查清:

1. 丢失的近千元现金去向未查明

本案中,丢失的近千元营业款在哪里?章伟军并没有准确“交代”清楚,这是本案中必不可少的重要物证。如果认定章伟军就是凶手,就必须查清该款的下落。章伟军在家里不经手钱物,近千元现金,对章伟军来说,是个不小的数目。如果是其实施了犯罪行为,那么近千元营业款的下落,警方应查明。

办案人员曾经问过小卖部的老板,也走访了村民,曾想弄清钱款的去向,但是,发现在案发后的一段时间里,并未见章伟军有与近千元现金相匹配的大额支出。既然认定章伟军拿了该款,就应当有证据证实,不能仅凭章伟军所说“自己用了”就武断定案。

2. 章倩一串钥匙的下落至今不明

章伟军及其哥嫂、母亲都能证实章倩平时有一串随身携带的钥匙,用于开院门、房门、诊所门、卧室门、客厅门,但这串钥匙却神秘失踪。章倩在家中被人强奸杀害,又被抛尸离家500米的机井,而门窗完好无损。真正的罪犯可能使用了被害人章倩手中的那串钥匙。

关于这串钥匙,章伟军交代了两个地方,一是院后的小水沟,二是邻居家的茅厕,但将两处翻了个底朝天,并无钥匙踪影,说明章伟军的交代可能是在刑讯逼供下的、没有办法的信口雌黄。

如此重要的物证,相当于作案工具,不能说不查就不查了,说不见就不见了。辩护人认为,查明了钥匙的下落,再做一个指纹鉴定,凶手就非常容易确定,也就可以排除章伟军作案的可能。

3. 未依法进行精斑DNA比对鉴定

一、二审法院认定,章倩是先被强奸后被杀害,这一说法的依据何在?辩护律师在案卷中的尸检报告中找不到痕迹。如果是章伟军"作案",那一定要将被害人章倩体内或体表残留的精斑和章伟军的血迹进行DNA司法鉴定,以便确定章伟军是不是真正的作案人,这对侦查机关来说是一个基本的侦破常识,且卷宗中也没有关于为什么没做DNA鉴定的情况说明。辩护律师认为,除章伟军的所谓强奸供述外,并没有其他证据证明章倩曾被强奸。

4. 没有进行指纹和鞋印痕迹司法鉴定

按章伟军的"交代",他在章倩的房间实施性侵持续了20多分钟。而章倩一直在挣扎,其手脚接触到了柜子、床沿、床架、门窗、抽屉、开关等部位。如果当晚章伟军在案发现场,只要做指纹和鞋印痕迹司法鉴定就一目了然。遗憾的是,并没有做鉴定。可见,杀人行为系他人所为。在案件侦破过程中,一切合理怀疑并没有得到排除。

(二)本案中的几个非常重要的核心问题没有查清

1. 章伟军供述的作案场景明显前后不一

辩护人提请法庭注意的是,关于作案细节问题,章伟军的供述有明显自相矛盾的地方:一是关于杀害章倩的方式,先后有手掐、胳膊扼、布袋勒、绳索缠四种;关于杀害章倩的位置,先后有门口、地上、床上、柜边、窗边五个方位;关于沉尸袋子的来源，先后有村里小卖部借的、章倩房间的、自己房间的三种；关于沉尸的砖头的来源，先后有自家的、邻居家的两种。

这是一起震惊附近方圆数十里的奸杀案，仅章伟军对作案场景的供述，就有如此多的不一致，最终让章伟军痛不欲生，蒙冤至今。

2. 章伟军供述中的疑点经辩护人调查仍无法排除

就上述沉尸用的袋子，章伟军曾有一种说法是向村里小卖部借的，但是小卖部老板能证明，章伟军不但在案发前没有向小卖部借过面粉袋子，而且在平时也从未向小卖部借过，小卖部老板表示自己记得千真万确。

关于沉尸用的红砖头，章伟军先说是自家的，后称是邻居家的。但是，经辩护人调查，从井里打捞出来的是红砖头，邻居家说，他家从来就没有红砖头。而章伟军的母亲、哥嫂都证明自家没有红砖头。

根据病历、购药单据及章伟军供述等能证实，章伟军在案发前患有肩周炎（病历为证），两只胳膊平时无力，身材也极其矮小。按章伟军的供述，是他把章倩的尸体和装红砖的袋子用肩扛到井旁的，当时两只胳膊无力的章伟军不可能把约百斤重的章倩和超过100斤的装有红砖的袋子送到自己肩上。

3. 当晚章伟军因醉酒倒床睡到天明，无作案时间和能力

据辩护人调查了解，案发当晚，章伟军喝了一点酒，脚脸未洗，蒙头酣睡，一觉天明。从生活情理上而言，章伟军当晚不会有故意杀人、强奸、沉尸水井的作案能力，办案人员忽视了对章伟军无罪证据的排查，这是工作疏忽。只要办案民警对案发前一晚的情况作简单核实，章伟军是否“作案”，就能一清二楚。

4. 章倩的奶奶证实当晚凌晨院门和院内有开门声

根据章倩奶奶的陈述，当晚凌晨其曾听到院门和院内房门开启的声音，约1小时后，院门再次发生开关门的声音，她以为是有人起夜上厕所，也就没有太在意。老太太既是被害人章倩的奶奶，也是被告人章伟军的母亲，她的陈述具有客观真实性。由此可以推断，作案的人不可能是章伟军，而是其他人。第一次门响可能是有人作案后逃走，第二次门响的声音估计是返回来盗窃、沉尸、清理作案现场。

5. 有证据证实章倩弟弟的同班同学夏小明有作案嫌疑

有人证明案发前章倩弟弟的同班同学夏小明到过章倩所在的村子，办案人员也对其做过简单调查，在没有排除夏小明是否具有作案时间及可能后，仅凭其一面之词的辩解，就没有继续查证。而在办案人员对夏小明调查过后，夏小明一家三口突然一夜之间，人间蒸发，嫌疑人的成分加剧却遭忽视。

（三）原判认定事实错误，章伟军没有实施犯罪行为

依刑事司法实践和通论，犯罪事实清楚、证据确实充分必须具备：据以定案的证据都必须查证属实，所有证据与待查证的犯罪事实之间存在客观联系，属于犯罪各构成要件的事实都必须有充分的证据，所有证据从总体上足以对需证明的事实得出唯一确定的结论。

详细查阅了一、二审卷宗后，辩护人认为现有定案证据根本达不到这一证明标准。原一、二审判决所谓的“事实清楚，证据确实、充分”经不起推敲。

任何人在未经证实和判决有罪之前，应视其无罪，这是无罪推定的应有之义，也是法律常识。辩护人注意到，二审法院改判章伟军死刑缓期2年执行的理由是“鉴于该案的具体情况”。这里的“具体情况”应当理解为“证据存在疑点，一旦执行死刑后果不堪设想”，所以二审法院就用了一个自认为很“负责”和“折中”的办法，推定章伟军构成犯罪，这种做法犯的是刑事司法审判中“有罪推定”大忌。

本案被害人章倩于1999年12月2日夜里失踪，后其尸体被发现于离家约500米的一口机井中。当地将此案定为“千禧年第一大案”。在久侦不破的情况下，破案心切的个别办案人员凭着所谓的章伟军“偷听”案件谈论，就将其列为犯罪嫌疑人。对于章伟军来讲，他巴不得早些抓住真凶，还侄女一个公道，“偷听”案子的进展情况，也实属正常，遗憾的是被办案人员当成了侦查的突破口。

章伟军虽然是单身，但不太可能做出原判所认定的令人发指的强奸、杀人犯罪行为。章伟军虽未婚，但包括章倩在内的其他家庭成员是他的至亲。原一、二审裁判的认定不但使章伟军蒙冤，而且会促使不明真相的人淡漠亲情，处处防范。

(四)采取刑讯逼供获得的口供不能作为定案依据

公安机关个别办案人员在讯问中使用殴打、责骂等方式或者其他方式变相对犯罪嫌疑人、被告人的身体进行折磨和摧残,以逼取口供的行为,偶有发生。刑讯逼供行为严重侵犯了犯罪嫌疑人、被告人的人身权利和自我辩解的权利,使其在肉体或精神上感到痛苦而被迫做出某种违心的供述,以致常常造成被审讯对象重伤、死亡和冤假错案的发生。刑讯逼供损害的既是司法机关的形象,往往也放纵了真正的罪犯,刑讯逼供为我国法律所明令禁止,是审案的红线,不可触摸。

1996年《刑事诉讼法》及相关司法解释明确规定,严禁刑讯逼供和以威胁、引诱、欺骗以及其他非法的方法收集证据。[1] 不仅如此,我国《刑法》更是将刑讯逼供行为规定为犯罪。[2] 刑讯逼供往往使人被屈打成招,从而形成冤案,有的甚至造成不可挽回的悲剧。

震惊全国的杜培武杀妻案和佘祥林杀妻案,相信法律人都不可能轻易忘记这两个因极端刑讯逼供而导致的特大冤假错案。

昆明警官杜培武的妻子被枪杀,经刑讯逼供,杜培武"承认"了全部"犯罪"事实。法院一审判处死刑,二审法院以"根据本案的具体情况"改判死缓,这个改判的理由和本案二审法院改判死缓的理由如出一辙。

佘祥林因"涉嫌杀死妻子"遭到刑讯逼供,一审被判处死刑,二审法院发现案件存疑,发回重审,最终被判15年。随后妻子突然现身,使冤案得以揭开真相。

这两个典型的错案和本案极其相似,"有罪推定"会冤枉无辜,放纵真凶。"无罪推定"的立法本意是保护无辜者不受追究。二审中的"鉴于本案的具体情况"和这一重要原则是相冲突的,既然案件存疑,就应宣告无罪,而不应考虑其他法外因素。

"知错就改,坚持实事求是"是司法机关应当遵循的最高行为准则。

章伟军的讯问笔录上显示的时间说明,章伟军被侦查机关带走后,连续被

---

〔1〕 对应2018年《刑事诉讼法》第52条。

〔2〕 对应2023年《刑法》第247条。

审讯几天几夜。其家人和村干部在侦查机关见到章伟军时,章伟军已奄奄一息,全身是伤。

对于侦查机关是否实施了刑讯逼供,绝对不能仅凭着案卷中公安机关的"没有刑讯逼供"的情况说明来认定。公安机关本来就是实施刑讯逼供的主体,让自己出具情况说明证明自己没有实施刑讯逼供是不妥的。自己不能做自己的法官,自己不能做自己的证人,这是基本常识。

向法庭提供的证人证言和医院的治疗记录能证明章伟军受到了办案人员不容否定的刑讯逼供。否定章伟军在刑讯逼供下所作"供述",进而才有机会追查本案中的真正罪犯夏小明。

综上,本案并非章伟军所为,夏小明有重大作案嫌疑。原一、二审法院认定事实错误,证据不足,对章伟军定罪量刑,存在错误。请再审法院依法宣告章伟军无罪。

四、省高级人民法院再审改判无罪，给予国家赔偿

(一)省高级人民法院再审改判章伟军无罪

省高级人民法院认为,根据现有证据,市检察院指控原审被告人章伟军犯故意杀人罪、强奸罪不能成立。

同时,省高级人民法院认为,市中级人民法院以强奸、故意杀人两罪并罚判处章伟军死刑及剥夺政治权利终身的一审判决和本院以强奸、故意杀人两罪名改判死刑缓期 2 年执行及剥夺政治权利终身的二审判决,均属错误,应予纠正。为此,撤销一、二审判决,改判章伟军无罪,不承担民事赔偿责任。

(二)省高级人民法院作出国家赔偿决定

省高级人民法院根据章伟军的申请于 2009 年 2 月 27 日作出国家赔偿决定。省高级人民法院认为,再审改判无罪的判决是对原终审判决的否定,由于原终审法院的错误判决,致使章伟军的人身自由受到侵犯,章伟军申请本院因再审改判无罪赔偿理由成立,应予支持;章伟军在人身自由受到侵犯的同时,精

神也受到了一定的伤害,其要求精神损害赔偿,应予部分支持。

对于章伟军要求赔偿其母亲生活费,不予支持。章伟军要求在省级以上报纸、电视等媒体为其消除影响、恢复名誉的请求,由于省高级人民法院已在侵权行为影响的范围内为章伟军消除影响、恢复名誉,不予支持。

省高级人民法院作出了三项决定:一是赔偿章伟军被无罪羁押3060天的赔偿金(待最高人民法院公布2008年全国职工日平均工资数额后计算);二是赔偿章伟军精神损害抚慰金10万元;三是驳回其他赔偿请求。

(三)最高人民法院对赔偿问题一锤定音

章伟军对省高级人民法院作出的国家赔偿决定不服,依法向最高人民法院申请作出最终赔偿决定。经过听证,各方陈述意见,在就精神抚慰金达成"保密协议"后,最高人民法院于2009年8月18日依法作出最终国家赔偿决定:(1)维持省高级人民法院国家赔偿决定书第1项、第3项;(2)撤销省高级人民法院国家赔偿决定书第2项。本决定自收到之日起15日内履行完毕,本决定为发生法律效力的决定。

五、真凶夏小明最终被抓获,并被判处死刑

(一)公安机关最终侦破本案抓捕真凶夏小明

省公安厅指令市公安局对重要嫌疑人夏小明立案侦查,根据掌握的初步证据材料,市公安局远赴新疆,先在外围对夏小明秘密调查,在获取关键证据后,依法将夏小明抓捕。

根据夏小明的供述,在距离其家东侧50米的井中打捞出章倩的一串钥匙,该钥匙能够打开大门挂锁、诊所外屋、里屋门锁、诊所内桌子抽屉挂锁,其交代的章倩家的场景和房间方位与案发时一模一样。

经进一步查证,夏小明在案发当日,去章倩家西屋诊所看病,瞟到了抽屉中有现金,其趁人不备,躲到章倩的东屋卧室床底,晚上在章倩熟睡之后,用章倩的钥匙打开诊所门和抽屉,窃取近千元现金。现金到手后,夏小明又潜入卧室

准备强奸章倩，惊醒的章倩正准备反抗，夏小明恐惊醒章倩家人，将章倩扼死。

深夜逃回家的夏小明唯恐暴露，从家里拿了一个面粉袋，再次返回到章倩家，将章倩的尸体扛到章倩村里的一口机井旁，用绳子一头系在章倩的脖子，一头系在装有半袋砖的面粉袋上，推入深井里。在返家的途中，将章倩的一串钥匙扔进距家约 50 米的一口井里。

章倩的父母委托我作为其代理律师，依法向夏小明提起刑事附带民事诉讼，并协助公诉人对夏小明进行指控。这时我的角色发生 180 度大转弯。在后来的市中级人民法院和省高级人民法院对夏小明的刑事审判中，依法提出了应当判处夏小明死刑的出庭意见，最终被两级法院采纳。

（二）市中级人民法院一审判决真凶夏小明死刑

1. 市中级人民法院一审认定章倩是被夏小明杀害

市中级人民法院经审理查明，1999 年 12 月 2 日晚，夏小明到邻村章倩家西屋开办的诊所看病，发现诊所抽屉内有钱，顿起盗窃之念。夏小明藏匿在章倩东屋的卧室床下伺机作案。当晚，章倩出诊后回卧室休息。夏小明趁章倩熟睡之际，用章倩的钥匙打开诊所门，窃取现金近千元。之后，夏小明又潜入卧室企图强奸章倩，被发现，夏小明遂用双手扼住章倩的脖颈，致其死亡后逃离现场。

当夜，夏小明害怕罪行暴露，遂又返回章倩家中，将尸体背至一口机井旁，用面粉袋装半袋砖头，后用绳子将半袋砖头系于章倩的脖颈处，将尸体抛于井内。夏小明在返家途中，把章倩的一串钥匙扔于其家附近的另一口井内。为此，市中级人民法院一审判处夏小明死刑。

2. 一审判决夏小明作案的主要事实依据

夏小明前妻证实：夏小明说他把邻村的章倩强奸后掐死了，拿走了诊所的钱，回家拿绳子和袋子，装了半袋砖，再到章倩家扛出尸体投入井里，在回家的路上将钥匙扔进了我家附近的井里。

夏小明的父亲证实：2000 年年初，接到夏小明岳父的电话，说夏小明把邻村的一个女孩子强奸后杀害了，夏小明一家三口已经来到新疆。

夏小明的前岳父证实：听老伴说夏小明把邻村的一个乡村医生害了，把这个信息打电话告诉了夏小明的爸爸。

辨认笔录：夏小明辨认出距夏小明家东约50米的土井，即是夏小明抛钥匙的土井。

侦查实验笔录：根据夏小明的供述，在其家东侧井中打捞出一串钥匙，能够打开大门挂锁、诊所外屋、里屋门锁、诊所内桌子抽屉挂锁。

现场勘查笔录：夏小明描述的抛尸现场及章倩家中的情况与其供述完全一致。

（三）省高级人民法院二审维持原一审死刑判决

省高级人民法院认为，上诉人夏小明故意非法剥夺他人生命，其行为已构成故意杀人罪，且罪行极其严重，应依法严惩。原判证据充分，定罪准确，量刑适当，审判程序合法。上诉人夏小明的上诉理由及夏小明的辩护人的辩护意见均不予采纳。省人民检察院的出庭意见和附带民事诉讼代理人褚中喜要求维持原死刑判决的意见予以采纳。驳回上诉，维持原判，本裁定为终审裁定，并依法报请最高人民法院核准。

（四）原办案民警被判刑

根据章伟军的控告，当地及时地启动了错案追责程序，对章伟军遭受"肉刑"负有责任的几名警察和主管领导，因涉嫌刑讯逼供罪和玩忽职守被检察机关移送审查起诉，章伟军被屈打成招的过程也被检察机关揭开，检察院向法院提起公诉。

检察机关认定，凶杀强奸案发后，警方在排查过程中，曾一度将夏小明列为怀疑对象，在对其作案嫌疑没有完全排除的情况下，涉案民警又将章伟军列为重点怀疑对象，带到一宾馆逼取口供。当章伟军不承认或承认前后不一、矛盾百出时，办案民警就用脚猛踢章伟军的下身，辱骂殴打，强令章伟军"承认"强奸杀害亲侄女的全部"犯罪"事实。

我受章伟军的委托，在异地某县法院对涉案警察和负责人的审判中，代章伟军对涉案警察、主管领导及公安机关一并提起刑事附带民事诉讼，并要求严惩涉案民警，依法追究涉案警察的刑讯逼供和主管领导玩忽职守的刑事责任，对章伟军因蒙冤而造成的伤残应由原办案机关和直接施暴的警察共同赔偿。

经过异地审判，就被控罪名，某县法院采纳了公诉人的公诉意见和我的出庭意见，依法认定办案民警构成刑讯逼供罪及主管领导构成玩忽职守罪，分别判处 2 年有期徒刑等不同的刑罚。

六、办理此案的几点思考

（一）办案人员在每一起刑事案件中需要特别慎重

对于刑事案件，我建议公诉人把好案件质量关，不迁就公安机关个别破案心切的办案人员，将错案消灭在萌芽状态，努力不让无辜者蒙冤。冤假错案，毁灭的是一个家庭，甚至一个家族。而且是对大众法治信心的巨大伤害，更是对法治信仰的摧毁。

随着法治的不断进步及纠正冤假错案的力度进一步加大，曾经的错案总有纠正的一天，最终要承担责任的可能就是曾经的办案人员。本案中的部分办案人员在接受法庭审判时，辩称自己只是执行者，但在口说无凭的情况下，要承担责任的最终是办案人员。因此，办案人员要提高办案质量，严格证据标准，避免导致冤假错案。

（二）杜绝刑讯逼供，重视客观证据，不轻信口供

实践中部分刑事冤假错案形成的原因，往往与侦查机关重口供，忽视物证以及急功近利、急于求成、破案心切和命案必破的政策或要求有关。但不可否认，人的认识能力和主观能动性受客观条件的制约，并不是所有的案件在发生后都可以及时查明案情。

防止刑讯逼供和冤假错案发生，就需要侦查机关、检察机关、审判机关重证据，不轻信口供。对可能判处无期徒刑或死刑的案件要收集与本案相关的物证、书证、证人证言等。作案时间、作案工具、作案现场、现场勘验笔录、侦查实验、鉴定意见等都是查证案件事实的重要线索或凭证。

犯罪总是发生在现实社会中，是人实施的。正常人的行为都具有预期性，

希望实现一定的目的。因此,对于犯罪行为的侦查,除从法律、事实和证据上着手外,还要结合案件具体情况,综合审查犯罪嫌疑人或被告人犯罪的目的、背景以及是否符合常理或基本逻辑。例如,对于本案的侦破就要结合证据、运用常理和社会经验判断嫌疑人的作案背景和目的。章倩与章伟军系亲叔叔与亲侄女的关系,一家人长期生活在一起,对于正常和理性的成年人,一般除了亲情,不可能产生爱情或其他不合理的非分之想。

(三)作出无罪判决、追查真凶、严惩办案民警值得点赞

在该案中,我以律师的身份直接参与了为章伟军无罪辩护、申请国家赔偿,并出庭协助检察机关指控真凶夏小明故意杀人和施暴警察刑讯逼供及主管领导玩忽职守。通过这几起案件,我切身感受到一起错案的形成、纠正、追责的全过程,犹如一部大片,该案对涉及的每一个家庭都是撕心裂肺的痛,对每一位参与纠错的办案人员都刻骨铭心。

省高级人民法院不忘初心,实事求是,有错必纠,依法撤销市中级人民法院和省高级人民法院原一审死刑判决和二审死缓判决,最终改判章伟军无罪,并依法给予国家赔偿,及时消除此案对章伟军及其家人的伤害,值得点赞。省高级人民法院不但不会因此而公信力受损,而且能够在纠错中得到公众更大的尊重和信任。

对真凶夏小明的一、二审死刑判决,一定程度上抚平了章伟军及其家人的心灵创伤,维护了社会的公平正义,正告和警醒每一位准备以身试法者:作恶必被罚,伸手必被抓。该案也提醒身在偏远农村的年轻女孩子,晚上需要注意自身安全,父母和家人应当提高警惕,不要让犯罪分子侵害到家庭成员。

对涉案民警的刑事追责,既是对章伟军及其家人的一个说法和交代,也体现了司法机关对其违法犯罪的工作人员的零容忍。只有这样,司法工作人员才会在以后的办案中,慎之再慎,进一步提高办案质量,杜绝冤假错案,让办理的每一起案件在事实认定上有铁证,在法律适用上有依据。

(四)错案国家赔偿中的精神抚慰金应当适当提高

在代章伟军向省高级人民法院申请赔偿时,1995 年 1 月 1 日施行的《国家

赔偿法》并没有规定精神抚慰金赔偿项目，我提出应当参照民事案件中的精神抚慰金的标准和方式对章伟军进行赔偿，省高级人民法院支持了 10 万元精神抚慰金，因不服其他赔偿请求项目向最高人民法院申请作出最终赔偿决定。虽然最高人民法院撤销了 10 万元精神抚慰金的赔偿部分，但章伟军与省高级人民法院此前已经达成了其他方面的赔偿项目和方式。

后来，最高人民法院就两部《国家赔偿法》司法解释的起草修订，向我发出了邀请。

2010 年 4 月 29 日，全国人大常委会修改了《国家赔偿法》，扩大了消除影响、恢复名誉、赔礼道歉的适用范围，增加了精神损害抚慰金的规定。2014 年 7 月，最高人民法院颁布的《关于人民法院赔偿委员会审理国家赔偿案件适用精神损害赔偿若干问题的意见》规定，确定精神损害抚慰金的具体金额，原则上不超过人身自由赔偿金、生命健康赔偿金总额的 35%，最低不少于 1000 元。

2021 年，最高人民法院颁布了《关于审理国家赔偿案件确定精神损害赔偿责任适用法律若干问题的解释》，明确规定，致人精神损害，造成严重后果的，精神损害抚慰金一般应当在人身自由赔偿金、生命健康赔偿金总额的 50% 以下酌定；后果特别严重，可以在 50% 以上酌定。

最高人民法院在正式审议该司法解释前，曾将该司法解释送审稿送至中华全国律师协会，希望听取律师界的意见，也许是因为我办理国家赔偿案件相对较多，中华全国律师协会将该司法解释送审稿发给我，让我提出意见。通过反复检索现有案例和学者观点及专家建议，并结合自己办理国家赔偿案件中遇到的精神抚慰金赔偿问题，我站在国家赔偿申请人的角度提出了自己的建议，有些被采纳。

第三章　服刑11年“故意杀人犯”被再审改判无罪

——唐国辉被控故意杀人案

简要案情

1994年4月,江南某农村的一水塘中发现一具无名女尸。公安局经过排查,认定死者为章美丽,其丈夫唐国辉(化名)有故意杀人嫌疑。同年10月,唐国辉被一审判处死刑,省高级人民法院二审认为疑点较多,发回重审。

市检察院重新审查后认为不足以判处无期,要县检察院(原地区检察分院)直接向县法院公诉,唐国辉被一审法院判处15年有期徒刑,市中级人民法院随之二审维持原判。11年后,市中级人民法院撤销原一、二审裁判,指令一审法院再审本案,县法院经再审,改判唐国辉无罪。

唐国辉依法向作出生效有罪裁判的市中级人民法院(原地区中级人民法院)和侦查此案的县公安局申请国家赔偿。与此同时,唐国辉的家人也向县公安局申请国家赔偿。经过据理力争,唐国辉及其家人共获得91万元的赔(补)偿。案件画上句号后,唐国辉及其家人向我赠送了一面锦旗。

此案一度震惊全国,引起中央电视台、凤凰卫视、新华社等全国媒体高度关注,推动死刑案件二审必须开庭、严禁刑讯逼供等一系列新政出台。最高司法机关曾把此案作为“警示”案例,让司法办案人员从中吸取教训,提高办案质量。

一、水塘惊现女尸,唐国辉成为“杀妻”嫌犯

案发地所在县素有“省城后花园”之美誉,是某国家级风景名胜区的核心景

区。1994年4月1日,在这个环境优美的旅游名城的某农村一水塘里发现了一具女尸。死者是谁?一时成了谜局。村民报警后,因涉及命案,民警迅速赶到,开展打捞。

经过法医鉴定,这位死者大概死了两个月了,是女尸。死者身高在155厘米,年龄大概为30岁,曾有过生育。因长时间水泡,尸体已经浮肿腐烂,脸部更是无法辨认,没办法确定死者的真实身份。

法医经进一步鉴定,发现这具女尸生前不是意外落水的,女尸身上有明显的钝器重伤痕迹。有两种可能:一是被人用钝器重伤后溺水身亡的;二是被人杀害后抛尸池塘的。

尸体的颅骨骨折,并且头部有多处被钝器砸伤的痕迹,公安机关判断是一起故意杀人抛尸案。当地公安机关立即抽调精兵强将组成专案组展开侦破工作。摸排、调查、走访、勘察等工作有序开展,正当对死者身份一筹莫展时,有人反映,这具女尸的特征与唐国辉失踪的妻子章美丽有些相似。

章美丽年龄也约30岁,生过一个女孩,她的身高与女尸基本一致,失踪时间与女尸死亡时间也很吻合。根据获得的线索,专案组将侦查范围和方向进行调整。专案组民警派人联系章美丽的家人来认尸,章美丽母亲在看到尸体的第一眼,就立即扑倒在地,悲痛欲绝,一口认定就是自己的“女儿”。

但仅凭看不出面孔的浮肿尸体,实际是无法证实尸体的真正身份的。于是有人建议章美丽家人做一下DNA检测,以便确定这具女尸是不是章美丽。可是20世纪90年代的DNA检测费用昂贵,高达上万元,普通农村家庭很难承担这个费用。

章美丽的母亲了解到医学鉴定上尸体肚子上有剖腹产的痕迹,就更加确定女尸就是自己的“女儿”,于是放弃做DNA检测,警方也深信不疑。既然女尸身份被确认,第一时间怀疑的肯定是死者生前亲近的人,于是警方将视线转向了平时与妻子章美丽关系不好的丈夫唐国辉。

在高压审讯下,唐国辉被迫“交代”,他与妻子章美丽长期感情不和,1994年1月20日晚上,趁家人熟睡的时候,将与自己吵架并且犯病的章美丽带到了池塘边上,随后用石头将章美丽砸晕,装入蛇皮袋中沉入池塘。并且他的杀人动机和警察分析的一模一样,就是嫌弃妻子。

最终，在办案民警心中，案件“真相大白”。

二、一审被判死刑，二审法院撤销原判，发回重审

1994 年 4 月 12 日，唐国辉因涉嫌犯故意杀人罪被县公安局监视居住。同年 4 月 22 日被刑事拘留，随后逮捕。1994 年 10 月 13 日地区中级人民法院一审判处唐国辉死刑，唐国辉不服，提出上诉。

知子莫如母，自唐国辉出事后，唐母阳春丽走遍了周围的大小村落寻找出走的儿媳，因为唐国辉跟她说过“我确实没有杀人”。在儿媳出走一年后，唐母寻访到了离家几十公里远的邻县某村，从村民李海涛、列仁军、肖梨花的口中，唐母发现了儿媳尚活在人世间。

唐母其实做了一个律师应该做的工作，因为她知道，要想儿子免于牢狱之灾，至少是留一条命，需要靠证据说话。

村民说，在两个月前，一个女的流浪到这里，给了她吃的喝的后，她说出了自己的名字，还在地上写出自己是海门人，家里有一个 6 岁女儿，两天后她就走掉了。围绕这个线索，唐母在附近找了月余，也没见到儿媳。

眼看唐国辉一审被判死刑，也找不到儿媳的踪影，救子心切的唐母请求村民出具“见过儿媳”的证明。村民同情这位善良的母亲，给唐母出具了后来被媒体称为“良心证明”的证言。

正因为这个证言，唐国辉躲过了一劫。省高级人民法院于 1995 年 1 月 6 日以“事实不清，证据不足”为由作出刑事裁定，撤销原判，发回重审。

1995 年 5 月 15 日，地区检察分院将此案退回补充侦查。

然而，这份证言并没有引起足够重视，公安局办案人员的回答是“这一套我们见得多了”。唐母虽然救了儿子一命，但并没有使唐国辉免除牢狱之灾，反而因“包庇罪”被抓。

近 10 个月后，看守所通知唐家带上 3000 元去领人，筹到钱后，唐父去接人，看守人员把唐母背了出来。三个月之后，唐母悲痛地离开了她当时自认为前途无光的人世。

三、管辖权下移，被县检察院以故意杀人重新公诉

1997年因行政区划变更，原地区行署管辖的一些县市分离出来，另行成立地级市，案发地所在的原地区行署所属县也变为市属县，县检察院于同年11月23日将此案呈送市检察院起诉。同年12月15日，市检察院审查后认为唐国辉的行为不足以判处无期徒刑及以上的刑罚，将该案移交县检察院起诉。

1998年3月31日，县人民检察院×检刑起字(1998)第26号起诉书向县法院提起公诉，指控如下：

被告人唐国辉故意杀人一案，由县公安局侦查终结，移送本院审查起诉。现查明：

1993年10月至12月，被告人唐国辉因与某女青年关系暧昧而与妻子章美丽不和，引起其妻精神失常，唐国辉见其妻患有精神病，遂起杀害妻子另娶他人之心。

1994年1月17日，被告人唐国辉从金店镇乘三轮车回海门口镇大余村下车时，见车上有一蛇皮袋，袋内装有几件衣物，便将该袋提下车放到新湾一瓜棚内后回家。

1994年1月20日晚10时许，被告人唐国辉将妻子章美丽从床上拉起来后，引到新湾瓜棚内关好门，自己返回家中睡觉，次日凌晨2时许，被告人唐国辉抱着小孩到父母房内谎称章美丽出走了，然后拿出手电筒、麻绳和章美丽穿的毛裤推自行车出门。

唐国辉来到新湾瓜棚给章美丽换上蛇皮袋内的衣服、鞋子，将换下的衣服放在棚内。尔后，被告人唐国辉拿着蛇皮袋带着章美丽至海门口镇道口村堰边时，趁章美丽不备，用石头猛击章美丽的面部，将章美丽打倒在地后，又朝章美丽的头部乱打一阵。

直至章美丽不再动弹，接着被告人唐国辉将章美丽拖到堰塘的东北角，沉入水中。同年4月11日，道口村九组陈某发现堰塘内的尸体后报案。经法医鉴定：章美丽系被他人用钝器打击头部致昏迷后又抛入水中溺水身亡。

上述犯罪事实清楚，足以认定。

该院认为，被告人唐国辉故意杀害妻子，其行为触犯了《刑法》(1979年)第

232 条[1]，构成故意杀人罪，根据《刑事诉讼法》(1996 年)之规定，对唐国辉提起公诉。

四、一审认定故意杀人罪名成立，判处唐国辉 15 年有期徒刑

经审理，1998 年 6 月 25 日，县法院作出(1998)×刑初字第 046 号一审判决：

经审理查明：1990 年 7 月，被告人唐国辉在荡口水库治安队工作期间，与未婚女青年艾某长期保持不正当两性关系，并先后多次向艾某提出结婚，因此，与妻子章美丽不和，引起其妻精神失常，被告人唐国辉见其妻患有精神病，遂起杀妻另娶之心。

1994 年 1 月 17 日，唐国辉见车上有一蛇皮袋，袋内装有几件衣物和一双保暖鞋，便将该蛇皮袋提下车，放到离家不远的新湾瓜棚内后回家。同月 20 日晚 10 时许，被告人唐国辉将妻子章美丽从床上拉起来，带到新湾瓜棚内关好门后，自己返回家中。

次日凌晨 2 时许，被告人唐国辉将小孩抱到其父母房内，谎称章美丽出走了，然后以外出寻找章美丽为由，拿着手电筒、麻绳和章美丽穿的毛裤，推着自行车出门，来到新湾瓜棚给章美丽换上蛇皮袋内的衣服和鞋子，并穿上带去的毛裤。

将换下的衣服放在棚中，尔后唐国辉拿着蛇皮袋带着章美丽到海门口镇道口村九组堰边，趁章美丽不备，用石头猛击章美丽的头、面部，致章美丽不再动弹，将章美丽拖到堰塘的东北角，用麻绳将装有 4 块石头的蛇皮袋绑附其身沉入水中。次日下午唐国辉将从章美丽身上换下的衣服全部放在自家灶里烧毁。同年 4 月 11 日，章美丽的尸体被人发现后报案，公安机关侦查，将被告人唐国辉抓获归案。

上述事实有下列证据予以证实：

(1)证人程某、艾某、阳某等证言证实；

(2)用于沉尸的石头、蛇皮袋和麻绳等物证予以佐证；

(3)被告人唐国辉画的行走路线图及其领着公安人员找到杀人、沉尸的现

---

[1] 对应 2023 年《刑法》第 232 条。

场记录印证；

(4)有现场勘查笔录、尸检照片及法医鉴定死者系被他人用钝器击打头部致昏迷后沉入水中溺死的结论予以印证；

(5)被告人唐国辉曾作过供认，且其口供与上述证据一致。

本院认为，被告人唐国辉无视国家法律，为达到另娶之目的，杀害妻子，其行为已构成故意杀人罪。据此，依照《刑法》第12条〔1〕和1979年《刑法》第132条〔2〕、第51条第1款〔3〕、第52条〔4〕之规定，判决如下：

被告人唐国辉犯故意杀人罪，判处有期徒刑15年，剥夺政治权利5年。

五、唐国辉不服上诉，被市中级人民法院维持原判

一审判决作出后，唐国辉当即提出上诉，认为自己没有实施杀人行为，但该意见并没有得到二审法院重视。1998年9月22日，市中级人民法院经过审理，作出刑事裁定，驳回上诉，维持原判：

原判认定，1990年7月，被告人唐国辉在荡口水库治安队工作期间，与未婚女青年艾某长期保持不正当两性关系，并先后多次向艾某提出结婚，因此，与妻子章美丽不和，引起其妻精神失常，被告人唐国辉见其妻患有精神病，遂起杀妻另娶之心。

1994年1月17日，唐国辉见车上有一蛇皮袋，袋内装有几件衣物和一双保暖鞋，便将该蛇皮袋提下车，放到离家不远的新湾瓜棚内后回家。同月20日晚10时许，被告人唐国辉将妻子章美丽从床上拉起来，带到新湾瓜棚内关好门后，自己返回家中。

次日凌晨2时许，被告人唐国辉将小孩抱到其父母房内，谎称章美丽出走了，然后以外出寻找章美丽为由，拿着手电筒、麻绳和章美丽穿的毛裤，推着自行车出门，来到新湾瓜棚给章美丽换上蛇皮袋内的衣服和鞋子，并穿上带去的毛裤。

---

〔1〕 对应2023年《刑法》第12条。

〔2〕 对应2023年《刑法》第232条。

〔3〕 对应2023年《刑法》第55条。

〔4〕 对应2023年《刑法》第56条。

将换下的衣服放在棚中,尔后唐国辉拿着蛇皮袋带着章美丽到海门口镇道口村九组堰边,趁章美丽不备,用石头猛击章美丽的头、面部,致章美丽不再动弹,将章美丽拖到堰塘的东北角,用麻绳将装有4块石头的蛇皮袋绑附其身沉入水中。

同年4月11日,章美丽的尸体被人发现后报案,公安机关侦查,将被告人唐国辉抓获归案。原判认定被告唐国辉犯故意杀人罪,判处有期徒刑15年,剥夺政治权利5年。被告人唐国辉以"根本没有杀人"为由提出上诉。

经审理查明,原判认定被告人唐国辉犯故意杀人罪的事实和情节有法医鉴定书,尸检照片,现场勘验笔录,证人陈某、阳某等证言证实;被告人唐国辉画的作案行走路线图及其将公安人员带到作案现场的记录印证:被告人曾作过的供词与上述证据一致,事实清楚,证据充分。

市中级人民法院认为,被告人唐国辉故意杀人,已经构成故意杀人罪,原判事实清楚,定性准确,审判程序合法,被告人唐国辉的上诉理由不能成立。据此,经审判委员会讨论决定,裁定驳回上诉,维持原判。

六、被"杀害"的妻子突然现身,法院紧急决定再审

随后,唐国辉被投入某监狱服刑。唐母死后,唐家并没有停止申诉和上访,唐父骑着那辆"永久"自行车一趟趟往县人大、司法机关等反映问题,要求为儿子的冤情和老伴无辜早逝讨个说法,并往省人大、省高级人民法院、省检察院写信,但均无回音。

唐国辉最终被判处15年有期徒刑,虽然冤屈,但毕竟活了下来,活着就有希望。唐家相信这个社会并不是一片漆黑,邻县村民的证言更使唐家相信章美丽总有回来的一天。

2005年3月28日,被唐国辉"杀害"的妻子章美丽突然归来。她的出现,瞬间在当地传开,彻底打破了小地方的宁静。"死去"了11年的章美丽突然现身!说明唐国辉并没有杀害妻子,他是被冤枉的。"死而复生"和"亡妻归来"如同爆炸性新闻,惊呆了大家,很快就传遍十里八乡。

章美丽对警察说自己就是唐国辉的妻子,她并没有死去,而是精神病发作走丢了,唐国辉是被冤枉的,她希望司法机关给唐国辉"平反"。章美丽在这11

年间究竟去了哪里？又为何失踪？成为大家急需了解的谜底。

面对办案民警的询问，章美丽回忆起过去的点点滴滴：

1994 年她离家出走的那天晚上，她和丈夫吵得不可开交，因此怒火攻心之下病情发作。当晚也不是有计划离家出走，只是气不过才摔门而去。结果等清醒过来时已经走了很远，到了陌生的地方。没有行李、钱、身份证，精神状态也不好，就将自己家在哪里给忘记了。

她一路乞讨，但始终想不起来自己是谁，自己家在哪里，也不知怎么就走到了河北。在河北，她遇到了一位好心男人，这个男人帮助她很多，慢慢就产生感情，两人就结婚了。

在新的一段幸福婚姻中，病情也慢慢好起来了，但她一直记不清自己的老家在哪里，就留在河北和现任丈夫一起生活，两人还有了孩子。过了很多年她有时能想起来之前的事情，也偶尔记起来老家在哪里，于是给家里写信，想看看有没有回信。

没想到，她写的信就像是石沉大海一般，完全没有回音。因为有法院的终审裁判，她的娘家人一直坚信她在 1994 年就已经被唐国辉杀害了，因此收到她的信后以为是什么恶作剧或者诈骗信息，未予理睬。

直到 2005 年，章美丽的病情完全好了起来，她也想起来自己老家在哪里了，于是就带现任丈夫和孩子一起回老家探望。但令她没有想到的是，自己当年的失踪，竟然令之前的丈夫唐国辉成为“凶手”，已在监狱中关了 11 年之久。

2005 年 3 月 30 日，市中级人民法院紧急撤销一审判决和二审裁定，指令县法院重审此案。2005 年 4 月 1 日，唐国辉做梦似的走出监狱，被准许取保候审。

在媒体朋友的引荐下，在某监狱内部医院我见到了唐国辉，沟通很愉快。“亡妻”归来，“杀妻”案的基础已不存在，改判无罪已是板上钉钉。

七、11 年后再审改判无罪，沉冤昭雪

2005 年 4 月 13 日，县法院对唐国辉故意杀人案进行再审。在两个多小时的庭审中，县法院审判庭座无虚席，参加旁听的有唐国辉的家人及亲属、社会群众、新闻记者近百人。县法院外人山人海，各地民众赶来关注这起较为典型的

“杀妻”案,省、市、县三级政法委、法院和检察院有关人员也到场旁听。

合议庭由县法院刑事审判庭庭长担任审判长,县检察院指派检察官出庭,周峰、张成茂律师出庭辩护。庭审开始,法官首先宣读了市中级人民法院刑事裁定和再审决定,接着就本案的焦点即唐国辉故意杀人一案被害人章美丽是否被杀害进行了举证和质疑。

公诉人并没有像其他案件一样宣读起诉书,面对审判员关于公诉人是否需要陈述意见的询问,公诉人只是一句:“基于案情发生变化,公诉人不作陈述,完毕。”庭审进入法庭调查阶段,审判长提出“围绕章美丽是否被害”进行质证。

控方提供了四份证据:第一份是章美丽的哥哥章美生的证词,证明章美丽还活着;第二份是章美丽的证词,证明她是唐国辉的妻子,并说明离家出走11年的原因;第三份是唐国辉的女儿和章美丽的母亲的户籍证明;第四份是省公安厅作出的刑事技术鉴定报告,结论内容为:经过血样检测,章美丽与唐国辉女儿及母亲之间存在直接血缘关系的可能性为99.99%。

控方出示的四份证据都是证明唐国辉无罪的证据。

法官依程序将四份证据逐一询问唐国辉是否有异议,唐国辉都用一个“无”字作答。法庭经短暂休庭后,合议庭当庭确认2005年3月28日回到家中的章美丽确属本人,原审判决认定的唐国辉杀妻事实不成立,当庭判决唐国辉无罪。

八、唐国辉及其家人共获得91万元的赔(补)偿

唐国辉和家人及其他申请人于2005年5月10日同时向市中级人民法院和县公安局提出国家赔偿申请。要求市中级人民法院赔付唐国辉被非法限制人身自由4008天、每天63.83元的国家赔偿金25.6万元,精神抚慰金385万元。要求县公安局赔偿残疾赔偿金、医疗费、被抚养人生活费、误工费、精神损害赔偿金等共计126万元。

2005年8月31日上午,市中级人民法院、县政府、县法院及海门口镇政府领导在市中级人民法院的主持下,在海门口镇政府会议室与唐国辉及兄长唐国法进行了沟通。

我作为上述申请人的代理人之一提出了具体的国家赔偿意见,最终达成和

解协议：市中级人民法院向唐国辉支付人身侵权赔偿金25.69万余元（含无名女尸安葬费1100元）。

此外，海门口镇政府与唐国辉签订了由政府一次性给予唐国辉家庭生活困难补助费20万元的补助协议。唐国辉认为其赔偿请求已得到解决，放弃了其他赔偿请求，已向市中级人民法院提出撤回其他赔偿请求。

2005年10月27日，县公安局与赔偿请求人唐国辉、唐国法、唐国娥、唐国明、唐国廷经过协商，达成国家赔偿协议，我作为代理人在该协议上签名。该协议注明“由于双方对案件性质、事实及法律适用存在分歧，为便于赔偿纠纷解决，双方不再考虑案件性质、事实及法律适用问题。协商确定参照《国家赔偿法》之规定赔偿项目、标准计算赔偿，解决纠纷”决定：

（1）一次性赔偿唐国辉22.6万元；

（2）赔偿唐国法4000元；

（3）一次性赔偿因唐母被关押、丧葬、死亡赔偿金共计22万元。

经另一代理人周峰律师同法院、公安、政府等机关的协商、谈判、力争之后，最终唐国辉及其家人共获得国家赔（补）偿款91万元。

九、唐国辉案对刑事司法产生的影响

（一）唐国辉案促使重要的死刑案件审判制度的改革

针对出现的唐国辉案，结合过去死刑二审一般不开庭、死刑二审程序和死刑复核程序混淆的情况。2005年12月7日，最高人民法院发出了《关于进一步做好死刑第二审案件开庭审理工作的通知》[1]，明确要求：

1. 从2006年1月1日起，对案件重要事实和证据提出上诉的死刑第二审案件，一律开庭审理。

2. 在2006年下半年对所有死刑第二审案件实行开庭审理。

2006年10月31日，全国人大常委会通过了《关于修改〈中华人民共和国人

---

〔1〕 已于2013年4月8日被废止。

民法院组织法〉的决定》,将死刑案件的核准权收归最高人民法院统一行使。1983年,为了配合当年的"严打",全国人大常委会将部分恶性案件的死刑核准权下放到各省、自治区、直辖市高级人民法院,20余年后,社会治安状况出现了很大改善,唐国辉案的出现,暴露出严重的问题。所以,全国人大常委会对最严厉的死刑处罚制度的一次重大调整,意义非同一般。

据新京报消息,2006年3月11日上午,时任最高人民法院院长肖扬在十届全国人大四次会议作工作报告时透露,2005年,地方各级法院共依法宣告刑事自诉、公诉案件被告人无罪2162人。

肖扬在回顾2005年法院工作时说,各级法院切实加强了刑事司法领域的人权保障,严把案件事实关、证据关、程序关和适用法律关,对认定事实不清、证据不足的案件,依法发回重审,确保判决经得起历史的检验。

与此同时,最高人民法院高度重视由高级人民法院行使的部分死刑核准权的案件质量,专门召开刑事重大冤假错案件剖析座谈会,对唐国辉案等社会关注的冤错案件进行剖析,帮助下级法院认真分析造成冤假错案件的原因,深刻总结教训,追究相关责任,进一步提高和增强各级法院的程序正当意识、证据合法意识和人权保障意识,肖扬要求死刑案件都必须开庭。

(二)最高人民法院高层对唐国辉案的关注

据中国网消息,2005年4月14日上午,时任最高人民法院副院长万鄂湘就全国关注的唐国辉案回答记者提问时说,从昨天上午审判结果的情况来看,唐国辉最后被宣告无罪,当庭释放。如果当事人不提出上诉,宣告无罪再上诉的可能性没有。如果检察院不抗诉,当事人不上诉,这个判决就是生效的判决。生效判决从审判机关的角度来看,有一些需要值得今后总结和归纳的经验和教训,至少有三点值得考虑,这三个方面就是有关司法理念方面需要调整和变更的。万鄂湘说:

第一,对刑法的功能和刑事诉讼制度的作用的全面认识问题。刑法的功能或者是刑事诉讼制度的作用,除了惩罚和打击犯罪、维护公共秩序和安全的同时,是否还有一个更重要的功能,那就是保护无辜和维护人权,这也是司法,特别是刑事司法的双重功能当中一个非常重要的功能。

第二,要用司法的手段来保护人权、保护无辜,那么就要有一个选择,出现疑罪的时候我们有什么取舍,是疑罪从无还是疑罪从轻。

第三,如果出现疑罪,或者疑罪比较多的情况下,事实有很多疑问的情况下,我们到底是从民意还是从事实?这是一个非常有价值的问题。

万鄂湘解释说,上述三个问题都是非常有逻辑关联性的。不管我们将来有关观念的改变或者更新发展到什么程度,我们都有一个原则,就是审判机关必须要严守防线,无论是死刑案件还是其他任何案件,审判机关作为公平和正义的最后一道防线,必须严把事实关,确保程序和实体公正。

(三)唐国辉案成最高人民检察院警示"教材"

2005年7月28日,在呼和浩特市召开的全国检察长座谈会上,最高人民检察院已将包括本案在内的五个典型案例列为警示教育的"教材"。最高人民检察院专门下发通知,要求全国检察机关认真组织学习讨论这五个典型案件和办案事故的剖析材料。

该通知指出,湖北、云南、山东等地结合本地实际,对此五起案件进行了剖析,认真查找了检察机关在办案中存在的问题,深刻剖析了发生问题的原因,提出了应该吸取的教训,具有很强的警示教育作用。

该通知要求,各个省级检察院要把唐国辉案等案例的剖析材料及时转发到所有的基层检察院,传达到每一个部门和全体干警,并结合实际组织干警认真讨论,举一反三,吸取教训,促进广大干警切实转变执法观念、端正执法思想,强化法律监督意识、执法责任意识、办案质量意识和办案安全防范意识,做到严格执法、规范执法、公正执法。

该通知还指出,各级检察机关要在唐国辉案等案例学习讨论中,认真查找本地区、本单位、本部门执法中存在的问题,制定并落实整改措施,建章立制,建立健全规范执法的长效机制,确保整改活动取得实效。

(四)反思唐国辉案形成原因,有效避免错案

唐国辉案产生了巨大的社会反响。办案中,司法行政机关高度关注,要求我既要充分维护唐国辉的合法权益,也要考虑到该案的社会影响,积极和公检

法机关沟通,争取律师工作上的主动,充分展现律师在化解社会矛盾方面的作用。

原主管律师工作的省司法厅副厅长给我打气:“代理像唐国辉案这样有影响的大案要案,对律师是一个挑战,也是律师素质提升的好机会,全力支持你的工作,有法律上的疑难问题,省律协随时组织专家为你提供全方位的法律支持。”在办理该案的过程中,我始终避开媒体的干扰,独立地利用专业知识为唐国辉提供法律服务。

唐国辉案的教训是深刻的,冤案本来可以避免,但由于办案人员的严重不负责任,终酿成悲剧:

(1)唐国辉曾交代过四种作案经过,五种杀妻动机,司法机关未仔细排查;

(2)面对高度腐烂的尸体,没有 DNA 鉴定,仅凭身高、年龄等就匆忙下结论;

(3)少数信访部门形同虚设,家属多次上访,信访人员敷衍,错过纠错机会;

(4)多名村民同时证明见过章美丽,没有引起足够重视,反而刑拘证人;

(5)如果当时省高级人民法院直接改判无罪,能及时止损;

(6)当初庭审时,唐国辉坚称自己受到了刑讯逼供,但没有引起法庭的注意;

(7)故意杀人案竟然在没有律师辩护的情况下匆忙定案,法律援助流于形式;

(8)故意杀人案属可能判死刑或无期徒刑的重罪案件,一审应是中级人民法院;

(9)强调限期破案而急功近利使得复杂的案子简单化;

(10)公检法三机关的相互“制约”作用没有得到很好的应用。

唐国辉案发生后,全国出现过多起类似的案件。在日常办理的部分刑事案件中,我仍发现个别司法办案人员似乎忘记了唐国辉案的惨痛教训,仍有凭着“感觉”办案的现象。如果办案人员没有深刻地理解“疑罪从无”的理念,类似的悲剧仍可能会不断重演。

第四章　小股东意图利用司法机关将大股东送进监狱

——孙国安被控职务侵占案

简要案情

股东之间发生纠纷，具有一定人脉资源的股东开始布局，编织无形的法网，欺骗并利用司法机关对孙国安进行构陷。随后，孙国安被刑事立案，并遭逮捕，最后被检察机关诉至法院。检察机关提出5年的量刑建议，理由是孙国安认罪态度不好。

孙国安的家人与我联系，接受委托后，经阅卷，决定为孙国安作无罪辩护，但公诉机关坚持认为孙国安构成职务侵占罪。经过不懈努力，孙国安最终被一审法院宣判无罪，并被当庭释放，恢复自由。

随后，县检察院以发现“新证据”为由提出抗诉，市检察院也支持抗诉。市中级人民法院作出二审裁定，撤销原判，发回重审。同时，市检察院在官网宣传报道“成功抗诉”的新闻。

随后，案件退回县法院重审，县检察院增加了五倍多的起诉金额。经再次开庭，县法院最终仍然否定了检察院对职务侵占罪的指控，县检察院未再就此提出抗诉。

一、股东之间起内讧，合作伙伴要把孙国安置于死地

(一)友谊的小船经不起利益的巨浪，说翻就翻

孙国安一直在家乡县城和省城之间穿梭，奔波于自己几个公司的业务，虽

然规模不算大,但业务开展得不错,经营顺风顺水。某次,朋友向他提议,国家对小型煤矿的政策有一定放松,投资小型煤矿可能获得更多收益。经考察后,孙国安决定与老乡周军一起在北方某市经营煤矿项目。

但是,许多人只看到煤矿项目表面繁华的景象,不知煤矿项目运营背后的资金投入之多、风险之大。煤矿行业属于重资产行业,前期投入资金多、峰值高,资金回流需要经历漫长而复杂的过程,尤其是这种涉及政府的焦煤项目,在销售资金回笼之前,煤矿要背负较高的资金成本。

孙国安的项目顺风顺水地运转,周军等几个小股东眼看着孙国安作为大股东即将取得巨大利润,他们嫉妒的神经也被撬动了。因此,几个小股东经合计,决定以孙国安将公司巨额资金据为己有为由报案,借用司法力量独占项目利润。

谁料,周军等人的报案出奇顺利,县公安局很快以孙国安涉嫌职务侵占对其立案侦查,并对孙国安刑事拘留。

其实本案在侦查阶段,检察机关基本上已经确定不批捕。但是,深知维稳重要性的几位所谓"报案人",利用该市筹备重大庆典的关键节点,指使几十名社会闲杂人员围堵检察院,要求批捕孙国安。不知检察机关是迫于压力还是有其他考量,最终作出了逮捕决定。

(二)检察机关向法院提起公诉,指控职务侵占罪

县公安局侦查终结后,以孙国安涉嫌职务侵占罪为由,向县检察院移送审查起诉。县检察院分别于2016年11月11日、2017年1月24日两次将该案退回补充侦查,之后又各延长审查期限15天。在程序和期限穷尽后,县检察院向县法院提起公诉,指控孙国安利用职务便利侵占中恒煤矿公司人民币35.65万元,构成职务侵占罪,具体为:

1. 孙国安在担任中恒煤矿公司法定代表人、执行董事期间,于2015年11月24日,未经其他股东同意,利用职务上的便利,让孙国军将中恒煤矿公司的一辆小汽车给王万,抵偿孙国军欠王万的11万元工程款。

2. 2015年1月至2月,孙国安让孙凯从ATM取走中恒煤矿公司29.65万元,占为己有。

在案件办理中，虽然公安局、检察院在程序上的拖延消耗了律师大量精力，但我还是排除各种干扰，加班加点详细阅读案卷材料，寻找突破点。这究竟是一起刑事案件，还是一起民事侵权案件，甚或根本是合法行为被冤枉？我归纳了本案的7个争议焦点：

1. 被告人主观上是否有以非法占有为目的之故意？是否有对公司资金所有权侵犯的主观故意？

2. 对小汽车的处理是善意资产保护，还是恶意据为己有？价格鉴定结论是否合法有效？

3. 即便对小汽车的处理确有不妥，是涉嫌刑事犯罪还是民事侵权？

4. 在孙国安老家的ATM上的取款是否能够必然推定就是孙国安职务侵占？

5. 检察机关补充侦查是否合法？收集的证据能否作为定案依据？

6. 检察机关提供的明显有瑕疵的证据能否作为定案依据？本案是否超过法定审限？

7. 本案是否属于以刑事侦查为名行干预股东之间经济纠纷之实，启动刑事程序是否具有正当性？

二、本案在原一审和重一审中的办案思路及策略

(一) 原一审中的办案思路与策略

1. 发现物价鉴定机构在鉴定时未实地查看涉案车辆

公诉机关指控“孙国安将中恒煤矿公司的一辆小汽车私自给了孙国军，该行为涉嫌职务侵占”。为了确定职务侵占金额，侦查机关对该车辆进行了物价鉴定。如果能认定鉴定机构对小汽车的物价鉴定是违法的，就可以让该笔指控不攻自破。

在研究物价鉴定报告内容时，我发现了一行“假设车辆为正常情况使用”的小字，短短11个字，却暗藏玄机。如果物价鉴定机构不能证明该车正常使用，则物价鉴定结论的假设条件不能成立，不能作为定案依据。

在会见孙国安时，他告诉我，小汽车发动机有问题，一直不能正常使用。根据这个信息，我到物价鉴定机构见到了鉴定人。从其介绍的情况来看，根本就没有实地查看过车辆，只是根据侦查机关提供的文字资料和车辆图片进行的物价鉴定。显然，车辆是否能正常使用，鉴定人是不知道的。

2. 向法院申请鉴定员出庭说明为何不实地查看涉案车辆

根据2012年《刑事诉讼法》的规定，辩护人有权申请通知新的证人到庭，调取新的物证，申请重新鉴定或者勘验，也可以申请法庭通知有专门知识的人出庭，就鉴定人作出的鉴定意见提出意见。[1] 法庭对于上述申请，应当作出是否同意的决定。辩护人经审判长许可，可以对鉴定人发问，审判人员可以询问证人、鉴定人。[2]

因为处置涉案小汽车本身就不是职务侵占，所以，没有必要申请重新鉴定，只需通知鉴定人出庭说明在对小汽车进行物价鉴定时没有"实地查看过"或"不知是否可以正常使用"，就可以否定物价鉴定结论在本案的证据价值。为此，我向法院申请鉴定人出庭，鉴定人依法出庭并明确告知法庭鉴定时并没有实地查看车辆，这样一来，物价鉴定报告作为定案依据的前提条件"车辆能正常使用"不攻自破。

3. 质疑物价鉴定报告剥夺了被告人的知情权

在看守所会见孙国安时，孙国安坚定地告诉我，他从来没有听说有一份针对小汽车的所谓物价鉴定报告。也就是说，侦查机关并没有履行鉴定结论的告知义务，事实上剥夺了孙国安就鉴定结论提出异议的权利。这一对被告人程序性权利的剥夺，也可以作为质疑物价鉴定结论不合法的重要理由。

根据2012年《刑事诉讼法》的规定，侦查机关应当将用作证据的鉴定意见告知犯罪嫌疑人。如果犯罪嫌疑人提出申请，可以补充鉴定或者重新鉴定。[3] 而侦查机关并没有将物价鉴定机构对涉案小汽车的物价鉴定结论告知孙国安。我曾向侦查机关和公诉机关办案人员核实，都称已经向孙国安告知，但在对孙

---

〔1〕 对应2018年《刑事诉讼法》第197条。

〔2〕 对应2018年《刑事诉讼法》第194条。

〔3〕 对应2018年《刑事诉讼法》第148条。

国安的所有讯问笔录中，都没有相关记载。

因此，我向公诉机关提出申请，希望其指出在哪一份讯问笔录中将物价鉴定结论告知了孙国安，或者是否有审讯视频可以证实告知了孙国安物价鉴定结论。一切都在意料之中，公诉机关没有任何回复意见。为此，我计划将侦查机关没有履行鉴定结论告知义务作为法庭上的一个辩点。

律师的强项，就是善于发现蛛丝马迹，在没有路的地方走出路来。

4. 强调对涉案车辆即便处置不当也只是违反了《公司法》，并不构成犯罪

报案人在报案材料及询问笔录上记载的内容和反映的诉求，主要是认为孙国安未经其他股东同意，自作主张地处置小汽车，损害了公司及其他股东的利益。职务侵占罪的一个重要特点就是把公司的财产装到了自己或指定人的口袋。但对于处置小汽车，孙国安并没有获得任何利益或好处。

就涉案小汽车来说，报案人实质上主张的是一种民事权益或股东权益，这是症结所在。刑事和民事有泾渭分明的分界线，不能简单地动用刑事侦查手段干预民事纠纷。对于该纠纷，应当通过民事诉讼法和公司法的规定维护公司或股东的合法权益，而不应当过分地依据刑事诉讼法和刑法的规定去打压自己的合作伙伴。

2013 年《公司法》第 149 条规定："董事、监事、高级管理人员执行公司职务时违反法律、行政法规或者公司章程的规定，给公司造成损失的，应当承担赔偿责任。"[1]作为报案人，如果认为自己的股东权益或公司资产被其他股东的行为侵害，完全可以依据上述规定主张权益，而不必动用刑事手段，这个观点也最终被法院采纳。

5. 证明从 ATM 取款时被告人没有作案时间

公诉机关对涉案小汽车指控之外的第二笔指控就是孙国安从老家所在地的 ATM 取款 29.65 万元，占为己有，公诉机关认为这涉嫌职务侵占。如果能将这 29.65 万元否定，孙国安才能无罪。而公诉人的逻辑就是，因为取款行为发生在孙国安老家所在地，必定是孙国安取的款。

刑事案件的证明标准较高，为此，我申请法院向 ATM 所属银行调阅银行取

---

〔1〕 对应 2023 年《公司法》第 188 条。

款监控,这样就能确认取款的是否就是孙国安本人。同时,我在厚厚的银行流水中也发现,案发地和孙国安的老家所在地相距近2000千米,经常在2~3小时的时间跨度内存在于两地ATM同时取款的迹象,而显然孙国安是没有这个能力的。

我到看守所,让孙国安回忆,从ATM取款的那两天,自己是否在老家和案发地。他肯定地说:"我在省城医院住院。"此回答让我为之一振,根据孙国安的授权,我到医院复制他的住院病历,从两地ATM上取款的时间,正好被孙国安住院的5天时间覆盖,也就是说,孙国安没有作案时间。

这点最难让人理解。查一查取款录像就能明了的事情,却成了偌大的巨石压在孙国安身上。侦查机关就没问问财务和出纳?

6. 发现公诉人提交的言辞证据存在明显的复制粘贴

对于公诉人出示的证人刘海涛的证言,经过与报案人的询问笔录仔细比对,我发现两份笔录前后完全一致,连错误的标点符号和错别字都如出一辙,一模一样,明显就是把报案人的笔录复制粘贴成证人刘海涛的笔录。

两个人的笔录一模一样,不符合基本生活常理,纯属造假,前后两份笔录当然不能作为定案依据。所以,在阅卷过程中,律师要静下心,聚精会神,心神专注,不放过案卷中的任何一处蛛丝马迹。这一发现,在法院作出无罪判决中发挥了重要作用,判决书最后的"本院认为"部分明确否定了两份造假的笔录。

(二)重一审中的办案思路与策略

1. 获取多份能直接证明增加起诉部分不能成立的证据

一审法院接受了辩护人提出的无罪辩护意见,判决孙国安无罪,并当庭释放。检察院不服,以有新证据为由提起抗诉。二审法院采纳了其抗诉意见,撤销一审无罪判决,发回重审。案件发回到一审法院后,检察院在原指控职务侵占罪涉案金额35.65万元的基础上,增加了起诉金额176万元,最终的起诉金额变成了211.65万元,与原指控金额35.65万元相比,足足增加了五倍。

针对增加的指控内容,我调阅到民事判决书、银行账单批注、项目合同书等多份书证,充分证明新增加的176万元是正常商业往来,有账目和书面凭证为证,根本不是职务侵占。而且,当时孙国安对公司的实际控制权已经转给了周军,其不再可能有所谓职务上的便利。

2. 对报案人周军涉嫌的非法拘禁行为进行控告

报案人之一的周军,似乎与孙国安水火不容。孙国安提供的一段视频证明周军涉嫌指使下属对他人实施非法拘禁。而在本案中,素未谋面的周军曾几次打电话对我进行"死亡威胁",他认为我是在为"坏人"孙国安辩护。在本案一审中,承办法官也对我说过,周军经常打电话骚扰,要求重判孙国安,甚至称要组织多人到法院"讨说法"。

作为辩护人,我觉得不能再对周军手软,必须坚决出击,打击其嚣张气焰。于是,我向当地公安机关报案,要求公安机关依法追究周军涉嫌非法拘禁的刑事责任,还把案情通报及证据材料寄给了周军口中经常提到的某领导。后来,周军不再有小动作了。

3. 坚决质疑滥用补充侦查和违法增加起诉内容

本案在审查起诉阶段、原一审阶段,公诉机关反复提出要进行补充侦查,导致孙国安被超期羁押。我向公诉机关去函,指出其滥用补充侦查权,对孙国安的人身自由构成侵害,并建议重一审合议庭不要再同意公诉机关的补充侦查建议,尽快作出重一审判决。

另外,2012 年的《人民检察院刑事诉讼规则(试行)》第 458 条规定:"在人民法院宣告判决前,人民检察院发现被告人的真实身份或者犯罪事实与起诉书中叙述的身份或者指控犯罪事实不符的,或者事实、证据没有变化,但罪名、适用法律与起诉书不一致的,可以变更起诉……"[1] 本案是发回重审,不是原一审判决宣告前,且增加的金额是以往的五倍之多,不属于可以变更起诉的案件。

4. 申请关键证人孙凯出庭证明孙国安没有职务侵占行为

孙凯是公司出纳,对外市 ATM 上的取款及用途非常熟悉,如果其能出庭,会直接否定公诉机关在补充侦查中获得的许多所谓有罪证据。孙凯能证明,从 ATM 提现的 29.65 万元用在了四个方面:一是支付建安公司预算费用 5 万元;二是退还防水工程队保证金 10 万元;三是代海峡公司支付防水工程款 10 万元;四是支付中恒煤矿公司外市工作人员工资及春节后返程路费等费用。

---

〔1〕 对应《人民检察院刑事诉讼规则》第 423 条。

另外,经过调查发现,孙凯也知道孙国安曾对公司有几百万元的借款,财务凭证就在其手上,经过核对,具有非常重要的证据价值。经过与合议庭法官多次沟通,合议庭同意其出庭作证。事后证明,孙凯的出庭作证,对孙国安被控的职务侵占第二项内容的被否定,起到了举足轻重的作用。

三、根据现有证据,坚决作无罪辩护

(一)被告人孙国安无犯罪动机,指控纯属无中生有

1. 孙国安只有投资之心,绝无挪用侵占之念

孙国安带着支援当地建设的美好愿望和对煤炭行业的热爱,筹资6400万元投资中恒煤矿公司。而作为报案人的另外两名股东只是“空手套白狼”,将一个烂摊子以引资之名扔给孙国安,运营基本上也是孙国安想办法筹资支撑和维持。公诉机关指控的所谓职务侵占金额,和实际投资的6400万元相差甚多,指控侵占实属不合情理,难以让人置信。

2. 被告人孙国安没有非法占有或挪用的主观故意

职务侵占罪主观方面是以非法占有公司财物为目的,即行为人妄图在经济上取得对本公司财物的占有、收益、处分的权利。如上所述,孙国安投资6400万元,没有必要采取反裘负薪、得不偿失之举措。而且,“侵占”的只是这么一点小钱。

犯罪动机是刺激行为人实施犯罪行为的内心想法或思想活动,指的是行为人基于何种心理原因实施犯罪行为,有一定的动机,才能推动行为人去实施犯罪行为。而本案中,被告人孙国安没有职务侵占的愿望及必要,也没有受到外界的刺激及影响。既然犯罪动机不存在,犯罪行为又何以存在呢?

3. 不留余地办理本案背离法治精神

开庭前一天,我实地查看了中恒煤矿公司项目工地,附近都是杂乱无章、纵横交错、凌乱不堪的小煤窑。而项目建成,将会带动附近的这一切变得井然有序、错落有致。无论对于发展地方经济、改善环境,还是增加山体的整体美感,都是必要之举。公诉机关的错误指控,如果不及时纠正,必将导致司法机关的

公信力受损。

任何对私营企业主的打击，特别是出于觊觎其财富或者帮助其他不法商人抢占资产而进行的构陷，只会摧毁私营企业主群体对法治的信仰。处置不当，极易产生恶劣的社会影响，损害当地投资形象，对以后的招商引资必定产生负面效应。

（二）被告人孙国安不构成职务侵占罪

1. 对涉案车辆的处理是正当的资产保护行为

2015 年 8 月初，为了启动煤矿建设前的相关准备工作，中恒煤矿公司决定购买一辆面包车供售楼部使用。因公司财务比较困难，孙国安以公司名义向副总经理孙国军借支 19 万元作为业务部启动工作的前期资金，公司财务人员用此款购买了涉案小汽车。

因施工单位在他人的组织和指示下，以索要工程款为名对中恒煤矿公司明火执仗、肆无忌惮地打砸抢，导致公司无法正常运行。当时临近春节，小汽车无人管理，发动机损坏，为了避免资产贬值和损失，孙国安电话通知孙国军将此车处理掉，以原值抵扣孙国军的工资。

孙国军作为公司副总经理，能独立承担法律责任，而且周军等 4 人均证实孙国军的工资为月薪 1 万元，拖欠了很久。为了保护资产，降低损失，以小汽车原价抵扣工资，本是孙国军的无奈之选，其没有占一分一厘的便宜，公诉机关的指控明显不能成立。

最后，关于小汽车的鉴定问题，也是无中生有。鉴定人曾当庭表示："没有见过小汽车，也不知道是否能正常使用。"可见，鉴定中引用的假设条件成为无源之水，无本之木。即便小汽车是孙国安开回家，据为己有，这样的鉴定结论也荒唐至极。

2. 即便对车辆处理不当，也是民事法律调整范畴

孙国军在中恒煤矿公司任副总经理职务，双方构成劳动关系，中恒煤矿公司欠其工资是客观事实。欠债还钱，支付劳动付酬，名正言顺。

2013 年《公司法》第 149 条规定："董事、监事、高级管理人员执行公司职务时违反法律、行政法规或公司章程的规定，给公司造成损失的，应当承担赔

偿责任。”[1]中恒煤矿公司在拖欠孙国军工资的情况下，即便孙国安以车抵工资确有不当，也只是民事法律调整范畴，中恒煤矿公司股东完全可以通过民事诉讼解决，而不能以刑事报案的方式对孙国安报复陷害。

3. ATM 上的取款不能认定为职务侵占

公诉机关对被告人的指控，必须于法有据，证据确凿，不能主观臆断，混淆是非。对此，2012 年《刑事诉讼法》第 172 条作出了明确规定：“人民检察院认为犯罪嫌疑人的犯罪事实已经查清，证据确实、充分，依法应当追究刑事责任的，应当作出起诉决定……”[2]何为证据确实充分？2012 年《刑事诉讼法》第 53 条第 2 款[3]已经作出解答，不再赘述。

孙国安系外市人，就因为来自同一个地方的孙凯在老家所在地的 ATM 上取款并产生了 29.65 万元的交易额，就武断认定此举属于被告人孙国安所为，这是张冠李戴。当天银行交易明细中，在外市和本市两地都发生过从 ATM 取款的记录，间隔短则 30 分钟，长则 2 小时。两地相距近 2000 千米，孙国安根本不可能在 2 小时内在两地取款，这是基本常识。

如果按照公诉机关的逻辑，在被告人孙国安户籍所在的外市发生了从 ATM 上取款，就推定其属于职务侵占；那在报案人户籍所在地的本市也发生了从 ATM 取款，为何就不推定二人属于职务侵占？这种选择性认定，混淆视听，匪夷所思。

根据我向法庭出示的孙国安的住院病历，在两地 ATM 取款时，孙国安在省城医院住院，没有作案时间。事后证明，在孙国安老家所在地从 ATM 上取款的是孙凯，也没有任何证据证明孙凯是受孙国安的指使将该款项给了孙国安。

(三) 滥用延期审理申请，补充证据违反法定程序

1. 公诉机关审限届满申请延期审理属于滥用职权

申请延期审理，应当符合法律规定，基于正当目的。2012 年《刑事诉讼法》

---

[1] 对应 2023 年《公司法》第 188 条。

[2] 对应 2018 年《刑事诉讼法》第 176 条第 1 款。

[3] 对应 2018 年《刑事诉讼法》第 55 条第 2 款。

第 198 条规定:“在法庭审判过程中,遇有下列情形之一,影响审判进行的,可以延期审理:(一)需要通知新的证人到庭,调取新的物证,重新鉴定或者勘验的;(二)检察人员发现提起公诉的案件需要补充侦查,提出建议的;(三)由于申请回避而不能进行审判的。”[1]

可见,只有在审判过程中,出现有可能影响审判正常进行的情形时,才可以延期审理。公诉人只有在发生“检察人员发现提起公诉的案件需要补充侦查,提出建议的”情形时,才可以在判断其正当合理性后,作出延期审理的决定。而“需要通知新的证人到庭,调取新的物证”是人民法院决定延期审理的依据,不是公诉机关的权力。

在第三次开庭时,公诉人只说了一句:“需要申请证人出庭作证,因为比较仓促,今日没有准备,现公诉人申请延期审理,请法庭同意。”审判长不假思索:“经合议庭当庭评议,同意公诉人申请,现在休庭。”

根据上述规定,公诉机关无权当庭以申请证人出庭为由要求延期审理,只能由法院根据审理案件的需要或依辩护律师申请决定是否通知证人出庭。合议庭决定延期审理违法错误,公诉机关申请延期于法无据。

2. 公诉机关庭审结束后通知公安机关补充侦查,属于程序违法

公诉机关在审查起诉环节,有两次退回公安机关补充侦查的权力,但案件庭审结束之后,则无权继续要求公安机关补充侦查、调取证据。本案中,公诉机关向侦查机关发出了提供法庭审判所需证据材料的通知,而 2012 年《刑事诉讼法》第 171 条第 1 款规定:“人民检察院审查案件,可以要求公安机关提供法庭审判所必需的证据材料;认为可能存在本法第五十四条规定的以非法方法收集证据情形的,可以要求其对证据收集的合法性作出说明。”[2]

从字面上理解,补充侦查只能在审查起诉环节进行,该条第 1 款规定的是不需要补充侦查,但可以要求公安机关提供法庭审理所需要的证据;第 2 款规定的是可以退回补充侦查;第 3 款规定的是补充侦查以两次为限,如两次补充侦查后,仍证据不足,应当不起诉。

---

〔1〕 对应 2018 年《刑事诉讼法》第 204 条。

〔2〕 对应 2018 年《刑事诉讼法》第 175 条第 1 款。

本案庭审早已结束,公诉机关和公安机关已经穷尽侦查权力。现在公诉机关要求公安机关对证据不足的地方补充侦查、提供证据,充分证明公诉机关自认为本案在公诉时证据不足。根据2012年《刑事诉讼法》第171条第4款"对于二次补充侦查的案件,人民检察院仍然认为证据不足,不符合起诉条件的,应当作出不起诉的决定"[1]之规定,当初就应当作出不起诉决定。既然已经错误公诉机关,就应当撤回对孙国安的起诉,让危害后果减少,不能一错再错,更不能为难法院。

3. 补充侦查的所谓证据没有任何实质性意义

公诉机关所谓补充的证据材料,卷内文书目录载明为27份,许多是前几次公诉人或辩护律师已经提供过的证据,公诉人也当庭承认。对另外的一些所谓证据,公诉人当庭放弃提供。

虽然这些证据并无实质性意义,但部分证据反而能直接证明孙国安无罪。尤其是周军2017年11月9日的笔录,至少证明两个事实:一是其曾担任中恒煤矿公司总经理;二是其担任总经理后,在银行支取资金需由他签字同意。这充分证明中恒煤矿公司在周军担任总经理后所有款项的支出及法律责任均由其承担。

(四)公诉机关的许多证据存疑,证据效力不足

1. 违法补充侦查的证据不能作为定案依据

如前所述,公诉机关在庭审结束后要求公安机关补充侦查证据严重违反2012年《刑事诉讼法》第171条[2]之规定,属于严重违反法定程序,所获得的证据不但缺乏真实性、关联性,更缺乏合法性,不能作为定案依据。这种情况下,公诉机关对孙国安职务侵占罪的指控没有证据和事实依据。

2. 在书证能证明无罪的情况下不能采信言辞证据

我们经常说,白纸黑字,铁证如山,强调的是书证的权威性,而本案能直接证明无罪的民事判决书、银行账单批注、项目合同书等都是客观真实的书证。

---

〔1〕 对应2018年《刑事诉讼法》第175条第4款。

〔2〕 对应2018年《刑事诉讼法》第175条。

公诉机关提供的多是言辞证据，根据证据采信基本原则，书证的证明效力通常高于言辞证据，在发生冲突时，应当优先采用书证。言辞证据掺杂了利益诉求，案件的处理结果对证人影响等因素考虑过多，不具有稳定性和真实性。

3. 对涉案车辆价格鉴定违反法律规定，不能作为定案依据

公诉机关指控职务侵占罪的证据之一是涉案车辆的价格鉴定报告，但该鉴定是在鉴定人没有实地查看车辆和无法判断车辆是否能正常使用的情况下，仅凭想象作出的结论。也没有依据 2012 年《刑事诉讼法》第 146 条“侦查机关应当将用作证据的鉴定意见告知犯罪嫌疑人、被害人。如果犯罪嫌疑人、被害人提出申请，可以补充鉴定或者重新鉴定”[1]之规定告知孙国安。

2012 年《最高人民法院关于适用〈中华人民共和国刑事诉讼法〉的解释》第 84 条规定：“对鉴定意见应当着重审查以下内容……（五）鉴定程序是否符合法律、有关规定……（十）鉴定意见是否依法及时告知相关人员，当事人对鉴定意见有无异议。”[2]可见，价格鉴定结论不但没有依据，而且违反法定程序，且侦查机关剥夺了孙国安申请重新鉴定的权利。

需要极其严肃指出的是，能够将人投入大牢、彻底扭曲他人人生的所谓证据，居然如此草率地得出结论，实在荒唐，太不负责。

4. 不同的笔录存在明显的复制粘贴造假行为

公诉机关向法庭提交的第 7 次询问报案人的笔录与第 6 次询问刘海涛的笔录内容完全一致，第 8 次询问报案人的笔录与第 7 次询问刘海涛的笔录内容完全一致，第 9 次询问报案人的笔录与第 8 次询问刘海涛的笔录内容完全一致，明显是复制粘贴而成，连笔录中错别字的内容都相同，这样的证据怎么能够作为定案依据？

5. 被告人孙国安的供述和其他证人证言不一致

孙国安第 1 次供述是用涉案小汽车抵顶了公司应付款，第 3 次供述是其委托孙国军将涉案小汽车卖掉用于偿还公司借孙国军的人民币 20 万元现金，第 4 次供述是其委托孙国军将涉案小汽车卖掉用于归还公司借孙国军的人民币 20

---

[1] 对应 2018 年《刑事诉讼法》第 148 条。

[2] 对应 2021 年《最高人民法院关于适用〈中华人民共和国刑事诉讼法〉的解释》第 97 条。

万元现金及应付账款，第5次供述孙国军通过银行转账将人民币20万元打到公司账户。

但孙国安当庭称中恒煤矿公司向孙国军借人民币19万元现金，用涉案小汽车偿还欠孙国军的欠款及工资。证人孙凯询问笔录陈述其不清楚公司是否向孙国军借过钱，2015年11月孙国安通知孙凯将涉案小汽车给孙国军，抵顶孙国军的工资，中恒煤矿公司曾向孙国军借过20万元。证人孙国军询问笔录陈述没有中恒煤矿公司向其借款的内容，但其当庭陈述中恒煤矿公司向其借过人民币16万元。可见，孙国安的供述与证人孙凯、孙国军陈述相互矛盾，不能作为定案依据。

综上，现有证据根本不能证实孙国安涉嫌职务侵占。本案是一起借刑事侦查之名、行干预股东之间经济纠纷之实的恶性案件。在从中央到地方倡导保护企业家合法权益，支持经济发展的大背景下，公诉机关如此无视新政，在缺乏最基本证据的情况下，错误地提起公诉。

庭审结束，法庭并未当庭判决，为了无罪辩护的最终成功，我又多次奔波于北京和该市之间，不厌其烦地同案件承办人、庭长、院长沟通联系，进一步陈述无罪意见。为了减轻合议庭作出公正判决的压力，我把辩护词及证据整理成册，寄给了检察机关的检委会全体成员及本案公诉人，希望公诉机关能认真听取无罪辩护意见。

我根据在看守所会见孙国安获得的线索，还向纪委、监察委、政法委等机关对公安部门和检察院的一些违法办案行为进行了反映。我又数次奔波在市中级人民法院和市检察院之间，催促本案尽快作出判决，让错案得以及时纠正。

四、付出终有回报，一审判决无罪，当庭释放

付出总是有回报的，一审法院最终判决孙国安无罪，并当庭释放。一审法院在合议时非常重视律师的无罪辩护意见，对此案进行了深入地研究，在判决书中用大篇幅论证判决无罪的理由，这就是法治的巨大进步。

下面是一审判决说理部分。

一审法院认为：起诉书指控两起职务侵占罪不能成立，理由如下。

1. 起诉书指控的职务侵占犯罪的第一起案件不能成立

第一，区价格认证中心发改认定字〔2016〕16 号扣押、追缴、没收物品估价认定结论书“其他需要说明的问题及有关材料”一栏记载“1. 此结论仅用于刑事价格认定，不作为民事赔偿依据；2. 假设标的为正常情况使用”。区价格认证中心鉴定人李某当庭陈述对涉案车辆进行价格认定时没有见过所认定价格的车辆，公诉机关也没有提供证据证实涉案车辆为正常情况使用。综上，该估价认定结论书系没有核实涉案车辆使用情况下作出的价格认定结论书，无法确定涉案车辆价格，对鉴定结论，不予采信。

第二，王万证言证实 2015 年 11 月，孙国军与王万商量用涉案车辆抵顶王万的工程款及工人工资。证人陈小平、孙凯证言证实孙国军月工资为 1 万元。证人陈小平证言证实其不知道中恒煤矿公司是否拖欠孙国军的工资，证人周军的证言证实孙国军 2014 年的工资已结清，不清楚拖欠孙国军 2015 年几个月工资，证人孙国军证言证实被告人孙国安用涉案车辆抵顶了其 2014 年 12 月至 2015 年 12 月的工资，证人郑江证言证实中恒煤矿公司拖欠其 2015 年 3 月 1 日至 2016 年 3 月 1 日的工资人民币 24 万元，在案无证据证明孙国军已经被中恒煤矿公司解聘。综上，中恒煤矿公司拖欠员工工资的情况存在，且拖欠孙国军工资的情况存在。

第三，2013 年《公司法》第 149 条规定：“董事、监事、高级管理人员执行公司职务时违反法律、行政法规或者公司章程的规定，给公司造成损失的，应当承担赔偿责任。”[1] 被告人孙国安作为公司法定代表人，未经其他股东同意，私自处分公司财产，依法应对其他股东进行赔偿，系民事法律调整的范畴。

故公诉机关指控的职务侵占犯罪第一起案件涉案车辆价格不明确，事实不清、证据不足，指控的职务侵占罪不能成立，本院不予支持。

2. 关于职务侵占案第二笔 ATM 取款的指控问题

被告人孙国安供述其不知道孙凯 2015 年 1 月至 2 月在外市通过 ATM 取款事宜，证人孙凯的询问笔录及当庭陈述亦没有被告人孙国安指使孙凯取款的

---

〔1〕 对应 2023 年《公司法》第 188 条。

内容,公诉机关也没有提供其他证据证实被告人孙国安指使孙凯在2015年1月至2月在外市通过ATM取款。

证人陈小平的"中恒煤矿公司以现金形式发放工资"的证言与证人孙凯陈述的将从ATM支取的部分钱用于发放工人工资的证言相互印证,证实被告人孙国安没有非法占用起诉书指控的职务侵占犯罪第二起案件所涉资金,且证人孙凯对该笔资金使用情况向法庭进行了说明。故起诉书指控的职务侵占犯罪第二起案件事实不清,证据不足,指控的罪名不能成立,不予支持。

被告人孙国安及其辩护人提出的起诉书指控的职务侵占罪不能成立的辩护意见,予以采纳。辩护人向法庭提交的民事判决书、项目合同书,本院予以采信。公诉机关向法庭提交的第7次询问覃国平的笔录与第6次询问刘海涛的笔录内容完全一致,第8次询问覃国平的笔录与第7次询问刘海涛的笔录内容完全一致,第9次询问覃国平的笔录与第8次询问刘海涛的笔录内容完全一致,上述6份询问笔录不符合生活常理,不排除公安人员复制粘贴而形成的可能性,故不予采信。

综上,公诉机关指控被告人孙国安犯职务侵占罪的犯罪事实不清、证据不足,根据疑罪从无原则,指控的职务侵占罪不能成立,不予以支持。据此判决被告人孙国安无罪。

宣判无罪当天,孙国安被当庭释放。

五、检察机关提起抗诉,案件被裁定发回重审

(一)检察院不服一审无罪判决提出抗诉

对于一审无罪的判决结果,县检察院于2018年6月4日提出如下抗诉:

1. 处置涉案车辆的行为属于职务侵占

在案证据证明,涉案车辆应为能够正常使用的车辆,故与本案其他证据综合认定,应对估价认定结论予以认可。至今为止,其他股东并未对孙国安私自处分公司财产的行为予以认可,孙国安也并未对公司及其股东进行赔偿,其利

用职务之便擅自处分公司财产的行为已不属于民事法律调整的范畴，属于违法犯罪，故应构成职务侵占罪。法院判决认定孙国安犯职务侵占罪事实不清、证据不足确有错误。

2. 从 ATM 的取款也属于职务侵占

本案证据能够证明孙国安将公司银行卡授权孙凯保管和使用，孙国安作为中恒煤矿公司法定代表人应当清楚该笔资金的使用情况，在侦查阶段拒不交代该笔资金去向，在庭审过程中却又能明确 29.65 万元的使用情况，故应认定二人作虚假供述。无证据证明孙凯从 ATM 上提取的款项用于发放工资，应认定为孙国安个人占有，成立职务侵占。法院判决认定从 ATM 上所取款项构成职务侵占事实不清、证据不足确有错误。

3. 法院在审理过程中违反法定诉讼程序

2012 年《人民检察院刑事诉讼规则（试行）》第 397 条规定："对提起公诉后，在人民法院宣告判决前补充收集的证据材料，人民检察院应当及时移送人民法院。"〔1〕在法院审理期间内，侦查人员依据提供法庭审判所需证据材料通知书调取了新的证据材料，县检察院及时移送给了县法院。但合议庭收到新证据后未组织开庭质证，导致有罪证据未被采信，作出无罪判决，其行为违反了 2012 年《刑事诉讼法》第 181 条〔2〕规定。

综上，县法院刑事判决确有错误，在审理过程中违反法定程序。为维护司法公正，准确惩治犯罪。依照 2012 年《刑事诉讼法》第 217 条〔3〕的规定，特提出抗诉，请依法判处。

（二）虽经努力，案件仍被裁定撤销原判，发回重审

案件很快被移送至市中级人民法院，我又重启辩护之旅。正所谓好事多磨，作为律师，这点韧劲我还是有的。我先安慰了情绪有些激动的孙国安，告诉他这是正常现象，有理走遍四方，不用过多担心。接着，我第一时间复制了

---

〔1〕 对应 2019 年《人民检察院刑事诉讼规则》第 362 条。

〔2〕 对应 2018 年《刑事诉讼法》第 186 条。

〔3〕 对应 2018 年《刑事诉讼法》第 228 条。

县检察院提供的据以抗诉的新证据，发现内容上并无“新意”，仍是“老调重弹”。

这让我更有信心了，抓紧时间跟进案件的进度，积极与市中级人民法院法官沟通，直接建议二审公开开庭，申请报案人、证人、鉴定人等出庭。同时，我也陪孙国安一起到市检察院陈述案件的真实情况，指出抗诉的依据不足，建议撤回抗诉，但未获成功。

一天，我再次飞往案发地，与主审法官沟通，提交相关资料和律师意见。从谈话中，我估计二审不会开庭，这个结果既好也坏。如果直接维持原判，驳回上诉，能及时画上句号，就是好消息；如果裁定撤销原判，发回重审，则是坏消息，又将是“马拉松”。因为县检察院主要是以程序不合法为由抗诉，一般不会出现“撤销原判直接定罪”的情形，我作为律师这点自信还是有的。

在耐心地等待中，突然收到市中级人民法院寄来的二审刑事裁定，撤销原判，发回重审。理由是“县检察院提交了新的证据，可能影响到对案件事实的认定，需要进一步查证”。

（三）公诉方增加数倍指控数额

没有想到，案件发回重审后，公诉机关竟然对职务侵占增加起诉金额至211.65万元，并作出如下变更起诉决定。

被告人孙国安涉嫌挪用资金一案，本院向你院提起公诉，在开庭审理过程中发现案件事实与起诉书指控的事实不符。现根据查明的事实，对原起诉书作如下变更。

认定的事实变更为：

1.2014年7月16日，被告人孙国安以非法占有为目的，让中恒煤矿公司财务人员将中恒煤矿公司的人民币128万元转账到腾达公司内，用于归还被告人孙国安个人债务。

2.2014年9月5日，被告人孙国安以非法占有为目的，让中恒煤矿公司财务人员将中恒煤矿公司的人民币48万元，转账到孙国军的公司内，用于归还被告人孙国安的个人贷款。

适用的法律变更为：被告人孙国安利用职务便利，侵占中恒煤矿公司财产数额变更为人民币211.65万元，数额巨大，其行为已触犯2011年《刑法》第271条[1]之规定。犯罪事实清楚，证据确实、充分，应当以职务侵占罪追究其刑事责任。

相较于原来的35.65万元指控，变更后的指控金额足足增加了176万元，翻了五倍，形势越发严峻，各种不利因素叠加，无罪辩护最终要想获得成功的难度又一次加大，我的心情也很沉重，但律师的职责和使命告诉我不能被打倒，要是倒下了，当事人最后的希望也就没有了，所以，只有重新起航，从头再来，再一次拿起变更起诉决定书仔细阅读，再次发现问题，重新开始准备新一轮的辩护意见。

这期间的一天，我又接到报案人周军打来的威胁电话："你必须退出本案的辩护，如果由于你的'强词夺理'最终让孙国安无罪，你就是死路一条！"此前，我还收到匿名的威胁邮件，对我进行恐吓。做律师近二十年，我早将恐吓当成家常便饭，不予理会，并及时向所属律师协会和主管司法行政机关以及承办法官作了案情通报。

我对报案人周军发起反击，就其涉嫌的非法拘禁向公安机关报案。律师如同消防队员，接到火灾警报的消防官兵，即便有牺牲的可能，也得冲进火海救人灭火，这是消防队员的神圣使命，律师也是一样，一旦接受委托，就应当依法为被告人辩护，非法定事由，绝对不能退却，这是律师的责任。

六、围绕公诉人的矛盾指控，将无罪辩护进行到底

案件发回重审后，县法院另行组成合议庭对此案进行了公开开庭审理。面对公诉人的讯问，孙国安对答如流，把前因后果解释得清清楚楚，明明白白。

随后，我在坚持原一审辩护意见的基础上，增加了以下辩护意见：

---

[1] 对应2023年《刑法》第271条。

（一）公诉机关变更起诉属于滥用职权，于法无据

为了保持刑事指控的稳定性，《刑事诉讼法》及其司法解释对公诉机关的公诉、举证、延期均作了严格的程序性规定。在原一审宣告无罪判决之前，公诉机关有足够的时间和空间，对案件事实作出自己认为准确的定性和判断。在案件发回重审后，又变更起诉，竟然变成了“被告人利用职务之便侵占211.65万元”。

2012年《人民检察院刑事诉讼规则（试行）》第458条规定：“在人民法院宣告判决前，人民检察院发现被告人的真实身份或者犯罪事实与起诉书中叙述的身份或者指控犯罪事实不符的，或者事实、证据没有变化，但罪名、适用法律与起诉书不一致的，可以变更起诉……”[1]适用上述规则的前提条件是：(1)宣告判决前；(2)发现被告人真实身份或犯罪事实与起诉书中叙述的身份或指控的事实不符；(3)事实、证据没有变化，但罪名、适用法律与起诉书不一致。

本案中，原一审法院已宣判孙国安无罪，虽是发回重审，但也不属于“宣告判决前”。既不存在犯罪事实与指控的事实不符的问题，更不存在罪名或适用法律与起诉书不一致的情形。故，公诉机关变更起诉，于法无据。前后矛盾的表述，本身也证明指控认定事实不清，证据不足。

（二）公诉机关的所谓“新证据”无任何实质性内容

在原一审中，公诉机关于2017年10月25日第二次因补充侦查申请延期审理，并于2017年11月24日申请恢复审理。因此，公诉机关只能在上述时间段内补充侦查、获取证据。而公诉机关当庭提交的所谓“新证据”分别是公安机关于2018年5月15日、18日、29日、30日对周军等所作笔录。银行存款凭证、印章移交备忘录、第四次董事会决议分别于2018年5月29日、30日调取。

而原一审法院宣判的时间是2018年5月25日，也就是说，报案人的笔录和银行存款凭证、印章移交备忘录、第四次董事会决议都是在一审法院宣判之后非法取得。周军、李某平的笔录也不是因补充侦查申请延期的2017年10月25日至2017年11月24日取得。公诉机关所谓“新证据”则为非法证据，不能作为定案依据。

---

〔1〕 对应2019年《人民检察院刑事诉讼法规则》第423条。

所谓“新证据”，是指由于客观原因无法获取、事后收集到的能直接证明案件事实的证据。刑事审判中的“新证据”认定，既要看“新”在何处，又要看其对审判结果的影响。这意味着，“新证据”在形式上应具有全新性，在证明效果上应具有显著性。因此，只有是全新且足以影响案件实质性定性的证据，才属于新证据。这就要求公诉机关不能在法院不同审理阶段不间断地侦查或提供证据，否则，不符合以审判为中心的法治精神，也不符合相关法律规定。

公诉机关提交的四份笔录和三份书证，属于换汤不换药，不但不具有全新性，而且没有任何实质性的证明作用，对原一审无罪判决一点影响也没有。由此可见，上述证据不符合“新证据”的全新性和显著性特征。公诉机关明知被告人无罪，仍匆忙准备没有任何“创意”的所谓“新证据”提出抗诉，目的是故意拖延时间。

（三）关于转款128万元和48万元的问题

首先，必须强调的是，中恒煤矿公司对孙国安有450万元的借款，一直未偿还。

其次，没有任何证据能够证明上述两笔款项的发生系被告人孙国安安排办理的，事实上均是周军安排的。陈小平等人的所谓证言要么是“猜测”，要么是“孤证”，已经在原一审中充分论证，不再赘述。

最后，孙凯当庭对此笔款项予以了说明：2014年9月初，周军签批由中恒煤矿公司借贷给孙国军个人100万元，加之周军通知孙凯需准备35万元现金，故孙凯先利用江河公司过账后提取现金48万元，其中连同已有的库存现金交付孙国军现金5.5万元，45万元存入孙凯银行卡。

可以看出，公诉机关没有任何证据证明孙国安安排中恒煤矿公司财务人员向江河公司转款48万元。可见，公诉机关的指控完全基于臆想，而不是依据事实和证据。

综上，公诉机关对孙国安增加起诉的176万元和原指控的35.65万元，均欠缺最基本的事实和法律，应当宣告其无罪。

七、一审法院再次判决职务侵占罪名不能成立

经过重一审，县法院最终再次认定，县检察院指控孙国安构成职务侵占罪不能成立，其判决理由如下。

（一）孙国安对涉案车辆的处置属于民法调整范围，不构成职务侵占

涉案车辆为中恒煤矿公司所有，孙国安在中恒煤矿公司任职，虽无任命书，但孙凯证明孙国军于 2014 年下半年任中恒煤矿公司副总经理；陈小平证明孙凯 2015 年将做好的工资表给他，说孙国军的工资是 1 万元，公司给孙国军发过工资，但是否拖欠工资不清楚；周军也认可孙国军的工资由他发，2014 年的工资已结清，不知道 2015 年欠几个月工资；孙国军的证言证明孙国安用涉案车辆抵顶了其 2014 年 12 月至 2015 年 12 月的工资。

在拖欠孙国军工资的事实存在的情况下，孙国安未经其他股东同意，将该车抵顶给孙国军，行为有不当之处。但依照 2013 年《公司法》第 149 条“董事、监事、高级管理人员执行公司职务时违反法律、行政法规或公司章程的规定，给公司造成损失的，应当承担赔偿责任”[1]之规定，孙国安作为中恒煤矿公司法定代表人，私自处分公司财产，属民事法律调整的范畴。孙国安的行为不满足刑法关于职务侵占罪的认定条件，公诉机关指控的涉嫌职务侵占罪不能成立。

（二）认定从 ATM 取的 29.65 万元属职务侵占依据不足

孙凯的个人账户明细可以反映出 2015 年 1 月至 2 月，从中恒煤矿公司账户向该账户转账 13 笔，其中 7 笔发生在案发地所在市，6 笔发生在外市，公诉机关为何只将在外市的转账的 6 笔认定是孙国安所为，涉嫌职务侵占？孙国安供述其不知道孙凯 2015 年 1 月至 2 月在外市通过 ATM 取款事宜，公诉机关也没有证据证明孙国安指使孙凯取款且涉案款项被孙国安个人非法占有。该起事实不清，证据不足，罪名不能成立。

---

〔1〕 对应 2023 年《公司法》第 188 条。

对孙国安及其辩护律师提出的职务侵占罪不能成立的辩护意见，予以采纳。

（三）因450万元属于借款性质，增加起诉部分依据不足

2014年5月26日，孙国安向周军借款450万元，经周军同意，从中恒煤矿公司建设银行账户中支取450万元。账户办理支取业务除需要公司财务专用章外，还同时需要孙国安及周军的手签章，即孙国安无法单独控制该账户。对孙国安及其辩护人提出该起450万元属于借款的辩护意见，予以采纳，辩护人向法庭提交的借款合同原件，予以采信。

故公诉机关对孙国安犯职务侵占罪的指控不能成立。

否定职务侵占的一审判决作出后，在法定期限内，县检察院未抗诉，无罪辩护最终成功。

八、对于辩护此案的思考与感想

（一）没有证据就无法定罪，律师需善于从证据中找问题

本案的核心要点是罪与非罪的认定，而关键又在于证据是否确凿，而非法律适用。任何辩护，都应该先分析罪名的构成要件，然后以此为逻辑线对证据进行分类辩驳。

职务侵占罪，是公司治理中经常见到的罪名，也是很多民营企业家容易犯的“家企不分”的错误。但无论哪种情形，归根结底都是企业经营管理不规范导致的。在国家机关、国有企业及私营企业中具有国家公务身份的人员，利用职务上的便利将公产据为已有的行为被定性为“贪污罪”，在私营企业，这种行为被定性为“职务侵占罪”。

2011年《刑法》第271条第1款规定：“公司、企业或者其他单位的人员，利用职务上的便利，将本单位财物非法占为已有，数额较大的，处五年以下有期徒刑或者拘役；数额巨大的，处五年以上有期徒刑，可以并处没收财产。”[1]

根据当年最新量刑规范意见，若孙国安被认定职务侵占211.65万余元成立，其可能被判处8年以上有期徒刑，即使被认定职务侵占35.65万元，孙国安也面临5年有期徒刑。

孙国安被指控犯罪的两个关键事实，一个是涉案车辆的处理，另一个是从ATM上所取款项的去向。但一来客观事实确实无法通过所谓的“证据”而被扭曲、篡改，二来侦查机关及公诉机关办案不仔细不认真，导致公诉机关据以证明孙国安侵占从ATM上取款的多份证据之间互相矛盾而不自知，被人民法院否定了该等证据的证明力；而涉案车辆的价值鉴定因假设前提无法证实，且作为孤证，无其他任何证据佐证而被否定，公诉机关提出的所有构罪事实无一成立。本案辩护成功的关键在于，律师对公诉机关举示的所有指控性证据进行了有力反驳，无证据就无法定罪。

（二）细节决定成败，律师切莫忽视每一个事实背后的信息

本案中物价鉴定报告上的“假设车辆为正常情况使用”11个不起眼的小字，成为推翻该报告的关键，对涉案车辆的处置被指控为职务侵占进行了釜底抽薪。如果律师不仔细，很难发现其中隐藏的无罪突破口。在认定从ATM上取款29.65万元究竟是不是孙国安所为时，我找到了孙国安在省城的住院病历，证明取款发生的时间段，孙国安不在ATM所在地，没有作案时间。一张不起眼的单据，可以证明向孙国安支付的450万元是借款，否定职务侵占等。

律师办理刑事案件，尤其是无罪辩护案件，确实需要火眼金睛、明察秋毫，甚至眼观六路、耳听八方。一个不经意的发现，有可能抵得上律师在法庭上的千言万语。作无罪辩护，律师必须要比公诉人多付出成倍的努力。如果辩护观点不能说服律师自己，就不要奢望去说服法官和公诉人。

---

〔1〕 对应2023年《刑法》第271条。

第五章　从两次被一审法院判处3年到二审法院直接改判无罪

——秦勇辉被控职务侵占案

简要案情

秦勇辉在亲戚王恒的中草药公司上班，担任有名无实的挂名经理。2014年，中草药公司以一批中草药为质押物在农行贷款近4000万元，期限12个月。同年年底，中草药公司分两次用仓库厂房作为抵押贷款近2000万元，置换出原在农行质押的一部分中草药，剩余中草药继续质押。

之后，中草药公司与农行协商，将用于质押的中草药加工、销售，出售货款用于偿还贷款，打入农行指定的监管账户。中草药公司陆续销售剩余质押的中草药，为了维系公司的正常运营，王恒要求秦勇辉开设一张建行卡用于公司的收款及支出。

没想到，秦勇辉却惹上了职务侵占的罪名，百口莫辩，自己虽然是公司的挂名经理，但实际上根本决定不了公司的运作、财务支出，只是帮忙开卡用于公司运营而已，却成了职务侵占的共同犯罪人。

区法院一审认定秦勇辉与王恒构成职务侵占的共同犯罪，系从犯，判决秦勇辉有期徒刑3年。

秦勇辉不服，以其用自己建行卡收取的货物销售款全部用于公司的生产经营，行为不构成职务侵占罪为由提出上诉。市中级人民法院经过二审开庭审理，裁定撤销原判，发回重审。区法院再次作出有罪判决，认定秦勇辉构成职务侵占罪。

再次上诉后，市中级人民法院经审理，最终认定秦勇辉不构成职务侵占，为此,撤销原判,改判秦勇辉无罪。

一、办案思路

一审法院的判决认定,秦勇辉与王恒构成职务侵占罪的共同犯罪,秦勇辉在共同犯罪中起次要作用,系从犯,依法从轻处理。因此,本案关键的问题是,秦勇辉是否具有职务上的便利;是否具有非法占有的主观故意和行为;王恒是否构成职务侵占罪,若王恒作为主犯不构成犯罪,则秦勇辉作为从犯当然不能成立职务侵占罪。

此外,在阅卷过程中,我发现秦勇辉的笔录中有特意标注"与我说的不一致",这使得秦勇辉笔录的真实性存疑。通过会见秦勇辉,我发现秦勇辉的视力并不好,在进行大量的讯问过后,审查笔录的内容对秦勇辉来说非常困难。因此,在重审开庭中,除主要辩护意见外,我还主要从以下几个方面进行补充,证明秦勇辉的行为不构成职务侵占罪。

1. 秦勇辉帮中草药公司开银行卡收款没有违法性

秦勇辉只是中草药公司的一名大货车司机,并不是所谓的中草药公司的"经理",不可能有职务侵占的职务上的便利。秦勇辉与王恒是亲戚,王恒安排秦勇辉开一张银行卡,用于中草药公司收款,又不是从事洗钱、贩毒、诈骗等明显的犯罪活动,基于员工与亲属的双重关系,秦勇辉不可能拒绝,完全在情理之中。许多企业基于各种原因存在使用私人银行卡收支的情况,这种情况在不规范的民营企业中较普遍。

2. 秦勇辉并无非法占有中草药公司财产的故意

2011 年《刑法》第 271 条规定,职务侵占罪是指公司、企业或者其他单位的人员,利用职务上的便利,将本单位财物非法占为己有,数额较大的行为。可见,非法占为己有既是职务侵占的主观构成要件,也是必要客观构成要件。职务侵占上的非法占为己有就是意图使用非法手段对自己单位所有的财物行使事实上的占有、使用、收益或处分权,从而侵犯自己单位对某一特定财物的所有权的正常行使。

秦勇辉没有从银行卡里收到的粮食款中拿一分钱装进自己的口袋,这是不争的事实。职务侵占这个罪名,首先强调的是利用职务便利,其次才是将单位钱款侵占。秦勇辉既没有利用职务上的便利,也没有装一分钱到自己口袋,不存在职务侵占。

3. 秦勇辉不可能与王恒成为所谓职务侵占共犯

即便王恒构成所谓的职务侵占罪,秦勇辉也不属于原判所称的职务侵占的"共犯"。所谓"共犯",首先必须是明知自己和他人一起实施的行为是犯罪,即主观上具有共同的犯罪故意。其次,在客观上必须有共同实施犯罪的行为,紧密联系,分工协作。由此可见,有共同的犯罪故意和共同的犯罪行为是成立共同犯罪的两个必备要件。

本案中,秦勇辉帮公司开银行卡,主观上认为是履行员工的基本职责,没有侵占的故意。秦勇辉将银行卡里的钱款交给中草药公司,由王恒安排用于公司的各项开支,自己没有私吞一分,并没有与王恒共同实施所谓的侵占行为。原判认定和原公诉机关指控的所谓"共犯"欠缺事实依据。

4. 王恒不构成职务侵占,秦勇辉更不构成职务侵占

秦勇辉作为中草药公司一名普通员工,不可能也没有义务理解什么是质押物?什么是监管账户?在没有主观和客观证据的情况下,推断出所谓秦勇辉"应当知道"和"视为明知"是可怕的"欲加之罪"思维。抵押物、监管账户、银行贷款、钱款使用等与仅拿基本工资的秦勇辉没有丝毫关系,意图用强加给秦勇辉的所谓共犯来进一步坐实王恒所谓职务侵占是无用的。

共同犯罪中的犯罪人是相互依附的关系,尤其是在有主犯和从犯的情况下,同一被控的某行为,如果主犯不构成犯罪,从犯当然就更不构成犯罪。作为中草药公司的法定代表人的王恒不构成职务侵占,作为普通员工的秦勇辉更不构成职务侵占。

5. 秦勇辉已经当庭陈述其笔录是指供诱供的结果

在开庭中,秦勇辉明确表示,办案民警经常根据有罪推定自导自演"讯问笔录",要求秦勇辉本人签字。有一次,秦勇辉发现笔录的内容完全不实,在最后注明了"与我说的不一致"。请法庭注意,秦勇辉的视力非常差,在开庭初核对身份信息时,秦勇辉掏出身份证,但是看不清身份证号。而办案民警通过指供诱供炮制出来的笔录,秦勇辉根本就看不清楚,经常需要其他人的辅助才能明

白笔录记载的大致内容。

根据相关规定，证人当庭作出的证言与其庭前证言矛盾，证人能够作出合理解释，并有其他证据印证的，应当采信其庭审证言。对被害人陈述的审查与认定，应参照适用上述有关规定。参照上述规定，当秦勇辉的当庭陈述与以往的笔录不一致且有正当理由时，应当采用其当庭陈述。

二、辩护意见

（一）秦勇辉罪名是否成立是以王恒的行为构不构成犯罪为前提

《刑法》第 25 条第 1 款规定，共同犯罪是指二人以上共同故意犯罪。可见，构成共同犯罪，必须具备三个要件：

1. 从犯罪主体来看，行为人必须是二人以上。这是成立共同犯罪的前提条件，即必须二人以上共同实施犯罪，才能成立共同犯罪。

2. 从犯罪的客观要件来看，各共同犯罪人必须有共同的犯罪行为。所谓共同的犯罪行为，是指各共同犯罪人的行为都指向同一犯罪事实，彼此联系，互相配合，它们与犯罪结果之间都存在因果关系。

3. 从犯罪的主观要件来看，各共同犯罪人必须有共同的犯罪故意。所谓共同的犯罪故意，是指各共同犯罪人通过意思联络，认识到他们的共同犯罪行为会发生危害社会的结果，并决意参与共同犯罪，希望或放任这种结果发生的心理态度。

就本案而言，原审认为，王恒利用职务上的便利和处置银行贷款质押物的机会，指使上诉人秦勇辉以个人名义设立银行账户，二人共同将公司资产转移至账外，将公司本应用于归还银行贷款的资金占为己有……王恒、秦勇辉的行为触犯了《刑法》第 271 条……应当以职务侵占罪追究其刑事责任。

对此，辩护人不认同，秦勇辉的行为不构成犯罪。根据上述共同犯罪理论及结合相关证据，本案涉及共同犯罪，也就是说，秦勇辉罪名是否成立是以王恒的行为构不构成犯罪为前提的，简言之，王恒的行为不构成该罪，秦勇辉的罪名亦不成立。

(二)补充证据材料进一步印证王恒、秦勇辉不构成职务侵占罪

1. 秦勇辉、王恒对案涉质押物中草药无管理权

根据《民法典》第425条的规定,质押是指债务人或者第三人将其动产或权利移交债权人占有,将该动产或权利作为债权的担保的法律行为。当债务人不履行债务时,债权人有权依照法律规定,以其占有的财产优先受偿。其中,债务人或第三人为出质人,债权人为质权人,交付的动产或权利为质物。

根据《最高人民法院关于适用〈中华人民共和国民法典〉有关担保制度的解释》第55条的规定,债权人、出质人与监管人订立三方协议,出质人以通过一定数量、品种等概括描述能够确定范围的货物为债务的履行提供担保,当事人有证据证明监管人系受债权人的委托监管并实际控制该货物的,人民法院应当认定质权于监管人实际控制货物之日起设立。监管人违反约定向出质人或者其他人放货、因保管不善导致货物毁损灭失,债权人请求监管人承担违约责任的,人民法院依法予以支持。可见,质押物交付质权人或监管人后相关法律风险应由其承受。

具体到本案,从仓储监管协议内容来看"为确保甲方向乙方提供的贷款资金安全,经甲、乙、丙三方平等协商,依法订立本协议。乙方自愿将其享有所有权的中草药作为质押物质押给甲方,并移交给甲方实际占有,甲方和乙方均同意将质押物交由丙方监管,丙方同意接受甲方的委托并按照甲方的指示监管质押物"。

据此,三方之间已形成多重民事法律关系,即中草药公司、农行、仓储公司之间存在质押、仓储监管关系,该法律关系是以质押为主,仓储监管为辅的,各方的权利义务有着明确约定,就中草药公司而言,其主要义务在于将质押物(中草药)将由仓储公司监管,而事实上该质押物已交付完成,换言之,中草药公司将质押物(中草药)交付完成时即丧失管理权,因此,案涉中草药并非刑法意义上的"本单位财物"。

2. 案涉中草药不属刑法意义上的"本单位财物"

根据《刑法》第271条第1款的规定,职务侵占罪,是指公司、企业或者其他单位的人员,利用职务上的便利,将本单位财物非法占为己有,数额较大的行

为。侵害对象为公司、企业或其他单位的财物。“本单位财物”应当解释为不仅指本单位所有的财物，而且该财物还应由本单位控制、管理。就本案而言，案涉中草药属于质押物，不应被认定为中草药公司刑法意义上的“本单位财物”。刑事证据的证明标准是事实清楚，证据确实、充分。根据上文“本单位财物”具体涵盖范围的分析可知，本案指控职务侵占罪，就要有确实的证据证明涉案中草药由收购公司控制、管理，即已经处于收购公司实际占有、管理等之下。相关证据印证该涉案中草药交付仓储公司监管，申言之，本案不具备上述情形，故，因“本单位财物”这个关键性问题不能认定，从而导致该项指控是不能成立的。

（三）王恒不符合职务侵占罪的客观要件，秦勇辉亦不构成该要件

1. 无刑法意义上危害结果的发生

2013 年《公司法》第 58 条规定：“一个自然人只能投资设立一个一人有限责任公司。该一人有限责任公司不能投资设立新的一人有限责任公司。”[1]一人公司可以使用个人信用，提高工作效率，节省时间和金钱成本，内部管理结构简单，股东和董事由同一人担任，当面对重大紧急情况，不需要召集、召开股东会、董事会进行决议，便于及时决策。

但是，为防止一人公司人格被股东滥用，《公司法》设立了“人格否认制度”和“股东连带责任制度”予以规制。2013 年《公司法》第 20 条第 3 款规定：“公司股东滥用公司法人独立地位和股东有限责任，逃避债务，严重损害公司债权人利益的，应当对公司债务承担连带责任。”[2]第 63 条还进一步作了更为严格的规定：“一人有限责任公司的股东不能证明公司财产独立于股东自己的财产的，应当对公司债务承担连带责任。”

也就是说，在公司财产与个人财产发生混同或者股东为逃避债务实施侵害公司债权人利益的情况下，股东必须对公司的债务承担无限连带清偿责任。这就意味着，无论公司财产是在公司名下还是在个人名下，均需要用来对外承担责任。当一人公司股东滥用公司独立人格侵害外部债权人利益时，可以通过民

[1] 对应 2023 年《公司法》第 58 条。
[2] 对应 2023 年《公司法》第 23 条第 1 款。

事诉讼解决。

退一万步讲，王恒即便存在侵占中草药公司财产的行为，侵占的也是王恒自己一人实际出资的中草药公司的财产，损害的是自己的利益，是合法的民事处分行为，并没有任何社会危害性，当然不应追究刑事责任。

2. 根据最高人民法院相关裁判观点可反推本案不构成该罪

最高人民法院(2020)最高法民申 1515 号民事裁定，指出：股东高某霞不能证明其个人财产独立于金某嘉公司，即不能证明公司财产独立与股东自己的财产，故原审判决以“高某霞系张某妻子，涉案债务发生于双方婚姻存续期间”为由，判决高某霞承担共同付款责任并无不当。

最高人民法院(2017)最高法民申 2646 号民事裁定，指出：原判决认定因协同教育公司与股东之间构成财产混同，公司已经失去了独立承担债务的基础，有事实和法律依据……以上情形严重损害了公司债权人的利益，根据 2013 年《公司法》第 20 条的规定，公司股东滥用公司法人独立地位和股东有限责任，逃避债务，严重损害公司债权人利益的，应当对公司债务承担连带责任。[1]

综上，现有在案证据对公诉机关所指控的罪名的证明并不充分。根据存疑有利于被告的原则，法院应作出有利于被告的判断。

三、案件结果

区法院一审判决，秦勇辉构成职务侵占罪，但系从犯，判处有期徒刑 3 年。秦勇辉不服，提起上诉，市中级人民法院二审经过开庭，作出刑事裁定，撤销原判、发回重审。案件回到区法院后，先后两次开庭，区法院最终作出与原一审基本一样的重一审有罪判决，仍然认定秦勇辉构成职务侵占罪，判处秦勇辉 3 年有期徒刑。经过上诉，市中级人民法院二审撤销区法院有罪判决，改判秦勇辉无罪，并当庭释放。改判无罪的理由是原判认定秦勇辉构成职务侵占罪事实不清，证据不足。

---

〔1〕 对应 2023 年《公司法》第 23 条第 1 款。

四、案例点评

(一)共同犯罪中从犯的辩护问题

刑法规定的共同犯罪,是指二人以上共同故意犯罪。组织、领导犯罪集团进行犯罪活动的或者在共同犯罪中起主要作用的,是主犯。在共同犯罪中起次要或者辅助作用的,是从犯。从犯成立的前提是主犯罪名成立,并且双方具有共同犯罪的合意,具有共同犯罪的意思联络。

因此,对从犯的辩护一般可以从以下几点进行:

一是主犯是否构成犯罪?若主犯不构成犯罪,从犯当然不成立犯罪。

二是所谓从犯是否有共同犯罪的故意,是否有参与共谋的意思。例如在某些情况下,如所谓从犯在整个犯罪过程中完全没有犯罪的意识,只是主犯实施犯罪行为中的一个工具性存在,则不宜简单地认定构成共同犯罪,不属于从犯。

三是若确实构成从犯,则可以从行为人在整个犯罪过程中的分工与作用结合认定,从行为人参与共谋的程度、实施的主要行为认定,从行为人是否获利等方面进行综合考量。

(二)正确区分刑事犯罪与经济纠纷

经济纠纷通常发生在平等主体之间,在当事人之间存在利益冲突的情况下,可以选择通过仲裁、调解、和解或民事诉讼的方式进行解决。刑事犯罪,如诈骗罪是行为人虚构事实、隐瞒真相,通过欺诈的手段非法占有他人财产,一方当事人难以通过民事诉讼的方式实现合法权益,不得不请求国家公权力动用刑事手段保护其合法权益。

根据刑法的谦抑性原则,刑事犯罪与经济纠纷的一个主要区别,即案件是否已经超越了民事法律调整的范畴和界限,是否必须运用刑事手段予以制裁才能实现合法权益,是否具有刑罚的必要性。

第六章　两次被判13年，两次发回重审，终以不起诉而无罪

——王明被控诈骗案

简要案情

王明应邀至东北某县级市投资，与市政府签订项目投资协议，由市政府提供净地给王明实际控制的香港联华国际公司（以下简称香港联华公司）开发小商品城，根据项目协议约定的条件，土地使用权出让金实为零成本。

由于市政府不能及时交付净地，在交涉无果后，王明向上级有关政府机关及部门反映，却被该县级市的公安局办案民警“跨省”抓捕，理由是合同诈骗。

公诉时指控罪名为诈骗罪，一审法院两次以诈骗为由判决王明有期徒刑13年，两次上诉后，又两次被市中级人法院撤销原判，发回重审。

2022年4月12日市检察院提出撤诉申请，一审法院同日作出准许撤诉裁定，当天已经被羁押3年10个月的王明被无罪释放。2022年8月18日，市检察院以“王明涉嫌诈骗罪事实不清、证据不足，不符合起诉条件”为由，作出不起诉决定，王明正式无罪。

2022年8月24日，王明向两次作出一审13年有罪判决的市法院申请国家赔偿。2022年10月13日，市法院作出国家赔偿决定，赔偿王明被非法限制人身自由1402天的赔偿金57.389468万元和精神抚慰金12.6万元，并在当地日报上为王明消除影响，恢复名誉，赔礼道歉。

一、案件情况回放

经招商引资,2013 年 8 月 24 日,王明任法定代表人的香港联华公司与市政府签订项目投资协议及补充协议各一份,约定由市政府提供“五通一平”的 5 万平方米净地作为项目用地,建设小商品城。因为地块置换,进展并不顺利,2018 年初王明代香港联华公司请求市政府尽快提供约定的建设用地,同时向省相关政府机关和部门反映和求助。不久,该市公安局对王明展开“调查”。

2018 年 6 月 11 日,办案民警一行几人到深圳,将王明“跨省”抓捕,理由是合同诈骗。王明的家人几经周折联系上我,并数次到律师事务所,希望我能为王明辩护。经过慎重考虑和研判,我感觉这是一起无罪案件,决定接受委托。

我分别向市公安局和市检察院提出了无罪辩护意见,但未被采纳,案件最终被公诉至市法院。在原一审开庭中,我为王明作了无罪辩护。开庭中,控辩双方争执不下,就罪与非罪问题,针锋相对。

公安机关和公诉机关均认为王明利用香港联华公司对市政府实施了合同诈骗行为,再进一步延伸到诈骗合作伙伴陈乙。

2019 年 11 月 15 日,市法院作出一审刑事判决,认定王明构成诈骗罪,判处有期徒刑 13 年,并处罚金人民币 500 万元。王明不服,提起上诉,家属继续委托我为王明二审辩护。

根据二审“以不开庭为主”的实际情况,我反复与承办法官沟通,并提出书面意见,一是通知本案的陈乙到庭,二是对此案进行开庭审理。2020 年 8 月 4 日,本案如期在市中级人民法院公开开庭,陈乙当庭一字一句澄清:“我不是受害人,和王明是合作关系,王明没有诈骗我!”

2020 年 8 月 6 日,市中级人民法院以“一审判决认定王明因涉案项目收取受害人陈乙人民币 400 万元的事实清楚,但将该款项认定为加盟费、保证金的证据不足”为由作出二审裁定,撤销原判,发回重审。

2021 年 3 月 20 日市法院组织重一审开庭。2021 年 4 月 22 日,市法院仍作出与原一审刑事判决基本一样的重一审刑事判决,依然判处王明有期徒刑 13 年。

王明再次提起上诉，市中级人民法院依据我的申请，再次通知陈乙出庭陈述案情。法庭上，面对出庭检察官和合议庭成员，陈乙再次重申："王明并没有诈骗我，所谓的'报案'是公安机关办案人员逼迫的！"

这期间，我和王明的家人对包括原市委书记田某在内的相关人员利用司法公权力欺负外地客商的控告和投诉，引起了包括香港特别行政区时任行政长官林郑月娥女士及最高人民检察院等注意和重视，林郑月娥女士的秘书将相关投诉材料转至中纪委及国家监察机关，最高人民检察院让市检察院调查后对家属给予回复。

2021 年 11 月 18 日，省纪委和省监察委发布消息，市委原书记田某因涉嫌严重违纪违法，正接受纪律审查和监察调查。市中级人民法院再次裁定撤销原判，发回重审。案件回到一审法院，检察机关撤诉，王明被无罪释放。

二、律师辩护思路

1. 如何说服法庭本案不是为了打击真正的刑事犯罪，而是市政府"暗示"市公安局利用刑侦手段对付要求依约交付建设用地的王明。

我接受委托之初，通过家属提供的相关材料，判断该案是市公安局根据市政府的"暗示"运用刑事侦查干预香港联华公司与市政府之间正常的投资合同纠纷。中央及各地对民营企业及民营企业家权益保护高度重视，出台许多深入人心的规定，良好的营商环境离不开公平的法治环境，其中禁止刑事手段插手经济纠纷是一条红线。

所以，需要将市政府"暗示"市公安局运用刑侦手段干预经济纠纷作为重要辩点，国家保护民营企业家的新政必须在刑事辩护中充分使用，刑事辩护需要结合国家大政方针政策"与时俱进"。

2. 如果能证明项目投资协议是有效的以及违约在先的是市政府，则能直接证明王明无罪以及市公安局涉嫌先抓人再取证。

市公安局"跨省"抓捕王明，根据刑事拘留通知的记载，涉嫌的是合同诈骗。香港联华公司与市政府签订的项目投资协议，是否有效？究竟是谁在违约？对本案至关重要。如果能证明项目投资协议是有效的，且违反先合同义务的是市政府，则合同诈骗就难以成立，当初的立案之根基也就不存在。

3. 向市中级人民法院提起行政诉讼，要求市政府依约交付项目建设用地，对公诉机关指控王明诈骗市政府进行釜底抽薪。

为证明项目投资协议有效且是市政府违法先合同义务，我利用办理行政案件的专业优势代香港联华公司向市中级人民法院提起行政诉讼，要求市政府立即依约交付建设用地。由于一审是市中级人民法院，二审就是省高级人民法院，再审就是最高人民法院，这无疑可以有效避开地方保护主义。

如果行政裁判认定违反先合同义务的是市政府，则各司法机关认为的"王明先通过项目投资协议欺诈市政府再延伸到诈骗合作伙伴陈乙"就不能成立。所以，对市政府提起行政诉讼，实质上就是对错误的刑事指控进行釜底抽薪。事实证明，最高人民法院在行政裁定中的定性，对否定刑事指控起到了决定性作用。

4. 反复申请法庭通知受害人陈乙出庭接受质询，查明其是在什么情况下进行的报案？以证明本案是"做"案件，不是"破"案件。

陈乙先后有5次笔录，在王明被抓捕几天后的最后一次笔录，陈乙突然语境发生颠覆性改变，称被王明诈骗，究竟发生了什么？只能由陈乙当庭说清。所以，在一审、二审、重一审、重二审的四个审判阶段，我都坚定地向法庭申请陈乙出庭。

虽然市法院的一审、重一审没有通知陈乙出庭，但市中级人民法院的二审、重二审依法通知陈乙出庭。陈乙当庭证明；在第5次笔录中的所谓报案是办案民警逼迫的，王明没有诈骗他，他和王明之间是合作关系，给付王明的400万元不是加盟费，而是香港联华公司为该项目产生的前期费用以及保证金，有书面合同为证。

5. 用案卷中的现有证明来论证王明没有实施诈骗行为，用香港联华公司因该投资项目有过亿元的预期投资收益来否定王明不可能诈骗陈乙。

案卷中，没有充分有效的客观证据能证明王明有虚构事实或隐瞒真相的行为，市政府和陈乙也没有一分一厘的经济损失，而诈骗和合同诈骗是结果犯。项目建成，香港联华公司可以获利过亿元，这就决定了王明不可能为了400万元微不足道的小利益而放弃过亿元的大收益。利益最大化是民营企业的本质,王明是在商海拼搏了几十年的商人,不可能干"捡了芝麻,丢了西瓜"的蠢事。

6. 通过信息公开、网络查询等方式获得涉案项目的各种审批文件,尤其是利用市征收办逼迫王明、陈乙等交付天价拆迁保证金的文件来证明王明无罪。

法庭上铿锵有力的雄辩固然重要,但如果缺乏必要的证据支撑,会让合议庭认为辩护律师是在强词夺理。所以,从公安机关的侦查阶段开始,我就通过各种渠道获得了几十份对王明有利的证据和法律依据,尤其是涉案项目的各种审批文件,这为辩护奠定了坚实的基础。

7. 以非法占有为目的是诈骗罪的主观构成要件,如何说服办案人员王明没有非法占有的故意是重中之重。

作为财产犯罪的诈骗,主观上的非法占有是犯罪的必要构成要件,香港联华公司收取陈乙支付的400万元是基于书面协议,具有正当性和合法性,不是非法占有。另外,王明或香港联华公司没有拿市政府一分钱和一寸土地,根本不存在诈骗市政府的问题。王明没有非法占为己有是客观事实,主观上无故意的辩护要点显得尤为重要,也是本案的难点。

8. 证明王明收取陈乙的400万元不是"义乌小商品城"的加盟费,是依据书面合同而非所谓的口头约定,是破解本案的关键。

就同一涉案建设项目,王明与张甲签订有合作协议,而张甲又与陈乙签订有合作协议,属于"背靠背"性质,王明代香港联华公司收取的400万元是前期工作费用和保证金,不是"义乌小商品城"的加盟费。根据会见王明时获得的信息,我拿到了上述协议,协议上的总金额正好就是400万元,与王明的说法一致,这为反驳"400万元是加盟费"提供了有力的客观证据。

9. 查明"义乌小商品城"并非专有商标或专用名称,"义乌小商品城"只是项目的一个名称,但实质上是房地产开发。

"义乌小商品城"究竟是一个通用名称?还是专有商标或专用名称?也是本案的重要辩点,因为公诉机关一再拿浙江某小商品城集团的一份情况说明作为指控王明没有取得该公司允许的依据。经过查询,"义乌小商品城"并非浙江某小商品城集团的注册商标或专用名称,其出具的情况说明属于"越位"。

10. 用三方分配协议中的“小商品城部分归香港联华公司、住宅部分归陈乙”之约定，证明陈乙曾所言的加盟、授权、招商是无稽之谈。

根据会见王明得到的信息，我调到一份陈乙所代表的中泰公司与王明所代表的香港联华公司及张甲三方签订的《关于义乌小商品城建设与分配的三方协议》，按协议第 2 条第 3 款和第 3 条第 4 款之约定，小商品城以外的住宅部分归陈乙，12, 000 平方米的小商品城部分归香港联华公司。

该约定体现了三方合作之初、之中、之后的真实想法，既然小商品城部分与陈乙没有任何关系，所谓的“400 万元是陈乙支付的‘授权、加盟、招商费用’”明显是无中生有。陈乙是从事土建施工的，对商业不懂，也没有兴趣，其真实目的就是对涉案项目全垫资建设，用住宅部分卖钱。

11. 查询到市原工商局登记注册的“义乌小商品城”，证明当地政府部门认可使用“义乌小商品城”名称不需要授权。

“义乌小商品城”的使用根本不需要任何授权，通过“爱企查”能检索到当地原工商行政管理局于 2015 年 10 月 22 日批准设立的一家名为“ × 市航天义乌小商品城”的企业。该名称与投资协议中的“嘉华义乌小商品城”仅“嘉华”与“航天”之区别，由此可见，义乌小商品城只是市政府部门认可的一个通用名称，不需要任何单位或个人的授权，更不需要加盟。作为亲自拟定投资协议或合作协议的市政府或陈乙、张甲如果认为“授权、加盟、招商”对己方至关重要，正常情况下应写在投资协议或合作协议中，否则，有悖常理。这充分说明“授权、加盟、招商”是无中生有的借口。

12. 重点强调王明在项目建成后会无偿获得 12, 000 平方米小商品城，证明其主观上没有非法占有 400 万元的故意。

根据投资协议和合作协议的履行王明可获得巨大利益，《关于义乌小商品城建设与分配的三方协议》第 3 条第 4 款约定：“本协议签署后，市实业公司作为项目落地公司，甲乙丙三方或代表作为公司股东，享有公司所有权益，依照 65%、30%、5%，在本协议签署后，乙方的股份权益体现在 12, 000 平方米简称物业的所有权（无偿），乙方的股权在小商品城无偿面积确权后转给甲方。”

结合第 2 条第 3 款“住宅归陈乙的中泰公司，小商品城的 12, 000 平方米归王明”的约定，王明可毫无风险地获得巨大经济利益，这就决定了王明主观上肯定是希望项目合作建成,不可能为了骗取陈乙的所谓的400万元,就此一点,足以证明王明主观上不会有非法占有的故意。

三、原一审辩护意见

虽然在侦查阶段和审查起诉阶段我就本案提出了无罪辩护意见,也申请了取保候审和提出了羁押必要性审查申请,但是并没有成效,市检察院很快向市法院提起公诉。2019年4月23日,市法院在此前交换证据和庭前会议的基础上,进行原一审公开开庭。针对公诉人出示的证据和指控的事实和罪名,我提出了如下辩护意见:

(一)收取400万元不属诈骗,王明无非法占有故意

1. 王明并不具有非法占有他人财物的主观故意

在积极履行与市政府签订的投资协议过程中,王明经人介绍认识了在当地生意圈具有一定地位和影响力的张甲、陈乙等人。张甲、陈乙等对合作前景进行了绘声绘色的描述,表现出一定的经营能力,仿佛"义乌小商品城"的美好蓝图呈现在眼前。在签订合作协议时王明的印象中,张甲和陈乙等就是一个整体,张甲就是陈乙,陈乙就是张甲。

经过充分协商,王明代表香港联华公司与张甲签订合作协议,随后,张甲在王明不知情的情况下又与陈乙签订合作协议,将合作协议中的权利义务概括性转让给陈乙。"生米已做成熟饭",王明本着只要是能推动项目的运行,积极履行与市政府签订的投资协议,与谁合作及在合作中多一人少一人也就不再在意。

王明和张甲签订的合作协议以及事后得知的张甲与陈乙之间签订的合作协议,均是各方真实意思表示,签约时各方具有相应的民事行为能力,并不违反法律的禁止性规定,两份协议真实有效,应受法律保护。上述两份协议中约定的100万元和300万元分别为香港联华公司的前期风险金和工作费用,款项有明显的合同依据,不属诈骗款项,当然也就不存在所谓的"以非法占有为目的"之问题。

公诉人所称“王明和陈乙达成口头协议，骗取陈乙400万元”纯属无中生有。陈乙是久经商场的生意人，向认识不久且无深交的王明仅凭口头协议就先后汇款400万元，根本不可能，不符合商业规则。如果是4万元的交易，对于陈乙而言，可能不需要签书面合同；但如果是40万元的业务，肯定不可能是口头协议，更何况是400万元之巨款。

公诉人所称的“倒卖项目”没有事实和法律依据，投资协议没有任何条款禁止香港联华公司寻找战略合作伙伴。一个大型投资项目的完成和一个设备或智能手机的生产相似，厂家不可能自己生产每一个零部件，而有时需要和其他厂商通力协作才能完成。故引进合作伙伴属于香港联华公司的经营自治范畴，无所谓“倒卖项目”的问题。

2. 王明代香港联华公司收取的400万元非诈骗款

风险保证金是指合同当事人一方或双方为保证合同的履行，而留存于对方或提存于第三人的金钱。可见，风险保证金具有类似定金一样的性质，在民商事活动中经常使用。收取风险保证金，正如“周瑜打黄盖，一个愿打，一个愿挨”。本案中，一个愿给，一个愿收，这究竟违反了哪部法律的哪一条的哪一款？

从涉案400万元的来源来看，有可能是陈乙支付，有可能是陈乙替张甲代付，也有可能是张甲和陈乙共同支付，但均属真实意思表示。王明代香港联华公司收到该款后，并没有马上“逃匿”。市公安局办案民警是在其深圳住所“跨省”抓捕王明的，不存在得款后潜逃的情形。可见，“非法占有为目的”一说无异于天方夜谭。

总之，现有证据根本不能证明王明具有“以非法占有为目的”的主观意图或实际行为。按2018年《刑事诉讼法》的规定，证据确实、充分，应当符合一些条件，其中条件之一，即“综合全案证据，对所认定事实已排除合理怀疑”，公诉机关对该项指控的证据不符合“证据确实、充分”标准。

（二）王明没有虚构事实和隐瞒真相的诈骗行为

1. 王明并无虚构合同主体或冒用他人名义之行为

香港联华公司是在香港特别行政区依法设立并独立经营的法人主体，并取得商业登记证，与市政府签订投资协议完全符合其经营范围要求，既没有隐瞒事实真相,也没有虚构合同主体或冒用他人名义签订合同。香港联华公司根据投资协议约定成立的××市联华公司也具有相应的经营范围。

建设投资项目是公开招商引资项目,项目的发起、立项、审批、规划、动迁等都是在市政府领导下,正在逐步审批。香港联华公司是应邀至市投资建设,并签订了投资协议,法定代表人香港籍身份真实,主体适格,依约成立了项目公司,王明及香港联华公司不存在虚构主体的行为。

2. 王明对陈乙等没有隐瞒真相或虚构事实

包括陈乙在内的合作方是主动提出要求参加涉案投资项目建设,并非王明及香港联华公司主动向合作各方下套、挖坑、欺骗。其相互之间之前也并不认识,如果王明或香港联华公司是诈骗,哪有主动找着被骗的,显然不符合生活逻辑。另外,与涉案建设项目相关的投资协议、立项审批等文件均客观真实。

陈乙等控制的公司很早以前即参与了涉案投资项目建设的前期工作,几年以来并未提出任何异议。由此可见,王明及香港联华公司并未对陈乙等隐瞒真相或虚构事实。包括市政府在内的各方已经根据协议,事实上已经形成共建共识,并非仅是王明主导,自然也就不存在所谓的诈骗。

陈乙的笔录,一目了然,王明及所在的香港联华公司就涉案投资项目建设,均没有隐瞒任何事实真相或虚构任何事实。陈乙及其实际控制的公司已在开展前期工作,并投入巨额资金。

3. 香港联华公司一直在积极履行各种协议

在签订合作协议之前,香港联华公司就已经开始前期工作,和政府部门对接沟通,拟订设计方案,编制现场效果图。签订合作协议之后,邀请台商、港商及其他投资商考察,成立项目公司,申请建设投资项目立项审批。

如果为了诈骗400万元,王明或所在的香港联华公司不会这样积极地去推动项目的运行。如果是诈骗,利用内地和香港的司法制度的暂时不同,王明早已消失得无影无踪,不可能在深圳等着警察上门抓捕。如果是诈骗,王明及香港联华公司也不会在市政府不履行交付净地义务、让投资项目迟迟不能开工又在当地求助无门的情况下,向省政府、商务厅、地级市政府对当地市政府进行投诉。

公诉机关指控王明没有能力履行投资协议纯属主观臆断,从王明代表香港联华公司与市政府签订的投资协议的内容可以看出，市政府的义务是“提供用于建设的五通一平的净地”，结合协议约定的优惠条件及政策扶持，净地基本上就是零成本。可以说，这是一个稳赚不赔的项目，王明及所在的香港联华公司有动力去推进，而不是不予履行。

公诉机关的证据并不能证明王明及所在的香港联华公司“不具备实际履行能力”。依投资协议的约定，王明及所在的香港联华公司对涉案投资项目建设无事先投资义务。“巧媳妇难为无米之炊”，市政府不提供用于建设的净地，一切工作和努力等于零。王明及香港联华公司对投资协议的履行，取决于市政府的先合同义务。

认定行为人是否具有履行合同的实际能力，应当以签订合同时行为人的资金状况、信誉评价、货源准备等基本情况作为依据。但办案机关并未查清王明和其他股东及香港联华公司的资产信息，以及王明配偶等家庭成员的财产信息，武断地推定其没有实际履约能力，欠缺事实依据。

针对市政府不按约定交付建设项目开发用地的行为，辩护人已经代香港联华公司向市中级人民法院对市政府提起行政诉讼，要求判令市政府立即依合同约定交付项目用地。随后，市政府发出解除项目投资协议通知，香港联华公司不服，再次委托辩护人提起行政诉讼，要求依法撤销解除通知，并履行交付土地义务，目前两案正在审理之中。既然公诉机关称王明通过所谓合同诈骗市政府，合同当属无效，市政府发出解除通知，证明合同是有效的，合同有效才有“解除”一说，无效的合同只存在确认无效的问题。

（三）是否加盟或取得授权不是构成诈骗的理由

1. 义乌小商品城的注册商标持有人是蒋某健

公诉机关指控称“被告人王明在未取得浙江某小商品城集团授权的情况下，与市政府签订投资协议并收取陈乙400万元，即构成了诈骗犯罪”。这是强词夺理，让公诉人强烈的追诉渴望一览无余。

义乌小商品城不是一个特有或专有名称，也不是受法律保护的特有地域标识，如同“汉正街小商品”一样，是一种通用叫法。全国各地有上百家“义乌小商品城”，这些小商品城大多未取得所谓的授权和加盟，但并不因此而影响其合法性。

经登录国家知识产权局商标局官网查询,“义乌小商品城”6个字早在2006年6月19日就被一位蒋某健的自然人申请注册为文字商标,注册号为5428698。而浙江某小商品城集团2011年10月12日经申请取得的是“义乌中国小商品城”8个字的注册商标权,注册号为10054759。

古人云“一字之差谬之千里”,注册商标和民事主体也是如此。蒋某健持有的“义乌小商品城”与浙江某小商品城集团持有的“义乌中国小商品城”相比,后者多出“中国”两字,显然受到不同的保护。即便王明及所在的香港联华公司在涉案投资项目中使用“义乌小商品城”字样构成侵权,也和浙江某小商品城集团无任何关系。

2. 加盟或授权与否和指控的所谓诈骗无关

在香港联华公司与市政府签订投资协议前,王明并未向市政府说明或承诺其已取得了浙江某小商品城集团的加盟授权,王明对该项事实并没有虚构。在签订的投资协议中,没有任何一个条款约定香港联华公司有先行取得加盟授权的义务,或香港联华公司必须在事后取得加盟授权。

既然公诉人认为,加盟授权如此重要,影响到市政府是否签订投资协议,那市政府签约前为何不事先进行尽职调查?又为何不将此写进项目投资协议?进一步说明所谓的加盟授权对涉案投资项目建设并不重要,也不影响到市政府是否签订项目投资协议,更不影响到陈乙、张甲是否签订合作协议。

根据合作协议的约定,投资项目名称虽是“义乌小商品城”,但涉案地块主要是商品房开发。“义乌小商品城”只是为方便对四号棚户区地块启动建设、及时获得相关房地产开发行政审批的一个“理由”而已。所以,是否有加盟授权,对合作方陈乙等毫无意义,也不是其支付400万元的先决或后决条件。

即便存在所谓的加盟授权,也是在建设项目完工后再进行。市政府的违约导致涉案投资项目无法启动,八字没一撇,何以加盟授权。项目不能推进的根源是市政府不能及时提供净地。办案机关不去追查罪魁祸首,追根溯源,反而以诈骗罪起诉作为投资协议中的守约方的香港联华公司的法定代表人王明,纯属无稽之谈。

3. 王明从未就加盟授权的问题虚构或隐瞒

王明及所在的香港联华公司在与张甲、陈乙等合作方签订履行合作协议的整个过程中，并未隐瞒最基本的事实真相，也没有对张甲、陈乙等虚构已取得加盟授权。如前所述，加盟授权，需要在建投资项目已经完工或基本完工，具备最起码的加盟条件，而四号棚户区改造地块仍有拆迁“钉子户”存在且没有达到五通一平。

公诉人多次强调“之所以签约，是因为王明曾向市政府及合作伙伴承诺从浙江义乌招来2000商户”。公诉人这样的说法依据何在？如果从浙江义乌招2000商户是签约的前提条件既然如此重要，为何投资协议及各合作协议中只字不提，这明显是凭空捏造，无中生有。

试想一下，在容积率红线不能超标突破的情况下，5万平方米土地上建起的小商品城能容纳2000商户吗？作为公诉人，可以有适度的推理或猜测，但不能不顾客观事实而杜撰虚构。

四、原一审刑事判决

辩护人在原一审中的无罪辩护意见并没有被采纳，2019年11月15日，市法院就本案作出一审刑事判决，认定王明构成诈骗罪，判处13年有期徒刑，并处罚金500万元，违法所得400万元予以退赔。一审裁判意见如下：

王明以非法占有为目的，采取虚构事实、隐瞒真相的方法，骗取他人财物，数额特别巨大，其行为构成诈骗罪。公诉机关指控的犯罪事实清楚，证据确实、充分，罪名成立。王明不具有任何法定从重或从轻、减轻处罚情节，公诉机关的量刑建议适当，予以采纳。

王明在明知自己不具备投资建设义乌小商品城项目实力的情况下，通过邀请“考察”等形式，营造自己具备相应能力的假象，与市政府签订项目投资协议及补充协议。后又以该两份协议为“筹码”，通过“合作”的形式，取得被害人陈乙钱款400万元，用于个人消费及偿还欠款，直至案发仍没有归还意愿。

从上述系列行为可见，王明隐瞒自己真实实力，虚构具有投资实力的欺诈行为始于与市政府签订相关协议前，延续至与被害人陈乙建立“合作”关系，并取得对方400万元款项之时。王明的诈骗行为不仅直接造成被害人陈乙损失400万元的结果，也间接导致300余户被拆迁居民无房可住，多次上访。其诈骗行为持续时间之长,给被害人造成损失之大,对案发地产生社会影响之恶劣,均可见其主观恶性之深。

王明在投机心理驱使下,运用虚构事实、隐瞒真相的手段,将自己包装成实力“港商”,先后骗取市政府及被害人陈乙的信任,为了实现自己在涉案项目中获取非法利益的目的,置诚信与良知于不顾,视法律规范为无物,为一己私欲不惜牺牲民生利益,骗取被害人财物,并最终触犯法律。辩护人关于被告人王明的行为不构成犯罪的辩护意见不予支持。

五、原二审辩护意见

王明不服上述一审刑事判决,依法提起上诉,案件到中级人民法院。

此时,对于香港联华公司对市政府提起的交付净地的行政诉讼,市中级人民法院和省高级人民法院均裁判香港联华公司败诉,理由是香港联华公司起诉市政府交付土地超过了行政起诉期限。而对于香港联华公司请求撤销市政府的解除投资协议的通知的行政案件,省、市两级法院均认定香港联华公司没有按约定投资到位,市政府向香港联华公司发出解除项目投资协议通知具有事实和法律依据。

在原二审开庭中,出庭检察官将上述二审终审的行政判决的结果作为“铁证”,在法庭上作为王明构成诈骗罪,二审法院应当驳回上诉,维持原判的重要出庭意见。

我提出了如下辩护意见:

(一)本案是“炮制”出来的无受害人的所谓诈骗案

1. 报案人陈乙当庭证实王明没有诈骗他

对上诉、抗诉案件,应当着重审查第一审判决认定的事实是否清楚,证据是否确实、充分。具体到本案,原审法院认定陈乙为涉案款400万元的受害人,对此,法庭在辩护人的多次申请之下,依法传唤陈乙出庭。

在庭审中,作为本案“报案人”及“受害人”的陈乙明确表示自己不是受害人,王明及其所在公司没有诈骗他,陈乙与王明之间是合作关系,双方之间属于正常的商业行为。由此可见,原审法院对本案基本事实的认定欠缺确实充分之证据,本案属于“证据不足,不能认定被告人有罪的”情形。

2. 本案应由市中级人民法院行使一审管辖权或异地审理

根据本案案情,假定王明的行为构成诈骗罪,根据400万元这种特别巨大的涉案金额,量刑的最高上限可达无期徒刑。根据《刑法》的规定,诈骗公私财物,数额特别巨大或者有其他特别严重情节的,处10年以上有期徒刑或者无期徒刑。而《刑事诉讼法》规定,可能判处无期徒刑、死刑的案件由中级人民法院一审管辖。

本案假定所谓诈骗成立,属于可能判处无期徒刑的案件,级别管辖应当是中级人民法院,而不能是作为基层法院的市法院。在一审中,辩护人依法向市法院提出了整体回避申请,同时也向中级人民法院提出了管辖问题。建议由市中级人民法院直接对本案一审,或指定辖区的异地法院管辖,避开市法院,但市中级人民法院仍决定由市法院对本案行使一审管辖权,对此,辩护人仍表示遗憾。回看原判结果,辩护人当初提出的管辖及回避申请是非常有必要的。

(二)王明及其香港联华公司一直在积极履行各方协议

1. 王明未给他人造成损失,本身是受害者

在案证据证明,王明及其所在的香港联华公司及相关联公司是市政府利用优势地位拒不履行项目投资协议的受害人,虽然目前香港联华公司诉市政府交付净地以及撤销解除合同通知在市中级人民法院和省高级人民法院一、二审败诉,但是并非最终结论,香港联华公司已经依法向最高人民法院申请了再审,目前正在审理中。我作为辩护人也是该案申请再审的委托代理人,有坚定的信心通过最高人民法院纠正省、市两级法院的一、二审错误裁判,因为行政诉讼是辩护人的主业,这种行政法专业上的判断不会失误。

出庭检察官所谓的“香港联华公司与市政府的行政诉讼一、二审以失败告终”,固然没有语法错误,但为时过早,目前省高级人民法院的终审裁判并非不可撼动,需要耐心等候香港联华公司在最高人民法院申请再审的最终结果。

原一审判决所称“王明为一己私欲不惜牺牲民生利益、间接导致300余户

被拆迁居民无房可住多次上访、通过诈骗市政府继而诈骗陈乙"属主观臆断,欠缺基本依据。没有任何一户被拆迁户对王明及香港联华公司及关联公司有不满情绪或投诉,所谓的"300 余户被拆迁居民无房可住多次上访"也只是推测。最重要的是,依据《国有土地上房屋征收与补偿条例》的规定,安置补偿是市政府的法定义务,并非王明及其关联公司的责任,香港联华公司与市政府签订的项目投资协议中也没有约定是王明及其关联公司的义务。

2. 王明既未诈骗市政府,也未诈骗陈乙

原判所谓的"王明通过诈骗市政府继而诈骗陈乙"也是无中生有。如前所述,王明不但没有诈骗市政府一分钱一寸地,而且王明及其所在的香港联华公司是市政府不履行投资合同的受害者。目前,陈乙已经当庭释明,其不是受害人,和王明是合作关系,王明没有诈骗他,当初的报案笔录是市公安局工作人员逼迫所致。所以,原一审判决认定的"先诈骗市政府继而诈骗陈乙"完全与事实不符,无根无据。

3. 王明及其香港联华公司一直在积极推进项目运行

王明与市政府签订项目投资协议及补充协议后,在履行该合同过程中,王明认识了张甲、陈乙等合作伙伴。王明先与张甲签订了协议,后张甲又与陈乙签订了协议,这实际上就是"背靠背"协议。张甲将其与王明合作协议中享有的权利和义务转移给了陈乙。在王明与市政府的协议中,并没有禁止王明寻找合作伙伴,王明与张甲、陈乙签订和履行协议事实上均是在履行香港联华公司与市政府的项目投资协议。

香港联华公司在收到 400 万元款项前,王明就已多次往返当地做前期协商与沟通。从辩护人出示的证据也可以看出,王明请了专人制作了设计方案,拟定了涉案项目的效果图;还计划在本地的地级市再开发建设"大饰界""乌法国际贸易园"等项目,也为此出具了设计方案;邀请了台湾、香港的朋友和投资者多次到当地考察该项目,为涉案项目的开工作准备。王明的这些前期工作均需要花费财力、物力和精力。

王明曾支付给他派驻当地的项目代表刘某力 40 万元,用于项目费用支出。刘某力也开始履行与市政府的约定,向市政府相关部门提出申请、报送材料。刘某力曾专门邀请了北京的专家到当地进行了项目规划顾问咨询,后期只是因为陈乙认为北京专家索要的规划费用太高，双方未达成协议而已。但王明已依约履行了协议中自己应尽的立项义务，并非没有实际履行，也不是仅停留在嘴上说说而已。

从《关于义乌小商品城项目中存在问题的报告》和本案多份香港联华公司的请示材料可以看出，王明组建的项目团队一直在积极促成合同的履行和项目的落地建设，如果王明主观上只是为了诈骗陈乙的400万元，其不可能将自己的诈骗行为公开，而且还敢向省政府、商务厅、地级市政府呼吁和反映项目遇阻的情况，可见，王明主观上一直在积极推进项目的进展，根本没有诈骗故意。

综上，原判认定事实不清，依据不足，定性不当，应当依法改判王明无罪或裁定撤销原判、发回重审。

六、双喜临门的二审刑事裁定与再审行政裁定

（一）市中级人民法院裁定撤销原判，发回重审

2020年8月6日，也就是二审开庭两天之后，市中级人民法院接受了我提出的辩护意见，作出二审刑事裁定，以“一审判决认定上诉人王明因涉案项目，收取受害人陈乙400万元的事实清楚，但将该款认定为加盟费、保证金的依据不足”为由，撤销原判，发回市法院重审。

（二）最高人民法院行政裁定认定香港联华公司没有违约

在市中级人民法院作出撤销原判，发回重审的二审刑事裁定后，案件再次回到市法院。在重一审尚未开庭的2020年12月31日，最高人民法院针对香港联华公司的再审申请作出行政裁定，认定香港联华公司投资义务的履行取决于市政府先交付涉案建设用地，同时也认定香港联华公司造成当地损失的证据不足。

最高人民法院的以上裁判意见成为王明被控诈骗案的新证据，同时，从某种意义上而言，也是对王明的罪与非罪间接划出了一条清晰的界限，在重一审开庭前，我将最高人民法院的行政裁定书作为新证据向市法院提交，并详细介

绍了证明目的。

七、重一审辩护词

市法院的重一审开庭于2021年3月10日如期进行，有了最高人民法院上述行政裁定中的裁判观点，更加有理由能说明王明及代表的香港联华公司是守约方，违反先合同义务的是市政府，王明并没有给当地造成任何损失。为此，我提出了如下辩护意见。

（一）王明并没有虚构事实或隐瞒真相欺诈市政府

1. 香港联华公司与市政府签订的项目投资协议合法有效

王明作为香港联华公司的法定代表人与市政府都是平等合法的民事主体，双方在真实意思表示的情况下签订的项目投资协议是合法有效的。在香港联华公司与市政府的投资协议行政纠纷案中，市中级人民法院、省高级人民法院、最高人民法院均认定涉案投资协议合法有效。

2013年在深圳的招商引资会上，王明受市政府积极邀约至当地考察，签订投资协议。一旦投资协议最终实施，王明所在的香港联华公司将获得超亿元的巨大收益。没有市政府提供的丰厚的政策吸引，积极邀请，王明何必从香港跨越近4000千米到当地投资，仅仅只是为了欺骗市政府签订投资协议，“诈骗”所谓的400万元，却放弃亿元的投资收益，这样的“诈骗”风险成本未免太大。

2. 投资协议不能推进的直接原因是市政府造成的

在签订投资协议前，香港联华公司已经就投资协议开展前期工作，无数次深入实地调查，和政府部门沟通协调，拟定设计方案，编制现场效果图；协议签订后，积极邀请港商、台商和其他投资商考察，成立项目公司，申请建设投资项目立项审批。

在投资协议推进中，王明作为香港联华公司的法定代表人，积极推进投资协议，履行合同义务，反倒是当地领导更换后，为达到“鸠占鹊巢”的目的，和相关部门串通取闹。市政府在项目推进过程中，阻碍项目进程，各种审批手续层层推诿，迟迟不交付项目净地，使得投资项目被迫中止，市政府甚至单方发出解除项目投资协议通知，反称香港联华公司违约。香港联华公司为了保护自身合法权益，继续推进项目发展，不得不起诉市政府，要求其履行交付净地义务。

3. 最高人民法院行政裁定推定违约的是市政府

最高人民法院在行政裁定认定："该补充协议应当视为香港联华公司与市政府达成一致对原协议的变更。协议约定，香港联华公司应在取得项目建设净地后进行建设。在市政府一直未提供净地，且原协议约定的建设期限已经被补充协议变更的情况下，原审判决认定香港联华公司未按照原协议约定的建设期限在2015年9月末前完成项目的全部固定资产投资，违背协议约定，属于适用法律错误。"

根据证据采信规则，人民法院生效裁判认定的事实可以直接作为定案依据，最高人民法院依法作出的再审裁定认定属于生效裁判文书，一经作出，即具有既判力和约束力。一目了然，王明及其所在的香港联华公司不但没有诈骗市政府，反而是市政府违反先合同义务，王明及香港联华公司是守约的"受害人"。

（二）被拆迁户无房可住而上访并非王明之责任

1. 征地安置补偿不是香港联华公司的法定义务

2011年1月21日国务院颁布实施了《国有土地上房屋征收与补偿条例》，把征地拆迁安置补偿的职责收归了县级人民政府，这是该行政法规的最大"亮点"，改变了过去拆迁安置补偿主体杂乱无章的乱象，让征地拆迁工作变得井然有序，尺度相同。

该条例第4条规定：市、县级人民政府负责本行政区域的房屋征收与补偿工作。市、县级人民政府确定的房屋征收部门组织实施本行政区域的房屋征收与补偿工作。市、县级人民政府有关部门应当依照本条例的规定和本级人民政府规定的职责分工，互相配合，保障房屋征收与补偿工作的顺利进行。

由上述规定可以看出，对涉案项目"动迁户"的安置补偿工作的法定责任主体是市政府，而不是香港联华公司，更不是王明个人。根据香港联华公司与市政府签订的并被三级法院认定其效力的项目投资协议之约定，获得五通一平的净地是香港联华公司的最基本合同目的，无偿提供净地符合当地当时招商引资政策和惯例。至于该地块怎么动迁？如何补偿？是市政府的事情，不是香港联华公司及王明个人的法定义务。

2. 最高人民法院认定安置补偿非香港联华公司合同义务

中泰公司和×市联华公司是依照投资协议约定成立的项目公司，各具有独立的法人地位，对外独立承担责任。中泰公司作为实施单位在市房屋征收办与被征收人签订的征收安置补偿协议上加盖公章，与香港联华公司无关，也不必然导致动迁补偿工作由香港联华公司来完成。香港联华公司与市政府签订的项目投资协议与项目投资补充协议中，从未对征收补偿工作进行约定，征地补偿工作所产生权利义务均与王明作为法定代表人的香港联华公司无关。

最高人民法院行政裁定认定"本案再审申请人香港联华公司与市政府所签订的项目投资协议及项目补充协议中，并未对征收补偿工作进行约定。案外人联华实业公司及中泰公司均为自然人独资的有限责任公司，具有对外独立承担责任的法人地位。原一、二审判决在没有查明香港联华公司与案外人联华实业公司、中泰公司之间关系的情况下，认定香港联华公司未按照征收补偿方案的规定拆迁，导致征收补偿费支付数额超过规定，致使案涉地块拆迁工作停滞多年，造成国家利益严重损失，缺乏事实根据，属于认定事实不清"。

最高人民法院是我国最高审判机关，其依法作出的裁判，具有最高的法律效力和约束力，在没有依法撤销之前，下级法院和其他司法机关必须服从，这是基本常识。也就是说，最高人民法院的上述认定，已对公诉人的说辞和原一审判决认定的"王明间接导致300余户被拆迁户无房可住，多次上访，给案发地造成恶劣的社会影响"进行了否定。

（三）指控王明诈骗陈乙400万元纯属胡编乱造

1. 陈乙和王明因合作而相处融洽，相互无怨言

公诉人当庭出示了一份"看守所的情况说明"，称王明和陈乙曾经关押在同一监室，其无非是想推测两人之间可能"串供"，陈乙可能为王明"脱罪"。辩护人需要指出的是，王明和陈乙被关押在同一监室，是市公安局办案人员的责任。陈乙和王明各自是以涉嫌滥用职权罪和诈骗罪被羁押，看守所可能并不知道陈乙又是王明涉嫌诈骗罪的"受害人"，才有了"受害人"与"嫌疑人"同押一室。

从情理上推测，陈乙身在看守所监室，作为"受害人"和"报案人"的陈乙为

“诈骗犯”王明脱罪的主观动机在哪里?公诉人并没有说明。按常理,如果王明诈骗了陈乙400万元,陈乙在监室见到王明,一定会失去理智,对王明拳打脚踢,发泄心里的怒火。但王明明确告诉法庭,他们在监室相处融洽,相互之间从来无怨言和埋怨。

如果王明真正动机不纯诈骗了陈乙400万元,在陈乙与王明关押于同一看守所同一房间的情况下,如此具有天时地利人和的“复仇”条件,陈乙怎么能与王明和平共处而不发生剧烈冲突,反倒相处融洽。如前所述,如果陈乙在看守所同一监室一见面就冲上前去狠揍王明一顿或许才是一个诈骗罪“受害人”的正常反应。

2. 陈乙二审出庭坚决否认被王明诈骗

在市中级人民法院对此案的原二审庭审中,法庭依法传陈乙到庭作证,作为“诈骗案”的“被害人”和“报案人”,陈乙在庄严的二审法庭上坚决否认自己被王明诈骗的事实,表示自己与王明从始至终都是合作关系,从未被诈骗,最后一次所谓“被骗”询问笔录是公安机关办案人员通过逼迫、威胁、恐吓所致。

3. 公安机关对陈乙再次作出的“询问笔录”无效

市中级人民法院的二审裁定撤销原判、发回重审的理由是“一审认定上诉人王明因涉案项目收取被害人陈乙人民币400万元的事实清楚,但将该款项认定为加盟费、保证金的证据不足”。该认定事实上实质上否定了王明收取的400万元属于诈骗行为,因为公诉人一再认为是陈乙与王明在达成口头协议后“骗取”了陈乙200万元保证金和200万元加盟费,而市中级人民法院却认定“一审将400万元认定为保证金和加盟费的证据不足”。

关于400万元的性质、用途、交付等问题,辩护人在原一审辩护意见中已作充分和翔实论证,不再赘述。针对市中级人民法院二审裁定,公诉人当庭出示了于2020年12月16日的所谓“询问笔录”,认为是新证据,陈乙说400万元是保证金和加盟费。辩护人必须指出的是,该询问笔录上并无陈乙的签名按印,且因为疫情的原因看守所一直不对外开放,包括办案人员及律师都无法见到当事人,办案人员又是如何取得这份笔录的?

办案人员的侦查权只在侦查阶段,本案属于发回重审的案件,办案人员并无侦查权,所获得的所谓“询问笔录”不但因为无被询问人签名导致形式不合法,而且超越、滥用职权侦查导致程序违法。另外,对于陈乙的询问笔录,此前已有 5 份,每一次对于 400 万元的用途、方式、时间等都描述不一,前后矛盾,不能作为定案依据。关于 400 万元的性质问题,合作协议已有明确约定,属于不可改变的客观证据,意图用言辞证据改变客观证据的结论,注定是徒劳的。

4. 四级法院在裁判中认定了王明的港商身份

王明的港商身份真实,并非为了欺诈市政府而有意包装。原一审判决描述“被告人王明,男,1968 年 10 月 20 日出生于北京市,香港永久性居民身份证号码 R1975 × ×(6),汉族,大学文化,香港联华公司法定代表人,户籍所在地香港特别行政区九龙区”。可见,原一审判决已经认定了王明的香港永久居民身份和港商身份。

在香港联华公司与市政府的项目投资合同行政纠纷案中,市中级人民法院、省高级人民法院、最高人民法院在裁判文书中都认定香港联华公司的法定代表人是王明,职务为该公司董事长。王明早年即已取得香港永久性居民身份证,不是为了“诈骗”市政府或陈乙事后伪造的假身份。

八、重一审刑事判决

2021 年 4 月 22 日,市法院就本案作出重一审刑事判决,仍然认定王明构成诈骗罪,判处 13 年有期徒刑,并处罚金 500 万元,违法所得 400 万元予以退赔。其裁判意见为:

王明以非法占有为目的,采取虚构事实、隐瞒真相的方法,骗取他人财物,数额特别巨大,其行为构成诈骗罪。公诉机关指控的犯罪事实清楚,证据确实充分,罪名成立。被告人王明不具有任何法定的从重或从轻、减轻处罚情节,公诉机关的量刑建议适当,予以采纳。

被告人王明以“港商”名义在明知自己不具备投资建设义乌小商品城项目实力的情况下,通过邀请投资者“考察”等形式,营造自己具备相应能力的假象,与市人民政府签订项目投资协议及补充协议,后又以此通过“合作”的形式,取得被害人陈乙的信任。

王明以需前期立项费用和招商加盟费为由让被害人陈乙交付共计 400 万

元,被告人王明收取400万元后并没有将该款用于立项工程和招商加盟履行义务上,而是用于个人消费及偿还欠款。联华公司在×市注册仅为被告人用以立项,不具有相应经济实力。该项目因建筑工程规划问题,未能建设施工,王明至今仍没有归还被害人陈乙400万元。

从王明上述系列行为可见,王明以非法占有为目的,用虚构具有投资实力事实、隐瞒真相的方法,骗取了被害人的财物。王明隐瞒真相,虚构具有投资实力的欺诈行为始于与市政府签订相关协议书前,延续至与被害人陈乙建立"合作"关系,并取得对方400万元款项之时。王明的诈骗行为不仅直接造成被害人陈乙损失400万元的结果,也间接导致300余户被拆迁居民无房可住,多次上访,对案发地产生了恶劣的社会影响。

王明为了实现自己在涉案项目中获取非法利益的目的,置诚信、良知于不顾,骗取被害人财物,已触犯法律,应予惩处。辩护人关于被告人王明没有实施虚构事实、隐瞒真相,无非法占有的主观故意,收取的400万元不属于诈骗,是公司行为而不构成犯罪的辩护意见不能成立,不予支持。

九、重二审辩护意见

在二审尚未开庭之前的2021年6月18日,省高级人民法院依据最高人民法院的指令再审裁定,在开庭查明事实的基础上作出二审行政裁定,撤销原市中级人民法院和省高级人民法院一、二审行政裁判,发回市中级人民法院重审,而省高级人民法院的裁判意见和最高人民法院基本一致,辩护人及时将二审行政裁定作为新证据向市中级人民法院提交。

公诉人也认为重一审判决存在问题,并建议重二审法院撤销原判,发回重审,对此,辩护人表示了坚决反对,同意撤销原判,但应当直接改判无罪,而不是发回重审。为此,辩护人提出了如下辩护意见:

(一)王明根本就没有诈骗的客观行为和主观故意

1. 对市政府和陈乙没有任何隐瞒和虚构

在投资协议签订之前,王明没有对市政府隐瞒任何事实,也没有虚构港商身份，作为政府机关，不可能不作前期最基本和必要的调查核实，投资协议不能履行的根源是由于市政府违反了及时交付净地的“先合同义务”，说通俗一点就是“巧媳妇难为无米之炊”，最高人民法院和省高级人民法院已有认定。

而陈乙是在当地新闻里看到该项目介绍后通过张甲主动找的王明，地级市政府的官网上还挂着2013年8月27日的一篇名为《由香港联华国际控股有限公司投资的嘉华义乌小商品批发城项目与×市正式签约》的报道。项目和投资协议都是真实的。

2.“义乌小商品城”的使用根本不需要任何授权

辩护人通过“爱企查”检索到市原工商行政管理局于2015年10月22日批准设立的一家名为“×市航天义乌小商品城”的企业。该名称与投资协议中的“嘉华义乌小商品城”仅“嘉华”与“航天”之区别，由此可见，义乌小商品城只是市政府部门认可的一个通用名称，不需要任何单位或个人的授权，更不需要加盟。

作为亲自拟定投资协议或合作协议的市政府或陈乙、张甲如果认为“授权、加盟、招商”对己方至关重要，正常情况下应写在投资协议或合作协议中，否则，有悖常理。这充分说明“授权、加盟、招商”是无中生有的借口。

3.项目拆迁与香港联华公司无关，也没有造成任何损失

最高人民法院、省高级人民法院均认定原一、二审认定香港联华公司致使案涉地块拆迁工作停滞多年，造成国家利益严重损失缺乏相关事实根据，属于认定事实不清。依据《国有土地上房屋征收与补偿条例》的规定，拆迁不是香港联华公司的义务，市房屋征收办与陈乙实施的拆迁行为也没有给国家、集体和个人造成任何损失。

（二）检方出示的所谓新证据不能作为本案定案依据

1.重二审中侦查机关自行收集证据无任何法律依据

侦查机关在重二审收集证据，有悖二审终审制，使得证据不能得到两审评价，如果二审直接作出裁判，采信该证据，势必让二审终审形同虚设。同时，《刑事诉讼法》及相关司法解释并未授权侦查机关可以在重二审中自行收集证据。

如果是涉及罪与非罪的重大问题，必须查清，但二审法院由于路途遥远、疫

情、灾害等特殊原因不能前往调查取证,在一定条件下可委托侦查机关或其他机关进行协助调查,只要具有正当性和必要性,能够理解。

但是在重二审已经开庭5个月且出庭检察官在庭上明确表示没有新证据的情况下,办案人员擅自收集证据,则是明显的侦查权滥用。

2. 二审法庭应直接采信本案所谓受害人陈乙的当庭陈述

辩护人注意到,陈乙在原二审和重二审开庭中,均不认可王明是在诈骗他,两人之间只是合作关系,但是与本案早已无关的办案民警可以在两次庭后擅自让陈乙改变证言,这是对二审法庭的公然叫板和蔑视,应当发出司法建议,对办案人员中的调查取证人员和其他责任人依法给予处分。

两次出庭的陈乙的当庭陈述,经过了控辩双方的质证,并查证属实,且出庭检察官没有提出反对意见,当庭陈述之所以与以往陈述不一致,是因为受到侦查机关的胁迫,且当庭陈述与协议等客观证据能相互印证,应当直接作为定案依据。

3. 市政府原市长王军的证言不能作为定案依据

如前所述,王军的所谓证言不是新证据,其与涉案投资合同具有利害关系,也没有到庭接受质询,其证言不能作为定案依据。关于惠州义乌小商品城考察一事,既有市政府一方的人员,也有王明一方的人员,还有接待的惠州义乌小商品城一方的人员,而侦查机关唯独向与本案有直接利害关系的市政府的市长王军及局长杜耀春调查,这种选择性调查不应被采纳。

而且对于王明的实力问题,王军只是评论、推测、推断,证人的猜测性、评论性、推断性的证言,不得作为证据使用,所以王军的证言不能作为定案依据。另外,王军所谓的香港联华公司需交5000万元保证金问题,也不是事实,如果5000万元很重要,就应该写进投资协议,这是基本常识。

(三)关于本案几个重要的常识性问题的进一步澄清

1. 王明及其合作方完成涉案投资项目没有任何问题

退一万步讲,即便假定香港联华公司或王明没有所谓的"实力",但是香港联华公司或王明已与有相应实力的张甲、陈乙签订了合作协议,联合对涉案项目进行开发。该事实充分证明:一是王明在积极推进投资协议的履行,没有合同诈骗市政府或诈骗陈乙的以非法占有为目的之主观故意;二是王明客观上已联合张甲、陈乙的力量对涉案投资项目进行开发,陈乙的中泰公司已垫付包括500万元保证金在内的近3000万元的拆迁等费用;三是之所以推进缓慢是因为市政府既不按约定提供必要的协助,也不依法提供净地,反以各种借口设置障碍,让投资项目举步维艰,为日后的毁约作铺垫。

2.“可研性报告”和“政府会议纪要”与本案无关

本案的核心问题是王明的行为是否构成诈骗,虽然投资协议是陈乙选择与香港联华公司或王明合作的决定性因素,但是本案审理的毕竟不是投资行政合同纠纷,“可研性报告”和“政府会议纪要”与本案王明是否诈骗陈乙没有任何关联关系,刑事审判不应过度介入或干预行政审判所指向的投资协议,否则,有越位的嫌疑。

投资协议第三部分第4条之所以出现“严格按照项目可研性报告进行建设”之约定,说明,签约之前就应当有可研性报告。补充协议第4条“未尽事宜,由双方协议解决,或采取‘一事一议’的办法具体商定有关事项,以‘政府会议纪要’的形式确定”之约定,只是双方就协议未约定之事项的处理方式,与本案王明被控的诈骗毫无关系。

3.作为本案始作俑者的市委原书记田某已经被留置审查

王明三番五次去找田某,希望市政府履行投资协议,提供净地,让投资项目尽快开工建设,但田某态度蛮横,完全是一副“新官不理旧账”的架势。王明只得向省政府、地级市政府反映和投诉。

2021年11月18日,省监察委发布消息,田某被留置审查,其最终为自己以往的各种违法乱纪“买单”,可谓自食其果,作茧自缚。

综上,王明的行为不构成诈骗罪,使用刑事司法手段干预香港联华公司与市政府的行政合同纠纷以及动用司法公权力迫害作为民营企业家的王明、陈乙、张甲的行为与中央三令五申要求切实保护民营企业家的大政方针相悖。

经过审理,市中级人民法院作出刑事裁定,再次撤销原判、发回重审。案件回到市法院后,市法院重新组成合议庭,由院长亲自任审判长。2022年4月12日市检察院向市法院提出撤诉申请,同日,市法院作出刑事裁定,予以准许,同时释放已经被羁押3年10个月的王明。

王明对市法院准许市检察院撤诉刑事裁定不服，依法提起上诉，认为不应当准许市检察院撤诉，应当作出无罪判决，市中级人民法院经审理，认为一审法院裁定准许市检察院撤回起诉符合法律规定，驳回上诉，维持原裁定。

2022 年 8 月 18 日，市检察院以“王明涉嫌诈骗罪事实不清、证据不足，不符合起诉条件”为由决定对王明不起诉。2022 年 8 月 24 日，王明向两次一审判决其 13 年有期徒刑的市法院申请国家赔偿。2022 年 10 月 13 日，市法院作出国家赔偿决定，赔偿王明被非法限制人身自由 1402 天的赔偿金 57.389468 万元和精神抚慰金 12.6 万元，并在媒体上为王明消除影响，恢复名誉，赔礼道歉。

十、办案总结与体会

（一）用最高人民法院的行政裁定夯实本案的辩护基础

我用围魏救赵的方法，在刑事案件辩护过程中，就谁是真正的违反项目投资协议的责任主体提起行政诉讼，对刑事案件进行釜底抽薪，让其存在的合理基础和正当性经不住推敲。虽然香港联华公司让市政府交付建设用地的诉求在行政诉讼一、二审中败诉，但是在向最高人民法院申请再审中得到支持，获得胜诉。

刑事辩护律师和被告人及其家属一样，在案情不明朗时，有时备受煎熬，但辩护律师应当给被告人及其家属更多鼓励和信心，即便沮丧，也不宜在被告人及其家属面前过多流露。

刑事辩护律师，需要掌握一些政府信息公开、行政复议、行政诉讼的基本技能，这些技能可以更便捷、有效地获得对刑事被告人有利的客观证据，相较于言辞证据，书证、国家档案等证明力更高。在获取证人证言等主观证据风险越来越大的情况下，变换一种相对安全的获取证据的方式，对刑事辩护律师是一种新尝试，本案中的有些证据就是通过政府信息公开获得的。

同时，行政复议或行政诉讼判决的结果，往往就能直接证明刑事指控是错误的，用行政判决的“矛”攻刑事指控的“盾”，往往事半功倍。本案中，公诉机关和原一审法院均认为王明“隐瞒”实力诈骗市政府，既然是诈骗，说明项目投资协议无效。但事前,我已经代香港联华公司提起行政诉讼,要求市政府履行交付建设用地的合同义务,虽然在刑事案件的原一审判决之前行政诉讼一、二审败诉,但是终审行政裁判最终认定项目投资协议是有效的。

(二)对公诉机关指控的所谓犯罪事实进行抽丝剥茧

在审查起诉阶段,我第一时间复制了全部案件材料,先自己加班加点仔细熟悉了案卷多次,又安排助理查漏补缺,列出整个案件的时间表,再比对言辞证据的前后矛盾之处。比如,陈乙的陈述,前后有5次,每次就同一问题的回答都不一样。在最后一次笔录中,突然出现180度的大转弯,陈乙竟然指认王明诈骗了他400万元,而此前,他一直坚称与王明是合作关系。

为此,以上述不正常情况为据,辩护人申请公诉机关责令市公安局提供对陈乙5次笔录的同步录音录像,不出所料,市公安局没有提供,这更坚定了辩护人的判断,陈乙的陈述可能存在重大问题。为此,在原一审、重二审中,我又反复申请陈乙出庭接受质询,就这个问题,市法院始终遮遮掩掩,对该项申请不予答复,也不拒绝,让能直接证明王明没有实施诈骗行为的陈乙无法出现在一审法院,人为延缓了错案的及时纠正。

案卷材料显示,涉案投资项目完工后香港联华公司可以获得过亿元的收益,王明为何放下过亿元收益而去诈骗自己的合作伙伴400万元?明显不合情理。在进一步阅读案卷中,我发现市政府给市公安局的关于调查王明的函,为此,多次申请市司法机关整体回避此案,建议移交异地司法机关处理,避免人为干预和引起不必要猜疑。

(三)整理出来的证据能对公诉机关的指控进行否定

在接受案件委托后,我根据与市公安局、市检察院办案人员的接触获取的相关信息,与被告人家属进行沟通,让其提供现有的与本案有关的全部材料,再一一甄别,对于一些关键事实,向有关机关调取或通过信息公开的方式获得。虽然市公安局和市检察院没有听取关于王明无罪的律师意见,但是我通过分门别类整理出的证据呈上了法庭,对王明的错误刑事指控进行阻击。

面对这些书证,公诉人也很吃惊,但其仍进行反驳,公诉人认为这些书证与在案言辞证据不一致，不应采信，但公诉人恰恰忽视了“当言辞证据和书面证据发生冲突时，应当优先采用书面证据”的证据采信原则。

刑事辩护，证据为王，一份有效的证据胜过辩护人法庭上的千言万语，打官司就是打证据。行政诉讼、刑事诉讼、民事诉讼均如此。证据是证明事实存在的依据和支持诉讼请求的基础。没有证据支持的诉讼请求或反驳意见，难以得到法庭支持。

刑事辩护中，经常遇到嫌疑人或被告人认为自己没有犯罪行为，客观上也确实不构成犯罪，自己有理又说不清。作为辩护律师，应当要求公诉机关提供确凿的证据证明有犯罪行为存在，否则不能定罪，公诉机关应当证明犯罪行为确实存在，且该犯罪行为是被告人所实施，这就是刑事指控的举证责任。

（四）两次申请二审开庭和通知陈乙出庭都得到支持

在本案的原二审和重二审，我曾反复向市中级人民法院申请二审公开开庭，并申请通知陈乙出庭接受质询，说明第 5 次报案笔录的真实原因。根据经验，二审开庭的刑事案件更有利于辩护人表达辩护意见，所以，律师接受刑事案件的二审委托，应当想方设法说服法官二审开庭，书面审理具有很大的局限性，上诉人和辩护人的意见不能充分发挥作用，会直接影响二审裁判结果。

应该说，本案二审合议庭很负责，对申请二审公开开庭及通知陈乙出庭，均予以同意，这为案件在二审中出现转机起到了关键性作用。在两次的二审开庭中，陈乙都当庭称：“王明没有诈骗他，他与王明是合作关系，第 5 次报案笔录是办案民警在抓捕王明后几天逼迫他所致。”实话实说，陈乙的说法和我猜测一致。为了避嫌，在陈乙陈述完后，我问道：“我们今日是不是第一次见面？以前也没有任何联系？”陈乙回答：“是的。”我用这种方式打消了出庭检察官可能怀疑并追责辩护律师诱使受害人改变口供。

办理刑事案件，非必要和急需，要慎重收集言词证据，对案件中的证人、受害人等不要擅自单方接触。对能直接证明被告人无罪的证人，建议申请警官、检察官、法官去做笔录，千万不要在事前有任何倾向性的暗示，让证人根据自己感知到的案情如实作证。

如果是司法办案人员让辩护律师自己去做笔录，一定要两个律师一起，做笔录时最好同步录音录像，证人说什么记录什么，确保证人陈述的完整性。必要时，可以在公证处公证员的见证下，完成询问笔录，让公证处就整个询问过程出具公证书。

（五）羁押必要性审查和取保候审的权利不能得到切实保护

羁押必要性审查是切实保护犯罪嫌疑人或被告人诉讼权利的重要举措，但是在司法实践中，有些不尽如人意。就本案而言，辩护律师曾数次向市检察院和上级检察院提出羁押性必要性审查申请，都如石沉大海，没有音讯。辩护律师反复催问，有关人员以各种理由搪塞，最后干脆不接电话，也不见面。2021 年 7 月 1 日，最高人民检察院及时在全国检察机关开展羁押必要性审查专项活动，为期半年，主要针对实践中存在的涉民营企业案件因不必要羁押影响生产经营等突出问题。

取保候审制度，有利于无罪推定原则的贯彻执行，能切实维护犯罪嫌疑人或被告人的合法权益，使其工作、学习、生活等不受影响，尤其是民营企业的生产经营能够正常进行，防止羁押中的交叉感染，节约宝贵的警力资源，减少财政开支，避免因冤假错案产生的国家赔偿。王明作为受过高等教育的香港商人，被指控的是非暴力犯罪，并不具有社会危害性，在案件久拖不决的情况下本应依据辩护律师的申请取保候审，但各司法机关没有听取善意而理性的建议，采取了“一押到底”的方式，没有体现司法本应有的情感和温度。

第七章　因经济纠纷，房地产公司董事长被“跨省”抓捕

——谢凯被控职务侵占案

简要案情

谢凯曾在某检察机关工作，20世纪90年代初期辞去公职，现在是一家颇具规模的集团公司董事长，也是该集团唯一出资人。某边境城市招商引资，力邀谢凯到该市投资房地产。为此，谢凯一人出资在该市设立百事顺公司，另外三名股东仅挂名。

在边境城市的房地产项目建到约50%时，本地企业胜荃公司看上了该地块，提出整体收购，谢凯也同意，并签订合同。约定总价6500万元，先付2000万元，尾款4500万元分期支付。首期2000万元根据百事顺公司的付款指示汇款至谢凯的一张银行卡里。

因胜荃公司拒不支付剩余款项，百事顺公司向法院起诉，胜荃公司联合百事顺公司的一名挂名股东向市公安局报案，称“谢凯银行卡号收到的2000万元是职务侵占”。市公安局办案人员“跨省”将谢凯抓捕，并要求法院终止民事案件审理。检察院提起公诉，指控谢凯构成职务侵占。

一审经过审判委员讨论决定，认定罪名成立，判处谢凯10年有期徒刑。谢凯公司的高管与我联系，请我为谢凯二审辩护。市中级人民法院二审开庭中，市检察院出庭检察官认为谢凯职务侵占罪名成立，要求二审法院驳回上诉，维持原判，但二审合议庭采纳了律师辩护意见，以“事实不清，证据不足”为由撤销原判，发回重审。

一审法院对此案重审，公诉人仍然认为谢凯罪名成立，并提出了10年至10

年半的量刑建议,要求法院并处没收谢凯的35.5亿元的个人全部财产。一审法院审判委员会经过讨论,认为罪名不能成立,区检察院向一审法院提出撤诉申请,区法院裁定准许,随后,区检察院作出不起诉决定。

一、本案的辩护重点和思路

(一)本案控辩双方的争议焦点

1. 谢凯是否以非法占有为目的侵占公司财产？一人出资设立的公司的唯一出资人能否成立非法占有的主观故意？谢凯银行账号收到的2000万元是侵占还是代收？

2. 挂名股东在经股东会表决除名的情况下是否具有作为"受害人"报案的资格？挂名股东的报案是否受到了债务人或办案民警的威逼利诱？

3. 涉案公司是否属于谢凯一人出资？是否属于一人公司？挂名股东能否行使股东权利？

4. 一人公司的唯一出资人能否成为职务侵占的主体？谢凯的行为是否侵犯了股东权利和其他债权人利益？没有受害人的职务侵占能否成立？

5. 谢凯与包括百事顺公司在内的多家实际控制的公司财产是否发生对内和对外混同？在财产发生混同的情况下公司财产是否具有独立性及能否成为职务侵占的犯罪对象。

6. 最高人民法院一再强调类案检索和同案同判的必要性,检索到的7份相同或相近似案例能否在二审裁判时作为参考？

7. 百事顺公司与胜荃公司的行为是否属于民事纠纷,对谢凯的行为究竟是按民法评价还是刑事追究？

8. 本案是否因谢凯控制的公司起诉喻长青控制的胜荃公司而引起,公安机关办案人员在案件办理中充当了什么角色？

（二）辩护思路和策略

1. 用裁判文书网上检索到的相同或相类似案例影响法官

我国虽然不是判例法，但是相同或相近似案例对法官的影响不容忽视，这也是我办理刑事辩护案件的工作习惯。接受案件委托，首先检索相同或相近似案例，再根据案例中引用的法律依据查找法条，并提炼裁判观点。与办案人员讲法律“大道理”，不如提供相同或相类似案例更有说服力和影响力。

经过检索，我找到了 7 个相类似案例，案例中被指控的职务侵占或挪用资金都被法院否定，裁判意见中的“一人公司股东不可能侵犯其他股东的出资利益，且是公司财产的最终受益人，在股东财产与公司财产发生混同的情况下，公司财产不具有独立性，不能成为职务侵占或挪用资金的犯罪对象”，对本案有重要借鉴意义。

2. 为证明个人与公司财产混同指导涉案公司进行财务审计

大多数法官、律师及检察官都没有专业的财会知识教育背景，如果律师不能非常熟悉财务账本和资金去向，要说服法官和检察官难度非常大，而且，法官和检察官不一定能听取律师关于财务分析的意见，因为法官和检察官可能认为律师也是财会专业知识的“门外汉”。

首先涉案公司进行了两次审计，最终的结论是谢凯收取 2000 万元的银行卡里的钱款都用于了公司正常经营，既没有侵占，也没有挪用，账务凭证上均有记载。其次是谢凯控制的所有相关联的公司之间的资金走向都很清晰，两份财务审计报告对二审结果起到了决定性作用。

3. 重新对公司资料梳理，找出能证明谢凯无罪的证据

曾经有位法官在法庭上说过：中央电视台《焦点访谈》栏目强调用事实说话，而律师在法庭上应当用证据说话，没有证据的辩论往往难以让人信服。寻找或收集书证、物证等客观证据对法庭辩护极为重要，没有证据在法庭上高谈阔论意义不大，显得有些空洞。

经过对涉案公司各种资料的梳理，最终获得 50 余份证据，我逐一说明证明目的，在证据上作出标记和序号，最终装订成册，向合议庭成员及审判委员会全体委员及市检察院各提供一份。这些证据对申请二审开庭并得到准许起到了

重要作用，也为二审法庭上的压倒性辩护奠定了坚实基础。

4. 为避免对方背后捣乱通过投诉其违法行为牵制其精力

谢凯案件的幕后推手是胜荃公司的实际控制人喻长青，只有牵制住其精力，才能避免其在案件中进一步兴风作浪，让辩护效果得到充分发挥和放大。与战争一样，有效牵制敌方是非常重要的策略，因为牵制敌方才能够为某一计划赢得足够的时间。经过审阅案卷和分析案情，我找到了对方的软肋。

通过政府信息公开，我获得胜荃公司开发建成的某项目没有取得建设工程规划许可，当即申请城管部门履行法定职责，依法全部拆除，同时也对喻长青涉嫌的违法犯罪行为向有关机关举报，让喻长青及其控制的胜荃公司首尾难顾，无精力继续在谢凯的案件上使劲。

5. 查询到喻长青的前后两份刑事裁判证明其有犯罪前科

经过查询，获悉喻长青曾于 1990 年因“诈骗罪”被外地某法院判处有期徒刑 10 年。2020 年 11 月，其又因涉及该市某涉黑案，在该案中犯“强迫交易罪”被某区法院判处有期徒刑 1 年 2 个月。我将查询到的这些重要信息提供给了二审合议庭，尽量去影响法官的内心判断，让法官知道喻长青不为人知的一面。

这种曲线救国的方法，促使法官对喻长青与百事顺公司挂名股东及法定代表人代银发一起恶意报案的行为重新进行思考。根据谢凯提供的一份其与代银发的谈话录音，代银发承认之所以报案，是因为喻长青给了其几十万元的好处费，这份录音是证明虚假报案的重要证据。

6. 依法通知报案人兼所谓的受害人代银发出庭说明情况

代银发只是谢凯实际控制公司的一名普通员工，因为有 20 余年的工龄，所以，当初谢凯安排代银发作为百事顺公司的挂名股东，代谢凯持有部分股份。但诡异的是，他竟然向市公安局报案，称自己的老板谢凯职务侵占。根据代银发与谢凯的谈话录音，我向二审法院申请其出庭，得到支持。

事后，代银发在法庭上，说自己只是挂名股东，报案是办案民警逼迫的，也受到了喻长青的威逼利诱，他当庭声明撤回之前的报案，并对给谢凯造成的不良影响表示歉意。报案人的这一番话，为案件峰回路转起到了颠覆性作用。随后我也当庭出示了代银发与谢凯的谈话录音，证明其当庭陈述的真实性。

7. 为让法官对案件一目了然，厘清涉案各种资金走向

作为财产型犯罪的职务侵占，各种资金走向往往错综复杂，与律师一样，有些法官可能看不懂财务凭证及资金走向。这就需要辩护律师苦下功夫，将财务数据画成图表，达到一望而清、一清二楚的效果，让复杂的事情变得简单，减少法官在资金走向等问题上花费过多的时间。

我多次请教了平时合作较多的注册会计师，借助专业知识，拟出资金走向结构图，对重要时间节点分门别类作出标记，对近百页的银行流水用表格归类。最后结合二审中重新作出的审计报告，进一步论证一审在认定事实上的明显错误，证明谢凯没有将涉案的2000万元挪为私用或非法占为己有。

二、二审开庭前的辩护意见

为了争取二审开庭，在反复审阅案卷和重新梳理证据的基础上，我提前向二审法院提交了如下辩护意见，并再三申请二审开庭：

（一）谢凯主观上并不具有非法占有的故意

1. 以非法占有为目的是职务侵占的必要构成要件

非法占为己有是职务侵占成立的必要构成要件，必须是行为人主观上认为或明知不是自己的财物。如果行为人主观上认为涉案财产就是自己的，哪怕该认知在法律上不一定能成立或对财产属性产生认识上的错误，则不属于非法占为己有的主观故意。

如前所述，根据刑事裁判中的实质重于形式的基本原则，现有证据充分证明百事顺公司属于谢凯一人出资和控股，从这一特定情况来看，百事顺公司的最终受益人和所有人非谢凯莫属，再无其他主体。百事顺公司的占有、收益、处分的权益只能由谢凯单独行使。

《公司法》中有关公司界定及股东责任的规定虽然肯定了公司独立的财产所有权，但这种独立的财产权具有相对性。本案中，百事顺公司的财产权与谢凯的财产支配权具有实质且最终的同一性。

2. 谢凯无将百事顺公司财产占为己有的故意

百事顺公司的财产和作为唯一出资人谢凯的财产具有实质的同一性,刑事审判的基本立场是需要充分考虑某一行为的实质性的,同时刑法在法律关系的确认上,强调的也是真实客观性。本案中,对百事顺公司的财产权归属的认定要透过现象看本质,不能机械地死扣法律的条款。

在一人公司中,公司财产和个人财产事实上会发生混同,难以区分,一人公司的财产不可能成为职务侵占的对象。反而推之,谢凯只要主观上认为百事顺公司是其个人的,就不可能有“非法占有”的主观故意。“占有”是一个相对性的概念,只有不是自己的财物的情形下,才有“占有”一说。

如果主观上认为是自己的,仅是从左口袋放到右口袋,当然就不存在所谓“占有”,更别说“非法占有”。从客观行为可以推断出主观意图,谢凯的行为不符合职务侵占“非法占为己有”之主观特征,当然也就不构成职务侵占罪。

3. 一人独资公司不存在“非法占为己有”一说

按思维习惯,谁出钱设立的公司,公司包括财产及收益的占有、使用、处分的权益就是谁的。将一人独资公司的财物做其他用途,无可厚非,理所当然,完全是出资人的自由,既没有侵害其他人的利益,也没有损害公共利益或背离公序良俗,这是最普通的认知,符合公众基本价值取向。

同时,根据《公司法》及《民法典》等相关规定,一人公司的出资人对一人公司的财产、经营、管理享有绝对的支配权和一人公司财产及收益的最终分配权。这一法律特性,也就决定了一人公司的出资人认为一人公司的财、权、物属于自己一人专项所有,具有排他性,主观上认为“公司就是自己,自己就是公司”,也就当然不具有对一人公司财产“非法占为己有”的目的和想法。

(二)谢凯不符合职务侵占罪的主体特征

1. 现有证据充分证明报案人代银发无权报案

本案一审法院在判决书第5页的审理查明部分已确认“被告人谢凯为百事顺公司实际唯一出资人及控制人,任总经理”。如侦查卷三第91页,代银发在询问笔录中表示:“我作为百事顺公司的法人,是谢凯聘来的,无任何公司的实质性权力,谢凯才是公司的实际掌控人。”

司法实践中，一人公司股东占有公司财产的行为没有侵害他人财产，没有给他人造成财产损失，不应构成犯罪。一人公司的利益实际上是股东自己的利益，没有侵害其他股东利益，没有社会危害性。对可能存在的侵害债权人利益，其可通过民事诉讼予以主张和实现。

针对本案，深圳师范大学刑事法律科学研究院赵秉志教授、深圳大学法学院陈兴良教授、清华大学法学院张明楷教授、国家法官学院戴长林教授等专家学者进行论证，一致认为谢凯的行为不构成职务侵占罪。辩护人对该专家意见中的观点高度认同。

2. 现有证据能充分证明百事顺公司属于一人公司

根据百事顺公司注册成立时的工商登记档案记载：百事顺公司成立时的公司法登记意义上的股东是聚合公司、代银发、阳明杰，各占出资比例60%、30%、10%，三名"挂名股东"共1000万元的出资都来自实际投资人的谢凯个人，根据百事顺公司第四次股东会及公司章程修正案，1000万元由谢凯分两次分别汇入三名挂名股东在华夏银行的注册验资账户，其中，汇给聚合公司600万元、汇给代银发300万元、阳明杰100万元。事实清楚，证据充分，不容否定。

辩护人在证据卷第122页注意到，百事顺公司曾于2014年6月23日出具证明，称"本公司全部出资及投入是由谢凯个人实际出资，谢凯是唯一实际股东。本公司自2007年3月8日成立至今，从未发生股东权益受损或公司财物被侵占的事实"。此前，聚合公司、牛静、阳明杰出具的证明材料以及代银发的撤案申请及询问笔录，都证明谢凯是百事顺公司唯一出资人。

3. 一人公司出资人不是职务侵占罪的适格主体

谢凯既是百事顺公司的唯一出资人，也是百事顺公司挂名法人股东聚合公司的唯一出资人，包括涉案2000万元在内的百事顺公司的财产及聚合公司的财产都不可能成为刑法意义上的职务侵占罪的侵害对象。也就是说，谢凯作为百事顺公司的唯一出资人，不可能成为职务侵占罪的适格主体。谢凯对百事顺公司财产及收益具有事实上的占有和支配地位，并享有最终分配权和所有权，公司财产和个人财产具有法律并不禁止的同一性和部分重叠。

4. 本案无受害人,当然就不存在所谓的职务侵占

百事顺公司各股东以及百事顺公司,均已为谢凯出具了证明,没有任何一个股东认为自己的权益受到侵犯。根据证据卷第 84 页至第 109 页的股东会决议、章程修正案、股权转让协议、法定代表人任免文件、辞职报告、公证书等证据可知,代银发自 2014 年 3 月 13 日起已不是法定代表人。

侦查卷一第 1 页的《受案登记表》记载,代银发报案时间为 2014 年 4 月 8 日,此时,其已非百事顺公司名义法定代表人以及股东,无权代表公司主张任何事宜,其既非职务侵占罪的适格报案人,也非权益受到侵害的受害人。

《受案登记表》和《呈请立案报告》载明:报案人来支队报案,百事顺公司谢凯将报案人支付百事顺公司用于处理百事顺公司对外债务及纠纷的 2000 万元补偿款占为己有,经多次催款仍未将款交回公司。

谢凯是代银发的老板,作为挂名股东,其不可能要求自己的老板谢凯将与他无关的所谓 2000 万元交还公司。所谓的“经多次催款仍未将款交回公司”纯属无稽之谈,明显是胜荃公司利用市经侦支队自导自演的虚假“报案”,目的就是让市经侦支队为胜荃公司赖账“站台”和“背书”。

另需一提的是,辩护人掌握的一份代银发《撤销报案申请书》显示,代银发已于 2017 年 12 月 15 日申请撤销案件,其称:“本人代银发于 2014 年 4 月 15 日在市公安局经侦支队对谢凯的涉嫌职务侵占行为报案,现经全面了解后,本人要求撤销该报案。”

(三)百事顺公司实质上属于“一人公司”

1. 百事顺公司属“名为多人实为一人公司”性质

禁止职务侵占和挪用资金最主要的目的是通过保护公司财产的所有权和使用权来保护其他实际出资股东的根本利益,这是两罪名刑事立法的应有之义。罪与非罪、违规与犯罪,应当有明显的红线,而且这条红线稍有良知,完全可以正确区分与判断。原审作出的 10 年有罪判决明显背离社会一般认知,没有考虑社会公众的接受程度和切身感受。

百事顺公司的法人股是谢凯一人出资和实际控制的聚合公司,另外两位自然人,包括报案人代银发,只是挂名股东,也就是说,百事顺公司当时名义上是多人公司,但实质上是谢凯的一人公司。百事顺公司就是谢凯,谢凯就是百事

顺公司，百事顺公司的财产如何支配、使用、处分、调度、出借，完全是谢凯自己的事情，也是私法领域合法的商务活动，不应受刑事公法约束。

退一步讲，谢凯即便存在侵占百事顺公司财产的行为，侵占的也是谢凯自己一人实际出资的百事顺公司的财产，损害的是自己的利益，是合法的民事处分行为，并没有任何社会危害性，当然不应追究刑事责任。

刑法设置职务侵占罪的主要目的有两个，一个是通过保护公司财产确保其他股东的出资不受侵害，另一个是通过保护公司财产来维护公司潜在债权人的合法利益。为防止一人公司人格被股东滥用，公司法设立了"人格否认制度"和"股东连带责任制度"予以规制。

《公司法》第20条第3款规定："公司股东滥用公司法人独立地位和股东有限责任，逃避债务，严重损害公司债权人利益的，应当对公司债务承担连带责任。"[1]第64条还进一步作了更为严格的规定："一人有限责任公司的股东不能证明公司财产独立于股东自己的财产的，应当对公司债务承担连带责任。"[2]

也就是说，在公司财产与个人财产发生混同或者股东为逃避债务侵害公司债权人利益的情况下，股东必须对公司的债务承担无限连带清偿责任。这就意味着，无论公司财产是在公司还是在个人名下，均需要用来对外承担责任。当一人公司股东滥用公司独立人格侵害外部债权人利益时，可以通过民事诉讼解决。

2. 谢凯没有损害对外债权人利益的行为

根据审计报告，百事顺公司虽为事实上的一人公司，但截至目前，并无现有或潜在的对外债权人。曾经与其他债权人有据可查的两起民事纠纷已经通过法律途径圆满解决。

至于百事顺公司与胜荃公司之间的纠纷，百事顺公司是纯粹的债权人。也就是说，百事顺公司和外部不再存在其他民事争议，不可能损害到其他债权人的合法利益，也就不会损害刑法所保护的法益。谢凯的行为既没有损害两位

---

〔1〕 对应2023年《公司法》第23条第1款。

〔2〕 对应2023年《公司法》第23条第3款。

“挂名股东”的利益，也没有损害对外合法债权人的正当债权。

即便谢凯的行为可能会损害到百事顺公司的其他潜在对外债权人的合法权益，其也完全可以通过并适用《公司法》第20条和第64条的“法人人格否认制度”和“股东连带责任制度”来向谢凯或百事顺公司主张民事权利。与民事审判不同，刑事审判是实质判断。在判断罪与非罪时，不但要审查该行为是否符合犯罪构成要件，还需要从实质上来判断该行为是否侵害了刑法保护的法益。

3. 与本案案情基本相同的7起案例证明谢凯无罪

为了证明“一人公司并没有侵犯其他股东利益应属无罪”这一基本辩护意见，辩护人在最高人民法院主办的中国裁判文书网上简单检索到各地法院的7个相类似案例：(1)辽宁省锦州市中级人民法院于2014年8月20日作出的(2014)锦刑二终字第00025号刑事裁定书；(2)河南省罗山县人民法院于2016年2月1日作出的(2013)罗刑初字第224号刑事判决书；(3)湖北省高级人民法院于2017年12月5日作出的(2017)鄂刑再4号刑事判决书；(4)四川省广汉市人民法院于2019年7月22日作出的(2018)川0681刑初112号刑事判决书；(5)吉林省延边朝鲜族自治州中级人民法院于2016年9月13日作出的(2016)吉24刑终52号刑事判决书；(6)广东省高级人民法院于2018年1月2日作出的(2015)粤高法审监刑再字第7号刑事判决书；(7)杭州市下城区人民法院于2012年12月28日作出的(2012)杭下刑初字第62号刑事判决书。

《最高人民法院关于统一法律适用加强类案检索的指导意见(试行)》第9条规定：“检索到的类案为指导性案例的，人民法院应当参照作出裁判……检索到其他类案的，人民法院可以作为作出裁判的参考。”第10条规定：“……辩护人、诉讼代理人等提交指导性案例作为控(诉)辩理由的，人民法院应当在裁判文书说理中回应是否参照并说明理由；提交其他类案作为控(诉)辩理由的，人民法院可以通过释明等方式予以回应。”

(四)谢凯与公司财产混同，谢凯系正当支配使用

1. 在案证据证明谢凯与公司发生了财产混同

通过前述代银发、牛静、阳明杰以及聚合公司、百事顺公司出具的证明可知，各挂名股东所持有的公司股权系谢凯个人提供，谢凯的个人财产与百事顺

公司、聚合公司的财产,均发生了混同。此外,在证据卷第76页,聚合公司出具证明:“兹证明谢凯建行卡是我公司现金账保有卡,卡内收入、支取、汇款是我公司账目往来,与谢凯个人无关。”

在补侦卷二第38页,民警问谢凯:“你自己的银行卡和公司的银行账户是否有混淆?打到你个人账户上的款是否从事公司经营?”谢凯在随后的供述也印证了财产混同:“我的个人银行卡是公司的现金账户,我的卡也放在公司财务,由公司财务支配,用于公司经营使用。”

审计报告显示,聚合公司自1996年成立之日起至今,公司一直属于正常营业状态,共有几个银行账户,现金账户使用的既有谢凯个人银行卡,也有汪某个人银行卡,这些个人银行卡全部属于公司现金账使用,在谢凯尾号为7011、4088、5186的银行卡中存在部分公司现金与个人现金使用上的混同,在公司正常运营的20余年中,聚合公司一直在使用谢凯个人银行卡往来现金,此种情况至今仍在发生,各个人银行卡也在继续使用中。

谢凯对财物的每笔支出,均有据可查,既不存在隐瞒,也不存在侵占,谢凯的相关行为均属于正常的公司经营行为。倘若仅因公司财务制度的不规范,就将谢凯归入刑事犯罪,于法无据。

公诉人和一审法官或许认为这种财产混同下的个人账户周转投资是谢凯为了延迟履行或逃避公司债务,从而构成职务侵占罪,这种想法实际上是杞人忧天。如前所述,外部债权人可以依据《公司法》第20条的“法人人格否认制度”和第64条的“股东连带责任制度”来解决问题。债务人的权益依然能受到有效保护,也不会有法益受到侵犯。

2. 百事顺公司和谢凯财产混同既有对外也对内

根据2012年10月10日百事顺公司与聚合公司《借款协议书》的约定,聚合公司已经将谢凯涉案的中国建设银行卡指定为合同金额6939.32105万元的收款账号。百事顺公司给胜荃公司的4份打款指令,也将该银行卡号作为涉案2000万元补偿款的收款指定账号。

这充分证明,聚合公司对外将其债权与出资人谢凯的个人的财产发生混同,同时,百事顺公司对外也将其对胜荃公司享有的6500万元的补偿款与出资人谢凯的财产混同。如前所述,百事顺公司成立时的三名挂名股东的出资都来自谢凯,尤其是聚合公司的600万元,充分证明谢凯的个人财产与聚合公司的财产发生了内部混同。

聚合公司出具证明证实,涉案建设银行卡号既是百事顺公司正常走账的现金卡,也是聚合公司的现金账保有卡,卡内收入、支出、汇款等是聚合公司的账目往来。该银行卡号既有用于公司经营的,也有用于个人的支出,充分证明百事顺公司和聚合公司资金与谢凯个人资金发生内部混同。在这种对内和对外财产混同的情况下,百事顺公司的财产不再具有独立性,不能成为出资人职务侵占的犯罪对象。

3. 在陕西的投资行为给百事顺公司带来高额利润

原审认定被告人谢凯将该2000万元在自己的其他银行账户以及其他关系人的银行账户进行多次周转、提现、消费、投资,占为己有。其中2013年3月15日被告人谢凯与其妻子杨倩投资1000万元注册成立陕西筑基房地产开发有限责任公司(以下简称筑基公司),该公司以人民币610万元购买陕西某县宗地编号为GT2012地块使用权。以上认定只是原审认为"非法占有"的说辞,辩护人认为,在某县注册公司及购地开发是谢凯控制的几家公司的正常投资行为。

为了某县房地产项目,聚合公司曾设立翼城分公司,杨倩为负责人。因分公司不具开发资质,只能以谢凯个人名义参加土地竞买并交付土地使用权出让金。实际上是谢凯和杨倩代聚合公司和百事顺公司各持有70%和30%的股份,有《代持有协议》为证,不容置疑。聚合公司从百事顺公司的还款中,以谢凯个人名义汇给某县国土局670万元。

该款项是百事顺公司收取胜荃公司补偿款后,向聚合公司归还的借款。为了履行《代持有协议》,2015年2月25日谢凯与聚合公司签订《股权转让协议》及2016年5月9日杨倩与百事顺公司签订《股权转让协议》,2016年5月17日,办理股东变更登记,让代持股权回归本源。也就是说,原判认定谢凯占有百事顺公司1000万元成立筑基公司犯了最基本的逻辑错误。

第一,2000万元是百事顺公司收到胜荃公司补偿款后的对聚合公司的还款,资金所有权已经发生转移。即便假定属于职务侵占,也是侵占聚合公司,如果有报案,是聚合公司所在地公安机关事情,本案中的侦查机关对本案没有管辖权,属于典型的越俎代庖的“长臂管辖”。

第二,由于经济的快速发展,并经过近9年的时间沉淀,该幅土地目前市值已翻N倍。即便假定2000万元不是百事顺公司对聚合公司的还款以及1000万元用于注册成立筑基公司,百事顺公司并没有损失,而且是资产得到有效增值保值,且获得巨大收益。

(五)本案是以刑事手段干预经济纠纷的典型案件

1. 胜荃公司利用侦查公权力干预民事纠纷

2013年3月26日,百事顺公司与胜荃公司就百事顺家园项目签署协议书。根据约定,胜荃公司应分期支付百事顺公司6500万元投资补偿款。因胜荃公司不按约定付款,谢凯控制的香港某公司向市中级人民法院提起民事诉讼。为达到赖账之目的,胜荃公司串通、误导、利诱百事顺公司前法定代表人、挂名股东代银发作虚假报案,对百事顺公司的唯一出资人兼实际控制人谢凯以所谓职务侵占为名进行“构陷”,最终导致谢凯被错误公诉和错误判决。

2021年3月27日谢凯和报案人代银发的谈话录音,能清楚地证实代银发曾收取了对方的50万元好处费。其为了不法财物,不择手段地坑害给了其20余年工作岗位的老板谢凯,是“农夫与蛇”故事的翻版。

2016年11月,最高人民法院发布了《关于充分发挥审判职能作用切实加强产权司法保护的意见》和《关于依法妥善处理历史形成的产权案件工作实施意见》,特别强调,坚决防止把经济纠纷认定为刑事犯罪,坚决防止利用刑事手段干预经济纠纷。2018年1月2日,最高人民法院发出《关于充分发挥审判职能作用为企业家创新创业营造良好法治环境的通知》,同样重点强调,要坚决防止利用刑事手段干预经济纠纷。

最高人民法院在一年一个月的时间,当机立断、雷厉风行连续发布三个“坚决防止利用刑事手段干预经济纠纷”的重要通知,使用“坚决防止”等斩钉截铁的表述,可见最高人民法院对该类行为态度是“零容忍”。本案中,正是因为谢凯控制的公司对胜荃公司的民事诉讼,才引起胜荃公司利用在当地的人脉和影响力,利用个别办案人员以刑事侦查干预经济纠纷。

2. 原审未对一审辩护人提出的证据和辩驳作出回应

《最高人民法院关于加强和规范裁判文书释法说理的指导意见》明确要求,

裁判文书要阐明事理、释明法理、讲明情理和讲究文理,并从审查判断证据说理、认定事实说理、适用法律说理、行使自由裁量权的说理方面提出充分论述,切实维护诉讼当事人合法权益,促进社会和谐稳定。

原审17页的刑事判决书,全文引用公诉人意见及证据后,在“本院认为”部分仅用几十个字“本院认为,被告人谢凯利用自己的职务便利将公司钱款人民币2000万元占为己有,数额巨大,其行为构成职务侵占罪”给出了10年有罪判决的结论,堪称史上最短裁判意见。

原判对谢凯和原审辩护人提出的辩护意见和出示的证据均没有作出合理回应和论证说理,哪些辩护意见和证据采信或不采信?原判避而不谈,只字不提,莫名其妙。由此可见,原审严重剥夺了谢凯的辩护权,也违背了最高人民法院要求裁判文书说理的工作要求,属于程序严重违法。

综上,谢凯所谓职务侵占一案,请依法撤销原判,发回重审或改判无罪。

三、开庭后的补充辩护意见

经过努力争取,市中级人民法院于2021年4月30日对此案进行了二审公开开庭,我根据法庭上的即兴辩论发言,整理成如下书面意见,提交给了法庭,并寄给了市中级人民法院审判委员会全体成员,也寄给了市检察院的出庭检察官。

(一)与代银发谈话的录音证实本案是彻头彻尾的假案

辩护人依法出示了谢凯与代银发于2021年3月27日的谈话录音及原始载体,证实代银发收取了胜荃公司50万元而配合对方报案,阻碍民事诉讼。出庭检察官和代银发对其真实性没有提出异议,该录音的文字版和光盘在开庭之前一个月已经提供给了二审法院,出庭检察员也已阅卷。该证据来源合法,内容真实,获取程序合法,语言平铺直叙,能直接作为定案依据。

代银发还当庭陈述,百事顺公司是谢凯出资成立的公司,他和其他人只是挂名股东,没有决定权,百事顺公司包括财务在内的一切事务由谢凯一人说了算数。就为何报案的问题,代银发说道:“项目卖给胜荃公司,百事顺公司收了对方2000万元,谢凯没有给我分一点,感觉很不舒服,所以就报案了。”

当时,代银发也受到市公安局办案民警刘飞误导和胜荃公司喻长青的利诱,恰逢代银发买房缺钱,又遭谢凯合理拒绝,心生嫉恨,适逢喻长青慷慨地给了50万元,代银发在被收买后,在喻长青早已打印好的报案材料上签字,并亲自到市公安局报了假案。

上述当庭陈述,证明两个问题:第一,代银发只是挂名股东,百事顺公司是谢凯出资成立的公司,谢凯是实际控制人;第二,代银发的行为同时构成敲诈勒索(未遂)、诬告陷害、非国家工作人员受贿三个罪名。

据谢凯所述,案发时,代银发曾以要在陕西买房为由向谢凯要一笔钱,并称胜荃公司正在联络代银发关于报案的问题,如果不分一点钱,他就迎合对方。其乘人之危,以非法占有为目的,使用威胁、恐吓、要挟的方式,意图逼迫谢凯就范。对于代银发的敲诈行为,谢凯予以合理拒绝。

由此可见,报案人代银发之所以报假案,是收到了对方50万元的好处费。这充分证明本案是一起由胜荃公司贿赂报案人、报案人敲诈未果意图报复的冤假错案。

谢凯是聚合公司、百事顺公司、香港聚合公司、筑基公司等众多公司的唯一出资人和实际控制人。深圳平水会计师事务所2021年4月1日依法出具的平水审字(2021)第03-018号审计报告显示:截至2021年3月31日,聚合公司的资产总额为35.50亿元。

辩护人注意到,出庭检察官认为该审计报告不合法,不能作为定案依据。辩护人认为:第一,出具审计报告的会计师事务所和注册会计师均具有法定资质,资质证书附在了审计报告的后面;第二,该审计报告只是对账目的梳理,并从专业的角度进行归纳、统计、分类,是对客观事实状态的一种确认,并非鉴定或评估报告;第三,审计报告是二审期间作出的,依法属于二审新证据,能直接证明涉案的谢凯的个人银行卡历来用于公司库存和收付资金之用。

任何犯罪行为,都会有一定的主观犯罪动机,或基于一定的原因。根据上述审计报告,仅就聚合公司一家的资产规模,谢凯的身价就是35亿元之多,谢凯有必要去职务侵占自己出资设立的百事顺公司的2000万元吗,答案当然是否定的。

2000万元对办案人员或普通人而言可能是天文数字，但对谢凯及其控制的企业集团资金调度而言，则可能只是毛毛细雨，不值一提。基于公司结构的一体化，资金从A公司流向B公司，是再正常不过的事，不存在职务侵占的问题。

（二）有充分的证据证明百事顺公司属于一人公司

辩护人当庭提交了与本案类似的7份生效裁判文书，证明“名为多人有限公司实为一人公司”，由于实际出资人只有一人，没有其他出资人，不属于职务侵占罪的侵犯对象。

辩护人注意到，出庭检察官认为，上述案例都是有限公司，不是一人公司，而涉案的百事顺公司注册登记的是多人有限公司，所以上述案例对本案不具有参考价值。同时，出庭检察官还认为，这些案例和本案的基本情况并不完全相同。

辩护人认为，案情完全相同的案例是不存在的。辩护人当庭出示上述7份生效裁判文书，其目的是要提炼出“一人出资设立公司没有侵犯其他股东出资利益所以不构成职务侵占”这一裁判观点。上述案例中，两个是广东省高级人民法院和湖北省高级人民法院作出的终审和再审裁判，两个是锦州市中级人民法院和延吉市中级人民法院作出的终审裁判，其分量可见一斑。

辩护人认为，根据《公司法》的规定，无论是一人公司还是多人公司，都属于有限公司。一人公司是指只有一个自然人或法人股东的有限公司，简称一人公司或独资公司或独股公司。出庭检察官没有弄清楚一人公司其实就是有限公司的一种，并非只有多人公司才是有限公司。

辩护人依法获得的百事顺公司的工商登记档案显示，百事顺公司进行了几次股东变更：2007年成立时的股东是聚合公司、代银发、阳明杰；2011年12月26日股东变更为代银发、牛静、阳明杰；2014年3月19日股东变更为牛静、阳明杰；2014年7月14日股东变更为谢凯；2015年2月13日股东变更为牛静；2017年4月6日股东变更为张景。之后，股东再未变更。

从百事顺公司的股东变化情况来看，2007年至2014年7月14日前，是名为多人公司实为一人公司。2014年7月14日之后，股权结构名至实归，恢复到一人公司的正常状态，谢凯为股东。后来，因为经营的考虑，谢凯又将股权转牛静代持，最终又转张景代持。牛静和张景均是谢凯靠得住的亲戚。

工商登记档案对股东结构的记载具有延续性，百事顺公司自始至终是谢凯独自投资的一人公司，这一基本事实是不能改变的。侦查机关、检察机关、原审法院及出庭检察官一直在断章取义、机械地理解报案时的工商登记档案。关于谢凯是百事顺公司唯一出资人和实际控制人、百事顺公司是一人公司的辩护意见，辩护人在庭前提交的辩护意见中已充分论证，不再赘述。

由此可见，出庭检察官认为百事顺公司不是一人公司的说辞与基本事实不符，工商登记档案能充分证明出庭检察官的观点是错误的，2014 年 7 月 14 日之前百事顺公司名为多人公司实为一人公司，2014 年 7 月 14 日之后百事顺公司一直是一人公司。

刑事审判不同于民事审判和行政审判，出庭检察官关于“工商登记是什么就是什么”的观点于法无据，未尊重客观事实，不顾及商业惯例。

应该说，就涉案投资项目，百事顺公司的历史使命基本完成，之所以没有申请注销，是因为胜荃公司的 4500 万元合同款没有收回。截至目前，百事顺公司已经没有任何对外债务纠纷。只要结清与胜荃公司的 4500 万元债权，谢凯会考虑申请注销百事顺公司。

（三）原审判决在适用法律和案件定性上明显存在错误

百事顺公司从成立至今，前后共有聚合公司、代银发、阳明杰、牛静、张景 5 名代持股人，一致认可自己是谢凯的代持股人和以谢凯银行卡收取百事顺公司款项，原因是百事顺公司对公账号因长期未使用处于冻结状态，只能以实际控制人谢凯的个人银行卡收取货款。

辩护人向法庭提供的第三组证据中的第 15 份是 2014 年 3 月 3 日的《百事顺公司股东会决议和章程修正案》，其中：第 1 条第 2 款一致确认百事顺公司的全部收入归谢凯一人所有；第 2 条第 2 款一致确认代银发等代持股人不能以股东或法定代表人名义签署任何法律文件，否则无效；第 2 条第 4 款一致确认在百事顺公司对公账户受限时可用谢凯个人建设银行卡收款。

《百事顺公司股东会决议和章程修正案》是百事顺公司的“宪章”，只要不违反国家禁止性规定，既可以约束公司高级管理人员的行为，也可以依法对抗司法机关对公司内部事务的干涉。因此,谢凯以个人建设银行卡收取款项具有正当性、合理性、合法性,属于民事范畴,司法机关无权越位介入。

辩护人依法向法庭提交的第13组证据是深圳平水会计师事务所2021年4月1日依法出具的审计报告,该报告对聚合公司自1996年成立起至2021年3月31日全部账目进行了审计,证明聚合公司共有12个银行对公账户和8个个人银行卡库存现金账号,其中包括了本案涉及的谢凯尾号为4088、7011、1200的银行卡,足以证明聚合公司一直在使用谢凯个人银行卡。

按照聚合公司与百事顺公司签订的借款合同和经过西塔会计师事务所审计后的百事顺公司应付款清单,百事顺公司共欠聚合公司及聚合国际(香港)公司借款7001.3万元,这些借款部分是从谢凯尾号为7011、4088的银行卡出借的。

现聚合公司、聚合国际(香港)公司为了做账好记方便,要求百事顺公司按照当时的出借款路径汇入相同账户,这样的操作程序并不涉及违法犯罪,谢凯既是各公司实际控制人,也是出借人,按照原出借账号收回欠款,属于民事范畴。

代银发已于2014年3月3日在深圳市方圆公证处签署了股权转让协议、法定代表人变更协议。自此之后,代银发无权再行使百事顺公司股东的权利,更无权冒用百事顺公司股东或法定代表人名义向公安机关报案自己股东权益受损。由此可见,代银发在转让百事顺公司名义股权后,不存在所谓股东权利受损,报案人的身份不适格。

如前所述,代银发报案的真正动机,是基于向谢凯敲诈勒索未达到目的后的报复心态,并非出于维护股东利益和百事顺公司财产权或行使公民举报违法犯罪行为之义务,以报案为名行敲诈之实,与“借公权力报私仇”如出一辙。

(四)对涉及本案定罪的三个关键事实的进一步澄清

1. 竞拍某县国有土地使用权问题

聚合公司于2013年就成立了陕西分公司,欲竞拍陕西省某县涉案地块国有土地出让权,因分公司不具备当地房地产开发资质,才改为在当地成立筑基公司,注册资本1000万元,由谢凯代聚合公司持股70%,杨倩代百事顺公司持股30%。

谢凯通过个人尾号为4088的银行卡在胜荃公司付的2000万元之内仅支付了459.1万元，剩余地价款与2000万元没有任何关系，是用其他资金来源支付的，原判对这一基本事实没有查清，就盲目认定614万元来自2000万元，纯属无中生有，主观臆断。

在全部交清了国有土地出让金之后，谢凯通过竞拍得到了国有土地使用权，谢凯再以自己是筑基公司大股东的名义将国有土地使用权证办理至筑基公司名下，同时将代持股无偿转让给聚合公司，杨倩也将代持股无偿转让给百事顺公司，现该地块土地已增值。谢凯的行为非但无罪，还有功，因为百事顺公司是获益方。

2. 原判认定谢凯消费、提现、周转、投资的问题

谢凯个人银行卡收到的2000万元已全部用于公司正常支出，与谢凯个人消费、提现、投资等没有任何关系，《中霍房地产开发有限公司关于使用谢凯个人银行卡4088收取2000万元应收账款的用途的审计报告》足以证明2000万元全部用在公司正常的业务当中，与谢凯个人消费、提现、投资没有任何关系。

原判在没有资金来源和去向之证据的情况下在第6页武断笼统地认定"被告人谢凯将该2000万元在自己的其他银行账户及其他关系人的银行账户进行多次周转、提现、消费、投资"。刑事审判与民事审判不同，在事实的认定上，不能是高度盖然性，而应证据确凿，确定无疑，不能有第二种解释或推断。

2000万元资金的去向，是本案的关键事实，公检法三机关并没有查清。不能因为没有查清，就使用概括性、含糊性、糊弄性的语言表达方式一带而过，审判人员办理的每一起案件，都是他人的人生，绝对不能把写小说的语言表达方式用在写刑事判决上，法官与作家是有区别的。

3. 谢凯并未利用职务便利要代银发出具打款指令

出庭检察官认为谢凯利用个人职务之便要求代银发出具打款指令，将2000万元据为己有，纯系错误推断。代银发当时年龄52岁，属于完全民事行为能力人，当时他已跟随老板谢凯20余年，完全知晓和认可自己作为公司名义上的法定代表人的签字行为是必要的，代银发是自愿签字的行为，不存在谢凯利用职

务之便要求代银发为其签字。

公检法机关均以谢凯利用职务之便要求代银发签署打款指令，作为谢凯犯有职务侵占罪的主观证据，是“欲加之罪何患无辞”。如前所述，聚合公司市值35亿多元，全部资产都归谢凯一人所有，谢凯放着35亿多元不要，却要把自己的百事顺公司的2000万元据为己有，这种犯罪方式与谢凯的主观动机和客观事实明显相悖，有辱公众智商。

4. 谢凯的个人银行卡与对公账户在共同收支

原判看似认为谢凯用自己个人尾号为4088的银行卡收了百事顺公司的2000万元，就以此推定谢凯的行为是职务侵占，这样的有罪推定没有任何证据，与事实严重不符，与无罪推定原则相悖。

如前所述，聚合公司自1996年成立以来，共有12个银行对公账户，4个谢凯个人银行卡账户、2个会计出纳个人银行卡账户，这些账户内的钱款全部归聚合公司所有，与银行卡所有人无关。

这些个人银卡中的现金与公司对公账户内资金相互融合，共同对外收支，聚合公司账内各个科目均在使用谢凯和财务人员的银行卡，属于公司运营的合法方式和惯例。聚合公司实质上是谢凯的一人公司，非国有企业和股份制企业，全部财产最终都归谢凯一人所有。

（五）本案是当地商人与办案人员相互寻租对谢凯构陷

谢凯实际控制的公司先后两次对喻长青实际控制的胜荃公司提起民事诉讼，每当在关键时刻，办案人员就会适时介入，一目了然，就是要用刑事手段阻碍民事诉讼。这绝非偶然现象或依法办案，第一次民事案件撤诉后，办案人员就没有动静了，第二次起诉后，办案人员又如法炮制，用刑事手段施压，逼迫撤诉。

四、案件结果

市中级人民法院经审理于2021年6月4日作出刑事裁定，以“原审判决认定上诉人谢凯犯职务侵占罪事实不清”为由，撤销原判，发回重审。

2022 年 7 月 8 日，一审法院对此案重审，公诉人仍然认为谢凯罪名成立，并提出了 10 至 10 年半的量刑建议，并要求法院并处没收谢凯的 35.5 亿元的个人全部财产。一审法院合议庭经过讨论并报审判委员会，最终认为罪名不能成立。

2022 年 8 月 24 日，区检察院向一审法院提出撤诉申请，2022 年 8 月 30 日，区法院裁定准许，随后，2022 年 9 月 1 日，区检察院作出不起诉决定。谢凯正式无罪。从 2014 年市公安局正式刑事立案，到 2022 年检察院撤诉并作出不起诉决定，历时 8 年之久。随后，谢凯会依法向原作出 10 年有罪判决的区法院申请国家赔偿。

五、辩护本案的思考与感想

（一）律师与医生这两个职业有“治病救人”的相似性

根据一些资深律师的经验，“当事人强调的是结果，辩护律师注重的则是过程”。具体来说，面对家属对无罪结局或者罪轻结果的强烈诉求，律师应当具有一种职业定力，理性地确定辩护思路，精准地把握辩护路径，在与家属充分沟通和协商的前提下，确定一套专业化的辩护方案，使得家属的诉求被引导到这种层层递进的辩护过程之中。

在这一方面，律师辩护与医生的诊疗过程具有很高的相似度，因为医生面对患者及其近亲属所提出的挽救生命、恢复健康的强烈愿望，也必须根据病情提出一套专业化的治疗方案，并通过诊断、检查、确诊、手术、复查等一系列医疗程序，来尽力追求所预期的医疗目标。可以说，与医生的医疗过程一样，律师的辩护也是一种专业化的疗救过程。即便患者患上了癌症或其他不治之症，医生也要对其不离不弃，对其展开有针对性的专业化治疗。

同样，即便被告人严重触犯了刑法，遭受刑事处罚的可能性极大，案件辩护的空间并不大，律师也应尽到自己的辩护职责，最大限度地维护其合法权益。辩护是律师从证据的采纳、事实的认定和法律的适用这三个角度，为被告人提供法律帮助，维护被告人的合法权益，促使法院作出有利于被告人的裁判结论的诉讼活动。律师要时刻牢记,辩护活动的最终目标是说服法官接受律师的辩护意见,这是刑事辩护的核心要素,但在实践中,这一条往往被律师忽略。

(二)律师应当尽可能用同类案例去影响法官的判断

律师不仅要运用主流的法学理论和学术观点,也要多使用一点最高人民法院公报和指导性案例中所采用的思维方式进行辩护,甚至平时还可以搜集最高人民法院的法官们撰写的著作、发表的文章和谈话,利用其中所包含的一些法学理念和思维方式进行辩护。

在办理谢凯案中,我在中国裁判文书网上检索了很多类似案例,并根据最高人民法院发布的关于类案检索,同案同判的指导意见,去引起法官的重视。

关于一人公司是否构成职务侵占罪,类似的案例都指出,作为公司的唯一投资人,对公司财产依法享有最终所有权,其对公司财产的支配实质是支配自己的财产,未侵犯其他股东的合法权益,故其不符合职务侵占犯罪主体特征。且支配自己作为唯一投资人公司财产的行为,不具有刑法意义上的社会危害性,亦不符合职务侵占罪侵犯客体要求。

(三)刑法的谦抑性重要原则在本案中未得到充分体现

执法机关只有在没有可以代替刑罚的其他适当方法的条件下,才能将某种违反法律秩序的行为作为犯罪并予以追究。谦抑性原则实质上就是强调刑事追究中应有必要的情感与温度,只要有其他方式可以代替刑罚,应予优先考虑,避免因刑罚造成伤害的无限放大。

惩罚与教育相结合一直是我们的优良传统,惩罚并非最终目的。即便假定谢凯的行为存在问题,也不能陷入“刑罚优先”误区,能行政处罚或行政处分的,就不能擅自启动刑事诉讼程序。

刑事诉讼程序动辄限制民营企业家的人身自由,极有可能不管最终司法裁判结果如何,都会对民营企业造成巨大伤害。即便最终民营企业家被无罪释放,民营企业也倒掉了。现在的多数民营企业对民营企业家的依赖性程度较高,民营企业家被抓,往往会带来民营企业破产的连锁反应。

建议司法工作人员在办理涉及民营企业家的案件时，对《刑法》条文及其司法解释不能扩大化解释，对于可能出现的过度干预化、前置化的《刑法》条文及相关司法解释进行必要的缩小解释，优先用民法、经济法、公司法、税法进行评价，以避免对民营企业家造成刑罚误伤。

第八章　省高级人民法院发回重审后获无罪释放的“命案主犯”

——孙卫军被控故意伤害致人死亡案

简要案情

2004 年春节刚过不久，王大、刘二、郭建等多人在镇上等人时，看见大哥吕明与一青年骑摩托车发生碰撞，吕明被撞倒，遂赶上前对青年人拳打脚踢，殴打过程中，一人用刀朝青年人胸部、大腿各刺一刀，致其当场死亡。

时隔两年多，不明所以的孙卫军被逮捕。市人民检察院指控孙卫军犯故意伤害罪，向市中级人民法院提起公诉，一审判决孙卫军有期徒刑 15 年。我为孙卫军作二审辩护，指出孙卫军没有作案时间，证人和孙卫军均遭受刑讯逼供。

省高级人民法院以“事实不清，证据不足”为由裁定撤销原判，发回重审。案件发回到市中级人民法院后，我继续提出无罪辩护意见。之后，市人民检察院撤诉，孙卫军恢复自由，最终获得赔偿。

经过进一步侦破，真凶被绳之以法，受到严惩，真凶的刑事判决书认定的事实，证明辩护人在为孙卫军辩护时的推理，有一部分与案件的真实情况相吻合。

一、因哥们儿义气惹出人命案

2004 年 2 月 22 日下午，镇汽车站门前，发生一起命案。那天，王大、刘二、郭建带着多名兄弟去接赴小孩 10 岁生日宴的吕明回家，正巧看见吕明与赵小虎骑摩托车发生碰撞，吕明被撞倒。

因为赵小虎态度不好，王大等人怒火中烧，一哄而上，对赵小虎一顿拳打脚踢，殴打过程中，不知是谁用刀朝赵小虎的左胸部、右大腿各刺一刀，看到赵小虎慢慢倒地，感觉闯了大祸，各自散去。

赵小虎，殁年22岁。

年纪之轻，让人惋惜！区公安分局经鉴定尸体，认定赵小虎系生前被他人用锐器作用于左胸部，致肺动脉破裂急性大出血死亡。

案情并不复杂，但因当时人多手杂，谁捅的这一刀成为谜团。案发后，吕明、刘二等一夜之间消失匿迹。

赵小虎的死因成为镇上人家茶余饭后的谈资。

时光飞逝，转眼两年过去，警方的破案出乎众人意料。

2006年3月21日，正在家和爷爷一起下棋的孙卫军，被警察以涉嫌故意伤害罪带走。

2006年4月27日，孙卫军被正式逮捕，羁押于看守所。

2008年12月31日，经市人民检察院起诉指控，市中级人民法院经过审理判决孙卫军犯故意伤害罪，判处有期徒刑15年，剥夺政治权利5年，并赔偿附带民事诉讼原告人损失70,498.5元。

市中级人民法院认为：被告人孙卫军故意伤害他人身体，致人死亡，其行为均已构成故意伤害罪。公诉机关指控罪名成立，对于被告人的辩护人关于请求宣告无罪的辩护意见不予采纳。

被告人孙卫军除承担刑事责任外，对其犯罪行为给附带民事诉讼原告人造成的经济损失70,498.5元，还应承担民事赔偿责任。附带民事诉讼原告人诉请的丧葬费、被扶养人生活费均属附带民事诉讼赔偿范围，因此予以支持，诉请的死亡赔偿金因不属于附带民事诉讼赔偿范围，不予支持。

综上所述，市中级人民法院作出判决，判决孙卫军犯故意伤害罪，判处有期徒刑15年，剥夺政治权利5年，并赔偿附带民事诉讼原告人损失70,498.5元。

市中级人民法院的一审刑事判决作出后，在小地方引起不小的反响，有人说“致命一刀”不一定是孙卫军戳的，而孙卫军的家人表示不服，坚决要求上诉，准备去省城的省高级人民法院打这场“人命官司”。

2009年元旦，我见到了愁眉不展的孙卫军的表姐陈女士，陈女士从网上看到我的信息，几次联系，极力向孙卫军的父亲推荐，希望聘请我为二审辩护律师,陈女士说律师费暂时由她垫付。因为她从小和孙卫军一起长大,表姐弟之间的感情很深,她希望有人帮表弟。

一审15年的刑事判决令她和孙卫军的父亲伤透了心,“如果再找不到好的律师,表弟这辈子就完了啊!”陈女士对我如实说道。看到一审判决,“被告人孙卫军犯故意伤害罪,判处有期徒刑十五年”的字眼赫然入目。往前几页,我惊然地发现:

孙卫军曾在开庭当日辩解自己并未到案发现场,自己因为受到了刑讯逼供才在侦查阶段作有罪的供述,但法庭均未采纳。本案中,如果没有通过刑讯逼供得到孙卫军“认罪”的供述作为基础,仅凭判决中的证人证言,根本无法证明孙卫军有罪。

庭审过程不得而知,但作为一名办过一些无罪案件的律师,虽然没有见到案卷材料,但直觉告诉我,这个案子有很大的问题,罪名认定和判决结果无法令人信服,极有可能是冤假错案。

我想看到更多的案卷资料来支持自己的直觉和判断。一审辩护律师非常热心,提供了全套的卷宗,并介绍了基本案情。

我静下心来,废寝忘食、夜以继日,研究案情,琢磨细节,审阅证据,觉得自己似乎有信心翻案。我和孙卫军的表姐及父亲再见面时,顺理成章地签订了《刑事辩护委托合同》,正式接手二审辩护。

二、办案思路和辩护策略

(一)彻底否定,作案时间

案卷材料显示,一审证人证言仅能证明2004年2月22日下午发生了流血死人事件,现场除吕明躺在地上外,据说还有三人在现场殴打被害人赵小虎。除郭建、孙卫军、刘二、王大4人外,对其他证人,公安机关并未组织辨认,直接确定真正的嫌疑人。错过了最佳的侦破时机,使本可极易直接确定“谁是动刀戳人者”的案件变得扑朔迷离。

既然孙卫军案发时不在现场,那么就一定可以抓住这个关键点,并尽全力找到足够的证据去证明。会见完孙卫军,他一个细微的举动让我内心不由更加沉重,也坚定了救他的决心。他让我给他父亲捎去一张纸条,上面写道“爸爸,我真的不甘心,你放心,无论如何我都不会乱想的。你要好好保重,要相信褚律师”。

在看守所会见时,孙卫军告诉了我另外一个细节,当天下午,他喝了一点酒,和同伴一起去镇上的美发厅洗头,自己就睡着了,睡得很沉很香,等天快黑醒来时,发现其他人都不见了,他付完钱,就回家了,他后来听说镇上的一个年轻人被戳死。

根据孙卫军提供的美发厅的店名和方位,我找了店老板,因为镇上曾经戳死过年轻人,老板对案发当天下午的事仍记忆犹新,她说:“那天下午有不少客人来店里,不清楚是谁说有人在床上躺着休息,我一看,是老顾客,也是闺蜜的朋友,听到有人说街上有人打架,死了人,我就跑出去看,等回到店里,闺蜜的朋友还在睡觉,天快黑才醒,走时还问他一起来的同伴都去哪了?”

为了判断店老板所言的真实性,我拿出事先准备的5张年龄相仿的照片,问其能否判断哪一位是当天睡在她店里的老顾客?她不假思索地指着孙卫军的照片说道:“就是他!”我问她,如果办案人员来了解情况,你也能够这样说给办案人员听吗?她点点头:“没问题,这又不是造假!”随行的助理把整个过程进行了视频录像。

后来,我联系当地公证处,在公证员的见证下,对店老板作了一份询问笔录,公证处对全程进行了录音录像,并依法予以见证,事后出具了公证书。刑事案件中收集能直接决定罪与非罪的言辞类证据,需要特别慎重,避免办案机关以辩护律师欺骗、利诱、误导证人而对律师启动司法程序。在公证员见证下的调查,相对安全。

我又找到当天与孙卫军一起去美发厅洗头的唯一能联系上的谢某,他说:“当天下午确实一起去过美发厅洗头,而且是几个人,因孙卫军喝得特别多,上面包车就睡着,在车上还吐,到美发厅仍醉酒不醒,把孙卫军扶到美发厅,放在后面的床上,孙卫军就躺在床上昏睡。我们洗完头后见孙卫军仍未醒,就提前离开了。”谢某很配合,也是在公证员的见证下,协助作了一份调查笔录,公证处同样对作笔录过程予以了录音录像。

至于谢某口中的其他几个人，通过各种努力，穷尽一切办法，始终没能找到联系方式，也只好作罢。上述证据能够直接证明案发当天下午，孙卫军因醉酒，一直在美发厅昏睡，其既没有作案时间，也没有作案能力。

我把获得的上述材料作为证据线索提交给了办案机关，希望办案机关根据上述线索进一步查证，以确定其真实性。之所以不将上述材料作为证据，一是表示出辩护律师对办案机关的尊重，让其自己去查证；二是避免办案机关对辩护律师进行反击，辩护律师如果不能保护好自己，就难以帮助被告人。

（二）寻找证人，还原真相

证明当事人没有作案时间和作案能力之后，并非就可高枕无忧，万事大吉，刑事法庭的庭内和庭外，有时瞬息万变，只有进一步取证，排除一切合理怀疑，才能让法庭上的参与人心服口服。寻找目击证人，并不顺利，许多人唯恐避之不及，都有“多一事不如少一事”的明哲保身的心态。

只是，又有谁曾细想过，孙卫军当年也才 24 岁，人生的路还很长。本案案情重大，又是命案，事关重大，无论如何，他都不该成为真凶的“替罪羊”。

父爱的伟大，再一次得以彰显。孙卫军父亲不甘心，一个一个去请，去求。天无绝人之路，我终于找到了孙卫军无罪的又一条新线索。

案发当日在现场的王大对孙卫军的父亲说道：“我原供述是孙卫军戳死赵小虎系受到刑讯逼供，在一审开庭的时候我不止一次跟法官说过，真正戳死赵小虎的凶犯是刘二，是办案民警逼我，要指认是孙卫军，只要不按照办案民警的意思说就打我。”

我根据孙卫军父亲告诉我的情况，翻开原一审庭审笔录，找出王大在原审庭审中的一段记载：“我曾在公安机关的陈述不属实，是办案人员要求我指认是孙卫军，孙卫军没有参与，我的刀在案发时被刘二拿走了，办案人员对我刑讯逼供，尤其是一个叫张小强的下手最狠，其他几人也轮番打我。”

后来，我又见到被害人赵小虎的姑姑，她说：“侄儿赵小虎被杀后不久，有人找到我，说他是受刘二父亲的委托来的，刘二的父亲愿意赔偿 20 万元，要我弟弟不要再上告了。我弟弟说，不要赔钱，只要偿命。”赵小虎的姑姑答应出庭作证，证明中间人找过她的事实。

我又找到赵小虎姑姑口中的中间人刘某夫妇，刘某夫妇虽然确认是有这么一回事，刘二的父亲曾委托他们从中间调和，但不愿意出庭作证，不想惹麻烦。因为案情重大，我也预计到刘某夫妇不配合作证，所以，悄悄打开了录音，把刘某夫妇一番话完整地记录了下来。人命关天，我只能出此下策。

我不会把私录的录音作为证据在法庭上使用，需要考虑刘某夫妇的感受和处境，只准备告诉法官："刘二的父亲曾委托中间人刘某夫妇找过被害人赵小虎的姑姑，愿意花20万元私了，法官或检察官可以去找刘某夫妇核实。"辩护律师的每一句话都要有依据，如果没有这份录音，我就没有底气面对法官。

（三）依法确定刑讯逼供

案卷中有一份公安机关出具的没有对孙卫军刑讯逼供的情况说明，最后签名的两人身份不明，也不是本案的侦查人员。为此，我向办案机关申请政府信息公开，要求依法公开办案机关具有警衔的警察名单，根据公开的名单，在上述情况说明尾部签名的两位人员不在其中，说明其办案身份不合法，无权出具情况说明。经过进一步核实，两位签名人员是聘用的辅助人员，不具有办案资格。由此，推断该情况说明不具有合法性。

王大已经当庭陈述，只要他说戳人的不是孙卫军，办案民警就轮流打他，不让其休息，直到其"指认"是孙卫军戳人为止。为此，我对王大的家人进行核实，其家人都称王大曾和他们说过其被办案人员殴打，不让睡觉，不给水喝。其家人写了一个证明经过，共同签名按印。另外，王大的家人提供了王大的一张当时的购药单，显示是治疗跌打损伤和活血化瘀的药品，可以作为王大曾被刑讯逼供的间接证据。

孙卫军被抓后，受到了更加严重的刑讯逼供，如果不承认戳了人，就只给很少的饭吃、很少的水喝，限制小便，几天几夜不让休息，最后干脆动粗。在会见时，孙卫军告诉我，为了留下证据，他要求办案人员送他去医院，说身上疼痛难忍，要求治疗，在医院，开了止疼药。

我到医院调取孙卫军的门诊记录，虽然有孙卫军的授权委托书，但医院以保护患者隐私为由说不能提供。我向卫生局提出履行监管职责，要求卫生局责令医院提供门诊记录的复印件，并加盖原件与复印件一致的印章。经过一番周折，取证目的实现，医院给予了配合。

以上证据都能证明指认孙卫军没有戳人的王大及孙卫军本人都受到了不同程度的刑讯逼供，为我在法庭上质疑办案程序及所谓孙卫军戳人的证据的合法性提供了有力的依据。

（四）寻找作案工具

本案是命案，但是戳人的凶器却没有找到。通过审阅案卷中尸检报告和伤口照片，再结合损伤部位的方向、形状、长短以及锐器创口的特点，我请教了法医，也对照曾经学过的《法医学》教材，判断致命的凶器是一把约 15 公分长的尖刀。

从逻辑上而言，相比王大、刘二、郭建，孙卫军身材魁梧，面对比自己弱小很多的被害人赵小虎，即便假定孙卫军参与了打斗，孙卫军也不可能动刀，一个人单枪匹马，拳脚相向，足以打趴手无缚鸡之力的被害人。

根据王大的陈述，刀是他平时携带用来削水果的，但在案发时被刘二拿走。我向王大的家人调查，他们出具证明王大平时有携带水果刀的习惯，刀的长度在 12 公分以上，非常锋利，这正好符合被害人致命的刀伤口的特征，与我的推测和判断一致。而孙卫军的家人出具证明，家里没有水果刀，孙卫军平时也没有随身携带水果刀的习惯。

本案重要证据作案工具的去向，在案卷材料中并没有公安机关或办案人员的文字性说明。

三、为孙卫军二审无罪辩护

根据案卷材料，我总结出本案有如下争议焦点：

1. 孙卫军是否有用刀戳赵小虎的作案时间？

2. 王大和孙卫军是否受到了办案人员的刑讯逼供？

3. 王大以前供述是孙卫军戳死赵小虎和当庭指认不是孙卫军戳死赵小虎，究竟以哪次为准？

4. 证实案发时孙卫军在美发厅昏睡的证据线索是否应当进一步查证？

5. 真正戳死赵小虎的是否为刘二？

6. 本案客观证据欠缺，能否仅凭口供定案？

7. 本案中的作案工具下落不明，戳人的刀究竟在哪里？

8. 原审程序是否违法，侦查阶段不组织证人辨认犯罪嫌疑人是何原因？

庭前，我将获得的相关材料作为证据线索提交给了省高级人民法院承办法官。针对控辩双方的争议焦点，我提出了自己的如下辩护意见：

（一）现有证据证明案发时孙卫军不在作案现场

原判认定："2004 年 2 月 22 日 16 时许，被告人孙卫军、王大、郭建和刘二等人见其朋友吕明与被害人赵小虎发生碰撞。孙卫军等人对赵小虎拳打脚踢。其间，孙卫军要来王大携带的刀朝赵小虎的左胸部和右大腿各刺一刀，致赵小虎当场死亡，而后被告人一伙逃离现场。"但现有证据证实孙卫军没有作案时间，指控孙卫军犯故意伤害罪的证据明显不足，二审法院应撤销原判，改判无罪或发回重审。

1. 王大证实戳赵小虎的是刘二，而不是孙卫军

(1)原供述的孙卫军戳死赵小虎系刑讯逼供所致。王大是在家属的陪同下自动投案的，到案后第一时间所作供述应非常真实。由于其一直交代戳死赵小虎的真凶是刘二，孙卫军不在案发现场，这一结果与公安机关刑讯逼供获取的"孙卫军戳死赵小虎"的证言大相径庭。为了口供一致，公安机关对王大刑讯逼供，无奈其违心供述："戳死赵小虎的是孙卫军，刀是从我手上拿的。"原一审庭审中，王大面对检方发问，当庭供述："原交代的孙卫军戳死被害人不真实，是公安机关逼我这么说的，如果不按办案人员的意思说就打我。"

(2)王大当庭供述孙卫军不在案发现场，戳死赵小虎的是刘二。下面一段是王大在庭审中的当庭供述，充分证实孙卫军不在案发现场，用刀戳被害人的是刘二而非孙卫军。

公诉人：在公安机关的供述属实吗？

王大：公安人员打我，我说的他们不写，满意的才写，我说的是孙卫军不在现场。

公诉人:你曾供述说孙卫军作案后跑了,怎么回事?

王大:是办案人员要我这么说的,人是刘二戳的。

辩护人:案发时,你的刀子在谁的手上?

王大:在刘二手里,在案发打架前他拿去的。

审判员:你记得是哪些公安干警对你刑讯逼供的?

王大:叫张小强,9 月 10 日有几个人打我。

王大之所以在法庭上说不是孙卫军戳的,而在此前称是孙卫军戳的,是因为他受到了办案民警的刑讯逼供,有正当理由,说明其庭前陈述是违心错误的。当法庭前的陈述与法庭中的陈述不一致时,应当采信当庭陈述,因为法庭上王大没有受到威胁,相较于办案机关,法庭无疑是宽松的作证环境,不受威胁的法庭陈述的案件事实更接近真相,应当采信。

2. 多位证人证明孙卫军没有作案时间和能力

(1)证人李某证实:“孙卫军案发当天去郭建家送礼,喝多了吐酒,我们一起去美发厅洗头,孙卫军在美发厅睡了。在路上时就吐酒,到美发厅几个人扶他下来,进店后孙卫军到里面睡着,我们走时他还在美发厅。”这段话是开庭时证人李某的当庭证言,并接受了控、辩、审三方的询问质证,当属有效。

(2)证人袁某证实:“案发当天李小林让我去接他,路上我遇见郭建,他让我去美发厅接孙卫军。接到李小林后,李说戳死人了,遇见郭建后,郭建说孙卫军在美发厅睡觉,让我去接。”袁某的当庭证言证实孙卫军不在案发现场,没有作案时间。如果案发时孙卫军在现场,郭建没有必要让袁某去美发厅接他,同时,郭建还间接证明了孙卫军一直在美发厅睡觉。

(3)证人美发厅老板证实:“那天下午有不少客人来店里,不清楚是谁说有人在床上躺着休息,我一看,是老顾客,也是闺蜜的朋友,听到有人说街上有人打架,死了人,我就跑出去看,等回到店里,闺蜜的朋友还在睡觉,天快黑才醒,走时还问和他一起来的同伴都去哪儿了。”

(4)证人李某证实:“我们一起去美发厅洗头,因孙卫军中午敬了好几桌酒,喝得特别多,上车就睡着了,在车上还吐了酒,到了美发厅仍醉酒不醒。于是我们几人把孙卫军抬到美发厅放在老板的床上,孙卫军躺在床上昏睡。几人洗完头后孙卫军仍未醒，我们就没有叫他，径自离开了美发厅。”

上述证人均能充分证实孙卫军案发时在美发厅由于醉酒而昏睡，不在作案现场，孙卫军由于深度醉酒，也没有作案能力。

（二）控方证据不能直接证实孙卫军戳死了赵小虎

原判证据22份，其中第1份至第18份为证人证言，第19份为现场勘查笔录、现场示意图、现场照片，第20份为法医鉴定结论，第21份至第22份为孙卫军和王大的供述。

1. 没有任何证人能证明是孙卫军戳死了赵小虎

辩护人详细地查阅了18位证人的证言，没有谁能直接证明孙卫军在案发现场，当然更没有证据证明孙卫军实施了犯罪行为。这些证人仅能证明2004年2月22日16时许发生了流血死人事件，现场除吕明躺在地上外，还有人在现场围殴被害人赵小虎。除认识郭建、孙卫军、刘二、王大的证人外，对其他证人公安机关并未依法组织辨认来直接确定真正的嫌疑人，错过了最佳的侦破时机，使本来极易直接确定真凶的刑事案件变得扑朔迷离。

本案指控的罪名虽是故意伤害，但属于“命案”，这就决定了在证据上必须达到确实充分的程度，而确实充分必须具备四个条件：(1)据以定案的证据都必须查证属实；(2)所有证据与待查证的犯罪事实之间存在客观联系；(3)属于犯罪各构成要件的事实都必须有充分的证据加以证实；(4)所有证据从总体上已足以对需证明的事实得出唯一确定的结论。本案显然不符上述基本要求，没有任何一位证人能直接证明孙卫军戳死了赵小虎。

2. 仅凭孙卫军的口供定案明显属于违法不当

办案人员办理刑事案件，应当重视收集口供以外的其他客观证据，而不应过度依赖被告人口供。不轻信口供，并不是对被告人的供述和辩解一律排斥或否定，而是不要轻易相信口供的真实性。因为被告人基于自身利益的需要，口供虚假或避重就轻的成分较多，因受到刑讯逼供而出现颠倒是非的情况也存在。所以，必须重视客观证据的收集，因为客观证据不容易造假或不像人一样善变。

原审据以定案的证据就是所谓的口供，辩护人认为，嫌疑人的供述和辩解不能单独作为定案的依据。1996年《刑事诉讼法》第46条规定:“对一切案件的判处,都要重证据,重调查研究,不轻信口供。只有被告人供述,没有其他证据的,不能认定被告人有罪和处以刑罚……”[1]本案中,认定孙卫军实施犯罪行为的证据只有口供,属典型的仅凭口供定案。

3. 孙卫军关于戳人的口供是因刑讯逼供所致

如前所述,王大当庭供述,他在投案时明确交代是刘二用刀戳的被害人,孙卫军不在案发现场。但公安机关认为,和他们先期违法获取的“是孙卫军戳死了赵小虎”的口供不一致,对王大采用刑讯逼供三天,他实在受不了刑讯逼供,才无奈作出了是孙卫军戳伤他人的虚假供述。孙卫军到案后,同样遭到刑讯逼供,办案人员轮流对其殴打,其也只得违心作出有罪供述。自从到了看守所后,由于办案人员再无法殴打,孙卫军的所有供述都是其是无罪的。故刑讯逼供获取的所谓有罪口供不能作为定案依据。

4. 证人证实戳死赵小虎的是刘二而非孙卫军

王大在开庭时当庭供述,案发时孙卫军不在现场,用刀戳被害人的是刘二,刀是刘二案发前从他手上拿去的。郭建证实案发时只有他、刘二和王大在现场,现场没有孙卫军,更没有见到所谓的孙卫军用刀戳赵小虎。被害人赵小虎的姑妈证实:“侄儿赵小虎被杀后不久,刘某两口子找到我和我丈夫,说他们是刘二的父亲委托来的,让我们说说情,刘二的父亲愿意赔偿20万元,要我弟弟不要再上告了。我弟弟说,不要赔钱,只要刘二偿命。”

上述内容对于证明,孙卫军是否在现场?是否戳死了赵小虎?一目了然,显而易见。

5. 直至今日并没有找到戳死赵小虎的水果刀

物质虽然能够变化,但不能消灭或凭空产生。这是1756年俄国化学家罗蒙诺索夫把锡放在密闭的容器里反复煅烧发现的定律,为世界所公认,作案工具的查找同样离不开这个定律。按孙卫军的所谓“交代”,刀被丢进了一条小沟,依照侦查惯例,公安机关理应按“疑犯”交代找到凶器,以排除其他可能,如由于客观原因无法找到,应当作出由于什么原因无法获取的情况说明。虽然公

---

〔1〕 对应2018年《刑事诉讼法》第55条。

安机关派人抽干小沟水查找,但一无所获。这时办案人员本应当重视孙卫军证言的真实性,但是疏忽了,或者本身就想让本案成为糊涂案。

从情理上而言,相比郭建、王大、刘二这3人,孙卫军身材魁梧,面对比自己弱小很多的被害人赵小虎,即便假定孙卫军参与了打斗,孙卫军不至于非得动刀,一个人就足以把被害人赵小虎打得人仰马翻,头破血流。

根据王大的陈述,刀是他平时携带用来削水果的,但在案发时被刘二拿走。辩护人向王大的父亲及家人调查,他们说王大平时有携带水果刀的习惯,刀的长度在12公分以上,非常锋利,这正好符合被害人赵小虎致命的刀伤口的特征。而孙卫军的家人证明,家里没有水果刀,孙卫军平时也没有随身携带水果刀的习惯。

本案重要证据的作案工具的去向,在案卷材料中并没有公安机关或办案人员的文字性说明。

(三)原判据以定罪量刑的部分证据不符合法定程序

1. 证人没有依法出庭接受讯问或质证

1996年《刑事诉讼法》第47条规定:"证人证言必须在法庭上经过公诉人、被害人和被告人、辩护人双方讯问、质证,听取各方证人的证言并且经过查实以后,才能作为定案的根据……"[1]证人到庭接受进行询问、讯问是必须,这也是为了防止虚假证言在法庭上大行其道。本案一审中,控方的所有证人均未按法律规定出庭作证,无法确定其真实身份,无从判断其证言的真实性。依据上述法律规定,其证言均不能作为证据予以采信。

2. 法医鉴定结论没有依法告知孙卫军

1996年《刑事诉讼法》第121条规定:"侦查机关应当将用作证据的鉴定结论告知犯罪嫌疑人、被害人。如果犯罪嫌疑人、被害人提出申请,可以补充鉴定或者重新鉴定。"[2]据检方指控,案发于2004年2月22日下午4时许,而鉴定结论的作出时间是在案发近一个星期后的2004年3月1日。同时,作为定案依

---

〔1〕 对应2018年《刑事诉讼法》第61条。

〔2〕 对应2018年《刑事诉讼法》第148条。

据之一的公刑尸鉴字(2004)第030号法医学鉴定书在孙卫军到案之后未依法告知他,剥夺了孙卫军申辩和申请重新鉴定的诉讼权利。

3. 孙卫军到案后未依法及时组织辨认

根据公安部1998年《公安机关办理刑事案件程序规定》、人民检察院1999年《人民检察院刑事诉讼规则》的规定,进行辨认笔录需公安机关办案部门负责人或检察长批准,进行辨认时,应有二名以上的侦查员在场,辨认前首先应询问并记录辨认人对被辨认对象特征等情况的描述,并应告知作虚假辨认应承担的法律后果,辨认结束后,侦查人员、辨认人及见证人应在辨认笔录上签名。本案中,上诉人孙卫军并不认识被害人赵小虎,到案后仅作了一个所谓的丢弃作案工具区域的辨认,对谁是被害人赵小虎并没有进行辨认,而这一辨认是本案所必需的。

4. 对落款2月30日的讯问笔录不应采信

众所周知,每年的2月并没有30日这一天,而在孙卫军的一份至关重要的所谓“有罪供述”笔录上的落款的讯问时间是2月30日上午9:30至11:10。2月30日这一天是不存在的,办案人员是怎么在这天作的讯问笔录?如果说2月30日是笔误,但是在案卷中却查找不到更正的文字说明。所以,在讯问时间存疑的情况下,该“戳人”的“有罪供述”应当作为非法证据依法排除。

(四)办案人员对孙卫军和王大实施了刑讯逼供行为

不可否认,刑讯逼供极易造成冤假错案,侵犯了公民的人身自由和身体健康等最基本的权益,有违人伦,丧失人性,背离正义,破坏法治。刑讯逼供作为一种极端的诉讼手段,尽管其在某些情形下可能直接推动破案进程,但一定是以摧残犯罪嫌疑人的肉体健康为前提和代价,为杜绝刑讯逼供和暴力取证行为,《刑法》明确规定了刑讯逼供罪和暴力取证罪,《刑事诉讼法》及其相关司法解释中对刑讯逼供作了大量的禁止性规定。

辩护人注意到,案卷中有一份公安机关出具的没有对孙卫军刑讯逼供的情况说明,但是最后签名的两人身份不明,也不是本案的侦查人员。辩护人向办案机关申请政府信息公开,根据公开的具有警衔的民警名单,在情况说明尾部签名的两位人员不在其中,说明其办案身份不合法。根据现有证据,这两名不具有警察身份的辅助人员对孙卫军实施了殴打行为。

是否存在刑讯逼供行为？不能仅凭一份所谓的情况说明就万事大吉，任何人不能自己做自己的法官。没有刑讯逼供应当出具证据，比如审讯和监管的24小时不间断视频等证据。

王大在一审中已经当庭陈述，只要他说戳人的不是孙卫军，办案民警就轮流殴打他，不让其休息，直到其"指认"是孙卫军戳人为止。

王大的家人也证实，王大曾和他们说过其被办案人员殴打，不让睡觉，不给水喝。另外，王大的家人提供了王大的一张购药单，显示是治疗跌打损伤和活血化瘀的药品，可以间接证明王大曾被刑讯逼供。

孙卫军被抓后，受到了更加严重的刑讯逼供，如果不承认戳了人，就只给很少的饭吃，控制饮水，限制小便，几天几夜不让休息，最后干脆动粗。在一份孙卫军的讯问笔录的背面写有"警察打我，被迫承认戳人"的一行很不显眼的小字，这说明孙卫军受到了刑讯逼供，他给自己留下了"证据"。

在羁押期间，孙卫军曾被送去医院看过门诊，门诊记录显示，孙卫军当时身上疼痛难忍，需要止疼药。以上证据都能证明指认孙卫军没有戳人的王大及孙卫军本人都受到了不同程度的刑讯逼供。遭受刑讯逼供的材料辩护人已经作为证据线索提前提交给了法官。

基于以上原因，王大在公安机关陈述"是孙卫军戳的赵小虎"和孙卫军在公安机关供述"是自己戳的赵小虎"均不能成立，且无其他任何证据能印证，属于非法证据，应当予以排除，不能作为定案依据。

综上，孙卫军没有作案时间和能力，不在案发现场，致被害人赵小虎死亡的那致命的一刀应是刘二戳的，原判认定孙卫军犯故意伤害罪并判处15年有期徒刑欠缺最基本的事实依据。

四、案件结果

（一）二审法院撤销错误原判，发回重审

以上辩护意见最终被省高级人民法院采纳，省高级人民法院于2009年7

月8日作出(2009)刑三终字第66号刑事裁定,撤销原判,发回重审:

市中级人民法院审理市人民检察院指控原审被告人孙卫军犯故意伤害罪,及原审附带民事诉讼原告人共同提起的附带民事诉讼一案,于2008年12月31日作出(2008)中刑初字第58号刑事附带民事判决。被告孙卫军犯故意伤害罪,判处有期徒刑15年,剥夺政治权利5年。被告人孙卫军赔偿附带民事诉讼原告人经济损失人民币70,498.5元。驳回附带民事诉讼原告人的其他诉讼请求。以下是裁定的理由部分:

原审被告人孙卫军不服,以“其不在犯罪现场,没有实施犯罪行为”为由,提出上诉。省高级人民法院依法组成合议庭审理了本案。

省高级人民法院认为,原审判决认定孙卫军于2004年2月24日下午持刀刺伤赵小虎致其死亡的事实不清、证据不足,对辩护人的相应辩护意见予以采纳。据此裁定撤销市中级人民法院(2008)中刑初字第58号刑事附带民事判决、发回市中级人民法院重新审判。

(二)发回重审后市人民检察院撤回起诉

该案发回到市中级人民法院后,我及时提交了书面辩护意见和证据,也邮寄给了市人民检察院公诉处一份,建议其撤诉。

市中级人民法院依法另行组成合议庭进行了审理,诉讼期间,市人民检察院以事实和证据有变化为由,向法院申请撤回起诉。市中级人民法院认为,该撤诉申请不违反法律规定,因此,准许市人民检察院撤回起诉。

随后,孙卫军恢复自由,市人民检察院以“孙卫军持刀伤害被害人赵小虎的依据不足”为由作出撤销案件决定。此时,孙卫军已经被关押近3年。孙卫军提出赔偿申请,最终获得30余万元的赔偿。

当地公安机关并没有松懈,继续侦查,寻找真凶,获得成功,持刀戳死赵小虎的刘二最终受到严厉的刑事处罚。

五、关于本案的几点思考和建议

(一)社会应当关注留守儿童的健康成长

通过阅读案卷，我对涉案几人的成长经历有了更多的了解，他们的父母为了生活多在城市或外地务工、做小本买卖，基本和爷爷奶奶一起生活，成了留守儿童，只有在节假日才能和父母相聚，有时甚至一年才能见一次面，导致亲情会有一些缺失。随着经济的快速发展，农村外出务工或谋生人口日益增多，留守儿童数量之大已经不容忽视。

本案中，其实就是一点芝麻小事，由于不能控制情绪，意气用事，最终酿成血案，给双方家人造成难以言说的痛苦，代价实在太大。这与父母外出挣钱相比，得不偿失，甚至让整个家庭万念俱灰。本案的惨痛教训太大，创痛巨深，不堪回首。

缺少父母和社会关爱的留守儿童，与父母在身边的正常儿童相比，确实在生活学习和心理健康等方面存在一些不足。亲情缺失，需要关爱温暖；情绪失控，需要疏导释解，学习成绩，需要帮助提高；环境不良，需要及时调整；道德问题，需要纠正引导；受人欺负，需要及时保护；遭受委屈，需要开导劝解。

乡镇人民政府、村级两委应在关爱农村留守儿童中发挥重要作用，留守儿童的健康成长，是当地以后经济发展和社会和谐稳定的基础和保证。留守儿童的健康成长，主要还得靠父母的努力，孩子是一个家庭的全部希望，如果父母一心为了赚钱，小孩不能健康成长和成人成材，走上歪路，家庭离美好未来就会越来越远。

(二)办理刑事案件应坚决杜绝刑讯逼供

本案是因刑讯逼供而形成的冤假错案，让孙卫军被错误羁押长达近 3 年之久，虽然最终得到了 30 余万元的赔偿，但对其造成的伤害很难在短时间抚平。司法实践中，冤假错案形成的原因，往往与公安机关重口供忽视物证、重言辞证据轻视客观证据以及急功近利、急于求成的办案态度和“命案必破”的政策有关。不可否认,人的认识能力和主观能动性受客观条件的制约,并不是所有的案件在发生后都可以及时查明案情。

防止刑讯逼供和冤假错案发生就要公安机关、审判机关重证据,不轻信口供。对于可能判处无期徒刑或死刑的案件要收集与本案相关的物证、证人证言等与案件有重要联系的线索等。作案时间、作案工具、作案现场、现场勘验笔录、鉴定意见等都是查询案件事实的重要线索或凭证。

电影《辩护人》中饭店大婶的儿子因从属的釜山读书联合会被控为左翼社团而遭到逮捕,在狱中受到残酷的虐待,不忍受刑而不得已作出违心的供述和指控,他的眼神,一步一步从清澈自信变为充满恐惧和不甘。无论是国内还是国外,刑讯逼供对嫌疑人造成的伤害和恐惧可见一斑。

在今天看来,刑讯逼供让人并不陌生,虽说刑讯逼供的存在有着不可忽视的客观因素,但这却不能成为它合理存在的借口和理由。为了保障刑事追诉者和无辜者的合法权益,更为了维护司法机关的形象和法律的尊严,司法改革的思路务必要考虑跳出通过系统内部的自律来减少刑讯逼供。

(三)非因办案必要建议不要收集言辞证据

根据 2023 年《刑法》第 306 条的规定,在刑事诉讼中,辩护人、诉讼代理人毁灭、伪造证据,帮助当事人毁灭、伪造证据,威胁、引诱证人违背事实改变证言或者作伪证的,属于伪造证据、妨害作证罪。

律师办理刑事案件,除非迫不得已,一般不要收集言辞类证据,因为其具有主观性。正确做法是律师向办案机关提供线索,让办案机关去核实,或者征得办案机关事先同意,再去以律师名义做调查笔录,做笔录时,一定要两个律师一起。

律师也可以和当地公证处联系,在公证处的见证下,制作笔录,然后由公证员出具公证书,花一点公证费,减少律师的许多风险,避免触犯《刑法》第 306 条规定的伪证罪。在孙卫军案中,我先向省人民检察院、省高级人民法院提前告知,并强调证据的重要性,再在公证处完成调查笔录,然后作为证据线索提交,再申请司法机关进一步核实。如果司法机关不核实,说明其默认,那便将调查笔录作为证据在法庭上使用。

有的律师喜欢在法庭上进行证据袭击,我不赞成这种做法。一旦取证有问题,证人摇摆不定,对律师是致命风险。律师办理刑事案件,既要维护嫌疑人或被告人的合法权益,也要尊重客观事实,不能颠倒黑白,为真正的罪犯开脱,否则,就是破坏法治,也有悖国家设立律师制度之初衷。

(四)刑事辩护应优先确认是否有作案时间

刑事案件中关于犯罪嫌疑人或被告人是否有作案时间的问题,是首先要解决的关键,只要能够证明嫌疑人或被告人没有作案时间,嫌疑人或被告人被指控的罪名基本不能成立。

在我辩护的另外一起案件中,公诉机关指控被告人在某市 ATM 上取款,但是该时间段,被告人在 200 千米之外的省城住院治疗,医院的住院记录让指控成为空中楼阁,最终被告人被判无罪。在我办理的一起受贿案中,公诉机关指控在 2015 年 5 月 24 日被告人收到行贿人送的 18 万元,经过调查,这一天被告人在国外考察学习,护照上的记载直接否定了该笔指控。在我办理的一起贩毒案中,公诉人指控其中的一起贩毒发生在 2005 年 12 月 6 日,但这一天被告人因打架正被行政拘留,用治安行政处罚决定和释放证明否定了该笔指控。

律师接受刑事案件委托,首先应当确认嫌疑人或被告人是否有作案时间,如果没有作案时间,就想办法找物证、书证等客观证据予以证明,尽量不要使用证人证言。只要律师尽职尽责,一定能够找到证据。现代科技的发展,让行程不再是秘密,律师可以充分利用移动轨迹并结合其他证据证明被告人没有作案时间问题,这比在法庭上作其他辩点的辩护更行之有效,立竿见影。

(五)刑事辩护中律师应当善用非法证据排除

2012 年修改的《刑事诉讼法》完善了先前刑事诉讼法对非法证据排除制度的规定,对非法证据的认定、言辞证据的采信以及排除合理怀疑和证人强制出庭作证制度都作了明确具体的规定。首先,其中明确规定采用刑讯逼供以及严重违反法定程序收集的非法证据不得作为定案的依据。

其次,《刑事诉讼法》第 50 条规定:“审判人员、检察人员、侦查人员必须依照法定程序,收集能够证实犯罪嫌疑人、被告人有罪或者无罪、犯罪情节轻重的各种证据。严禁刑讯逼供和以威胁、引诱、欺骗以及其他非法方法收集证据，不得强迫任何人证实自己有罪……”[1]

再次，《刑事诉讼法》第 54 条第 1 款规定：“采用刑讯逼供等非法方法收集的犯罪嫌疑人、被告人供述和采用暴力、威胁等非法方法收集的证人证言、被害人陈述，应当予以排除。收集物证、书证不符合法定程序，可能严重影响司法公正的，应当予以补正或者作出合理解释；不能补正或者作出合理解释的，对该证据应当予以排除。”[2]

最后，《刑事诉讼法》第 53 条第 1 款规定：“对一切案件的判处都要重证据，重调查研究，不轻信口供。只有被告人供述，没有其他证据的，不能认定被告人有罪和处以刑罚；没有被告人供述，证据确实、充分的，可以认定被告人有罪和处以刑罚。”[3]

上述规定，都是律师办理刑事案件应当重视的“黄金条款”，只要运用得当，可以在刑事辩护中发挥意外效果。如果是存在刑讯逼供或暴力取证的案件，律师应当穷尽一切办法或途径寻找嫌疑人或被告人遭受刑讯逼供的证据，然后再申请证据排除，否定嫌疑人或被告人曾被迫作出的“有罪”供述，还原事实真相。

（六）充分运用政府信息公开获取有利证据

律师在刑事案件的调查取证中，应当善于并重视通过政府信息公开的方式获取对嫌疑人或被告人有利的证据，而且行政机关公开的资料往往是档案资料，具有较高的证据效力，不容小觑。例如，我在一起玩忽职守案件中，公诉机关指控被告人因疏忽管理，导致基本农田被破坏。经过政府信息公开，市、县两级国土部门公开的资料显示，涉案的所谓基本农田只是一般农用地。

在本案中，关于没有对孙卫军、王大实施刑讯逼供的情况说明上的两位签名者不属正式编制民警，我向办案机关申请政府信息公开，要求公开办案机关具有警衔的正式编制民警名单。公开的名单，能够证明情况说明上签名的人员

---

〔1〕 对应 2018 年《刑事诉讼法》第 52 条。

〔2〕 对应 2018 年《刑事诉讼法》第 56 条第 1 款。

〔3〕 对应 2018 年《刑事诉讼法》第 55 条第 1 款。

不是具有正式编制的人民警察，为否定办案机关所谓的没有刑讯逼供孙卫军和王大出具的情况说明发挥了积极作用。

再如，在我办理的一起非法倒卖土地使用权案件中，公诉机关指控被告人非法倒卖土地使用权。经过政府信息公开，我获得了近十份土地使用权转让的批复，而这些转让行为与被控案件基本一样。我将这些公开的信息整理成册，提交给检察院和法院，最终在二审中成功将一审认定的罪名改变为较轻的罪名，让被告人的刑期和罚金同时下降。

《政府信息公开条例》已经授予了公民、法人或其他组织获得政府信息的权利，既然是权利，就是政府信息公开机关的法定义务，不能敷衍、推诿、拒绝，否则，申请人可以依法申请行政复议或提起行政诉讼，这也是政府机关慎重对待各类政府信息申请的主要原因。所以，律师要充分运用政府信息公开，对拒不公开政府信息的行政机关，要勇于提起行政复议或行政诉讼。

第九章　公安机关跨省抓人以撤销案件方式结束

——王建伟涉嫌非国家工作人员受贿、职务侵占案

· 导读提示 ·

征得集团公司同意，王建伟避开所任职的销售公司，给某建设公司提供了一台最优惠价格的挖掘机，从中赚得12万元差价。在离职后，集团公司旧事重提，向销售公司所在地的公安机关报案，指控王建伟利用职务上的便利，收受客户好处费，涉嫌非国家工作人员受贿罪。

办案人员将王建伟刑事拘留，经过沟通，办案人员接受法律意见，认为非国家工作人员受贿罪不能成立，撤销案件，将其无罪释放。其还未走出看守所，又被千里之外的集团公司总部所在地的公安机关以“涉嫌职务侵占”为由带走，继续刑事拘留。

经过艰难交涉，我寄出紧急情况反映、投诉信、律师函、法律意见、取保候审申请等法律文书，不断交涉，最终职务侵占案也被撤销，王建伟恢复自由，手铐被再次打开。集团公司意图借刑事报案意欲报复所谓“背叛者”的闹剧终结。

一、员工跳槽，被诬告惹祸遭羁押

(一)贫困家庭走出来的大学生工作后的“生死劫”

王建伟出生于东北一个贫困的家庭，父母靠打零工维持王建伟的学业，刻苦学习的王建伟被一所大学录取。父母看在眼里，乐在心里，儿子终于不用再

像自己一样面朝黄土背朝天。王建伟很懂事,在不影响学业的情况下,兼职家教、摆地摊、卖学生用品,不但完成了学业,而且补贴了家里。这一切都是王建伟的父亲千里迢迢到北京找我时说的。

大学毕业后,王建伟放弃了保送硕士研究生的机会,直接参加工作。他很顺利在某集团公司谋得一份不错的工作,每天一杯茶一份报纸,这样的日子转眼一年,王建伟觉得简直就是尸位素餐,无所作为,迟早荒废一生。

于是,王建伟向领导提出,想到销售一线去工作,虽然辛苦,但收益高。只有如此,才能有机会买房结婚生子,扎根城市。此时,集团公司在异地的一家合资的销售公司正好缺人手,王建伟毫不犹豫地将工作关系及社保等转至销售公司。在销售公司,日晒夜露,风里来雨里去,他为了销售业绩几乎拼尽了全部精力。两年不到,他建立了许多人脉,尤其是大客户,销售业绩如日中天,银行卡的数字也不断攀升,似乎离买房梦想越来越近。

一个阴雨绵绵的晚上,远在南方的大学同学给他打来电话,说他就职的一家建设公司,因为施工,在短时间需要一台大功率挖掘机,问王建伟能否拿到最低价。王建伟觉得这是一次机会,他运用曾在集团公司工作时的人脉,打听并申请到最低价。王建伟也将这一事情汇报给自己任职的公司,任职的销售公司认为,销售的区域并不在本辖区,不会造成区域市场价格波动,没有反对,但建议这笔大宗交易“体外循环”,通过集团公司单独操作。

王建伟和同学经合计,让建设公司先付款,自己从集团公司将这台挖掘机先买下,再稍微加价卖给建设公司。销售公司经测算,觉得值,可节约许多成本。很快一笔交易完成,经结算,建设公司支付12万元差价以“感谢费”的名义给王建伟。

事情过去许久,相安无事。一天,集团公司董事会宣布更换销售公司负责人,一位曾和王建伟有些个人恩怨的部门经理成为负责人。新官上任首先要王建伟如实交代在建设公司的大宗交易中获取了多少好处。

王建伟觉得,这是合法的单独交易,并得到了集团公司和销售公司同意,没当成一回事。但新上任的负责人仍处处给王建伟“穿小鞋”,让其无所适从。王建伟被迫提出辞职申请,另谋出路。王建伟认为凭着自己吃苦耐劳的态度,在哪家公司都是工作,不必寄人篱下,成天受气。

其作为业务骨干离开，前往竞争对手公司上班，使销售公司业绩受到影响。因为客户只认可王建伟的人品和诚信，不再和原来的销售公司合作。销售公司一度受到集团公司责难。销售公司经理却把责任推给王建伟，污蔑他可能把大客户带到了竞争对手公司，集团公司信以为真，决定通过法律途径解决。

集团公司直接向销售公司所在地的市公安局报案，称王建伟窃取集团公司客户资料，提供给竞争对手，还有“不廉洁”职务行为。办案人员经过初查，发现王建伟曾收到过一笔12万元的汇款，备注是“感谢费”。

很快，办案人员以“非国家工作人员受贿”为由将王建伟羁押。

（二）接受委托进行无罪辩护

王建伟的爸爸心急如焚、千里迢迢来到北京，希望我能够提供法律帮助。

王建伟的爸爸，从杂志上看到了我的介绍，然后查到我所在的律师事务所的地址及联系方式，千里迢迢到北京，指名道姓要见我。看着淳朴的农村汉子，我想起农村家庭好不容易培养出来的大学生，决定出手相助。

接受委托后，我及时会见了王建伟，他向我讲述了事情的前后经过。知道了事情的来龙去脉，我及时和办案机关联系，提出法律意见，认为其行为不符合非国家工作人员受贿罪的构成要件，12万元是王建伟的合法收入，其并没有利用职务上的便利，既没有为建设公司谋利，也没有损害集团公司或销售公司利益。交易行为和操作模式都已经事先得到集团公司管理层的同意，事后旧事重提，违背基本诚信。

根据法律规定，非国家工作人员受贿罪是指公司、企业的工作人员利用职务上的便利，索取他人财物或者非法收受他人的财物，为他人谋取利益。或者在经济往来中，违反国家规定收受各种名义的回扣、手续费，归个人所有，数额较大的行为。

本案中，王建伟只是利用建设公司提供的资金，通过集团公司以优惠价格购得涉案挖掘机，是一个单独的买卖行为。对集团公司而言，既获得了预期收益，也提高了产品的市场占有率，并无任何损害。集团公司和销售公司都同意单独操作，体外循环。

王建伟获得的12万元，汇款名义上是“感谢费”，实际上是自己应该得到的利润或差价，而且集团公司和销售公司都知道有12万元的差价，该差价归王建伟所有，并非利用公司职务上的便利为建设公司谋取利益或违反国家规定接受回扣、好处费。

二、提出无罪法律意见，第一起案件被撤销

我向公安机关提供了许多类似的参考案例，也提供了专业的书籍，希望公安机关能够采信如下法律意见，撤销案件，释放王建伟：

受王建伟家属的委托，就你局办理的王建伟涉嫌非国家工作人员受贿一案提供法律帮助。辩护人认为，本案基本事实清楚，王建伟的行为事前获得了集团公司和销售公司的认可，收取建设公司的12万元是应得合法收入，具有正当性、合理性、合法性，该行为不构成非国家工作人员受贿。具体法律意见如下：

（一）王建伟的行为事前征得销售公司和集团公司同意

一般的犯罪行为，都会造成一定的危害后果，有可能是财产损害，也可能是某种管理或经营秩序遭到破坏。本案中，王建伟的同学工作的建设公司需要一批挖掘机，王建伟争取到这个机会。因为该建设公司不在销售公司的销售区域，在征得销售公司同意后，决定"体外循环"，避免引起建设公司所在区域经销商的误解或抵触。为此，王建伟联系了集团公司负责人，希望以优惠的价格将该批挖掘机给他，他再出售给建设公司，避免被其他生产商抢占了市场份额。集团公司经过开会讨论后，认可了王建伟的方法和模式，决定争取这单业务。

王建伟手机中留存有销售公司和集团公司负责人关于这种操作方式的短信聊天记录照片。如果侦查人员认为辩护人的说法不成立或者短信图片有假，烦请去移动公司调取通话及短信记录，数据不会造假。如果为了给王建伟定罪而删除能直接证明其无罪的短信，可能涉嫌徇私枉法，法律后果巨大，需要三思而后行，迎合集团公司办"人情案"无必要。

（二）收取的12万元系非受贿的正当业务收入

在行业整体不景气的当下，王建伟的这次业务操作，给集团公司带来了324万元的销售收入，既给集团公司去了库存，缓解了销售压力，也没有让竞争对手

占领该市场份额,不说有功,至少无过。在本案中,必须明确两个法律关系,一是王建伟与集团公司的购买关系,二是王建伟与建设公司之间的销售关系,实则是“背靠背”模式,因为建设公司愿意事先付款,对于王建伟而言,就是一起没有风险的买卖,建设公司事后支付的12万元是王建伟的净利润,销售公司和集团公司事前都是认可的。

对于该笔交易,集团公司和销售公司均没有财物损失,事后证明,集团公司给出的所谓优惠价,也不实。集团公司不能过河拆桥,认为12万元是属于集团公司利润。王建伟曾在集团公司工作过,但早已经调至销售公司工作,并与销售公司建立劳动关系,王建伟不再是集团公司的员工,没有义务为集团公司完成销售任务。无任何损失的集团公司和销售公司的行为属于背信弃义。本案与集团公司没有任何关系,其向公安机关报案,属于诬告陷害。

(三)×市公安局对本案没有刑事司法管辖权

根据案情,集团公司认为王建伟的行为构成非国家工作人员受贿,但王建伟的行为是事前征得销售公司和集团公司同意后通过集团公司完成的,王建伟并没有利用职务上的便利为建设公司获得经济利益,更没有收取建设公司支付的“好处费”,该12万元是个人业务收入,这是本案不构成所谓非国家工作人员受贿核心所在。

既然涉案交易与销售公司和集团公司无关,那作为销售公司所在地的市公安局就对本案没有侦查管辖权。而王建伟与集团公司没有劳动关系,也不存在职务上的便利,千里之外的集团公司所在地的公安机关就所谓的非国家工作人员受贿案也没有管辖权,本案形成了罕见的侦查管辖权上的怪圈或悖论,其根源就在于王建伟的行为不构成犯罪。无论是销售公司还是集团公司,都没法让侦查机关的管辖权面面俱到而具有合理性和正当性。如果连管辖权都难以自圆其说,案件存在的基础也就不存在。

(四)对王建伟离职的报复是引发本案的根源

铁打的营盘流水的兵,天下没有不散的筵席,王建伟因为经常被销售公司负责人“穿小鞋”,被迫依法提出离职,并根据销售公司的要求办理了各项交接手续。王建伟既不是官二代,也非富二代,老家的父母需要赡养,没有工作可能“喝西北风”。从大学毕业后,王建伟一直在该行业中摸爬滚打,熟悉该领域的业务,也熟悉了本地的环境,准备在此结婚生子,落地生根。各行各业,都存在竞争,只要是公平竞争,无可厚非。

王建伟离开销售公司后,进入另外一家销售公司,并没有带着客户信息和商业秘密,是通过自己的努力和新单位的栽培而再次将业务做到极致。不可否认,新东家和老东家存在一定的业务竞争,但老东家不能把气出在昔日员工身上,而应反思自己的产品、服务、质量等是否出了问题。决定经营好坏的核心因素是产品的价值,而不是员工的正常流动。利用刑事手段报复"离职者"是经营者无能的表现,也于事无补。

(五)王建伟的行为不符合涉案罪名的构成要件

公司、企业或者其他单位的工作人员,利用职务上的便利,索取他人财物或者非法收受他人财物,为他人谋取利益,数额较大的,处3年以下有期徒刑或者拘役,并处罚金。非国家工作人员受贿的四个构成要件为:(1)侵犯的客体是公司、企业等单位的工作人员职务活动的管理制度;(2)客观方面表现为利用职务上的便利,索取他人财物或非法收受他人财物,为他人谋取利益,数额较大;(3)犯罪主体是特殊主体,即公司、企业或者其他单位的工作人员;(4)主观方面表现为故意利用其职务之便接受或索取贿赂,为他人谋取利益。

如前所述,王建伟与该笔业务发生关联的集团公司没有劳动关系,不可能利用职务上的便利为建设公司谋取不当利益,建设公司支付给王建伟的12万元是个人利润,因为王建伟与建设公司及集团公司事先均约定了价格,赚多赚少和亏多亏少,是王建伟自己的事。其收取建设公司支付的12万元,既不是故意索取,也不是非法收受财物,该12万元有明确的合同依据。因此,王建伟的行为不符合非国家工作人员受贿的四个基本构成要件。

综上,王建伟的行为不构成非国家工作人员受贿罪,有关机关应当依法撤销案件,解除强制措施,避免给王建伟的伤害进一步放大。

我将上述法律意见寄给了市公安局原法制科和市人民检察院原批捕科负责人,希望能够得到重视。之后,当地公安机关采纳了我提出的王建伟不构成非国家工作人员受贿的辩护意见,决定撤销案件。

但戏剧性的一幕出现,一边是销售公司所在地的看守所为王建伟办理完释放手续，另一边是千里迢迢远道而来的集团公司所在地的办案人员将还未走出看守所的王建伟直接带走，理由是涉嫌职务侵占集团公司。与公安机关同行的还有集团公司的外聘律师。

三、围魏救赵，采用全方位方式，声东击西

面对这样一起再起波澜的棘手案件，我总结出案件的核心焦点：

1. 王建伟与销售公司曾有劳动关系，但是否就必然与集团公司也存在真实的劳动关系？

2. 王建伟客观上是否有利用了职务上的便利将本属于集团公司的财物占为已有的行为？

3. 王建伟收到的建设公司支付的 12 万元究竟是合法收入？还是职务侵占？

4. 集团公司所在地公安机关是否对本案具有法定管辖权？“跨省”办案是否有法律依据？

5. 集团公司先后两次向公安机关报案，是否属于借侦查公权力对辞职者的报复？案件侦查是否具有正当性？

6. 非国家工作人员受贿刚被撤销案件，又以职务侵占再行刑事拘留，是否属于滥用侦查权？是否属于办“人情案”？

围绕上述争议焦点，我的脑海中形成了新的辩护要点和思路。当然，常规辩护方式，对本案可能效果不大，需要另辟蹊径。如何争取集团公司外聘律师保持中立立场？如何让集团公司负责人感觉棘手？如何质疑集团公司所在地公安机关的案件管辖权？如何让集团公司所在行业协会对嫌疑人同情并发声？

将以上非法律的思路与常规的辩护结合，也许效果更明显。办理刑事案件，依法辩护，有时不能循规蹈矩，墨守成规，按部就班，而应审时度势，破旧立新，随机应变。没有绝对一样的刑事案件，也没有完全相同的辩护方法，这是刑事案件相对于民事、行政案件的特性所决定的。

安排完手头的要紧事，我以最快的速度赶到在千里之外的某市看守所，再次见到了王建伟。不出所料，他沮丧至极，一直埋怨命运的不公，说看不到任何

希望了。作为律师,我只能耐心倾听、不断安慰,希望他能振作起来,相信法律的公正,人生最黑暗的时候,往往是黎明即将来临的时刻。

经过仔细调查案件之后,我采用五步组合方式全方位出击:

第一步:申请公开办案差旅费,紧抓细节。

依据2007年《政府信息公开条例》,我向集团公司所在地公安机关提出政府信息公开申请,要求公开办案人员从集团公司所在地到千里之外的销售公司所在地产生的办案差旅费及明细。办理刑事案件,在理性沟通的同时,有时也需要声东击西,互相策应,施展律师的必要智慧,当然,这也是策略之一。

果然,在递交政府信息公开申请后,公安机关没有给予回复,我当即向同级政府申请行政复议。选择向同级政府申请行政复议,是担心复议机关以申请获取的信息涉及刑事侦查为由,直接驳回,这样,可以向市中级人民法院起诉,管辖级别提高。如果向上级公安机关复议,被驳回,只能向基层法院起诉。

第二步:巧用管辖规则,向公安机关提出侦查管辖权异议。

本案即便构成犯罪,需要立案侦查,管辖也不能是集团公司所在地公安机关。在通常情况下,管辖权异议发生在行政、民事诉讼中,但刑事诉讼中的侦查阶段也有管辖问题。根据规定,刑事案件由犯罪地的公安机关管辖。如果由犯罪嫌疑人居住地的公安机关管辖更为适宜,可以由犯罪嫌疑人居住地的公安机关管辖。

按通常理解,犯罪地包括犯罪行为发生地和犯罪结果发生地。犯罪行为发生地,包括犯罪行为的实施地以及预备地、开始地等与犯罪行为有关的地点;犯罪结果发生地,包括犯罪对象被侵害地、犯罪所得的实际取得地等。

为了声东击西,我向公安机关提供了王建伟的劳动合同、个人所得税的交税凭证、社保卡等证据,用以证明涉案时间段,王建伟只和销售公司之间存在劳动关系,与集团公司并无劳动关系。为了证明集团公司和销售公司不是同一法律主体,我从原工商局调出了两个公司的工商登记档案。

该工商登记档案证实:集团公司只是销售公司的四个股东之一,销售公司并不是其全资子公司,主体完全不同,案件只是发生在销售公司所在地。虽然王建伟曾经是集团公司工作人员,但劳动关系事实上已经解除,早已办理了工作交接手续,其已经和销售公司重新签订了由当地劳动局(已撤销)见证的《劳动合同》。

即便涉嫌犯罪,犯罪行为发生地和犯罪结果地都不在集团公司所在地,公安机关行使侦查权完全没有法律依据。另外,所谓职务侵占,首先必须要求有工作或劳动关系,否则,无所谓职务侵占的问题。

第三步:依法控告、反映,多措并举。

跨省抓捕,被抓捕人来自外地,而报案人来自本地,如果律师只单纯地向当地办案人员提出意见,其很难产生共鸣并听取律师辩护意见。此时如依法投诉、反映、求助也是一种思路。

于是,我开始行动,向市人民检察院控告申诉处、市人大内务司法委员会、市政法委、市纪委不断陈述辩护观点,并递交书面意见。大多工作人员比较重视律师意见,表示会将材料转给领导批转。

第四步:行业舆论支持,向行业协会、企业家协会等通报案情。

多年办案经验告诉我,越是大企业的老总或董事长,越在意自己的社会影响和声誉。虽然面对在当地强大无比的集团公司,我作为人微言轻的外地律师,深感力不从心,但认为其实可以通过外力支持,变被动为主动。

经网上查询,我发现该集团公司法定代表人有许多头衔,如地方工商联副主席、市企业家协会副会长、市政协委员等。我拟出了一份简单的案情通报,逐字逐句审核,不作任何夸大和虚构,介绍王建伟一位农村贫困大学毕业生遭遇的不幸。

这份文件发出后,行业协会、企业家协会、工商联、市政协等都收下了材料。

这样的出击,不同于利用新闻媒体炒作案件,范围只是在这些协会内部,不会扩散到社会,是一种对私权利的合理的救济行为。一些企业家像小鸟珍惜自己的羽毛一样珍惜自己在行业中声誉,向行业协会、企业家协会、工商联的反映案件,可能起到四两拨千斤的作用。

第五步:求助律师协会和司法局。

根据在会见时王建伟提供的信息,王建伟被集团公司从销售公司所在地公安机关带到集团公司所在地公安机关,集团公司的常年法律顾问程律师一直陪同,并为路途中的各种费用支出埋单。但对于明显的违法行为,也可以向当地律师协会和司法局反馈。

我向当地律师协会和司法局对程律师和所在的律师事务所就该案的办理提出疑问，理由有两点：一是律师和办案人员一起办案，涉嫌替办案人员支付差旅费；二是律师没有接受专项委托办理刑事案件，属于私下办案。

四、案件撤销，当事人离开看守所，案件落下帷幕

全方位立体出击之后，行业内的舆论也开始向本案有利的方向反转。虽然希望变大，但是律师的专业工作并不能停止，随后我又几次与检察院批捕科和公安局法制处联系，介绍此案，就王建伟不构成职务侵占提出了如下书面法律意见：

（一）犯罪嫌疑人王建伟没有实施职务侵占行为

职务侵占罪是指单位工作人员以非法占有为目的，利用职务上的便利，侵吞、骗取、窃取或以其他手段占有本单位数额较大财物的行为。2009年《刑法》规定，公司、企业或者其他单位的人员，利用职务上的便利，将本单位财物非法占为己有，数额较大的，处5年以下有期徒刑或者拘役。[1]

可见，本罪的客观方面表现为行为人利用职务上的便利，将单位财物非法占为己有，数额较大，即利用自己主管、管理、经营、经手单位财物的便利条件，将自己基于职务而持有的单位财物从名义上非法转归己有。

本案中，王建伟只是按集团公司的规定和营销惯例将商品卖给大客户，集团公司给予的较高幅度的优惠价格经过了审批。王建伟利用人脉资源销售出去，获得的差价属合法收入。该行为既没有利用职务上的便利为建设公司谋取私利，也没有使销售公司或集团公司受到损害，反而使其增加了营业额和利润，不但不应受到追究，反而应鼓励。王建伟的行为不构成职务侵占。

（二）王建伟和集团公司无劳动关系，不构成职务侵占

辩护人向办案机关提供了王建伟的劳动合同、个人所得税的交税凭证、社保卡等证据，足以证明涉案时间段，王建伟只和销售公司之间存在劳动关系，和

---

〔1〕 对应2023年《刑法》第271条第1款。

集团公司并无劳动关系。所谓的职务侵占，首先必须是利用职务上的便利，如果连职务都不存在，又何来职务侵占？

被公安机关羁押之前，王建伟已经被销售公司所在地的公安机关羁押了30日，在非国家工作人员受贿案被撤销，王建伟释放的当天，办案人员在集团公司法律顾问程律师的带领下，将其继续以“职务侵占”为名羁押，涉嫌办案人员和企业工作人员联合办案，对处于弱势的王建伟进行刑事侦查权滥用。

其一切根源就在于王建伟从销售公司离职，销售公司和集团公司认为，他跳槽后将原有大客户带走，影响销售业绩。王建伟家里并非大富大贵，也不是权贵阶层，工作和就业是其获取报酬的唯一方式。销售公司新任负责人由于个人恩怨，成天给其“穿小鞋”，他辞职也是被迫之举。

如果销售公司提供的产品足够好，服务足够优，信誉足够良，即便所有销售人员离职，也带不走客户。这一点，销售公司和集团公司都应反思，而不是一味将业绩下滑的责任归咎于离职者王建伟。铁打的营盘流水的兵，天下没有不散的筵席，留下员工和客户，靠的是诚信。在这次事件中，销售公司一线销售人员几乎全部离职，报案人需要反思。

（三）即便涉嫌职务侵占，也应是销售公司所在地有关机关具有侦查管辖权

根据规定，刑事案件由犯罪地的人民法院管辖。如果由被告人居住地的人民法院审判更为适宜，可以由被告人居住地的人民法院管辖。犯罪地是指犯罪行为发生地，以非法占有为目的的财产犯罪中，犯罪地包括犯罪行为发生地和犯罪分子实际取得财产的犯罪结果发生地。本案中，即便王建伟实施了职务侵占行为，犯罪行为发生地和实际取得财产地都不是集团公司所在地。

如前所述，王建伟原所在的销售公司为独立对外承担责任的企业法人，注册地不在集团公司所在地。也就是说，曾和王建伟发生劳动关系的用人单位是销售公司，王建伟和集团公司并不存在劳动法律关系。故即便有职务侵占行为，集团公司所在地公安机关对此案也没有管辖权。

惩罚和教育是刑罚的两大功能，犯罪人实施了犯罪行为，国家以刑罚的方式对其进行惩罚，以实现司法正义，维护社会稳定，同时，也通过刑罚对犯罪人进行教育。如果违反管辖权办案，随便限制人身自由，则涉嫌侦查权滥用，最终受损害的就是司法机关的公信力。

（四）本案拘留超过了37天，属违法超期羁押

2010年9月19日，公安局向王建伟的家属送达了刑通字（2010）1179号拘留通知书，称“我局已于2010年9月25日17时将涉嫌职务侵占罪的王建伟刑事拘留”。虽然，该通知上说是2010年9月25日拘留，但落款时间为2010年9月19日，故实际羁押时间应为2010年9月19日，已超过法律规定的最长期限37天。

羁押是剥夺人身自由的一项严厉措施，对于王建伟来说，无论最终是否有罪，羁押环境很可能对其身心健康造成极大伤害，心理上的影响尤为严重。因此，提请在没有批捕的情况下，立即释放犯罪嫌疑人王建伟。

综上，犯罪嫌疑人王建伟没有实施职务侵占行为，集团公司所在地公安机关对此案没有管辖权，刑事拘留已超期。

集团公司是地方知名企业，保护本土企业的利益，只要合法有据，理应得到法律的支持。但如果片面地无视基本事实，出于地方保护而践踏弱者的基本权利，就会出现冤假错案。

请充分考虑上述法律意见，建议检察机关对此案不予批捕，建议依法撤销案件，以恢复王建伟的人身自由。

我向检察机关和公安机关提交了法律意见后，继续向市纪委、市政法委反映，不敢有一丝懈怠，尤其是把工作重点放在检察院，只有检察院不批捕，王建伟才会真正恢复自由。

三个月后，公安机关以“本案证据发生变化，王建伟不构成犯罪”为由作出撤销案件决定。

五、要相信法律的公正和律师的专业

（一）律师在37天的黄金营救期的作用

在现实中，许多人一旦遇到家人被刑拘，首先想到的不是聘请律师提供帮助，而是托人找关系“捞人”。不相信法律和律师，只相信关系，这样的思维方

式，即便放在如今，也相当具有代表性。殊不知，正是这种传统的观念，给了骗子机会，他们打着有背景或有关系的幌子，骗吃骗喝骗钱骗色。

这样的骗子，最可恶的是耽误案件的最佳营救期。许多案件，都是在批准逮捕后才找到我的，本可以发挥律师作用的黄金 37 天被错过，十分惋惜，让后来的辩护工作异常艰难。

根据 2018 年《刑事诉讼法》的规定，公安机关对被拘留的人，认为需要逮捕的，应当在拘留后的 3 日以内，提请人民检察院审查批准。在特殊情况下，提请审查批准的时间可以延长 1 日至 4 日。对于流窜作案、多次作案、结伙作案的重大嫌疑分子，提请审查批准的时间可以延长至 30 日。

人民检察院应当自接到公安机关提请批准逮捕书后的 7 日以内，作出批准逮捕或者不批准逮捕的决定。人民检察院不批准逮捕的，公安机关应当在接到通知后立即释放，并且将执行情况及时通知人民检察院。对于需要继续侦查，并且符合取保候审、监视居住条件的，依法取保候审或者监视居住。

可见，刑事拘留的时间是 30 日，在此期限内必须报检察院批准逮捕，检察院的审查期是 7 日，加在一起，共是 37 天。而这个时间就是有些律师所言的最佳营救期，也不无道理。如果一旦批准逮捕，绝大多数最终会像走流程一样公诉到法院。

如果在这个关键时间节点，能努力说服公安机关或检察机关，把案件控制在萌芽状态，可以有效避免以后烦琐的审查起诉、审判、再审等程序，使嫌疑人免除羁押之苦。

在 37 天的黄金营救期，律师有效发挥的作用主要在以下几个方面：

1. 及时有针对性地会见，掌握更多信息

根据 2018 年《刑事诉讼法》的规定，辩护律师可以同在押的犯罪嫌疑人、被告人会见和通信。其他辩护人经人民法院、人民检察院许可，也可以同在押的犯罪嫌疑人、被告人会见和通信。

辩护律师会见在押的犯罪嫌疑人、被告人，可以了解案件有关情况，提供法律咨询等；自案件移送审查起诉之日起，可以向犯罪嫌疑人、被告人核实有关证据。辩护律师会见犯罪嫌疑人、被告人时不被监听。根据会见，律师基本上能判断侦查方向，为提供辩护意见，积累素材。

2. 及时申请取保候审,就羁押必要性提出意见

2018 年《刑事诉讼法》第 38 条规定:"辩护律师在侦查期间可以为犯罪嫌疑人提供法律帮助;代理申诉、控告;申请变更强制措施;向侦查机关了解犯罪嫌疑人涉嫌的罪名和案件有关情况,提出意见。"

律师会见的目的,一是了解案情,避免刑讯逼供;二是为了进一步地提供法律意见,在侦查阶段进行实质性的辩护。会见后,律师应当及时与办案机关联系,提交委托手续,进行法律和事实上的沟通。

如果嫌疑人符合取保候审条件,律师应当及时向公安机关申请取保候审。申请取保候审是律师在侦查阶段的主要工作之一。除此之外,律师还可以申请羁押的必要性审查。

3. 及时向检察院提出不予批准逮捕的法律建议

2018 年《刑事诉讼法》第 88 条规定:"人民检察院审查批准逮捕,可以讯问犯罪嫌疑人;有下列情形之一的,应当讯问犯罪嫌疑人:(1)对是否符合逮捕条件有疑问的;(2)犯罪嫌疑人要求向检察人员当面陈述的;(3)侦查活动可能有重大违法行为的。人民检察院审查批准逮捕,可以询问证人等诉讼参与人,听取辩护律师的意见;辩护律师提出要求的,应当听取辩护律师的意见。"

上述规定说明,律师在检察院审查批准逮捕环节发表律师意见的重要意义。律师在此环节,一定要想方设法见到承办检察官,仅提供书面意见是不够的,许多事情,需要当面才能陈述得清楚,当面的口头意见,更能得到采纳,正所谓"人怕当面"。

(二)必须警惕民事纠纷的人为刑事化

本案在实践中非常有借鉴意义,报案人滥用公权力或人脉关系使普通民事案件刑事化是造成冤假错案的重要原因。

众所周知,公司、企业及其他组织等具有法律拟制人格的主体是商业活动的主要参与者。而其参与社会经济生活的主要方式是与其他民事主体签订各种合同以维持发展或获取利润。民商事合同标的一般比较大,一旦有任何不当就会产生巨额利益纠纷。

然而,纠纷发生后本应该可以通过和解、调解、仲裁以及民事诉讼等合法途

径解决矛盾，挽救损失，但很多案件当事人会绕道行之，转求公安机关，以利用刑事侦查手段维权。因此，实践生活中常见到普通的民商事纠纷，由于涉案标的大，往往会被公安机关以涉嫌合同诈骗的案由刑事立案侦查。本案虽不涉及合同诈骗，但其产生的背景与民、刑案件的混同有直接的关系。

区分民事案件和刑事犯罪的依据和原则就是严格遵循刑法的罪刑法定原则。罪刑法定原则的基本含义是“法无明文规定不为罪、法无明文规定不处罚”，即对犯罪行为的界定、犯罪构成和刑罚处罚的种类、幅度，均事先由法律加以规定，对于《刑法》分则没有明文规定为犯罪的行为，不得定罪处罚。罪刑法定原则的对立面就是类推、刑事擅断和思想犯、心理归罪。

具体到本案，构成职务侵占的犯罪主体应当是公司、企业或其他单位的工作人员，因为只有具有工作人员的身份，才有可能利用职务便利侵占单位财产。因而，行为人的身份关系是认定本罪的前提。如果行为人不具有单位工作人员身份显然不可能构成本罪，这也是罪刑法定原则的应有之义。

第十章　借钱惹出的刑事案件最终被依法撤销

——刘艳红涉嫌非法经营案

简要案情

欠债还钱，天经地义，而刘艳红借钱却惹出了麻烦。钱不但没有要回，还被县公安局以“非法经营罪”送进看守所。当事人亲属联系我时，我也曾感觉“天方夜谭”，半信半疑。

看着当事人家属急迫的神情，我决定接受委托。实地调查结果真应了某句广告词“一切皆有可能”。根据该案的特殊情况，我采用提起行政诉讼、申请政府信息公开、提交无罪法律意见、向上级公安机关反映等组合辩护方式，县公安局作出撤销案件决定。

刘艳红的“犯罪嫌疑人”帽子被摘掉，对错误羁押，县公安局依法给予了国家赔偿。操纵此案的开发商董事长赵建军，最终被一审法院以合同诈骗罪、非法吸收公众存款罪两罪并罚处以重刑，该刑事判决中，涉及刘艳红的借款部分。

一、因起诉主张债权而遭债务人举报被刑事拘留

(一)民事官司胜诉，债务人却以非法经营报案

刘艳红等三人是西南某县人，当地生产的名酒全国颇负盛名。三人碰到一起，是因为同一个矛盾纠纷的对象。三人家里都小有积蓄，想着钱放在银行也不保值，就通过民间借贷的方式，把钱借给了当地某房地产开发公司。

后来房地产开发商的楼盖成了，房子也开始销售，可就是不提还钱的事。三人眼看着自己手里的借条诉讼时效即将届满，认为利息给不给暂且不提，怎么着也得把本金先拿回来。

三人就一起去找开发商要钱。开发商刚开始还承诺还钱，后来就演变成“拖”，再往后就拒绝见面，也不接听电话。三人被迫以“要求履行借款合同”为由，一纸诉状将开发商诉至县法院。

由于事实清楚、证据确凿，借条和合同白纸黑字，想抗辩不还，对开发商而言，不是一件容易的事。很快，县法院作出一审判决，开发商应当立即归还117万元借款和相应利息。

有了这个“尚方宝剑”，三人在判决生效后申请强制执行。小百姓和开发商叫板，就像捅了马蜂窝，开发商利用当地“丰富”的社会资源开始反击。

开发商直接向当地县公安局报案，称刘艳红等是放高利贷，涉嫌非法经营。不久，县公安局就以涉嫌“非法经营罪”刑事拘留三人。紧接着，当地法院以“先刑事后民事”之缘由，终止了之前三人申请的强制执行。

其中一人的家属经商量后，委托我作为律师，代理这起案中案。在办理案件的过程中，又牵扯出另一个贷款给这个房地产开发商的投资担保公司。

这家公司的老板兼法定代表人吴大国也和刘艳红情况一样，在要求开发商还钱的过程中，被以涉嫌“非法经营罪”刑事拘留。于是，在办理这个案子的路上，我又多了一位委托人。

在刑事和行政类案件中，经常会遇到当事人越级上访的情况，我极力反对这样做。上访并不能使问题得到有效解决，而且一些过激言行有可能影响社会稳定，不利于案件的解决。

（二）向办案人员说明民间借贷不是非法经营

经反复与县公安局办案人员交涉，我指出这是一起简单的民间借贷，对于严禁以刑事手段干预经济纠纷，公安部早已有明确规定，不能置公安部的禁令于不顾。本案中，真正的犯罪嫌疑人应当是开发商公司的法定代表人，其构成非法吸收公众存款罪。

我见说服不了县公安局办案人员，就频繁“光顾”县检察院，尤其是原批捕科，不厌其烦地阐述自己对“非法经营”和“民间借贷”的理解和看法。

犯罪嫌疑人被公安机关刑事拘留时，通常认为律师有37天的黄金工作期。如果被批捕，则绝大多数情况下最终会被追究刑事责任，律师发挥的空间会变小。根据1994年《国家赔偿法》的规定，如果检察院未批捕，错误刑事拘留，承担赔偿责任的是公安机关。[1]

如果检察院批准了对犯罪嫌疑人的逮捕，以后案件被撤销、不起诉或者判决宣告无罪，则检察院作为逮捕措施的决定机关需要承担赔偿责任。

所以，在刑事拘留的37天的律师黄金工作期间，应当在检察院多做说服工作，提交不予批准逮捕法律意见，争取将案件消化在检察院批捕环节。

二、起诉县公安局不正当地限制刘艳红人身自由

在这个案件中，首先需要明确的是，公安机关对当事人的刑事拘留，到底是刑事侦查行为还是治安管理行政行为，因为行为性质的不同，对案件的影响力也不一样，所对应的解决方案亦会有所不同。

而确定涉案行为的性质，就要从两个方面进行分析。第一，县公安局能否举证证实当事人有非法经营的犯罪事实？第二，县公安局的真实目的是什么？

如果当事人借钱的行为属于非法经营，被追究刑事责任，那么公安机关的行为属于刑事侦查，毋庸置疑，否则，就失去了侦查的前提条件，从根本上违背了刑事侦查的目的，其行为就属于公安机关利用刑事侦查之名干预民间借贷纠纷。

刘艳红不是职业放贷人，家庭全部积蓄都借给了开发商，因为是一位“靠谱”的亲戚推荐，她觉得信得过，与家人商量后才决定借款。该行为无论如何都不是刑法的打击对象，且该借贷行为已经得到县、市两级法院的认可。

县人民法院作出一审判决后，对方向市中级人民法院上诉，被驳回上诉，维持原判。公安机关进行刑事侦查的目的，是打击犯罪，依照《刑事诉讼法》规定的程序立案，采取刑事侦查行为，查明犯罪事实，追究犯罪嫌疑人刑事责任，但

[1] 对应2012年《国家赔偿法》第21条。

不能对已生效的民事判决进行立案侦查,对胜诉的原告实施抓捕。

我决定对传统的辩护模式进行调整,对县公安局提起行政诉讼,理由是县公安局以刑事侦查之名行非法拘禁之实,表面上看起来是行使《刑事诉讼法》授权的刑事侦查行为,实际上实施的是行政管理行为。当然,对于这样的起诉,法院大概率会裁定不予受理或驳回起诉。

我代刘艳红到县人民法院将县公安局起诉了,并提供了十几份各地法院的相同判例,都是公安机关以刑事侦查之名干预经济纠纷被行政法庭判令违法的案件。这样的行政案件,按照惯例,立案庭收到材料,即便不立案,也会事先电话知会县公安局,当然这也是我希望看到的。

果然,第二天,县公安局办案人员给我打电话:"这是刑事案件,你怎么代嫌疑人将县公安局起诉了？作为律师,应该按常规方式工作,行政诉讼只会让案件更复杂,没有回转余地。"我觉得效果达到了。

我把行政起诉书及证据材料也提交给了县人民检察院一份,以这种特殊的方式向检察院传递这样一个信号:县公安局对刘艳红的刑事立案是以刑事侦查的借口非法干预经济纠纷,实施的是行政行为,不是《刑事诉讼法》授权的刑事司法行为。

在提起行政诉讼的同时,我还运用2008年实施的《政府信息公开条例》的规定,要求县公安局依法公开是否收取了作为债务人的开发商的治安管理费及其数额,县公安局有多少民警在开发商开发的楼盘购买了商品房及户型、面积。

我估计县公安局不会回复,或即便回复,也会称该信息不是政府信息,但可以申请行政复议或提起行政诉讼,对该问题继续进行深究。

刘艳红起诉县公安局的案子,经过7天的审查,县人民法院作出不予受理行政裁定,其上诉至市中级人民法院。

三、向公安局和检察院指出本案不属于非法经营

在对县公安局提起行政诉讼的同时,我也向县公安局和县人民检察院提出本案不属于非法经营的法律意见。

关于刘艳红不构成所谓非法经营的法律意见书

县公安局、县检察院:

受嫌疑人刘艳红家属的委托,由我担任其侦查阶段的律师,提供法律帮助。经过调查、取证、核实,我认为刘艳红的行为不构成非法经营罪,其与开发商的民间借贷纠纷已经被人民法院的生效判决认定,应当受法律保护。这是一起非常明显、典型、清楚的干预民间经济纠纷的案件。公安机关表面上看似行使的是侦查权,实际上实施的是行政管理行为,是超越职权对刘艳红采取的行政强制措施。具体法律意见如下:

(一)刘艳红的行为不构成所谓的非法经营罪

根据《刑法》的规定,非法经营罪是指违反国家规定,有下列非法经营行为之一,扰乱市场秩序,情节严重的:1. 未经许可经营法律、行政法规规定的专营、专卖物品或者其他限制买卖的物品的;2. 买卖进出口许可证、进出口原产地证明以及其他法律、行政法规规定的经营许可证或者批准文件的;3. 未经国家有关主管部门批准非法经营证券、期货、保险业务的,或者非法从事资金支付结算业务的;4. 其他严重扰乱市场秩序的非法经营行为。

主观要件:主观方面由故意构成,并且具有牟取非法利润的目的。如果行为人没有以牟取非法利润为目的,而是由于不懂法律、法规,买卖经营许可证的,不应当以本罪论处,应当由主管部门对其追究行政责任。

主体要件:主体是一般主体,即一切达到刑事责任年龄、具有刑事责任能力的自然人和单位。

客体要件:侵犯的客体是市场秩序,还包括对外贸易管理制度。

客观要件:客观方面表现为未经许可经营专营、专卖物品或者其他限制买卖的物品、买卖进出口许可证、进出口原产地证明以及其他法律、行政法规规定的经营许可证或者批准文件,以及从事其他非法经营活动,扰乱市场秩序,情节严重的行为。

没有任何现行法律、行政法规及相关司法解释禁止正常的民间借贷,合理的民间借贷,解决了个人或单位的资金急需,促进市场的繁荣和发展,推动地方经济发展,促进社会进步,激励自主创业,使得市场经济焕发活力。

行政机关是“法无授权不可为”,行政相对人是“法无禁止即可为”,只要是法律所不禁止的行为,又不违反公序良俗,百姓都可以做。刘艳红的存款,数额并不大,是一家人省吃俭用节约下来的,不是来源不明的非法资金。其想借给谁就可以借给谁,只要借款人不是用于非法目的,任何机关、单位或个人无权干涉,这也是由财产所有权的占有、收益、使用、处分的特性所决定的。

在开发商逾期不还的情况下,刘艳红依法向人民法院提起民事诉讼,是行使正当的民事诉讼权利。赖账不还的是开发商,其行为可能涉嫌非法吸收公众存款或集资诈骗,开发商才是公安机关应当依职权打击的对象。公安机关对涉嫌违法犯罪的开发商心慈手软,对普通百姓的刘艳红采取强制措施,涉嫌恃强凌弱。

刘艳红的行为并没有破坏社会主义市场经济秩序,也没有实施法律规定需要先取得行政许可的经营活动,主观上也没有以牟取非法利润为目的。因此刘艳红的行为不符合非法经营的构成要件。

(二)本案是借刑事侦查之名干预经济纠纷

民间借贷除高于国家规定的利息不受法律保护外,本金和合理利息仍受法律保护。公安部《关于公安机关不得非法越权干预经济纠纷案件处理的通知》第1条明确指出:绝不能把经济纠纷当经济犯罪来处理,切不可轻易采取限制人身自由的强制措施。

该通知第2条指出:对经济纠纷问题,应由人民法院依法处理,公安机关不要去干预,更不允许以查处经济犯罪为名,以收审等非法手段去插手经济纠纷问题。同时,1994年9月中央政法委发布了《关于严禁以扣押人质解决经济纠纷的通知》。

上述两个通知有一个共同点,就是要求严格区分经济犯罪和经济纠纷,严禁公安机关违法任性,滥用刑事侦查权力非法干预经济纠纷。从相关资料来分析,基本上能够确认县公安局对刘艳红“非法经营”的定性错误。其实质上就是打着刑事侦查的名义为开发商逃避债务做“挡箭牌”。

本案争议有两点:一是县公安局实施刑事拘留行为的性质;二是民间借贷是否属于非法经营。本案中,县公安局实施的不是刑事侦查行为,而是借刑事侦查之名的行政行为。

1. 刑事侦查和治安管理行为能够区分

公安机关具有双重职能,其一个职能是依据《刑事诉讼法》对犯罪行为进行侦查,其是司法机关,实施的行为是刑事侦查行为,对刑事侦查行为不服,不能直接向法院起诉,救济途径应当是依据《国家赔偿法》的程序进行。

公安机关的另一个职能是依据《治安管理处罚法》等行政法律、法规对社会治安进行管理的行政职能。公安机关依据上述法律规定实施的行政许可、行政处罚、行政强制等行为,则是具有可诉性的行政行为。

公安机关刑事侦查行为和治安管理行政行为有明显区别,刑事侦查行为是刑事执法行为,基于对触犯法律的犯罪行为进行查证和采取强制措施,执法依据一般是《刑事诉讼法》,重在打击。而治安管理行政行为是行政执法行为,一般是为防范各种危害治安行为的发生而做出,执法依据一般是《治安管理处罚法》,重在管理。

本案中,办案人员表面上实施的是刑事侦查行为,实际上是对刘艳红的人身自由的非法强制,是行政行为。利用刑事侦查之名规避行政审判这样的案例不胜枚举,已经给办案人员提供了各地法院的判例。所以,嫌疑人已经向县人民法院对县公安局提起了行政诉讼。

2. 民间借贷和非法经营有明显区别

民间借贷是基于信赖和一定的利息需求,为借款人提供资金,解决其燃眉之急,是一种互惠互利的民间经济往来行为,不属于经营银行的存借款专项业务。

而非法经营罪是指未经许可经营专营、专卖物品或其他限制买卖的物品,买卖进出口许可证、进出口原产地证明以及其他法律、行政法规规定的经营许可证或者批准文件,以及从事其他非法经营活动,扰乱市场秩序,情节严重的行为。

从两者的定义可以对比出,两者有明显差别。民间借贷和非法经营虽然都有"盈利"的目的,但两者所依赖的媒介是不同的。民间借贷的媒介是"金钱",

非法经营的媒介是“市场经营和商品”。

因此,刘艳红的行为不构成非法经营罪。

四、柳暗花明,县公安局突然决定取保候审

刘艳红起诉县公安局的案子,上诉至市中级人民法院后,依旧很快被驳回上诉。

经过一番周折,案情发生戏剧性变化,2008 年 10 月 11 日,县公安局决定对刘艳红予以取保候审,并作出取保候审决定。同时,县看守所对刘艳红予以释放,并出具释放证明。

人虽然放了,但犯罪嫌疑人的“标签”让位于小地方的三人抬不起头,总被指指点点,唯有公安机关撤销案件,才能还三人清白,这已成为共识。为此,我决定:第一,趋利避害,规避风险;第二,建议公安机关撤销案件,依法赔偿;第三,要求追究开发商非法吸收公众存款罪的刑事责任。

我向市公安局提出申请,要求市公安局对县公安局实施个案监督。值得庆幸的是,律师意见得到了市公安局法制处的认可,没过多久,县公安局作出《撤销案件决定书》,彻底将刘艳红等人“非法经营”犯罪嫌疑人标签摘除。经过进一步交涉,县公安局作出国家赔偿决定,对刘艳红给予相应赔偿,并退还了收取的取保候审保证金。

刑事案件已完,生效的民事判决执行摆到了县人民法院法官的案头。为了这个执行案件,当事人几乎踏破了法院的门槛,我也是只要有时间,就飞到当地,促进法院依法执行,对开发商采取强制措施,最终拿到部分款项。

五、发起反击,对欠债不还的开发商依法控告

刘艳红、秦兰等人向纪委、公安、检察等机关提出控告,要求追究开发商非法吸收公众存款的法律责任,并揪出幕后主谋。

努力终于有了成效,县人民检察院以非法吸收公众存款罪、合同诈骗罪对开发商提起公诉。

2010 年 1 月 10 日,县人民法院依法作出一审判决。县人民法院认为,赵建军在自己资金链已经出现严重问题,明知自己已经没有履行还款能力的情况下,以非法占有为目的,隐瞒真相,使用明知不符合担保条件的抵押物为合同履行担保,且在收受合同当事人钱物后逃匿,其行为已经构成合同诈骗罪。

赵建军未经中国人民银行批准,虽未以吸收公众存款的名义向社会不特定的对象吸收资金,但其承诺履行还本和给付利息的义务与吸收公众存款性质相同,其行为严重扰乱了金融秩序,构成非法吸收公众存款罪。

赵建军违法所得财物 2794.441 万元,依法应当予以追缴。赵建军一人犯数罪,依法应当实行数罪并罚,最终法院判处被告人赵建军有期徒刑 13 年。

在受害人名单中,刘艳红的名字历历在目。

六、办理此案的几点思考和感想

(一)律师对刑事案件的辩护要尽量前移至开庭前

律师办案与治病救人一样,越早辩护,越能将案件消化在侦查阶段。如果等案件上了法庭,再翻盘的概率很小,据专家学者统计,公诉案件的无罪判决的概率约为 1‰。想在法庭把刑事案件变成无罪判决,确实与中体育彩票大奖有一比。

北京大学著名法学教授陈瑞华博士曾说:自 2018 年《刑事诉讼法》修改后,无罪判决的比例逐年降低,那么,辩护律师要想达到为生命和自由有效辩护的目的,辩护人的工作重心应当前移至法庭庭审之前。庭审前辩护人可以做三个工作:(1)将案件阻止在立案之外;(2)将案件阻止在批捕之外;(3)将案件阻止在起诉之外。陈教授的说法,得到“两高”工作报告的印证。

2019 年 3 月的最高人民法院工作报告显示,2018 年全国法院判处罪犯 142.9 万人,公诉案件无罪判决为 517 人,辩护成功率为 0.0364%。同期,检察工作报告显示,2018 年全国不批捕的为 284,910 人,辩护成功率为 19.9%;不起诉的为 136,970 人,辩护成功率为 9.5%。

由此可见,刑事无罪判决的比例依然极低,而律师在检察机关环节进行无罪辩护的比例却相对高得多，对比批捕的比例为 19.9%，不起诉的比例为 9.5%，这意味着每5个人，就有1人不会被批捕，每10个人，就会有1人不被起诉。刑事辩护律师只能因势利导，随机应变，顺势而为，在案件的侦查和起诉阶段加大辩护力度。

（二）公检法相互监督机制在刑案中应发挥作用

公检法是相互监督、相互制约、相互配合、分工合作的关系。依据2018年《刑事诉讼法》规定，对刑事案件的侦查、拘留、执行逮捕、预审，由公安机关负责；检察、批准逮捕、检察机关直接受理的案件的侦查、提起公诉，由人民检察院负责；审判则由人民法院负责。

侦查过程中，公安机关刑事拘留后须报人民检察院批捕，侦查终结认为需要起诉时，须经人民检察院审查起诉；公安机关不服人民检察院的决定可要求复议或提请复核；行政诉讼中法院可判决公安机关败诉；检察院认为法院的判决、裁定有错误时，可以提出抗诉等。

这种相互制约监督对于防止权力滥用，避免冤假错案，保证准确有效地执行法律，具有重要意义。

公检法机关的各自内部监督，尤其是上级对下级的监督，也成为纠错的重要手段。公安机关、检察院上下级之间是领导与被领导的关系，法院上下级之间是监督与被监督的关系。本案中，对于县公安机关的违法行为，通过向市公安局沟通，市公安局责令县公安局限期撤销案件，解除刑事强制措施，最终获得赔偿。

（三）通过行政诉讼同样可以达到预期辩护效果

早些年，国家政策趋于保护金融市场的稳定，对民间借贷的保护、管理和引导措施都不尽完善，对民间借贷倾向于消极的态度，但也并非政策及法律放任不管和不保护，现在国家渐渐开始重视民间借贷行为。对合法的民间借贷，可以依法适度管理，但不宜运用刑事手段干预。

公安机关具有双重职能，一方面，公安机关具有司法职能，依据《刑事诉讼法》实施刑事侦查行为，是基于对触犯法律的犯罪行为进行查证和采取强制措施;另一方面,公安机关具有行政职能,依据《治安管理处罚法》等行政法律、法规实施治安管理行政行为,具有可诉性。

公安部下发的《关于公安机关不得非法越权干预经济纠纷案件处理的通知》和1994年9月中央政法委发布的《关于严禁以扣押人质解决经济纠纷的通知》都要求严格区分经济犯罪和经济纠纷,严禁公安机关违法任性,滥用刑事侦查权力非法干预经济纠纷。可见,辨别公安机关的真实目的以确定其刑事拘留行为的性质是诉讼中非常重要的一步。

本案在有充分证据证明当事人刘艳红并非"非法经营"的情况下,公安机关执意"办铁案",无视律师意见,其实质上就是滥用刑事侦查的权力干预民间借贷纠纷,为开发商逃避债务做"挡箭牌"。因此,本案公安机关的刑事拘留行为并非单纯的刑事侦查行为,而是行政行为,具有可诉性。

(四)要正确区分民间借贷与非法放贷之间的区别

为依法惩治非法放贷犯罪活动,切实维护国家金融市场秩序与社会和谐稳定,有效防范因非法放贷以及其他违法犯罪活动,保护公民、法人和其他组织合法权益,最高人民法院、最高人民检察院、公安部、司法部于2019年发布了《关于办理非法放贷刑事案件若干问题的意见》。

该意见指出,违反国家规定,未经监管部门批准,或者超越经营范围,以营利为目的,经常性地向社会不特定对象发放贷款,扰乱金融市场秩序,情节严重的,依照2023年《刑法》第225条第4项的规定,以非法经营罪定罪处罚。"经常性地向社会不特定对象发放贷款",是指2年内向不特定多人(包括单位和个人)以借款或其他名义出借资金10次以上。

仅向亲友、单位内部人员等特定对象出借资金,不得按非法经营罪定罪处罚。也就是说,在2年内以民间借贷为名向不特定的对方出借资金10次以上的,属于非法经营罪,这就是借款入刑的由来。

但是普通的民间借贷与非法经营的非法放贷有本质的区别,正常的民间借贷可以解决单位或个人之间资金富余或短缺的矛盾,有利于经济的发展。而非法放贷则是完全以获得非法高息为目的,从事专属于银行等金融机构的贷款业务,扰乱和破坏金融秩序,这种行为就是非法经营,应当课以刑罚,进行规制。

第十一章　为防被撤销刑案死灰复燃连打多个行政官司

——谢卫东涉嫌拒不支付劳动报酬案

简要案情

将工程承包给具有资质的建筑公司施工，曾让旅游开发公司颇为心安，一幢幢度假村别墅平地而起，项目日渐走上正轨。随着度假村渐具雏形，建筑公司董事长却开始心理失衡，认为自己垫巨款赚小钱，而旅游开发公司一本万利赚大头。

为了让旅游开发公司提前支付工程款，建筑公司老板实施暗度陈仓计划，先利用不明真相的农民工以拒不支付劳动报酬为由控告旅游开发公司董事长，接着对旅游开发公司工作人员实施非法拘禁，砸办公室，让旅游开发公司的正常工作陷入停滞，企图侵吞旅游开发公司资产。

公安机关受理了农民工的报案，以涉嫌拒不支付劳动报酬罪为由将旅游开发公司董事长刑事拘留。我接受委托后，采取申请政府信息公开、行政复议、行政诉讼、提交法律意见等一系列方法，最后，检察机关以“主体错误”为由责令公安机关撤销案件，并立即放人。

为防止翻案，被打开手铐的谢卫东没有鸣金收兵，而是将已经进行的一系列政府信息公开、行政复议及行政诉讼进行到底，先后胜诉市、区两级公安局、劳动局(已撤销)及市政府，堵死错案可能被翻案的路径。

后谢卫东依法申请国家赔偿，遭遇市、区两级公安局驳回，几番周折，最终市中级人民法院责令区公安分局赔偿谢卫东被限制人身自由的赔偿金6588.25元及精神损害抚慰金1500元，案件最终画上句号。

一、旅游开发公司与建筑公司一拍即合，未曾想引来祸患

经过一番考察,又有优惠政策,谢卫东决定斥巨资将废弃多年的某国有农场改造成集农业、旅游、休闲于一体的度假村,这一想法和区政府整体发展构思不谋而合。于是,改造大戏拉开帷幕。

2013 年 8 月 20 日,谢卫东控股的某市天一旅游开发有限公司(以下简称天一公司)与区政府、市土地收购储备拍卖中心正式签订三方协议,决定改造闲置多年的国有农场。该农场虽然一直停产,但占地面积大,环境幽静,柳树成荫,蛙鸣鸟叫,一派田园风景,加上高铁和高速公路的开通,交通便利,非常适合旅游开发。

区政府对此极为重视,已将这个旅游度假村建设项目列为重点工程,在天一公司支付部分土地使用权出让金后,允许其先建设后办证。这时,某市白云建设工程施工有限公司(以下简称白云公司)董事长陈建军通过亲戚介绍,认识了谢卫东,提出可以垫资建设。踌躇满志的谢卫东与其一拍即合,当即表示同意合作。

2014 年 4 月,天一公司与白云公司签订《建设工程施工合同》,约定白云公司对该项目进行总承包,工程造价为 3 亿元。付款方式约定为:本工程无预付款,白云公司按工程垫资施工至所有别墅封顶,路面刷黑,绿化完成,天一公司向白云公司支付已完工程量总价 70% 的工程款,此后每半年结算完工部分的 10% 。白云公司需将已完成工程量上报给天一公司,经天一公司确认工程量 10 日后,方可预拨工程款。合同签订后,施工就此启动。

随着一幢幢度假村别墅平地而起,天一公司的业务销售部门应运而生,开始接受咨询和商户预登记,做好旅游度假区的开园准备。这时,白云公司董事长陈建军开始有些担忧:现在度假村都是自己垫资盖的,一旦天一公司董事长谢卫东私下把招商和门票收入挪用,自己岂不成了冤大头?

双方各有想法,又缺乏沟通,合作的桥梁悄然裂开缝隙。而此时正逢年关,支付农民工工资的问题摆在眼前,陈建军希望谢卫东先付一部分工程款,解燃眉之急。而谢卫东认为,合同约定的付款条件尚不成就,不能预支。双方各有

想法，导致矛盾爆发。谢卫东认为，陈建军此时要求付款，是乘人之危，想鸠占鹊巢；而陈建军认为谢卫东是一个不靠谱的人，担心自己最终会吃亏。

在互不信任中，陈建军指使白云公司的农民工向区公安分局报案。2015 年 12 月 1 日，区公安分局对谢卫东以“拒不支付劳动报酬”为由刑事立案。

二、开协调农民工工资会议，没成想被限制人身自由

一份谢卫东提供给区公安分局的报案材料里记载：

应区公安分局、劳动监察大队等机关关于“协调解决农民工工资”的要求，我们一行 4 人来到区党政大楼一楼中心会议室。区公安分局治安大队王队长声称这是一个“协调会”。对方 4 人到场，包括陈建军的堂弟等。

王队长反复强调：谢卫东必须拿出 3650 万元，陈建军方也附和：“不能拿出 3650 万元，就要出‘大事’。”

散会时，在区党政大楼的走道，我们被一行人非法拘禁，在大声求救后，包括公安分局治安大队王队长在内的工作人员并没有任何反应。我们先被押至工地，对方一行几人对我们进行侮辱性打骂，后又被转移至另一废弃工厂，继续殴打……

报案材料的落款时间为 2016 年 1 月 31 日。

在此之前，区公安分局已经对谢卫东以“拒不支付劳动报酬罪”网上通缉，并将刑事拘留决定一并挂在网上。因为谢卫东是外地某市人大代表，之后，区公安分局又向该市人大常委会补交了如下一份报告：

关于请求准许对谢卫东采取强制措施的报告

××市人大常委会：

谢卫东，男，现为我市天一公司企业法人，系你市人大代表。经侦查，谢卫东在我局侦办的拒不支付劳动报酬案中有重大作案嫌疑，涉嫌以下犯罪事实：

2015 年 11 月 30 日,区劳动局移送我局《涉嫌犯罪案件移送书》,天一公司拖欠白云公司农民工工资 3600 万元。

经我局侦查,天一公司自 2014 年 4 月度假村工程开工建设到 2015 年 9 月底,白云公司完成工程量 11 万平方米,天一公司从未支付过农民工工资,谢卫东作为天一公司企业法人,其行为已涉嫌触犯《刑法》规定的拒不支付劳动报酬罪。

综上,犯罪嫌疑人谢卫东的行为已经触犯《刑法》第 276 条之规定,涉嫌《破坏生产经营罪》。为进一步查清事实,根据《公安机关办理刑事案件程序规定》和《全国人民代表大会和地方各级人民代表大会代表法》第 32 条之规定,特提请市人大常委会批准对谢卫东采取强制措施。

请予审议。

但该市人大常委会没有批准这份报告,意味着区公安分局不能对谢卫东采取强制措施。该报告开始称谢卫东涉嫌"拒不支付劳动报酬罪",在结尾又称谢卫东触犯 2015 年《刑法》第 276 条"涉嫌破坏生产经营罪"[1],还刻意在罪名上加上"书名号"(原文是涉嫌《破坏生产经营罪》)。如此明显的错误以及字里行间透露出的随意、草率,可能是市人大常委会不批准采取强制措施的原因之一。

三、无罪辩护思路及策略

(一)申请劳动局公开能证明无罪的证据

根据 2015 年《刑法》的规定,拒不支付劳动报酬罪,是指以转移财产、逃匿等方法逃避支付劳动者的劳动报酬或者有能力支付而不支付劳动者的劳动报酬,数额较大,经政府有关部门责令支付仍不支付的行为。[2] 设置该罪名的主要目的就是遏制用人单位的恶意欠薪行为,维护劳动者获得薪酬的权益。成立拒不支付劳动报酬罪,必须具备三个前提条件:一是经过劳动局责令支付而拒不支付;二是劳动者必须与用人单位存在真实劳动关系;三是拖欠的报酬金额

[1] 对应 2023 年《刑法》第 276 条。

[2] 对应 2023 年《刑法》第 276 条之一。

较大。

为了釜底抽薪，我向劳动局申请政府信息公开：一是要求公开农民工与天一公司在劳动局是否有劳动合同备案？二是要求劳动局公开对此案的行政执法文件，是否有曾责令天一公司支付农民工报酬的法律文书？根据掌握的案件材料和获得的信息，农民工与天一公司没有建立劳动关系，即二者之间根本不可能有劳动合同备案；另外，劳动局也没有处理过所谓劳动报酬的执法文件。

为了固定证据，获得劳动局的答复意见，我只能被迫使用这种明知故问的政府信息公开申请的工作策略。无论劳动局答复有或无、有多少，都有利于否定对谢卫东涉嫌的所谓拒不支付劳动报酬的控告，也可以在一定程度上避免劳动局基于各种压力而被迫“配合”公安机关办案人员。

（二）检索国务院文件用来证明无罪

无罪辩护，不仅要找出无罪的事实依据，更要找出不构罪的法律依据。涉案项目是包工包料，并签订有《建设工程施工合同》。也就是说，天一公司与白云公司是合同法律关系，天一公司与农民工不存在劳动法律关系，而与农民工存在劳动法律关系的是白云公司。即便假定天一公司存在逾期支付白云公司工程款的行为，白云公司也只能以合同为依据向法院起诉，要求天一公司承担违约责任。

实践中，施工方拖欠农民工工资的行为虽然与建设方不能按时支付工程款可能具有一定的关系，但对农民工欠薪的主体是施工方，而不是建设方。为了证明上述观点的合法性，我检索到 2016 年 1 月国务院办公厅发布的《关于全面治理拖欠农民工工资问题的意见》。

该意见第 3 条规定：在工程建设领域，施工总承包企业对所承包工程项目的农民工工资支付负总责，分包企业对所招用农民工的工资支付负直接责任，不得以工程款未到位等为由克扣或拖欠农民工工资，不得将合同应收工程款等经营风险转嫁给农民工。可见，白云公司不能以天一公司未支付工程款而逃避支付农民工工资的法律义务。

（三）对白云公司拖欠农民工工资报案

按照《建设工程施工合同》约定，天一公司向白云公司支付工程款的条件并不成就。白云公司为了逃避自身责任，通过威逼、胁迫、恐吓等手段使天一公司提前支付工程款，在其统一组织指挥下，打着帮农民工讨要工资的旗号，唆使不明真相的农民工围堵政府机关，意图让政府机关给天一公司施加压力，提前支付工程款。

为此，天一公司向公安机关报案，指控白云公司的行为扰乱国家机关秩序、寻衅滋事，并要求公安机关出具受案回执。同时天一公司也向劳动局举报白云公司拖欠农民工工资的行为，要求对其依法查处。天一公司并给政府机关去函，陈述事实真相，希望能让政府机关消除对天一公司的误解，并对白云公司导演的“农民工围堵政府机关”的闹剧进行严厉处罚。

（四）一针见血指出犯罪主体认定错误

为了防止白云公司拖欠农民工工资而连累天一公司，天一公司与白云公司签订的《建设工程施工合同》约定：如白云公司施工中拖欠农民工工资引起纠纷，由白云公司承担一切法律和经济责任，若劳动行政机关或法律机关介入，由白云公司出面解决，不得牵连天一公司。该约定能直接证明办案人员侦查谢卫东拒不支付劳动报酬，属于明显的主体错误。

根据此前提供的《关于全面治理拖欠农民工工资问题的意见》的规定并结合《建设工程施工合同》的约定，足以说明谢卫东不构成拒不支付劳动报酬罪。而恰恰是白云公司构成拒不支付劳动报酬罪，这样认定既有法律明文规定，也有合同依据，白纸黑字，无可辩驳。国务院的规定和合同的约定，证明办案人员的侦查对象错误，犯罪嫌疑人应是白云公司负责人陈建军。

（五）坚决控告报案人的违法犯罪行为

白云公司负责人陈建军在利用农民工报案之前，曾带人冲进天一公司办公室，进行了打砸，导致物品损失，意图逼迫天一公司提前支付工程款。在未能奏效后，又利用政府部门开协调会的空隙，将参会的天一公司几名员工劫持带至偏僻处,进行非法拘禁,其间还扇耳光、浇脏水、辱骂他们。

另外,该案表面上系农民工在报案,但白云公司负责人陈建军才是幕后主使,据此必须主动出击,对这种报案行为进行反击。在要求公安机关依法追究白云公司唆使、利用农民工扰乱国家机关秩序、寻衅滋事刑事责任的基础上,天一公司再次就上述行为向公安机关报案,请求依法追究白云公司负责人个人的非法拘禁罪、侮辱罪的刑事责任,对报案人从心理上进行压制。

(六)对劳动局违法办案行为进行投诉

本案中,天一公司不认识工地上的任何一个农民工,也未曾向任何一个农民工支付过工资,与农民工之间并不存在劳动关系。既然农民工冲击政府机关并报案,说明确实有被拖欠工资的行为存在,因此我顺势而为,将计就计,向劳动局提出履行法定职责申请,要求劳动局责令白云公司立即支付农民工工资,并依法作出行政处罚。

上述路径,一是为了让劳动局知道谁才是欠薪的主体,二是减轻劳动局和公安局办案人员对天一公司的压力,三是为了督促劳动局向白云公司发出支付农民工工资的通知,如果仍拒不支付,就符合了拒不支付劳动报酬罪中的"经政府有关部门责令支付仍不支付"的前置条件。

有些无罪辩护案件,尤其是进入法院审判环节之前的阶段,多数时候是与"恶意报案人"的博弈,只有使用合法的方式对其出击,才能得以适当遏制所谓"报案人"盛气凌人、不可一世的态度,继而减轻其对办案机关的压力,促成办案人员及时撤销案件,让无辜或错误被羁押的嫌疑人恢复自由。

(七)通过行政诉讼坐实撤销案件结论

经过多方努力,组合式出击,公安机关和检察机关认识到追究谢卫东拒不支付劳动报酬罪确属主体错误,最终撤销案件,谢卫东恢复了人身自由。但是,在我看来,撤销的案件也有翻案的可能,律师宣告大功告成为时尚早,作为律师,应当考虑到是否还存在其他的法律风险,并在初步成功的基础上,乘胜追击,再接再厉,把无罪彻底坐实。

为了督促劳动局彻底放弃对谢卫东的错误立案,在刑事案件被撤销后,我继续通过政府信息公开、行政诉讼、行政复议的方式，要求劳动局提供当初“配合”公安机关办案人员的各种法律文书。劳动局在两次行政诉讼和两次行政复议败诉后始终不能提供执法文件，在最终确认劳动局对谢卫东的威胁解除后，我才终止了行政诉讼程序。

与此同时，我也没有放弃对谢卫东等人遭受到的非法拘禁行为寻求救济。为了促使公安机关履行法定职责，依法追究实施非法拘禁者的法律责任，我一直通过与区公安分局和市公安局进行行政诉讼的方式，推进公安机关的办案进程。

仅仅撤销案件，如果对违法犯罪行为放任不管，息事宁人，不利于促进办案人员依法办案。律师要有一竿子插到底的信念和勇气，律师的执着和韧性是对当事人的保护，让违法行为人不敢轻举妄动、随心所欲。

（八）申请国家赔偿避免案件再起波澜

在拒不支付劳动报酬罪的决定被撤销两年后，我代谢卫东向区公安分局申请国家赔偿。历经区公安分局作出不赔决定、市公安局复议维持不赔决定、市中级人民法院撤销两级公安机关不赔决定，并责令办案机关赔偿因错误羁押谢卫东19天的人身自由损害赔偿金6588.25元和精神损害抚慰金1500元。金额虽不多，但法律的尊严得以彰显，也为当事人正名。

要求依法追责和给予国家赔偿，从小的方面来说，是弥补当事人的损失；从大的方面来说，是让办案人员从错案中吸取教训，进一步提高办案质量，增强司法机关的公信力。有些错误的刑事案件被撤销后，曾被羁押的人选择了息事宁人，忍气吞声，觉得自己处于弱势一方，惹不起强势的办案机关，担心被报复，往往放弃申请国家赔偿和追责。作为律师，对有这种想法的当事人表示理解和尊重。

四、指出犯罪主体错误，促使错案被撤销

当事人家属委托我介入这起刑事案件及家属被非法拘禁案。接受委托后，我向区劳动局申请政府信息公开，要求公开是否有拒不支付劳动报酬的行政执

法文件资料，同时申请区公安分局履行法定职责，对在区党政大楼发生的非法拘禁案立案查处。

碰巧，谢卫东的市人大代表身份届满了，区公安分局迅速将其刑拘。

根据家属提供的资料，我向区公安分局和区人民检察院各提交了如下一份法律意见：

在贵机关办理的谢卫东涉嫌拒不支付劳动报酬一案中，受家属委托，为其提供法律帮助。本律师认为，即便存在拖欠农民工工资问题，犯罪主体是作为施工方的白云公司负责人陈建军，而不是作为建设方的天一公司负责人谢卫东。本案犯罪主体错误，请依法撤销案件，释放谢卫东。具体理由如下。

（一）本案支付农民工工资的义务不在天一公司

所谓拒不支付劳动报酬罪，2015 年《刑法》规定，是指以转移财产、逃匿等方法逃避支付劳动者的劳动报酬或者有能力支付而不支付劳动者的劳动报酬，数额较大，经政府有关部门责令支付仍不支付的行为。[1]

结合《刑法修正案（八）》及《最高人民法院关于审理拒不支付劳动报酬刑事案件适用法律若干问题的解释》，天一公司作为旅游度假村项目的开发方，并无支付施工单位农民工工资的法定义务，不应当成为拒不支付劳动报酬罪的主体。

而白云公司作为施工方，是直接与农民工签订劳务合同的主体，该公司及其负责人才应是拒不支付劳动报酬罪的犯罪主体。将天一公司及其负责人作为拒不支付劳动报酬的犯罪嫌疑人，采取强制措施，是对刑事侦查权的滥用。

（二）国务院规范性文件对责任主体已有明确规定

2016 年 1 月，国务院办公厅发布了《关于全面治理拖欠农民工工资问题的意见》，从规范企业工资支付行为、健全工资支付监控和保障制度、推进企业工资支付诚信体系建设、依法处置拖欠工资案件、改进建设领域工程款支付管理和用工方式等方面提出具体治理措施。

该意见第 3 条规定：在工程建设领域，施工总承包企业对所承包工程项目

---

〔1〕 对应 2023 年《刑法》第 276 条之一。

的农民工工资支付负总责，分包企业对所招用农民工的工资支付负直接责任，不得以工程款未到位等为由克扣或拖欠农民工工资，不得将合同应收工程款等经营风险转嫁给农民工。

本案中，天一公司与白云公司签订的《建设工程施工合同》第12条第9款明确约定："如乙方施工中拖欠工人工资引起纠纷，由乙方承担一切法律和经济责任。若劳动行政机关或法律机关介入，由乙方出面解决，不得牵连甲方。"由此可见，即便存在拖欠农民工工资，需要追究刑事责任的是白云公司负责人陈建军，而不是天一公司负责人谢卫东。

（三）目前向白云公司支付工程款的条件尚不成就

《省人民政府办公厅关于做好清理拖欠农民工工资工作的有关规定摘要》（政办发电〔2014〕76号）第2条第2款规定："因建设单位或总承包企业未按合同约定拨付工程款致使承包企业拖欠农民工工资的，由建设单位或总承包企业先行垫付。"本案中，是否存在"未按合同约定拨付工程款"的情形，只能通过法院终审判决或双方一致认可的方式进行确认。

《建设工程施工合同》对付款方式约定为："本工程无预付款，由白云公司按工程垫资施工至所有别墅封顶，路面刷黑，绿化完成，天一公司向白云公司支付已完工程量总价70%的工程款，此后每半年结算完工部分的10%。白云公司需将已完成工程量上报给天一公司，经天一公司确认工程量十日后，方可预拨工程款。"

因白云公司未按合同约定向天一公司上报工程量，无法对该项目进行审计核算，合同约定的付款条件并不成就，天一公司暂无付款义务。两公司只存在工程款纠纷，并不存在"未按合同约定拨付工程款"之情形。即便存在农民工欠薪问题，也是白云公司自己的问题，与天一公司无关。

综上，谢卫东不是拒不支付劳动报酬罪的犯罪主体，办案机关利用农民工工资敏感问题，借题发挥，向外地某市人大常委会提请批准对谢卫东采取强制措施，都是受白云公司负责人陈建军的利用、误导所为，应当予以纠正。

建议立即纠正"以刑事侦查为名行干预经济纠纷之实"的错误做法，立即撤销案件，释放谢卫东。

就此问题,我又反复与区人民检察院沟通,要求检察院对公安局的办案行为进行监督。

2016 年 7 月 1 日,区公安分局以“因犯罪主体错误”为由作出撤销案件决定,同一天,看守所作出释放证明,谢卫东恢复了人身自由。

后来,我看到了区人民检察院向区公安分局发出的责令撤销案件通知书中,区人民检察院对于撤销拒不支付劳动报酬案起到了决定性的作用。

五、继续推动行政案件，防止被撤销案件翻案

另外,我对区劳动局的政府信息公开申请并没有停止,因区劳动局在法定的 15 个工作日没有公开政府信息,我向市劳动保障局申请行政复议。没想到,市劳动保障局在法定的 60 日复议期内也没有作出行政复议决定,我当即决定提起行政诉讼。

开庭中,市劳动保障局答辩称:“根据市行政复议集中处理规定,对市劳动保障局管辖的行政复议案件,已经由市政府统一行使,原告向市劳动保障局申请行政复议,于法无据,应当依法驳回起诉。”

2016 年 12 月 12 日,区人民法院作出一审判决,我方胜诉,责令被告市劳动保障局在本判决生效之日起 60 日内履行法定行政复议职责,并依法回复原告。

区人民法院认为,庭审中被告主张根据市政府统一行使行政复议新规,从 2012 年起不再承担行政复议工作,但未在法定期限内告知原告,也未作出行政复议决定,该主张和辩解违反法律规定,理由不能成立。原告要求被告继续履行行政复议职责,具有事实和法律依据,予以支持。

接到判决,市劳动保障局将行政复议案件依法转交给市政府,同时告知了我方。2017 年 1 月 19 日,市政府依法作出行政复议决定,支持了我方请求,责令区劳动局在收到复议决定之日起,对政府信息公开申请进行答复。

2017 年 2 月 4 日,区劳动局作出《政府信息公开答复意见》,称“申请人要求公开涉及拒不支付劳动报酬案中所形成的相关法律文书,包括但不限于责令整改指令书、行政处理决定书、涉嫌犯罪案件移送书等,是在公安机关侦查阶段提出的政府信息公开申请,所涉及内容涉及国家秘密,公开相关信息可能干扰

公安机关调查取证等司法工作,经与公安机关确认,决定不予公开”。

可见,区公安分局虽然撤销了案件,但并没有放手,这与当初的判断一致。也更加坚定了我要继续通过政府信息公开查证、对证据围追堵截的决心,不让已被撤销的案件翻案。

于是我再次向市政府申请行政复议,没有想到的是,市政府在本次法定复议期限内也未作出行政复议决定,只好再次提起行政诉讼。2017 年 9 月 13 日,市中级人民法院作出一审判决:(1)被告市政府未在法定复议期限内作出行政复议决定程序违法;(2)被告市政府应在本判决生效后 60 日内依法作出行政复议决定。

2017 年 12 月 20 日,市政府根据市中级人民法院一审行政判决,恢复复议审查,依法撤销了区劳动局的答复意见,责令其重新答复。

市政府认为,根据 2010 年《保守国家秘密法》第 9 条第 1 款“下列涉及国家秘密的事项……(六)维护国家安全活动和追查刑事犯罪中的秘密事项……”[1]之规定,国家秘密是指泄露后可能损害国家在政治、经济、国防、外交等领域的安全和利益的事项,申请人请求公开的限期责令整改指令书、行政处理决定书等并不在此列。

一起简单的涉及拒不支付劳动报酬的政府信息公开案件,先后让市政府责令区劳动局答复、区人民法院判决市劳动保障局履行法定复议职责、市中级人民法院判决市政府限期作出复议决定、市政府撤销区劳动局政府信息公开答复意见,四次败诉。如此躲躲闪闪,不知是否另有隐情。

之所以对区劳动局涉及拒不支付劳动报酬的限期责令整改指令书、行政处理决定书等通过行政复议和行政诉讼紧追不放,其目的就是让区劳动局对曾经偏袒对方的行为感到压力,不再继续乱作为,防止区公安分局对谢卫东涉嫌拒不支付劳动报酬罪再次启动侦查程序。

---

〔1〕 对应 2024 年《保守国家秘密法》第 13 条。

六、反戈一击，要求追究白云公司负责人非法拘禁的刑事责任

(一)向市公安局行政复议区公安分局不作为获得支持

此前,针对白云公司负责人指使他人对天一公司员工实施的非法拘禁行为,我向区公安分局提出了履行法定职责申请,要求刑事立案,依法追究。法定的60日已过,区公安分局没有任何音讯,我依法向市公安局申请行政复议。2016年10月18日,市公安局作出行政复议决定,责令区公安分局在60日内履行法定职责,并将履行情况书面答复申请人。

接到市公安局行政复议决定,区公安分局经过审查,认为符合受理条件,鉴于案件多数情节和结果发生在另外的区,将案件移送至邻近的开发区公安分局,并予以告知,但开发区公安分局对此案一直没有回应。

(二)向法院起诉市公安局行政复议不作为得到支持

2019年1月16日,我通过邮政EMS向开发区公安分局提交履行法定职责申请材料,请求其依据《人民警察法》等相关规定,对发生在区党政大楼内谢卫东一行4人被不法分子非法拘禁的违法行为进行查处惩治,并依法追究违法行为人的法律责任。

但开发区公安分局未予回复,案件如同石沉大海。2019年4月9日,我向市公安局申请行政复议,要求:“1. 确认开发区公安分局未依法履行法定职责的行政行为违法;2. 责令开发区公安分局继续履行法定职责并将案件进展情况书面告知。”2019年4月11日,市公安局签收该邮件材料,亦没有任何回复。

我向辖区人民法院对市公安局的行政复议不作为行为提起行政诉讼,要求:(1)确认市公安局未依法履行行政复议职责的行政行为违法;(2)责令市公安局继续履行行政复议职责。2019年12月18日,区人民法院作出行政判决,责令市公安局于本判决生效之日起60日内针对原告的行政复议申请作出行政复议决定。

(三)市公安局不服一审判决申请再审被裁定驳回

市公安局对此行政判决没有上诉,但在两年之后,向市中级人民法院申请

再审。我提出了如下五点答辩意见,要求市中级人民法院驳回市公安局的再审申请。

(1)本案涉及重复再审,与“再审一次”原则相悖。本案中,市公安局于2021年3月向区人民法院申请再审,被不予受理后,又以同一事实理由向市中级人民法院申请再审,显然违背了“再审一次”原则,属于重复再审,是对审判资源的浪费。

(2)本案已超过6个月再审申请期,不应启动再审,更不应让被申请人承担再审费用。

(3)市公安局作为行政复议主体适格,区人民法院判决事实认定清楚,具有执行性,并无不妥。

(4)被申请人邮寄方式合法有效,而市公安局所称内部机构未收到应当承担相应法律责任。

(5)未收到相关文书没有到庭、邮政快递内部流转丢失均空口无凭,纯属推卸责任。

市中级人民法院经过审理,依法驳回了市公安局的再审申请。

七、申请国家赔偿,一波三折,办案机关最终依法赔偿

2019年9月2日,我代谢卫东向区公安分局提出国家赔偿申请,要求:(1)赔偿因错误判决侵犯人身自由19天的赔偿金6588.25元,并支付精神损害抚慰金;(2)依法追究原办理本案民警的法律、党纪和政纪责任;(3)在媒体上公开赔礼道歉,消除影响,恢复名誉。

2019年10月21日,区公安分局作出赔驳字(2019)1号国家赔偿申请驳回决定书,决定不予赔偿。我代谢卫东依法向市公安局提出刑事赔偿复议申请,市公安局作出公赔复决字(2019)1号不予刑事赔偿复议决定书,维持了区公安分局的国家赔偿申请驳回决定书。

我代谢卫东依《国家赔偿法》第25条第2款“赔偿请求人不服复议决定的,可以在收到复议决定之日起三十日内向复议机关所在地的同级人民法院赔偿委员会申请作出赔偿决定”之规定向市中级人民法院申请作出赔偿决定。

2020 年 6 月 9 日,市中级人民法院作出(2020)内 01 委赔 1 号国家赔偿决定书,依法撤销区公安分局的国家赔偿申请驳回决定和市公安局的刑事赔偿复议决定,区公安分局赔偿谢卫东被限制人身自由 19 天的国家赔偿金 6588.25 元及精神损害抚慰金 1500 元,驳回其他赔偿请求。

以上区公安分局、市公安局、市中级人民法院的国家赔偿法律文书的编号可以说明,该案都是当年的"第 1 号"案件。

在市中级人民法院审理该国家赔偿案件时,区公安分局答辩称:

谢卫东涉嫌拒不支付劳动报酬案由区劳动监察大队于 2015 年 11 月 30 日移送至我局,经审查发现本案存在拖欠农民工工资的违法事实,谢卫东有作案嫌疑,需要追究刑事责任,2015 年 12 月 1 日立案侦查,并对逃匿的犯罪嫌疑人谢卫东进行网上追逃。

2016 年 6 月 12 日犯罪嫌疑人谢卫东被外地市公安局抓获,2016 年 6 月 18 日被接回送至市看守所羁押。2016 年 7 月 1 日接到区人民检察院撤销案件通知书,以犯罪主体错误为由通知我局撤销该案。2016 年 7 月 1 日区公安分局作出撤销案件决定,当场对谢卫东进行了释放。

《国家赔偿法》第 39 条第 1 款规定:"赔偿请求人请求国家赔偿的时效为两年,自其知道或者应当知道国家机关及其工作人员行使职权时的行为侵犯其人身权、财产权之日起计算。"谢卫东于 2019 年 9 月 2 日向我局提出国家赔偿申请,明显超过了两年的时效。区公安分局要求市中级人民法院驳回谢卫东申请国家赔偿的诉讼请求。

作为原行政赔偿复议机关的市公安局答辩称:(1)市公安局办理谢卫东国家赔偿复议案件程序合法、依据正确。市公安局作出的国家赔偿复议决定,通知申请人的委托代理人后邮寄送达,并在复议决定书中依法告知了其对复议决定不服的救济渠道。(2)市公安局对谢卫东作出的复议决定认定事实清楚、证据充分。

区公安分局对申请人作出的刑事拘留决定是因为其存在犯罪嫌疑,符合拘留条件。而且申请人自知道其案件被撤销后,未及时提起国家赔偿申请,已超过两年国家赔偿时效,因此市公安局作出的复议决定符合法律规定。

在充分听取了谢卫东、区公安分局、市公安局的不同意见后,市中级人民法院认为，本案区公安分局在移送区检察机关审查起诉后，因区人民检察院认为“犯罪主体错误”，下发撤销案件通知书，区公安分局同日撤销案件并向谢卫东送达了释放通知书，检察机关要求撤销案件，区公安分局依法作出撤销案件并未认定谢卫东本人存在犯罪事实。

2016 年 7 月 1 日区公安分局撤销案件并向谢卫东送达了释放通知书……根据《国家赔偿法》第 39 条的规定，赔偿请求人请求国家赔偿的时效为两年，自其知道或者应当知道国家机关及其工作人员行使职权时的行为侵犯其人身权、财产权之日起计算，但被羁押等限制人身自由期间不计算在内。

赔偿请求申请人因其他案件被羁押，赔偿义务机关及复议机关主张赔偿请求人未及时提起国家赔偿申请，已超过两年国家赔偿时效，不符合上述规定。

为此，市中级人民法院依法撤销区公安分局的国家赔偿申请驳回决定和市公安局的刑事赔偿复议决定，责令区公安分局赔偿谢卫东被限制人身自由 19 天的国家赔偿金 6588.25 元及精神损害抚慰金 1500 元，驳回其他赔偿请求。

八、本案辩护的几点思考和感想

（一）可用行政复议和行政诉讼督促办案人员依法行政

在日常生活中，受害人受到不法侵犯后向公安机关报案，有时会遇到敷衍和搪塞。这时其应当善用行政复议或诉讼促使公安机关履行法定职责。但申请复议或提起诉讼，需要曾经申请过公安机关履行法定职责或报案的证据，这就需要当事人学会留存证据。

公安机关对报案、控告、举报、群众扭送或者违法嫌疑人投案，以及其他行政主管部门、司法机关移送的案件，应当及时受理，制作受案登记表，公安机关接受案件时，应当制作受案回执单一式二份，一份交报案人、控告人、举报人、扭送人，一份附卷。

人民警察的任务是维护国家安全，维护社会治安秩序，保护公民的人身安全、人身自由和合法财产，保护公共财产，预防、制止和惩治违法犯罪活动。人民警察遇到公民人身、财产安全受到侵犯或者处于其他危难情形，应当立即救助;对公民提出解决纠纷的要求,应当给予帮助;对公民的报警案件,应当及时查处。

如果人身和财产权利受到侵害,应当第一时间求助公安机关,如果公安机关行政不作为或乱作为,可以依法申请行政复议或提起行政诉讼,推动公安机关办案人员依法履行法定职责。

(二)被撤销的刑事案件要坐实,防止"死灰复燃"

本案虽是一起刑事案件,但是牵扯了很多次的行政复议和行政诉讼,这么多次的行政程序都是为了撤销这个刑事错案。办理刑事案件,有时如同下棋,需要步步为营,让真相置于阳光之下,但很多真相又是行政机关以各种理由推脱而拒绝告知的。

这时,可以巧妙地运用行政程序,通过申请政府信息公开的方式,获取对犯罪嫌疑人或被告人有利的证据,如果持有证据的机关拒不依法提供,可以通过行政复议或诉讼的方式解决。如果行政机关不想或不愿提供,一般会有隐情,这时就需要律师作出正确的判断。

对于刑事案件,公安机关作出撤销决定,对委托人来说当然是好事,也体现了司法机关有错必纠的工作作风。但是,有些案件出于各种考虑也可能重新启动审查,这需要律师通过技巧性、专业性的工作,及时固定证据,让案件不再"死灰复燃"。

此外,办理刑事案件的律师需要有钉子精神,要学会综合运用组合或连环诉讼,锲而不舍地一步一步查证,去伪存真,帮助司法机关掌握真实情况,正确适用法律。律师的尊严来自依法办案,来自专业技能。

(三)不能将农民工讨要工资轻易定性为"恶意讨薪"

近期,有些地方对农民工讨要工资贴上"恶意讨薪"的标签,对讨薪的农民工进行处罚,引起热议。自古以来,就有"欠债还钱,天经地义"的说法,其法律上的术语其实就是"诚实信用原则"。对所谓的"恶意讨薪"进行打压,宽容欠薪老赖,触碰的是社会底线,让处于弱势一方的农民工的生存更加艰难,一个农民工的工资通常用于赡养老人、抚养子女、支付农用化肥、农药费用等基本开支，维系着一个家庭的正常运转。

执法机关在处理农民工工资问题时，需要以人为本，体恤农民工的不易，需要慎重看待涉及农民工因过激维权引发的围观事件。但凡不是被逼得走投无路，没有哪一个农民工会将自己的生死置之度外。正确的做法应是正面引导，依法督促施工单位或包工头及时支付工钱。动辄以“恶意讨薪”为名对农民工进行治安处罚，有落井下石、助纣为虐之嫌。

（四）对于恶意欠薪的施工方或包工头，律师要施以援手

本案涉嫌的是拒不支付劳动报酬，按说不符合我的价值观，之所以辩护，是因为我知道欠薪的是白云公司，而不是天一公司或谢卫东。白云公司只是想通过利用不明真相的农民工对谢卫东进行报案，策略无非是围魏救赵。这是我办案时常用的一种方式，自然不会让对方的图谋得逞。事实上，经过我对白云公司拒不支付农民工工资的投诉，该公司已经支付了农民工工资。这既解决了谢卫东的刑事问题，也让农民工工资得到支付。

在刚做律师那几年，每到年底，我便应媒体之邀，参与办理拖欠农民工工资案件，让许多农民工拿到血汗钱回家过年。有一次在青岛为一群湖北农民工追讨工钱时，包工头竟然抽出砍刀准备对我行凶。2003 年 9 月 10 日、15 日的《半岛都市报》《武汉晨报》分别以“20 余湖北民工雇家乡律师来青岛为民工讨工钱”和“武汉晨报法律顾问青岛维权，为湖北农民工讨工钱”为题报道，工钱最终全部支付。

律师应尽量多为弱者一方提供法律服务，在“鸡蛋”和“石头”之间，尽可能选择站在“鸡蛋”一边。律师的职业特性，决定了律师应通过法律手段制衡“石头”不要肆意欺负“鸡蛋”。当然，“鸡蛋”和“石头”是相对的，如果没有规则意识，不敬畏法律，“鸡蛋”有时会变成“石头”，“石头”也会沦为“鸡蛋”。

律师应当成为阻止强者欺负弱者的“照妖镜”，而非强者蹂躏弱者后的“化妆镜”。也许这样，律师职业才能得到公众尊崇。只有阻止强者挥起拳头，让受到委屈的弱者能哭出声来，给“鸡蛋”和“石头”创建和平相处的环境，社会才会更加和谐稳定。

第十二章　因经济纠纷引发的合同诈骗案最终被撤销

——陈建被控合同诈骗案

简要案情

陈建将经营10余年的某房地产公司40%的股权以8000万元的价格转让给席卫东等,股权价值源于房地产公司与区政府签订了一份协议,通过该协议,房地产公司入围某旧城改造项目的开发权。

因不按约定支付股权转让款,陈建申请仲裁,仲裁请求得到支持。案件进入执行程序,席卫东等向市公安局报案,称"房地产公司与区政府签订的协议是伪造的",剑指陈建股权转让的行为属于合同诈骗。

市公安局正式立案,通知银行和执行法院不得划款。因为涉及刑事案件,经熟人推荐,我介入本案,向市公安局提出法律意见和反映情况,反复与办案人员沟通交涉,又向几级政法、司法、纪委等机关去函反映。2018年11月27日,市公安局作出撤销合同诈骗案决定。

一、筚路蓝缕　艰难创业

陈建依法设立的鲲鹏公司在某市耕耘10年,发展成为本地有实力、有信誉的地产企业。在当地党委和政府的扶持、帮助和鼓励下,鲲鹏公司上下殚精竭虑,呕心沥血,终于将涉案房地项目发展为成熟的省重点棚改区项目,其中艰辛,非一般人能理解。

由于涉案房地产项目在老旧城区,虽然区位相对不错,但历史遗留问题较多,被拆迁户结构复杂,项目用地范围内国有土地收储数量为13宗,原破产倒闭企业15家,尚需解决破产企业下岗职工养老保险金等历史遗留费用问题,另外,还有大量被征收人是下岗职工,无经济收入和其他房屋,项目拆迁量大、成本高、周期长,加之区位原因,房地产市场发育较慢,改造及开发难度之大,超乎想象。

然而,陈建带领鲲鹏公司团队迎难而上,夜以继日,奋勇前行,排除无数障碍,有序推进项目。项目多次进入死胡同、陷入僵局,百般艰难之时,陈建带领鲲鹏公司不言放弃,通过智慧与勤奋,克服困境,最终不负众望,使得项目枯木逢春、起死回生。陈建及鲲鹏公司团队的努力得到区政府的肯定。

2013年4月18日,鲲鹏公司与区政府签订《临海湾地块项目协议》,约定由鲲鹏公司为老城区规划总用地面积约220亩的旧城改造项目唯一土地熟化投资人,享受棚户区改造的相关政策,政府通过项目改造解决项目区内的相关问题。

区政府负责协调市城投、国土、规划、建设等部门,对项目宗地启动土地征收、熟化、拆迁及各类程序,帮助鲲鹏公司办理项目规划建设等有关手续,推动项目进展。地块协议地价为178万元每亩,若乙方摘牌时地价超出178万元每亩,超出部分的区政府净收益甲方以奖励的形式返还给乙方,用于支持本地块基础设施建设。

二、引进融资　诱发纠纷

美好蓝图,前途无量,项目的高回报率仿佛就在眼前,吸引着资本和开发巨头的目光。也正是在这样的背景下,汇海集团实际控制人席卫东等通过体制内陈某某作为中间人联系陈建,并称:“前期做过市场调查和论证,觉得项目非常有优势,希望能够加盟,合作开发,共同发展,汇海集团正在申请一级开发资质。”

出于对体制内人员的信任,陈建感觉中间人陈某某比较靠谱。经陈某某对席卫东等一番极力推荐后,陈建感觉席卫东颇有诚意,人脉资源极其丰富,神通广大,又具有一定的开发资质和实力。陈建未做尽职调查即让席卫东等以参股的形式成为鲲鹏公司60%的控股大股东。

陈建说，席卫东得到股权后，就以控股股东的名义对公司实际控制，让其信赖的工作人员掌管公司财务，实现对公司的全面管理，安排章军等人走在前台，遥控指挥。很快，席卫东等称其已无钱再投入项目运营。鲲鹏公司被迫通过融资，包括贷款等方式，维持项目基本运营，希望推动项目加快进程，满足销售条件，解决当时困境。

地产行业需要办理许多行政审批，各审批环环相扣，稍有不慎或衔接不好，就会前功尽弃，这就需要开发项目的公司内部精诚团结，风雨同舟，共克时艰。陈建认为席卫东等人入主鲲鹏公司之后，有意无意地为项目推进设置障碍，拒不配合鲲鹏公司必要的经营。

陈建说，在这样的情况下，其一面需要应付席卫东等人"使绊子"，一面又要带领公司持续推动项目运行，忍辱负重，克服困难。

陈建介绍，随着经济形势开始好转，地产行业渐入佳境，项目前景日益显现，席卫东等人隔三差五找事，对事前承诺以各种理由和借口拖延，让鲲鹏公司不能就项目用地依法依规全面履行对政府及国土等部门及单位的承诺和约定。陈建感觉，席卫东等人的目的只有一个：通过上述有计划、有组织的行为，步步为营，步步紧逼，为项目设置障碍，希望她知难而退，退出公司。

陈建说，席卫东曾威胁她："这个项目，我们不怕同归于尽，但它是你陈建的全部身家，而我们有其他项目，输得起，也赔得起。要么你退出，要么我走人，只能二选一。"

面对咄咄逼人的进攻和利用经济优势地位的话语权，为了苦心经营的项目不至于前功尽弃，陈建被迫妥协，将鲲鹏公司最后40%的股权以8000万元的价格转让给席卫东指定的章军，个人所得税等由章军承担。席卫东、汇海集团、章军、鲲鹏公司提供担保，并约定了具体的付款条件。陈建带着满怀的不甘和委屈，退出了她一心打造的项目。

三、申请仲裁　引发刑案

然而，事情并没有因陈建的退出而终结，让她没有想到的是，当约定的"项目任一块土地拿到土地证，十日内支付股权转让款"条件成就后，席卫东等虽表示愿意付款,但提出延缓。陈建一而再再而三地交涉和沟通,希望对方信守承诺,及时付款,但席卫东等虽口头答应,就是拖着不付。陈建这时才醒悟到,“先转股再付款”也只是另一个坑罢了。

无计可施的陈建,迫于无奈,于2016年8月8日依据股权转让协议约定的争议解决方式,向某市仲裁委申请仲裁,同时申请对席卫东等银行账号进行查封。仲裁支持了陈建的全部仲裁请求,案件进入执行程序。

正当市中级人民法院准备划扣银行存款时,获悉市公安局接到席卫东等所谓合同诈骗报案,要求追究陈建的刑事责任。理由是陈建隐瞒了鲲鹏公司与区政府签订的《临海湾地块项目协议》是伪造的事实,骗取其签订股权转让协议。

本以为只是胡乱折腾,发泄情绪而已,但出乎意料的是,市公安局最终以合同诈骗罪正式立案,陈建这时才意识到,对方是要对自己赶尽杀绝!

市公安局作出立案决定后,办案人员立即通知银行和法院不得划款,并对执行款项进行冻结。胜诉的仲裁裁决瞬间如同“法律白条”,陈建还成为犯罪嫌疑人,面临刑事追究。如果合同诈骗的立案决定不能被撤销,那么司法实践中遥遥无期的刑事侦查,将可能导致已查封的执行款成为水中月、镜中花。

为了主张股权转让款和应付对方提起的一系列诉讼,陈建早前已有由民商法、公司法、仲裁法等领域身经百战的多名资深律师组成的专家律师团队。在专家团队律师的建议下,陈建决定聘请熟悉刑事辩护的律师加入,共同应对挑战。

在北京某知名律师的推荐下,我与陈建见过几次,经过对合同诈骗案件的分析和对证据的审查判断,见到了一份《临海湾地块项目协议》的复印件下方加盖的区政府办公室鲜红印章,注明“原件与复印件一致”,初步认定合同诈骗不能成立,在告知了各种法律风险后,决定接受委托。

四、办案思路　辩护策略

(一)用关键证据证明合同诈骗依法不能成立

对方报案的主要理由就是涉案的《临海湾地块项目协议》是伪造的。为证明《临海湾地块项目协议》的真实性，我向办案机关提交了一份《临海湾地块项目协议》的复印件。据陈建讲，该复印件是其从区政府办公室经查档后获得的，区政府办公室复印了一份，并在复印件上加盖印章，注明原件与复印件一致，原件存档。虽然对方涉嫌将原件隐藏，但区政府有一份原件。

《临海湾地块项目协议》也是取得正在进行的部分旧城改造项目开发的重要依据，其一直作为"荣誉"悬挂在鲲鹏公司，并依据《临海湾地块项目协议》获得相关退款及各种政策扶持，鲲鹏公司后续和政府机关及城投集团签订的协议，均是以该协议为据，进行延续。同时，对方还把《临海湾地块项目协议》作为证据向法庭及仲裁委提供。

（二）调出笔录证明《临海湾地块项目协议》真实

在对方对陈建提起的几起民事诉讼中，对方曾把《临海湾地块项目协议》原件作为对己有利的核心证据向法庭出示，并在法庭上阐述该协议具有真实性、关联性、合法性。我从民事案卷中复印出庭审笔录，把对方关于出示《临海湾地块项目协议》原件及对其真实性的论述用彩色笔标记出来，证明《临海湾地块项目协议》是真实的，对方也认可其合法性，还作为证据提交。

在对方对陈建提起的仲裁案中，对方还把《临海湾地块项目协议》作为证据向仲裁庭出示，并详细说明了该证据要证明的对象。我及时向公安机关办案人员提供了对方向仲裁委申请立案时提交的证据清单，该证据清单上明确标明了《临海湾地块项目协议》，并称该证据来源于自己，还在该复印件上加盖了印章，以证明该证据的真实性。显然，对方自认该协议是真实的，原件在对方手上。

（三）用对方提交的其他书证反推项目协议真实

对方向某市仲裁委提交了鲲鹏公司与区政府、城投集团三方签订的《临海湾改造项目投资合作补充协议》及《补充协议（二）》，分别作为证据，该两份协议均是对涉案协议的延伸和调整。例如，《补充协议（二）》第 8 条约定："乙（即区政府）、丙（即鲲鹏公司）双方同意不再履行 2013 年 4 月 18 日签订的《临海湾地块项目协议》。"

我到某市仲裁委复印出上述证据，提交给公安机关，证明《临海湾地块项目协议》是因,两份补充协议是果。没有《临海湾地块项目协议》,就不会有两份补充协议。正因为有《临海湾地块项目协议》,城投集团、区政府才与鲲鹏公司签订两份补偿协议,对《临海湾地块项目协议》进一步调整、完善与补充。这证明对方在享受两份补充协议的权益却以《临海湾地块项目协议》是伪造为由报案,自相矛盾。

(四)用对方败诉法律文书证明其报案动机不具正当性

对方的报案是“醉翁之意不在酒”,而是想利用刑事报案让陈建的胜诉法律文书成为“泡影”,这是对方报案的核心原因。只有抽丝剥茧,顺藤摸瓜,才能让对方的真实意图一览无余。而证明上述原因的最好办法仍是收集固定证据,让证据开口说话。

对方对陈建发起的几个民事诉讼,都被不同法院驳回,而其作为被申请人的案件,又被市仲裁委裁决其履行支付股权转让款的义务。我把这些判决书、裁定书、裁决书汇编成册,提交给办案人员。“冰冻三尺非一日之寒,滴水石穿非一日之功。”正是因为这种根深蒂固、水火不容的利益冲突,才导致对方刑事报案,希望达到围魏救赵、釜底抽薪的效果。

(五)用执行文书证明对方意图以刑事报案阻碍执行

我向办案人员提交了某市仲裁委裁决书、市中级人民法院受理强制执行受理通知书、市公安局合同诈骗罪立案决定书。其时间轴是:2017 年 4 月 26 日,某市仲裁委作出裁决书;2017 年 5 月 15 日,市中级人民法院受理陈建执行仲裁裁决的申请;2017 年 5 月 19 日,市公安局以合同诈骗为由正式立案侦查。市中级人民法院在受理强制执行申请 4 天后市公安局即对合同诈骗正式立案。

这三份法律文书上的时间,能证明对方报案属于缺乏正当性,其目的是阻碍执行,想让某市仲裁委作出的仲裁裁决成为“法律白条”。同时,我也对办案人员在执行关键节点作出的刑事立案决定进行质疑,并对其不按规定程序给市中级人民法院和银行打电话通知“不能划款”提出反对意见,质疑对方的报案行为和办案人员的立案行为的正当性、合理性。

（六）就本案错误立案向检察机关申请检察监督

为了维护法律的统一和正确实施，维护法律尊严，保护国家、企业、个人的合法权益，《刑事诉讼法》《人民检察院组织法》等授予检察机关以国家的名义行使检察监督权，对公安机关在刑事侦查中行使法律授予的刑事侦查权进行检查和督导，其目的就是要监督刑事侦查活动中公安机关是否越界。本案中，市公安局在仲裁裁决进入执行程序后作出的合同诈骗立案，有明显的干预经济纠纷之嫌。

我多次到市公安局，希望能在局长接待日见到市公安局负责人，但每次时间不对，未能见到说话有分量的领导。我预约市公安局法制支队的领导或其他工作人员，也没有成功，反而是信访接待的工作人员接待，蛮客气，但因为属于专业性问题，信访工作人员有心无力。我反复跑市人民检察院和省人民检察院，在检察服务中心窗口递交拟出的律师意见和证据材料。后来工作人员几次电话通知，已经转给了市公安局，要求办案人员依法依规重视律师意见，按程序办案。

（七）用出台的民营企业新政策质疑立案的合法性

最高人民法院明确要求：坚决防止将经济纠纷当作犯罪处理，坚决防止将民事责任变为刑事责任，让民营企业家专心创业、放心投资、安心经营，让财产更加安全，让权利更有保障。

最高人民检察院提出要求：依法保护企业家人身和财产安全的各项要求落实到立案、审判、执行全过程，以零容忍态度严肃查处利用审判执行权侵害民营企业和企业家合法权益的行为。

公安部发出通知：准确认定经济纠纷和经济犯罪的性质，严格掌握入刑标准，坚决防止刑事执法介入经济纠纷，坚决防止把经济纠纷作为犯罪处理；发现错拘错捕等执法问题的，必须在第一时间依法纠错。

我将上述内容从网上下载，作为本案应当依法及时撤销的参考资料提交给了办案人员，因为办案人员没有正式签收，谨慎起见我让助理再邮寄了一份。

（八）要求公安机关依法追究对方诬告的刑事责任

本起案件的起源是对方的报案行为，仅向办案机关提出律师意见，往往并不能实际解决问题，正所谓“解铃还须系铃人”。作为律师，应当对报案人依法使用法律武器进行反制，让其首尾难顾，分身乏术，牵制其精力和注意力，减少案件办理的阻力。

根据在案材料，尤其是能证明对方明知《临海湾地块项目协议》是真实的情况下，仍以该协议是伪造的为由报案，涉嫌诬告陷害。而且，在市中级人民法院审理案件过程中，对方出示了公安民警因刑事案件所作的讯问笔录和询问笔录等证据，该事项属于应当依法保密的侦查信息。为此，我质疑对方诬告陷害和非法获取国家秘密，并向监察委举报办案人员非法向对方泄露侦查秘密。

（九）找出10余份不构成合同诈骗案例给办案人员

说一千道一万，不如一份相同的案例更有说服力和分量。在办理刑事辩护案件时，用同类案例证明自己的辩护意见，有时可以起到一针见血的效果。

我在网上检索到各地法院宣判被告人无罪的合同诈骗罪的裁判文书，包括我办理的被某省高级人民法院再审改判的一份判决，涉案的合同诈骗罪被该院撤销。我将这些案件作进一步分析，只使用对民营企业家作出的与本案高度接近的无罪裁判文书，提供给办案人员。虽然中国不是判例法国家，但是裁判案例可能会对办案人员的内心确信产生重要影响。

（十）指出不能用刑事侦查否定生效民事裁判或裁决

我向办案机关提供了生效的民事判决和某市仲裁委的仲裁裁决书，这些法律文书对《临海湾地块项目协议》的真实性、合法性都予以了认可。生效法律文书认定的事实，可以直接作为认定事实的依据。《民事诉讼法》《刑事诉讼法》及相关司法解释已经有明确规定。用刑事手段否定生效的民事裁判或仲裁裁决，有法律上的障碍，否则，民事再审及仲裁撤销程序会形同虚设。

我在与办案机关的沟通中，始终强调生效民事判决和仲裁裁决的既判力和约束力，如果要否定生效民事判决和仲裁裁决已经认定的事实，需要先通过审判监督程序改变原来已经认定的事实。这一观点在一定程度上应当影响了办案人员的内心确认。所以，生效民事判决和仲裁裁决在合同诈骗最终被撤销中发挥了应有的作用。

五、无罪辩护　建议撤案

根据前述工作和提供的证据，经反复与市公安局、检察院等沟通，我向市公安局提出如下法律意见：

根据调查了解到的基本情况和核实到的证据材料，陈建的行为并不构成合同诈骗，建议贵局依法撤销案件：

（一）本案发生及演变的时间顺序

为厘清案件思路，证明席卫东等是为阻碍执行而虚假报案，特对案件演变关键时间节点归纳如下：

2013年4月18日，鲲鹏公司和区政府签订《临海湾地块项目协议》；

2013年7月24日，鲲鹏公司取得市国土资源局、市城投集团签发的《投资人资格确认书》；

2013年8月21日，城投集团、区政府、鲲鹏公司签订《临海湾地块投资合作协议》；

2014年4月14日，城投集团与鲲鹏公司签订《市旧城改造项目资金使用协议》；

2015年10月19日，陈建与章军签订《股权转让协议》；

2015年11月2日，陈建与章军、席卫东、鲲鹏公司、汇海集团签订《关于两份〈股权转让协议〉之补充协议》；

2015年11月16日，陈建与章军、席卫东等签署《交接确认书》；

2016年5月16日，鲲鹏公司取得涉案开发土地使用权的不动产权证书；

2016年8月8日，陈建申请仲裁，要求席卫东等支付股权转让款及逾期违约金；

2016年8月16日，鲲鹏公司办理了法定代表人变更登记，由陈建变更为

章军;

2016年10月8日,鲲鹏公司与城投集团以及区政府签订《投资合作补充协议》;

2016年10月18日,汇海集团以合同诈骗等罪名向市公安局报案,市公安局予以受理;

2017年4月26日,某市仲裁委作出裁决书,裁决章军等支付股权转让款及逾期违约金;

2017年5月15日,市中级人民法院受理陈建执行仲裁裁决的申请;

2017年5月19日,市公安局以合同诈骗为由正式对案件进行立案侦查,要求银行和市中级人民法院不得划款;

2017年6月27日,章军、鲲鹏公司、席卫东、汇海集团向市中级人民法院提出不予执行仲裁裁决被全部驳回;

2018年6月11日,市中级人民法院作出民事判决,驳回汇海集团要求陈建等返还9600万元投资款的诉讼请求;

2018年10月8日,省高级人民法院作出民事裁定,准许汇海集团撤回上诉,一审驳回起诉判决正式生效。

从以上时间节点可以看出,陈建与席卫东、汇海集团之间等是典型的经济纠纷,涉案《临海湾地块项目协议》以及《股权转让协议》的效力已经被司法机关及仲裁机构确认。面对即将强制划款的执行,席卫东等才使出了刑事报案的办法。

(二)所谓的合同诈骗纯属子虚乌有

2017年5月15日,市中级人民法院刚受理执行申请,席卫东等当即申请不予执行仲裁裁决,以貌似合法的方式,运用程序性权利对抗执行,同时又以合同诈骗罪报案,4天之后的2017年5月19日市公安局正式立案。办案人员以此为由,先口头通知市中级人民法院,不允许划款,随后冻结陈建对席卫东等已经申请财产保全的银行账户。

如前所述,席卫东已经通过代持人章军等,取得了鲲鹏公司100%的股权,实现完全控股。但席卫东又以自己实际控制的汇海集团之名报案,以"陈建时任法定代表人的鲲鹏公司和区政府签订的《临海湾地块项目协议》是伪造"的为由进行合同诈骗罪报案,剑指陈建。

作为报案理由的《临海湾地块项目协议》在区政府有存档,且有区政府加盖印章的复印件为证。另外,《临海湾地块项目协议》也是席卫东入围旧城改造项目开发的重要凭据,其一直作为重要"成果"悬挂在鲲鹏公司醒目位置。还以此获得相关退款及各种政策扶持,和政府机关及城投集团签订的协议,均是以该协议为据,进行延续。席卫东还把其作为证据向法庭及仲裁委提供。由此可见,席卫东等对《临海湾地块项目协议》的真实性一清二楚,心知肚明,仍然执意报案,涉嫌诬告陷害。

对《临海湾地块项目协议》的真实存在以及席卫东、章军、鲲鹏公司、汇海集团之间的关联关系,办案人员不可能不清楚,仍推动正式立案,匪夷所思。退一步讲,即便办案人员不知情,对于《临海湾地块项目协议》是否真实,在正式立案之前,只需到区政府简单调查,即能辨别真假。

在办案人员帮助席卫东冻结执行款后,席卫东等随即开始一系列滥诉。在当地业界制造影响和舆论导向,向相关领导诉苦,希望博得同情,想站在道德制高点,希望利用多年经营房地产积累的体制内人脉资源,对陈建进行法律打压。事实上,涉案项目土地已从不到170万元每亩飙升到了1000万元每亩,席卫东等获利丰厚。

随着钻法律空子的滥诉案件一个个失败,滥诉理由也被市仲裁委、省高级人民法院、市中级人民法院等全面依法驳回,席卫东等没有一起胜诉,以上充分证明其滥诉、缠诉的真实本质。

(三)报案人的行为涉嫌诬告陷害

捏造事实,作虚假告发,意图陷害他人,使他人受刑事追究,情节严重的,构成诬告陷害罪,可处3年以下有期徒刑、拘役或者管制。从客观行为可以推断主观故意,嫌疑人席卫东、章军等主观上具有诬告陷害的故意,因为涉案建设项目来源的主要依据是涉案协议。

在席卫东、章军等提起仲裁的其他案件中,其一直把该涉案协议作为证据提交。在陈建对席卫东、章军、鲲鹏公司、汇海集团提起仲裁的案件中,席卫东、章军等又把涉案协议作为证据提交。说明席卫东等对涉案协议的真实性心知肚明,具有诬告陷害的主观故意。

同时，席卫东、章军就该案向某市仲裁委提交了鲲鹏公司与区政府、城投集团三方签订的《临海湾改造项目投资合作补充协议》及《补充协议(二)》，分别作为证据，该两份协议均是对涉案协议的延伸和调整。例如，《补充协议(二)》第8条约定："乙(即区政府)、丙(即鲲鹏公司)双方同意不再履行2013年4月18日签订的《临海湾地块项目协议》。"

以上内容足以证实席卫东、章军等明知涉案协议真实客观存在，仍然以涉案协议系伪造为由剑指陈建进行合同诈骗报案，诬告陷害，希望使陈建受到刑事追究，并达到赖掉8000万元股权转让款之目的，主观故意，一目了然，铁证如山。

席卫东、章军诬告陷害陈建的犯罪动机极为明显。作为鲲鹏公司和汇海集团实际控制人的席卫东及鲲鹏公司总经理章军，在市仲裁败诉后，欲假借并利用市公安局实现其诬告陷害之目的，干扰司法机关的正常活动，犯意明显。席卫东、章军的诬告陷害行为客观上导致正式立案，造成严重后果。

(四)席卫东等涉嫌非法获取国家秘密

如前所述，在陈建向市中级人民法院申请执行时，席卫东等申请不予执行仲裁裁决，同时又以涉嫌合同诈骗为由报案，2017年5月19日，市公安局正式立案。2017年6月27日，市中级人民法院对不予执行仲裁裁决申请作出民事执行裁定，予以驳回。席卫东等又向省高级人民法院申诉，省高级人民法院委托市中级人民法院复查。经过听证，市中级人民法院于2018年8月2日再次作出执行裁定，驳回席卫东的申诉请求。

而席卫东等在申诉中陈述："申诉人向经侦支队提供了线索，办案人员查明了陈建提交仲裁的证据《临海湾地块项目协议》系伪造及变造的事实，该证据与区政府记载的该证据的存留底稿在关键词句上明显与陈建提供的证据不一致。"执行裁定第6页第2自然段已有记载。

同时，针对上述陈述，执行裁定第10页第2自然段也认定："陈建在仲裁过程中提交的《临海湾地块项目协议》是真实的。首先，侦查阶段的进度、结论等属于侦查秘密，申诉人不应当取得相应反馈……"

不管刑事案件是否成立，办案民警扣押的鲲鹏公司账本，依法属于侦查秘密，不能外泄。但是，席卫东等却可以获得该账本并委托会计师事务所进行了财务审计。可见,席卫东等对办案民警在办理刑事案件中的进度等属于国家秘密的侦查秘密,一清二楚。

《刑法》规定以窃取、刺探、收买方法,非法获取国家秘密的,处3年以下有期徒刑、拘役、管制或者剥夺政治权利;情节严重的,处3年以上7年以下有期徒刑。根据2010年《保守国家秘密法》第9条第1款第6项[1]之规定,追查刑事犯罪中的秘密事项属于国家秘密。

席卫东等非法获取国家秘密的行为已经被市中级人民法院生效执行裁定等法律文书所认定。除此之外,席卫东等还在首次仲裁环节提出的延期、中止等申请中承认已知道刑事案件的进展、过程、结论等情况,已生效的仲裁裁决也有相应记载。

(五)最高人民法院的裁判观点主张不要轻易动用刑事手段

最高人民法院于2019年1月3日就赵明利诈骗案作出(2018)最高法刑再6号刑事判决,再审改判赵明利无罪。最高人民法院的核心裁判观点是,对于市场经济中的正常商业纠纷,如果通过民事诉讼方式可以获得司法救济,就应当让当事人双方通过民事诉讼中平等的举证、质证、辩论实现权利,而不应动用刑法这一最后救济手段。将经济纠纷与刑事诈骗犯罪相混淆,动用刑事强制手段介入正常的民事活动,侵害了平等、自愿、公平、自治的市场交易秩序,进而对一个地区的营商环境造成较大损害。

该裁判观点释放出几点信号:一是能够通过民事诉讼方式解决的纠纷,应当优先通过民事诉讼方式解决;二是民事诉讼中有举证、质证、辩论,更有利于实现民事权益保护;三是如果民事诉讼方式确实解决不了,刑事方式应是最后选择;四是要慎重把关,不能混淆经济纠纷与刑事诈骗的区别;五是擅自动用刑事手段干预正常民事活动会对当地的营商环境造成伤害。

从法律定性层面进行分析,本案其实就是一起民事案件,是股权转让的问题,应当依据《公司法》进行定性。本案并非刑事案件,不能用刑事手段解决股权争议。最高人民检察院、公安部曾多次发布规定,禁止检察、公安机关插手经济案件、干预经济纠纷。

---

〔1〕 对应2024年《保守国家秘密法》第13条。

（六）现有政策不允许伤害民营企业家

1. 中央对保护民营企业家密集出台新政

中央近些年出台的保护民营企业的新政，数量之多，力度之大，内容之细，问题之广，实为罕见。可见，这将是长效机制，成为一段时间里中央的工作重点，绝不是一阵风。这些新政的具体内容，网上可查，本处只是将其名称逐一罗列，希望引起足够重视：

《中共中央办公厅、国务院办公厅领导干部干预司法活动、插手具体案件处理的记录、通报和责任追究规定》(2015 年 3 月 30 日)；

《中共中央办公厅、国务院办公厅保护司法人员依法履行法定职责规定》(2016 年 7 月 21 日)；

《中共中央、国务院关于完善产权保护制度依法保护产权的意见》(2016 年 11 月 4 日)；

《中共中央办公厅、国务院办公厅党政主要负责人履行推进法治建设第一责任人职责规定》(2016 年 12 月 4 日)；

《国务院办公厅关于进一步激发民间有效投资活力促进经济持续健康发展的指导意见》(2017 年 9 月 1 日)；

《中共中央、国务院关于营造企业家健康成长环境弘扬优秀企业家精神更好发挥企业家作用的意见》(2017 年 9 月 8 日)；

《最高人民法院关于建立健全防范刑事冤假错案工作机制的意见》(2013 年 10 月 9 日)；

《最高人民法院关于依法平等保护非公有制经济促进非公有制经济健康发展的意见》(2014 年 12 月 17 日)；

《最高人民法院关于印发〈人民法院落实《领导干部干预司法活动、插手具体案件处理的记录、通报和责任追究规定》的实施办法〉的通知》(2015 年 8 月 19 日)；

《最高人民法院关于完善人民法院司法责任制的若干意见》(2015 年 9 月 21 日)；

《最高人民法院关于充分发挥审判职能作用切实加强产权司法保护的意见》(2016 年 11 月 28 日)；

《最高人民法院关于为改善营商环境提供司法保障的若干意见》(2017 年 8 月 7 日);

《最高人民法院关于充分发挥审判职能作用为企业家创新创业营造良好法治环境的通知》(2017 年 12 月 29 日);

《最高人民检察院关于充分发挥检察职能依法保障和促进非公有制经济健康发展的意见》(2016 年 2 月 19 日);

《最高人民检察院关于充分履行检察职能加强产权司法保护的意见》(2017 年 1 月 6 日);

《最高人民检察院、公安部关于公安机关办理经济犯罪案件的若干规定》(2017 年 11 月 24 日);

《最高人民检察院关于充分发挥职能作用营造保护企业家合法权益的法治环境支持企业家创新创业的通知》(2017 年 12 月 4 日);

《最高人民检察院明确规范办理涉民营企业案件执法司法标准》(2018 年 11 月 15 日);

《司法部关于进一步发挥司法鉴定制度作用防止冤假错案的意见》(2014 年 2 月 13 日);

《公安机关人民警察执法过错责任追究规定》(2016 年 1 月 14 日);

《司法部关于充分发挥职能作用为民营企业发展营造良好法治环境的意见》(2018 年 11 月 10 日)。

2. ××省政府关于保护民营企业家的好政策

坚实的法治保障、良好的法治环境、优质的法律服务,为民营经济实现高质量发展所不可或缺。××省政府出台的《关于支持经济健康发展的十条意见》《关于支持民营经济发展的若干意见》等对此均作了详细规定。省高级人民法院、省人民检察院、司法厅、工商联等也出台了相关落实文件。这些规定对促进民营企业发展、改善营商环境,无疑具有重要的推动作用。包括公安机关在内的各级机关应当率先典范,严格遵守。

《关于支持经济健康发展的十条意见》明确,充分考虑,严格区分经济纠纷与经济犯罪的界限,防止把经济纠纷当作犯罪处理。对民营企业在生产、经营、融资活动中的经济行为,除法律、行政法规明确禁止外,不以违法犯罪对待。严格遵循法不溯及既往、罪刑法定、在新旧法之间从旧兼从轻等原则，以发展眼光客观看待和依法妥善处理改革开放以来各类企业特别是民营企业经营过程中存在的不规范问题。

综上，席卫东等人的所谓合同诈骗罪报案，欠缺事实和法律依据。席卫东等不履行约定，意图借用刑侦公权力，干预经济纠纷。想以合同诈骗罪为由报复陷害，阻碍执行，难以成功。

建议贵局立即撤销案件，对报案人席卫东等人涉嫌诬告陷害及非法获得国家秘密的行为进行追究。

我也将这份法律意见书提供给了市人民检察院，并不断与市人民检察院沟通联系，一位检察官回复我："已经给市公安局去函，要求就办案机关向市检察院回复律师提出的问题！"

六、撤销案件　执行终结

提交法律意见及情况反映后，办案人员一直没有动静，也没有回复。我反复与办案人员联系，办案警官说："你们再等等，一定会公正处理，给出一个令人信服的结论，公安机关需要靠证据说服和平衡报案人与嫌疑人两方。"

当时正是酷暑天气，即便热浪袭人，浑身冒汗，我仍多次奔波在市人民检察院、省人民检察院、省公安厅之间，拿着厚厚一摞材料，不厌其烦地到检察服务中心、信访中心讲述案件由来和法律关系，希望能够引起关注，让刑事案件尽快撤销。

2018 年 11 月的一天，办案人员打电话给我："褚律师，采纳了你提出的关于撤销案件的法律意见，市公安局已经正式撤销案件，你们可以到市公安局来拿撤销案件告知书。"

拿到市公安局的撤销案件法律文书后，我当即联系市中级人民法院，建议启动执行程序，依法划扣银行存款，并追加财产保全金额。还专门送去如下工作联系函：

关于建议对陈建与席卫东、章军等申请执行一案立即划款的工作联系函

市中级人民法院：

在贵院办理的陈建女士与席卫东、章军、汇海集团、鲲鹏公司仲裁裁决执行一案中，根据本案最新进展，恳请贵院对章军账号上的保全款项依法扣划，并对章军、席卫东、汇海集团、鲲鹏公司的财产追加查封、扣押、冻结。理由如下：

（一）市公安局对合同诈骗罪已经依法撤销

2018年9月18日，就本案执行，曾向贵院提交《关于立即督促市公安局就继续查封章军银行账号作出说明情况或直接划款的工作联系函》，指出“市公安局涉嫌借刑事侦查之名，以合同诈骗案干预经济纠纷，使已被陈建依法申请查封的被执行款至今无法执行，应当督促市公安局作出说明，给出理由”。

事后，经不断与市公安局沟通、交涉，并同时向检察、监察、纪委、政法委、中央巡视组等机关反映。2018年11月27日，市公安局作出《撤销案件告知书》，合同诈骗案正式撤销。同时，办案人员称：“席卫东等基于该案被冻结的银行账号已解封。”

（二）席卫东等执行申诉及撤销之诉被生效裁判否定

被执行人汇海集团就阻碍本案执行向贵院提起的执行申诉及撤销之诉，贵院已分别作出“（2018）×01执监26号”执行裁定和“（2017）×01民初834号”民事判决，驳回其执行异议申诉及撤销合同诉请。2018年10月8日，省高级人民法院作出“（2018）×民终1432号”民事裁定，准许汇海集团撤回上诉。至此，本案执行障碍已全部消除。

随着逾期违约金及迟延履行金的不断增加，原保全金额已不足以偿付。为确保陈建合法债权能及时全额实现，请对章军、席卫东、汇海集团、鲲鹏公司的财产，根据逾期违约金和迟延履行金实际增加额，追加冻结、扣押、查封。

综上，请贵院立即划扣章军账户上的资金给陈建，或划扣至贵院。同时，烦请贵院继续对席卫东、章军、汇海集团、鲲鹏公司的财产追加查封、扣押、冻结。

专此去函，请慎重考虑。

上述意见被采纳，截至目前，股权转让款及产生的逾期违约金，已执行至中级人民法院，大多数转付给陈建或陈建指定人的账户。

七、案件结束 思考总结

（一）能协商的纠纷尽量莫启动诉讼或刑事报案

在处理本案时，我深切地感受到了陈建作为公司的设立人的不易，其在涉案项目前期倾注了大量心血，被迫退出公司，心中的痛苦和不甘，能够理解。而席卫东等人主张的合同诈骗案件，更是在炽热灼烧陈建的火焰中仿佛加上一把干柴，陈建固然更加痛苦，旁观者也能感同身受。随意的报案和一个一个的诉讼，对宝贵的司法资源是巨大的浪费。

本案中，席卫东等人通过举报陈建合同诈骗，借用刑事公权力，以刑事追责来回避股权转让款的支付，延伸出多起诉讼，将自己和陈建拖入诉讼的泥潭，影响各自的经营活动，可谓两败俱伤。如果能通过协商、谈判、和解等方式解决，就不宜劳民伤财地去诉讼。

在商业活动中，各种市场主体及其实际控制人不应逾越正常的商业竞争界限，应当具备契约精神，不踩法律红线，发生纠纷，动辄就进行刑事报案，欠缺智慧不够理智。对民营企业家的刑事程序一旦启动，会有失控的可能，相互控告和举报，极易让民营企业陷入万劫不复、濒临破产境地。

在接受委托的第二天，我曾主动与对方电话联系，希望沟通与协商，但对方知道我是陈建新聘请的律师，二话不说，直接挂断。我又通过 EMS 给对方去函，希望能够和平处理，但是对方没有任何回音。其实，这是一起本可以和平解决的因股权转让款而引起的纠纷，诉诸法庭和刑事报案，确实没有必要。

（二）对涉民营企业家案件要区分罪与非罪的界限

2010 年 9 月，安徽某造船公司董事长闫家军，因虚报注册资本罪、合同诈骗罪，被和县法院一审判刑 14 年，其中因合同诈骗罪判刑 12 年。对于合同诈骗，闫家军并不认可，连续上诉、申诉，后经过安徽省、市、县三级检察院 7 年的持续抗诉,2019 年 12 月,法院判决闫家军不构成合同诈骗罪。

2019 年 3 月 18 日,河北省高级人民法院公布三起涉嫌合同诈骗犯罪的民营企业家被判决无罪案件。董某某合同诈骗被改判无罪案,张某民合同诈骗被改判无罪案,张某合同诈骗、职务侵占无罪案。同一天,河北省秦皇岛市民营企业家张艳女士所涉敲诈勒索案也被一审法院宣判无罪。

除此之外,其他各地法院也宣告了一些涉及民营企业家的刑事案件无罪,包括本书收录的一些案件。这些案件其实本可以在公安机关侦查阶段或检察机关审查起诉阶段过滤掉的,却最终走向法庭。

对如同魔咒的非法吸收公众存款、合同诈骗、职务侵占、挪用资金、虚开发票等罪名,应当准确定性,透过现象看本质。应当区分非法吸收公众存款与民间借贷之间的关系,需要厘清合同诈骗与民事欺诈之间的界限,必须鉴别职务侵占与正常资金调度的异同,务必分辨挪用资金与对公司借款之间的差异,识别虚开发票与合理避税之间的区别。

(三)民营企业家自己也要有法律红线的界限感

“法律面前人人平等”应当印在民营企业家的脑海,“遵纪守法”应当成为民营企业的最高行为准则。加强法制学习,提高法律素养,崇尚法治理念,增强法律信仰,应成为民营企业及民营企业家的日常。提倡切实保护民营企业和民营企业家合法权益,并不意味着民营企业家可以高人一等,法外开恩,为所欲为。否则,就是破坏法治。

作为民营企业家,也要有法律红线意识,不要侥幸地游离于法律红线附近,更不要肆无忌惮地踩法律红线。民营企业家要筑牢守法合规经营底线,依法经营、依法治企、依法维权,认真履行环境保护、安全生产、保障职工权益等责任。民营企业要遵法守法、合法经营,塑造良好形象。

民营企业和民营企业家要重视法律顾问或外聘律师对企业合法经营的作用,将各种法律风险控制在萌芽状态,多做预防工作,避免法律风险无限放大,到时后悔莫及,无法逆转。不要抱有“小事不断,大事不犯”的侥幸心理,往往小事酿成大错,甚至犯罪。对民营企业而言,法律风险是毁灭性风险,一步走错,可能是万丈深渊,穷途末路。

第十三章　按林地承包合同发展林果业却成“犯罪嫌疑人”

——秦春平涉嫌非法占用农用地案

简要案情

秦春平响应当地招商引资政策，与某林场签订一份《林地承包经营合同》，约定用林间空地、沙化地、荒地种植果树，发展经济林。秦春平先后投入几百万元开始播种育苗，让曾经荒芜的土地开始增添新的生机，仿佛成功就在眼前，掩饰不住内心的喜悦。

事与愿违，两年后，依合同办事的秦春平被当地林业公安局定性为“毁林开荒”，随后被以涉嫌“非法占用农用地罪”刑事拘留，关押在林场所在地的县看守所。经我据理力争，林业公安局撤销案件，秦春平恢复自由。

不久后，市林业局依据林业公安局提供的案件材料向秦春平开出超千万元的林业行政处罚。秦春平不服，提起行政诉讼，一审法院维持林业处罚决定。上诉后，二审法院撤销一审判决和林业行政处罚决定，此案画上句号。

此案曾引起中央电视台、新华社、《中国青年报》、原《法制日报》、《武汉晚报》等10余家媒体的关注，并进行报道，成为当时的舆论焦点。

一、投资林果业把自己送进看守所

2008年我刚从外地转到北京执业，一天，我坐在宽敞的办公室里正美滋滋地看着北京市司法局新发的《律师执业证》，突然接到一个电话，电话那一端是急促的男中音：“褚律师，我按承包合同在林间空地栽种果树，林业公安局说我开荒毁林，准备抓我，想请你以后做我的律师。”

“没有问题，只要有人抓你，你就让家人联系我，我刚拿的《律师执业证》正好可以派上用场！一定不要忘了把我的手机号或座机号告诉你的家人。”初生牛犊不怕虎的我之所以在电话里对他信誓旦旦地说，是因为我曾在当地办理过刑事案件，早已找到在当地办案的感觉。

正当我忘了此事时，接到一个当地的电话，他说他的好朋友被林业公安局刑事拘留，关进了县看守所，是好朋友托他打的这个电话。律师的工作有时与医生抢救危急病人一样，需要与时间赛跑。我放下电话，二话不说，带上律师事务所提前开好的介绍信、指派函、委托书等法律文书直奔机场。

我先从北京飞到省城，再从省城坐了一夜的绿皮火车，抵达离当地县城最近的火车站。见到当事人及其家属，基本上明白了来龙去脉，原来是一起林业公安局认为的“毁林开荒”而承办户认为“按承包合同发展林果业”的案件。

当事人家属提供了县政府文件、《林地承包经营合同》、承包费发票、林地图片等材料，根据这些材料，到林地实地进行了实地查勘。我发觉存在林间空地“开荒”的现象，但“毁林”一说与客观事实不符。

事发林地现场，虽名为林地，但是，树与树之间的间距非法大，非常稀疏。几十亩的林地里可能就几棵树，有些上百亩的林地是寸草不生的沙化地，一片荒芜景象。树木比较密的地方，可能有一些大小参半的树集中在一起，但占绝对少数。而承包户就是利用林中空旷的空地、撂荒地、沙化地进行复垦，栽上红枣、核桃、苹果、梨子等果树，在 3 年的不挂果期再套种上棉花、玉米等经济农作物。

遗弃的房间上的标语和树上刻的字迹，能够证明这些林间空地早年曾被耕种。现在复垦，先栽果树，再套种经济农作物，并没有改变撂荒地的本质属性，只是让土地恢复到以前的正常状态。

林间空地种植果树，不但可以改变树种的结构，而且改善了土壤质量，让曾经稀疏的林地可以在几年之后变成瓜果飘香、绿树成荫的真正的森林美景，脆弱的生态环境会得到极大地改善。根据初步判断，秦春平的行为，不但无过，而且造福子孙后代。

二、针对本案的辩护思路与策略

（一）用林地承包合同证明不是开荒毁林，而是执行合同

根据当事人家属提供的与林场签订的《林地承包经营合同》可以看出，秦春平是应林场的邀约来此投资，发展当地经济，林场的发包行为是根据林场的上级主管部门县林业局的统一部署实施的，而林业局又是根据当地县政府关于招商引资发展林果业的指示精神所为。

上述基本事实，在当地统一格式的《林地承包经营合同》的开头就已经开宗明义，发包行为并不是林场的自作主张，而是全县各地林场的统一行动。在收集证据的过程中，还获得了其他林场与承包经营户之间签订的版本基本一样的格式合同。既然是依合同办事，“毁林开荒”就依据不足。

（二）用政府文件证明利用林间空地发展林果业是统一行动

在整理证据的过程中，我发现了县政府的两份文件和几份会议纪要。根据记载的内容可以看出，为了让全县范围内的各个林场充分发挥各自优势，把林间空地集中利用，发展林果业和经济林，改善树种机构，复垦撂荒地，是当初县政府的重要工作，而且县政府的该项工作也是根据上面的统一安排进行的。

县政府的工作，也是改善民生、发展经济、环境治理、水土保持、防沙固土、扶贫攻坚的重要举措。而秦春平出钱、出力，响应县政府号召，与林场签订《林地承包经营合同》，让曾经的荒无人烟之地变得生机一片，开始泛绿，这不但不是“毁林开荒”，而且是“功在当代利在千秋”的植树造林。

（三）几年后成林的果树具有防风固沙保持水源的重要作用

查询当地的县志和相关档案可以发现，由于风沙的推进，林地的水土有流失现象，附近的河床也在缓慢改道，上游来水逐年减少，因缺水，植被干枯，水土遭到不同程度破坏。加上树木之间的间距过大，相互之间不能有效遮阳，使得树下水分蒸发，让树木根系的水分供应减少，树木枯死的现象时有发生。

根据当地农牧民提供的照片，林地中的许多树因水分供应不足，出现枯黄败落的痕迹，野生动物逐年减少。而秦春平引水灌溉，去沙化，让林地的树林重新焕发生机，植被得到极大改善，树木的病虫害明显减少，各种小野生动物开始出现，生态环境得到恢复。

（四）鉴定机构作出的评估鉴定结论未遵循科学的鉴定方法

审阅评估鉴定结论，我发现一些“硬伤”，该机构及其载明的鉴定人员没有省级司法行政主管机关颁发的司法鉴定机构和司法鉴定人员执业许可，鉴定机构和鉴定人员主体资格不符合法定条件。鉴定结论中最重要的内容是面积测绘，而鉴定机构并不具有法定的测绘资质。

进一步审阅鉴定结论发现，没有鉴定人员到现场实地勘查的照片或文字记载，“被毁林地”的测绘坐标不明，这些地方以前的状况如何？没有可以参照的卫星图片或其他参考物证，在鉴定结论中确定为“开荒毁林”面积的依据不足，计算出来的损失数额也难以让人信服。

（五）假定存在林地被占用，责任也在当地政府和林业部门

全县组织各林场利用林间空地、沙化地、撂荒地等发展林果业，种植农作物，既改善了生态环境，又促进了地方经济，解决了就业问题，减少了林场病虫害，是一举多得的善举，民心所向，利国利民，国家不花一分钱，让民间资本参与环境治理，可谓双赢。

即便是假定存在侵占林地的行为，责任也不在秦春平这样无数的林地承包经营户，依县政府号召，签订承包合同，得到县林业局鼓励，秦春平何罪之有？哪些林地能否发展林果业？作为承包人的秦春平是不知道的。如果确实存在侵占或破坏林地的行为，责任在县政府、林业局、林场，秦春平无责。

（六）当地为获取国家补助将非公益林地列为重点公益林

就涉案林地的问题，我走访了三级林业行政主管机关，也向护林员及林场中原职工进行了调查核实，得出的初步结论是，由于历史原因，当地可能为了更多地获得国家的公益林补助，在划定公益林和重点公益林范围时，将不

具备条件的林间空地、沙化地、撂荒地等林地统一申报为公益林或重点公益林。

而为了获得公益林补助,使原本不属于公益林的林地得不到合理利用和改善,树种结构无法改善,水源得不到保证,树木枯黄病死,让林地逐渐失去生机,植被越来越稀疏。而能改善生态环境林果业,却又违反了公益林和重点公益林的保护规定,这就是本案的根源所在。

三、提出无罪辩护意见,案件最终撤销

根据调查核实的相关情况,结合案情和上述思路,就秦春平不构成"非法占用农用地罪"提出了如下辩护意见,建议撤销案件,释放秦春平:

(一)即便存在林地被侵占,责任也在发包方及当地政府

辩护人提供的县政府的文件分别记载:(1)用河道两侧的林地发展林果业,争取在短期内完成经济林和果树的全覆盖,建起绿色长城,防风固沙,遏制沙尘暴,防止水土继续流失;(2)在林间空地、沙化地、撂荒地发展经济林和林果业的目的,就是要盘活闲置地,增加当地农牧民的就业或收入,改善生态环境;(3)带领林场农牧民脱贫致富是当前的中心工作,在不损害国家重点公益林和特殊稀有树种的情况下,实现经济效益和生态效益的双丰收。

作为普通人的秦春平对县政府文件的权威性深信不疑,正因为对政府文件的信赖,才举债几百万元积极响应林场的招商引资政策,签订《林地承包经营合同》,修建水渠,硬化路面,架线通电,根治虫害,进行大规模投资,改善林地的通行和环境。让曾经暮气沉沉、荒无人烟的林地重新焕发生机与活力。

事实证明,秦春平是基于对县政府文件公信力的信赖,而县政府的文件证明林场发包闲置的林间空地和弃耕地的行为是按照县政府的统一部署所实施的,发展利用公益林的空余地和宜林地发展经济林基本涉及全县乡镇和林场。

从其他渠道获得的信息已知,个别主管林业的县领导已因提倡、主导、推广利用林间空地发展林果业被上级检察机关依法采取强制措施,涉嫌职务犯罪的

正在立案侦查之中。进一步证明，秦春平利用林间空地发展林果业的行为是依合同办事、按文件执行，并非“非法”占用农用地或林地。即便假定存在犯罪行为，也应当是由林场、林业局、县政府的直接责任人或主管负责人承担责任。

（二）秦春平的行为不符合非法占用农用地的构成要件

为了惩治毁林开垦和乱占滥用林地的犯罪，切实保护森林资源，2001 年 8 月 31 日，全国人大常委会通过了《刑法修正案（二）》，将 1999 年《刑法》第 342 条修改为：“违反土地管理法规，非法占用耕地、林地等农用地，改变被占用土地用途，数量较大，造成耕地、林地等农用地大量毁坏的，处五年以下有期徒刑或者拘役，并处或者单处罚金。”

2001 年 8 月 31 日，全国人大常委会还就“非法占用农用地”罪名作出立法解释，明确指出，《刑法》第 342 条规定的“违反土地管理法规”是指“违反《土地管理法》《森林法》《草原法》等法律以及有关行政法规中关于土地管理的规定”。也就是说，省的地方法规、政府规章和省市政府规范性文件中的规定不能作为追究刑事责任的依据。

《最高人民法院关于审理破坏土地资源刑事案件具体应用法律若干问题的解释》第 3 条规定：“违反土地管理法规，非法占用耕地改作他用，数量较大，造成耕地大量毁坏的，依照刑法第三百四十二条的规定，以非法占用耕地罪定罪处罚：（一）非法占用耕地‘数量较大’，是指非法占用基本农田五亩以上或者非法占用基本农田以外的耕地十亩以上……”

根据上述规定，构成非法占用农用地必须主观上具有故意，客观上实施了非法侵占农用地的不法行为，损害了《土地管理法》《森林法》《草原法》等法律及行政法规中对农用地、林地、草原的管理制度。

秦春平主观上并无故意非法占用农用地的故意，其利用林间空地、沙化地、撂荒地发展林果业和经济林不但有明确的合同依据，而且也有林场、林业局、县政府的文件及招商引资政策为证，秦春平的行为是合法行为，执行的是截至目前并未被法院或仲裁机构确认无效或撤销的《林地承包经营合同》，不是故意非法占用。

(三)秦春平不是犯罪嫌疑人,而是被误导的受害人

根据现有证据,全县各林场利用林间空地、弃耕地、沙化地发展经济林和林果业,林场对广大承办户发包,已获得县林业局的书面同意,发展经济林是依县政府的统一部署实施的,不存在非法占用农用地或林地的行为。经过秦春平的大量资金投入,修路打井,果树已经逐渐长大,生态价值显现。

即便假定存在林地被侵占,责任也不在秦春平,而在县政府、县林业局、林场,秦春平是承包合同的受害者。根据现有证据,连林业主管部门的县林业局都无法区分公益林和重点公益林区域,作为普通人的秦春平,更不能过高地要求他应当准确判断什么是公益林地,什么是重点公益林地。

林场发包的区域和秦春平承包的区域,都是林场在上级主管部门的指导和安排下划出坐标,再确定面积和区域的。全县的各林场都是这种操作模式,相关新闻媒体也对当地发展经济林和林果业的模式进行了报道,县领导干部还到各林场考察、观摩、指导。

因为秦春平承包面积相对较大,林业局的相关领导还亲自去鼓励,让其安心扎根林场,带动附近农牧民和林场待岗职工就业,传授林果种植经验,为脱贫致富闯出一片天地。两年之后,曾经的脱贫致富带头人竟然就成了所谓的"开荒毁林"嫌疑人。

综观上述客观事实,秦春平是守约的合同一方,依据《合同法》(已失效,2021年1月1日被《民法典》取代)第8条"依法成立的合同,对当事人具有法律约束力。当事人应当按照约定履行自己的义务,不得擅自变更或者解除合同。依法成立的合同,受法律保护"之规定,秦春平与林场签订的《林地承包经营合同》受法律保护,对其以"非法占用农用地"立案侦查涉嫌公权力滥用,以侦查手段干预承包合同。

(四)非司法鉴定机构作出的鉴定结论不能作为定案依据

为了加强对鉴定人和鉴定机构的管理,适应司法机关和公民、法人和其他组织进行诉讼的需要,规范司法鉴定行为,保障诉讼活动的顺利进行,2005年2月28日,全国人大常委会审议通过了《全国人民代表大会常务委员会关于司法鉴定管理问题的决定》,该决定第1条规定:"司法鉴定是指在诉讼活动中鉴定人运用科学技术或者专门知识对诉讼涉及的专门性问题进行鉴别和判断并提

供鉴定意见的活动。”

该决定第3条规定:“国务院司法行政部门主管全国鉴定人和鉴定机构的登记管理工作。省级人民政府司法行政部门依照本决定的规定,负责对鉴定人和鉴定机构的登记、名册编制和公告。”也就是说,司法鉴定只能由各省级司法行政主管部门颁发了执业许可证的司法鉴定机构和司法鉴定人员依照法定程序进行,其他机构作出的鉴定结论不能作为诉讼中的定案依据。

本案出具鉴定结论的机构是一家林业规划设计公司,其虽持有国家林业局颁发的林业规划设计证书,但不能替代省司法厅颁发的《司法鉴定机构执业许可证》,鉴定结论上署名的工程师更不能代替持有《司法鉴定人员执业许可证》的司法鉴定人员。故其作出的鉴定结论因主体资格不合法在本案中不能作为定案依据。

提请注意的是,该鉴定结论只是对面积的简单测绘,所谓的毁林面积只是参照原公益林的界定图片及其他区域林木的现有特征进行的推测,最终依据林地征用的补偿标准确定了损失金额,没有证据证明这家林业规划设计公司具有物价司法鉴定资质。众所周知,刑事案件是最严厉的惩罚,不同于民事及行政案件,需要严格的证明责任,不能靠推测和猜测,鉴定结论必须有确凿、充分的依据。

另外,根据法律规定,侦查机关为了查明案情,需要解决案件中某些专门性问题的时候,应当指派、聘请有专门知识的人进行鉴定。鉴定人进行鉴定后,应当写出鉴定结论,并且签名。本案中的鉴定结论打印了所谓专家的姓名,但并没有实际签名,鉴定结论上的所谓专家是否真正参加了鉴定工作,无从查证,严重存疑。

(五)只追究秦春平而不对真正的责任人追责缺乏正当性

秦春平只是严格按合同办事,依照合同的约定对林间空地、撂荒地、沙化地进行合理开发利用,并没有损害《刑法》所保护的“法益”,秦春平出资改善土壤、修渠引水、根治虫害、治理沙化地、恢复撂荒地。让一片荒芜之地变得充满生机,焕发春意,瓜果飘香,任何一个稍有正常思维的人都能够判断秦春平是有功之人,应当得到社会的尊重和肯定,正是有千千万万像秦春平这样勤劳肯干的普通劳动者,才有了社会的不断进步和环境的日益改善。

站在客观公正的立场,县政府、林业局、林场的基本出发点也是善意的,其目标是利用林间空地发展林果业。让林场中常年以林场为生的农牧民获得就业机会,学到果树种植技术,赚到生活日常开支,获得灌溉水源。让落后、偏远、贫瘠的荒无人烟的林地得到各种物质补充。可以说,出发点并没有任何问题,目的是改善民生。

截至目前,全县没有听到任何因利用林间空地招商引资发展经济林和林果业而发生的腐败现象。这说明当地的领导干部是干实事的,心系经济发展,一心为公,没有私利。如果工作中由于认识不到位,对上级领导讲话理解不透,哪怕发生一些偏差,也应当以包容之心待之。

本案中,无论是发包方的林场和承包方的秦春平,还是主管的林业局和上级县政府,应该都无过错,发展经济,脱贫致富,应是当地最重要的中心工作。不能用一些机械的条条框框对基层工作进行评价,基层有基层的难处。如果因为个别工作人员违法乱纪、滥用职权导致局部公益林或重点公益林被毁,应当追究。但不能用个别现象以管窥豹、目光狭隘地认为林场存在的个别毁林开荒行为就是普遍现象。

再退一步,如果秦春平承包的林间空地确实属于国家公益林或重点公益林,但并没有改变林地的用途和性质,也没有毁坏一棵树,只是在林间空地种植经济林和果树,让稀疏的林地变得郁郁葱葱,焕发生机,让林场成为名副其实的林场,而不是由荒地、沙丘、沙化地组成的徒有虚名的林场。

如果秦春平的行为确实损害了公益林或重点公益林,应当追究责任的是林场、林业局、县政府的直接责任人或主管人员,这是很浅显的道理。现在对秦春平刑事拘留,采取强制措施,而对其他人不闻不问,这样"欺软怕硬"的选择性执法行为欠缺正当性、合理性、合法性。

如果是因为要追究林场、林业局、县政府的相关人员的刑事责任,应当由检察机关立案侦查,可以依法向秦春平调查取证。不能采用先将秦春平刑事拘留的方法为检察机关追究职务犯罪提前准备证据,林业公安机关与检察机关的管辖范围有着明确的规定,不能互相渗透或替代,非法占用农用地由公安机关侦查,公职人员的职务犯罪由检察机关管辖。

(六)为获取补充将非公益林申报为公益林是本案的症结所在

当地是欠发达县,目前还比较贫困,正因为这种经济落后状况,当地为了尽可能多地获得公益林和重点公益林补助,在历史上的公益林和重点公益林申报和界定时,将并不具备公益林和重点公益林的林间空地、撂荒地、沙化地一并申报为公益林和重点公益林,当时为获得补助的饮鸩止渴行为为后来的经济发展埋下了无穷隐患。

一边是大面积的林间空地、撂荒地、沙化地被闲置,导致水土流失,树种结构单一,病虫害频发,野生动物减少,河流改道,另一边又是附近的农牧民生活贫困,林场支出入不敷出,现有的树木无法得到有效的管护。正是在这种情况下,林场、林业局、县政府才明白了当初将不符合公益林要求的林间空地、撂荒地、沙化地统一申报为公益林产生的“死循环”。

也许是为了帮助林场从困难中突围,县林业局、县政府才想到了自力更生。看着省委、省政府领导在电视上和报纸上的发展林果业、搞活经济的讲话,当地才开始进行招商引资,借用社会资本让林场闲置的土地“变废为宝”。

需要提请注意的是,刑事诉讼的基本出发点是实质重于形式,必须要尊重客观事实,而不是一味机械地执行形式上的东西,尤其是在形式上的有些东西本是错误的情况下。涉案林地可能从形式上是公益林或重点公益林,但是必须尊重客观事实,该林地本质上不符合公益林或重点公益林的基本条件,是当初为获取补助而滥竽充数的结果。

是公益林就是公益林,不是公益林就不是公益林,即便列入或划入了公益林范围,也改变不了其原本就是沙化地、撂荒地的客观事实。刑事诉讼应当具有一定的情感与温度,不能一味地死抠条款机械执法,最终导致经济发展滞后、林场重回落后状况、承包户投资利益受损、脱贫致富无望、农牧民无业可就的境地。

综上,秦春平的行为不符合“非法占用农用地”的基本特征,不应认定为犯罪行为,建议林业公安局撤销案件,及时释放秦春平,果树林离不开他的打理,继续羁押可能导致果林因得不到水源补充而成片干死。

林业公安机关为了保护国家公益林办理此案没有错,当地为了发展地方经济也没有错,秦春平投资林场实现人生目标更没有错。错就错在由于历史的原因把非公益林地划定成了公益林和重点公益林地，导致现在的合理行为可能涉及损害公益林地，这就是症结所在，需要林业公安机关智慧地处理好个人、集体、国家三者之间的关系。

几天之后，林业公安机关对秦春平取保候审，再后来，林业公安机关撤销案件，此案刑事部分画上句号。

四、刑事案件刚被撤销，惹千万元林业行政处罚

（一）林业行政处罚被一审法院维持

刑事案件被撤销后几个月，秦春平接到市林业局的林业行政处罚决定，责令秦春平支付千万元的罚款。我代秦春平向市林业局所在地的某区人民法院提起诉讼，要求撤销行政处罚。

针对我在法庭上的发言，市林业局称，秦春平在公益林地进行毁林开垦，违反了土地管理法规，改变了被占用林地的用途，造成林地原有植被毁损，市林业局依据《森林法》及《森林法实施条例》的规定进行处罚，事实清楚，程序合法，适用法律正确，市林业局要求法庭驳回秦春平的诉讼请求。

我在法庭上指出，秦春平的行为有《林地承包经营合同》为据，涉案林地名为公益林，实为荒地和沙化地，并没有发生改变林地性质和用途的情况，经过秦春平的投入治理，涉案地块已经焕发生机，生态环境得到显著改善，植被逐渐恢复，水土流失现象得到遏制。

行政处罚的前提是行政相对人的行为具有违法性，而秦春平依据合同约定，利用林间空地发展经济林和林果业，让当地的农牧民的就业问题得到解决，且带动了林场待岗人员从事果树种植的积极性。而且该行为得到林场、林业局、县政府的认可、支持、肯定，秦春平的行为既不具有社会危害性，又不具有违法性，不应给予行政处罚。

根据《行政处罚法》的相关规定，作出行政处罚，应当先告知，听取被处罚人的陈述和申辩意见，金额较大的行政处罚应当依法举行听证。在作出行政处罚

前，应当由作出行政处罚的机关进行集体讨论，作出的行政处罚应当事实清楚，证据充分，定性准确，适用法律正确，程序合法。市林业局作出的行政处罚不符合上述要求，应当依法撤销。

最后，一审法院没有听取我提出的出庭意见，作出一审判决，维持了市林业局作出的林业行政处罚。

该院认为，秦春平在国家公益林区发展林果业，种植经济林，开垦了国家已经划定的公益林中的林地，对公益林地造成损害，该行为违反了《森林法》第23条〔1〕，应当依据2000年《森林法实施条例》第43条〔2〕的规定进行处罚。

市林业局作出的林业行政处罚认定事实清楚，证据充分，程序合法，适用法律正确，定性适当，应当予以维持。

秦春平等不服，当即提起上诉。

(二)林业行政处罚被二审法院撤销

几个月后，二审法院对此案进行二审开庭审理。这一次，市林业局拿出自称是从军方借来的卫星图片，证明涉案林地原来是绿色一片，坚称遭到了毁林行为，毁林和非法开垦林地的事实是客观存在的。认为无论是原林业行政处罚还是原一审行政判决，在认定事实和适用法律方面完全正确，程序合法，要求二审法院维持原判，驳回上诉。

针对市林业局的辩解，作为秦春平的委托代理人，我提出了如下观点：

一是行政处罚的立案和调查均存在违法，作出行政处罚前没有提前告知并听取申辩意见，作出的行政处罚也没有提前进行集体讨论，许多必定的法定程序被逾越。

二是测绘报告不是由法定的测绘部门或机构作出的，主体不合法，该测绘报告没有将宜林地、撂荒地、沙化地、林间空地进行区分，也没有把林地开垦和撂荒地复耕的面积作出准确界定。

三是本案的基本事实不清，按照县林业局的要求，先种果苗，再在果苗间套

---

〔1〕 对应2019年《森林法》第39条。

〔2〕 对应2018年《森林法实施条例》第43条。

种两年的农作物,这符合县林业局的要求。秦春平的行为究竟是合理开垦,还是毁林复耕,没有查清。

四是林业行政处罚无视林间空地、撂荒地、沙化地客观存在的事实,林场在100年前,就有农牧民在此休养生息,以耕地为生,树皮上留下的文字可以清楚地证明这一点。

五是特殊树种的特点,决定了该林场不同于其他的林场,方圆一平方千米只有一棵树或几棵树的情况客观存在。这么大的林间空地、弃耕地种植经济林符合生态效应,没有毁林一说。

二审开庭后两个月,法院作出终审判决,撤销一审判决,撤销林业行政处罚决定。

二审法院认为,行政处罚没有遵循法定程序,违反了《林业行政处罚程序规定》的相关规定,根据《行政处罚法》第41条"行政机关及其执法人员在作出行政处罚决定之前,不依照本法第三十一条、第三十二条的规定向当事人告知给予行政处罚的事实、理由和依据,或者拒绝听取当事人的陈述、申辩,行政处罚决定不能成立;当事人放弃陈述或者申辩权利的除外"[1]之规定,市林业局作出的林业行政处罚依法不能成立。

二审法院还认为,市林业局在作出行政处罚决定之前,没有把宜林地开垦、撂荒地复耕、林间空地中的农作物套种进行必要厘清,是否改变林地的用途没有查清、查实,林业局对提出的开垦复耕等具体要求没有进行充分考虑,违法责任构成及过错大小没有区分。

五、办理此案的几点感想与体会

(一)应用公正的思维看待秦春平行为积极的一面

在我个人看来,秦春平的行为不但无过,而且有功,应当受到奖励。涉案树木之间存在大量的林间空地,已经严重沙漠化、盐碱化,自然环境不断恶化。果

[1] 对应2021年《行政处罚法》第62条。

树种植行为，改良了土壤，使得树种不再单一，有效保持了水土流失，使得荒芜之地变得翠绿，带来重要的生态和旅游价值。

市林业局的工作人员及其代理律师在法庭上不认同我的观点，曾反驳道：“所谓的一片翠绿是强词夺理，林地已经被毁得一塌糊涂，竟然还说会瓜果飘香！”我没有反驳，只是说道：“不再争论这个问题，你们自己可以抽时间到林地看看，也许会改变看法，因为我是多次看过现场，才得出了‘瓜果飘香’的结论。”

几年之后，我在网上看到，新华社发布了一个长篇通讯，直接点名，高度赞扬秦春平等人发展林果业，防风固沙，保持水土流失，将沙丘地变成绿洲的事迹。记者写到，几十年来，中央和地方累计投巨资植树造林，遏制沙尘暴蔓延，建起的防护林近千万亩，连片的果园和经济林的崛起，如同绿色长城，对沙丘地进行挤压，扩大了人类的生存空间。

相信市林业局的工作人员和当初的代理律师，应当看到了新华社发布的这篇极具分量的通讯。看待一件事物的功过对错，不能用静止的眼光，而应当适当着眼长远。看到新华社的长篇通讯，说明我的预判具有合理性和科学性。再回头看林业公安局当初对秦春平以非法占有农用地刑事拘留、市林业局进行千万元罚款，确实有必要思考与总结。

（二）政府信赖利益保护重要原则在该案中被忽视

政府信赖利益保护原则是行政机关诚信原则的延伸，作为政府机关，应该高效、廉洁和诚信，作出的安排应当具有稳定性和可预测性，不能变化无常和溯及既往，更不能根据自己的喜恶、兴趣爱好而变更或撤销，这也是中央一再倡导的要建立诚信和责任政府的核心所在。

利用林间空地、沙化地、撂荒地发展经济林和林果业，是当地三级政府为发展地方经济作出的重要举措，县政府、县林业局、林场根据上级安排，积极动员，进行招商引资，利用民间资本盘活林场闲置资产，正是在这样的背景下，秦春平基于对县政府、县林业局、林场的信赖才下定决心出资。

可以说，无论是作为《林地承包经营合同》的相对一方，还是县林业局、县政府文件的信赖者，秦春平的合理预期应当得到保护。如果政策的失误或调整而致使秦春平遭受损失，作为合同相对方的林场和作为林场的上级的县政府及县林业局,都应当将秦春平的损失控制在最小,并赔偿其因此遭受的损失,这才符合政府信赖利益保护原则和合同违约赔偿的法律规定。

而在本案中,秦春平的上述权利不但没有得到保护,而且因为对县政府、县林业局、林场的信赖而被列为犯罪嫌疑人遭受羁押,有些不可思议和戏剧性,尤其是后来还被市林业局给予千万元的林业行政处罚。虽然这两起案件最终被撤销,但给秦春平的身心已造成伤害,让其投资的热情减退。当然,秦春平最终振作,将涉案地块的林果业做得有声有色,并得到新华社长篇通讯的肯定。

(三)执法活动不宜“一刀切”,应考虑比例原则

行政机关为了对社会进行依法管理,对行政权力的行使,不能给行政相对人造成超过行政目的之价值的侵害,应当将这种影响控制在最小的范围之内,否则就不符合行政执法与可能造成侵害之间的合适、正当、合理的比例,这也是行政法上的重要原则。

在对秦春平以“非法占用农用地”的刑事侦查中和对秦春平作出千万元林业行政处罚中,从形式上看,林业公安局和市林业局都是在职权范围内行使职权,维护林地和公益林不被损害,其目的是保护公共利益。但是执法行为没有考虑林地事件的本源及政府机关发展林果业的初衷,忽视了对秦春平这个特殊个体可能造成的损害。

秦春平举债几百万元,响应当地招商引资政策,为发展林场经济,带动农牧民致富,出钱、出力、出技术,本应得到善待。先刑事侦查后行政处罚,让其身心疲惫,如果是正确的倒也可以理解,主要是两起案件都是错误的。不但执法机关浪费人力、物力资源,而且给秦春平留下心理阴影,挫伤其对法律的信仰。

第十四章　在办公室发生撕扯被诬陷强制猥亵妇女

——王智勇涉嫌强制猥亵妇女案

导读提示

2021年8月的一天，坐在办公室里的王智勇突然被两位警察带到派出所，理由是其涉嫌在自己的办公室强制猥亵女同事。事情起因是王智勇与同事之间因工作摩擦，女同事闯进王智勇的办公室，失控地对王智勇拽扯撕打，王智勇只能躲避，呼叫相邻办公室的其他同事。

在其他同事的帮助下，王智勇最终得以脱身，他赶紧给公司的上级领导打电话汇报，上级领导建议他不要报警，由公司内部解决，以免给公司造成对内和对外的负面影响。王智勇听取了上级领导的建议，选择了忍气吞声，息事宁人，但王智勇的退让却换来了开头的一幕。

在做完笔录后，县公安局将王智勇刑事拘留，拘留决定书上的罪名是"强制猥亵妇女"，县公安局向县检察院报请批捕王智勇，罪名变成了强奸未遂。县检察院认为证据不足，不予批捕，县公安局对王智勇变更强制措施，改为取保候审，一年之后，解除了取保候审，并最终撤销案件。

一、案情回放

王智勇是一家集团公司某分公司的总经理，分公司销售一些机械设备。集团公司经营规模庞大，市场遍布全国各地。集团公司比较信任市场部主任王智勇，让其去某地分公司担任总经理。

杨琳琳是分公司的财务总监,是一位职场女强人。王智勇和杨琳琳在一起工作,也确实使分公司的面貌发生了深刻变化,但两人性格相触,除工作外,王智勇并不爱搭理杨琳琳,而杨琳琳也认为王智勇有些高冷。

由于分公司是一个陌生的环境,初来乍到的王智勇虽然努力适应,但还是很难切入分公司的正常经营。不过王智勇具有一定的经营管理经验,经过一年多的努力,让分公司的销售额有了大幅提升,分公司整体面貌焕然一新。由于王智勇只顾埋头工作,不善于处理人际关系。在下一年度的工作安排中,集团公司突然调整分公司工作岗位,将分公司的财务总监杨琳琳提升为总经理,而王智勇则成为销售总监,王智勇与杨琳琳两人从原来的“上下级”变为了“下上级”关系。争强好胜的王智勇准备辞职,但面临着房贷的压力,选择了隐忍。

然而一件事情的发生,让这两个人的生活彻底发生了变化,使得王智勇险些被追究刑事责任。

工作岗位调整后,公司的销售业务基本上都由王智勇负责。在分公司与雪竹公司开展业务时,雪竹公司要求王智勇按以往的交易惯例先提供机械设备和发票以后再付款。王智勇觉得做生意要讲究诚信,既然双方有交易惯例,先提供设备和发票再索要货款也无妨。

于是,王智勇让分公司总经理杨琳琳通知财务总监开具发票,但是杨琳琳认为,还未付款就开具发票不符合规定,因此拒绝开具发票。

为了处理好两人之间的人际关系,不正面冲突,王智勇让集团公司领导与杨琳琳沟通,最终给客户提前开具了发票,随后几天,客户也将货款支付给分公司。但杨琳琳认为王智勇越过自己向上级领导反映,是在冒犯自己。

后来,分公司一名员工想要在市区购买一套房产,但因手中的资金不足,打算贷款买房。贷款的时候,银行需要收入证明,证明申请贷款人确有还款能力。该员工的月收入约为 8000 元,但杨琳琳不同意开 8000 元的收入证明,理由是为了减少社保基数,该员工的收入中有 2000 元一直是以出差费的名义报销,账本上的名义工资其实只有 6000 元。

而 6000 元的收入不够申请贷款的额度,该员工找王智勇求助,王智勇觉得该员工的实际收入是 8000 元,开一份收入证明对分公司并无影响,而且员工有房后也能安心工作,就同意了,安排分公司内勤人员在收入证明上盖章。该员工兴高采烈地拿着收入证明准备去售楼部。

看着该员工从王智勇的办公室出来，杨琳琳把该员工叫到自己的办公室，看着该员工手里的8000元每月的收入证明，杨琳琳感觉自己再次被冒犯，冲进王智勇的办公室破口大骂，继而上前撕扯脚踢。突如其来的“横祸”让王智勇措手不及，其一边躲避，一边向办公室门口撤退，并大喊相邻办公室的同事来帮忙解围。

这进一步刺激了杨琳琳，其将办公室门用脚关上，继续对王智勇撕扯。王智勇只能抓住杨琳琳的手，不让其进一步撕扯，并快速退至门口，拉开办公室的门，夺门而出。出了这么大的事，王智勇赶紧给集团公司销售总监陈总打电话汇报，陈总建议王智勇不要报警，避免给集团公司和分公司造成对内对外的负面影响，由集团公司处理这件事。

看着王智勇没有动静，同时又面对集团公司的追问，杨琳琳担心集团公司将王智勇重新调整为分公司总经理而成为自己的上级，杨琳琳选择了向公安机关报案，称自己险些被同事王智勇“强奸”。公安机关决定立案侦查，到分公司办公室将王智勇带至派出所进行审讯。

王智勇如实向办案人员回忆了事件的前因后果，并建议公安机关马上调取办公室的监控视频，防止被删除。事后办案人员对王智勇说：“只有办公室门口和其他公共区域的监控视频，能看到杨琳琳急冲冲地进入你的办公室，但你的办公室没有监控，你必须证明你在办公室没有对杨琳琳有不轨行为，否则，事情就说不清楚。”

王智勇反驳：“我怎么能证明自己没有对杨琳琳有不轨行为？你们不能听信杨琳琳的一面之词，她是一对一事件的当事人，应当由她用证据证明我对她有不轨行为。”申辩归申辩，公安机关还是依据杨琳琳的被害人陈述及其他证据，认定王智勇对杨琳琳有不轨行为，但不是强奸未遂，而是强制猥亵妇女，将王智勇送进县看守所。

县检察院接到报请批捕的材料后，认为王智勇强制猥亵妇女的证据不足，不予批捕。县公安局作出取保候审决定，在王智勇的家人交来5000元的保证金后，将王智勇释放。

二、律师意见

王智勇的亲戚在面临拆迁时曾是我的当事人,在拆迁官司结束后,曾送我一面锦旗。在其亲戚的推荐下,王智勇的家人与我联系,希望我能为王智勇提供法律帮助。家属认为,这个所谓的强制猥亵妇女或强奸未遂的案子让整个家族蒙羞,无法抬头做人,必须坚决正本清源。根据案情,我提出了如下辩护意见:

(一)强奸未遂和强制猥亵妇女都不能成立

1. 王智勇根本就没有实施强制猥亵妇女的行为

《刑法》第 237 条第 1 款规定:“以暴力、胁迫或者其他方法强制猥亵他人或者侮辱妇女的,处五年以下有期徒刑或者拘役。”该条款是根据《刑法修正案(九)》而来的,自 2015 年 11 月 1 日起开始施行。根据司法实践,猥亵是指针对受害人实施的具有“性”的意义的侵犯受害人的“性”的决定权的行为。同时,必须以暴力、胁迫或者其他足以使人不能反抗、不敢反抗、不知反抗的方法猥亵他人。针对妇女的强制猥亵行为,必须具有“性”的畸形之特殊目的。如果没有强制行为,也没有基于与“性”相关的变态、畸形需求,只是基于其他原因的异性身体的接触、碰撞或撕扯,则不属于强制猥亵,以上是强制猥亵罪的基本特征和构成。王智勇与杨琳琳之间,有私人恩怨,不可能对杨琳琳有好感或企图,更不可能对她产生“性”的意向。

2. 王智勇也没有实施强奸未遂的犯罪行为

《刑法》第 236 条第 1 款规定:“以暴力、胁迫或者其他手段强奸妇女的,处三年以上十年以下有期徒刑。”根据该规定,强奸罪是指行为人违反刑法相关规定,违背被害女性对性行为的真实意愿和意志,采用暴力、威胁、伤害或其他手段,强迫被害人进行性行为,从而构成的犯罪,其侵犯了受害女性的“性”的不可侵犯性。而 2020 年《刑法》第 23 条规定:“已经着手实行犯罪,由于犯罪分子意志以外的原因而未得逞的,是犯罪未遂。对于未遂犯,可以比照既遂犯从轻或减轻处罚。”受害人杨琳琳与嫌疑人王智勇的行为发生在员工密集的办公室,而且王智勇的办公室是隔音效果极差的玻璃隔断，事实上属于公共场所，这样的特定场所和环境不可能发生强奸或强制猥亵行为。

（二）本案受害人应是嫌疑人，嫌疑人应是受害人

1. 实际上被侵害的是王智勇而不是杨琳琳

王智勇给员工开具收入证明的行为具有正当性、合理性、合法性，并无不妥。作为分公司总经理的杨琳琳不能理解员工正常的购房需求，在开具收入证明上设置障碍，在王智勇为该员工开具收入证明后，杨琳琳恼羞成怒，同时对此前提前给客户开具发票的事情一直耿耿于怀，一怒之下失控。杨琳琳冲进王智勇的办公室，首先责问，继而破口大骂，最后用脚使劲踢打撕扯王智勇，并将王智勇逼至墙角，又咬王智勇肩部。基于"好男不跟女斗"的传统观念，王智勇想办法避让、挣脱。王智勇挣脱后准备报警，但被集团公司销售总监陈总以不要给集团公司和分公司对内对外造成负面影响而制止。

2. 杨琳琳扰乱工作秩序、寻衅滋事、故意伤害

根据《治安管理处罚法》第23条第1款第1项的规定，扰乱机关、单位工作秩序严重的，处警告或者200元以下罚款；情节较重的，处5日以上10日以下拘留，可以并处500元以下罚款。第26条第1款第4项规定，有寻衅滋事行为的，处5日以上10日以下拘留，可以并处500元以下罚款；情节较重的，处10日以上15日以下拘留，可以并处1000元以下罚款。第43条第1款规定："殴打他人的，或者故意伤害他人身体的，处五日以上十日以下拘留，并处二百元以上五百元以下罚款；情节较轻的，处五日以下拘留或者五百元以下罚款。"本案中，杨琳琳无事生非，擅自闯入王智勇的办公室，造成分公司工作秩序严重混乱，也给王智勇造成身体伤害。其行为分别触犯了上述规定，应当予以治安行政处罚。

（三）王智勇不构成强奸或强制猥亵罪理由简单

1. 王智勇实施所谓强制猥亵背离常理

第一，是杨琳琳擅闯王智勇的办公室单向实施攻击，王智勇一直处于被动；第二，两人平时积怨过深，王智勇不可能对杨琳琳有变态的"性"取向；第三，王智勇没有对杨琳琳实施暴力、威胁、胁迫的猥亵行为，王智勇才是真正的受害人；第四，杨琳琳涉嫌报复王智勇，因为王智勇绕开杨琳琳让集团公司给客户提前开具发票以及给员工开具收入证明的行为激怒了狭隘的杨琳琳；第五，如果

王智勇实施了强制猥亵行为，不可能在杨琳琳走出办公室门口的监控视频显示衣服完整；第六，杨琳琳是为了给自己的不堪、鲁莽、失态行为找借口，倒打一耙，意图免除、扰乱工作秩序、故意伤害、寻衅滋事的法律责任；第七，杨琳琳想用强制猥亵或强奸未遂这种污名化的罪名损害王智勇的名誉。

2. 王智勇不可能对杨琳琳实施强奸未遂行为

事件发生在公共场所的办公区域，绝对不可能发生强奸未遂。杨琳琳比王智勇大了近10岁，相貌、学历、阅历、身材与王智勇的爱人相距甚远，完全不能相提并论，这就决定了王智勇不可能对杨琳琳有任何性企图。再说两人紧张的关系在分公司有目共睹，这就决定了王智勇不可能对杨琳琳产生任何非分之想，是人之常情。王智勇是否实施强奸未遂行为，应当有客观证据，这里的客观证据就是监控视频或录音，否则，不能作为定案依据。作为只有两人在场的办公室，不能仅凭杨琳琳的所谓被害人陈述来定案。无罪推定原则在本案中很重要，说简单一点就是“宁可信其无，不可信其有”，而不能是“宁可信其有，不可信其无”的有罪推定思维。

因此，根据最一般的人之常情，并结合2020年《刑法》第23条、第236条、第237条之规定，王智勇的行为既不构成强奸未遂，又不属于强制猥亵妇女。

强制猥亵妇女或强奸未遂不同于容易被社会容忍和接受的故意伤害、非法经营、职务侵占等罪名，公众对强制猥亵或强奸行为恨之入骨，认为是可耻的犯罪，伴随的就是其家人也会被社会所不齿，如不及时撤销案件，将会让王智勇及其家人遭受精神痛苦和名誉尽毁。让王智勇的名誉以及王智勇所在的分公司声誉受到毁灭性的打击，无异于“当街示众”。

三、案件结局

公安机关调取了分公司办公室公共区域的监控视频，发现确实是杨琳琳气冲冲地闯入王智勇的办公室，随后开始指责撕扯王智勇，而且王智勇办公室的门是杨琳琳用脚关上的。因为王智勇的办公室内部没有监控，所以，在门被关上的一瞬间，成为监控盲区，究竟办公室内发生了什么，是一种什么样的“场景”，除杨琳琳和王智勇外，没有其他人知道。

杨琳琳称:“王智勇想趁机在办公室强奸自己。”而王智勇则称:“是杨琳琳主动冲进办公室撕扯殴打自己。”正所谓“公说公有理,婆说婆有理”。公安机关在刑事拘留王智勇后,在法定时限内依法向检察院申请是否批准逮捕王智勇,但检察院经过审查,认为仅有杨琳琳的单方陈述,欠缺物证、视频等客观证据相佐证,且王智勇拒不承认对杨琳琳有不轨行为。最后,检察院不予批捕王智勇。

公安机关只能对王智勇取保候审,在王智勇的家人交纳保证金后,将王智勇释放,一年期满后,又撤销了原来的取保候审决定,退还保证金,最终撤销案件,王智勇将依法向公安机关申请国家赔偿。

四、感想与体会

(一)涉嫌的罪名对王智勇及其家人的伤害不言而喻

职场中,如果能够和谐相处,彼此进步,可避免许多麻烦和纠纷。本案就是因职场中的纠纷引发的无妄之灾,王智勇无辜地被拘留了10余天。因为事情很明确,谁的说法更可信,一目了然。上班时间的办公室,不可能发生强奸或强制猥亵,尤其是两位几乎水火不容的人,这是基本常识和逻辑。

从分公司角度而言,王智勇被刑事拘留,并没有对分公司造成重大影响,分公司依旧正常运转,稳健经营。但王智勇在很长时间内因为案件悬而未决,无法正常上班,只能另谋其他工作,而公安机关开具的无犯罪记录证明上却有该案的信息,也就是说,王智勇被贴上了“标签”,这在职场中是致命的。

对于王智勇来说,撤销案件基本就相当于消除了刑事犯罪记录,还自己一个清白。强奸未遂或强制猥亵行为都是令人不耻的犯罪,不仅是刑事犯罪记录,还意味着对个人及家人名誉的毁灭性伤害,影响范围广泛,会被人指指点点,背后议论。这也能够理解王智勇及其家人为什么一直在持续不断地控告杨琳琳涉嫌诬告陷害。

(二)“疑罪从无”原则和理念在本案中未得到充分体现

正如前文所述:“无罪推定原则在本案中很重要,应当‘宁可信其无,不可信其有’，而非‘宁可信其有，不可信其无’。”王智勇坚称自己无罪，但办案人员根本不理会其提出的合理辩解，竟然要王智勇拿出其没有侵犯杨琳琳的证据，这其实就是典型的要求王智勇自证无罪。在案件没有证据或证据不足的情况下，应当作出有利于王智勇的认定，这才是司法文明的体现。

《刑事诉讼法》第52条规定，严禁刑讯逼供和以威胁、引诱、欺骗以及其他非法方法收集证据，不得强迫任何人证实自己有罪。该条款确立了“不得强迫自证其罪”原则，该原则贯穿刑事诉讼始末，是无罪推定和程序正义及公正司法的保障，可以有效防止司法权滥用，保证案件的证据质量，防止错案发生。本案中，两人同处一室，是一对一的案件，办案人员要求王智勇自己证明自己无罪，违背了“不得强迫自证其罪”原则。

强奸、猥亵等行为，往往较为隐秘，办案机关在调查中，相对于其他案件，确实存在一些难点，但这并不意味着可以仅凭推理，而忽视必要的调查取证。在办公室如果真发生了强奸未遂或猥亵，意味着其他同事都知道，按照正常逻辑，受害人一般会当场报警或报案。而本案间隔很长时间才报案，本身就说明案件经不住推敲，不符合常理。

第十五章　经最高人民法院指令异地省高级人民法院再审改判释放

——刘大伟职务侵占、合同诈骗再审案

简要案情

2002 年，刘大伟因卷入上市公司重组纠纷，被当地相关部门以合同诈骗等为由起诉。而原本为了重组上市公司、并努力让濒临破产的上市公司能够再次整装待发的刘大伟，却被市中级人民法院一审判决有期徒刑 20 年，上诉后，二审改判 18 年。

刘大伟案件，曾引起当地媒体及证券类媒体的高度关注，不知真实案情的当地媒体基本上幸灾乐祸，而证券类媒体相对客观，可能出于对上市公司的情感，而对刘大伟被判刑表示惋惜。

刘大伟对终审判决不服，向最高人民法院申诉，最高人民法院指令 H 省高级人民法院复查，该院复查后于 2011 年 3 月 11 日作出驳回申诉通知。刘大伟仍不服，再次向最高人民法院申诉。

2014 年 3 月 9 日，最高人民法院作出指令再审决定，指令异地的 W 省高级人民法院对此案进行再审。经过两年多的审理，最终再审改判，认定量刑 11 年的合同诈骗罪不成立，刘大伟被当庭释放。

刘大伟向原作出二审判决的 H 省高级人民法院申请国家赔偿，H 省高级人民法院向刘大伟支付侵犯人身自由权赔偿金 164,279.4 元和精神损害抚慰金 30,000 元，两项合计：194,279.4 元，案件最终画上句号。

一、案件回放，重温旧事

(一)商场亦是江湖

当我拎着几十本案卷走出法庭时，内心的感触是复杂的。长达 42 页的《辩护词》，不知道能被法官采用多少？助理在复习考试的时候看到这样一段话发到了网上：法书万卷，法典千条，头绪纷繁，莫可究诘，然一言蔽之，其所研究之对象，莫不外法律关系而已。

确实是这样，法律调整的无外乎法律关系。而今天我要捋顺刘大伟的这几层法律关系，可没有那么简单。“褚律师，你可一定要帮帮我！”刘大伟在被法警带回狱所的时候不断地重复着这句话。

18 年刑期，等待案件真相重见天日的刘大伟已经在铁窗内等了 10 余年。包括我在内，几乎所有人都在担心案件再次被拖延。刘大伟 1994 年硕士毕业于某著名高校。他与其他同学不一样，毕业后选择了创业，恰好赶上 20 世纪末的创业机遇，年纪轻轻就已经是四家公司的董事长。

随着事业越做越大，认识的人也越来越多。因为商场上的投资合作，刘大伟和春天集团负责人王卫海搭上了线。王卫海之前曾向刘大伟借了 800 万元，然而因经营不善，春天集团连续 3 年亏损，被证券交易所停牌，偿还不了借款。

王卫海想通过“债转股”的形式，将 800 万元借款折成股份，让刘大伟入职春天集团。同时，王卫海也想让刘大伟帮忙：一是往春天集团再投点钱；二是经营公司，让春天集团重新复市。作为条件，他承诺给刘大伟春天集团副总裁的身份和一定的股份。

因为涉及商业秘密，也为了改善企业经营状况，刘大伟要入职春天集团的事情并没有多少人知道。只是，随后召开的几次董事会刘大伟都参加了，并且是以副总裁的身份参加的。

天有不测风云，王卫海因车祸骤然离世，春天集团瞬间乱成了一锅粥。

而刘大伟也就是在此时，开始公开以副总裁的身份主持春天集团的事务时,才真正意识到春天集团的资金缺口已经到了连员工工资都发不出来的地步。

然而,春天集团老员工刘大海一直不同意刘大伟主持工作,一直在刘大伟工作的过程中百般阻挠。

刘大伟四处筹钱,缓解春天集团的资金压力,甚至不惜将女儿留学用的资金拿来投入资金缺口。家人的理解也更加坚定了刘大伟誓要让春天集团起死回生的决心,他认为自己有信心让春天集团再次成功上市。

(二)事件迷雾重重

一个原本就在准备上市的公司,即便公司经营不善,存在亏损,也不至于到了连员工工资都发放不了的地步。刘大伟心中的疑团越来越大,说做就做的他开始着手调查这件事。因为春天集团的资金缺口太大,刘大伟前后近 1000 万元的投资显得杯水车薪。

与此同时,春天集团的子公司春天房地产公司出现了资金链断裂,并被法院冻结了账户。且春天房地产公司之前竞标所得的一块土地已经被政府部门催缴款项,如不按期缴纳,几百万元的保证金将不再退回,并且收回土地。

现在的局面是:一旦土地证办在春天房地产公司名下,那么这块土地也会被法院冻结。无奈之下,刘大伟作出决定,将这块土地登记在春天集团名下。在办理了土地登记后,刘大伟才得知春天房地产公司已经脱离了春天集团并独立了出去。

因为对公账户一直出现问题,刘大伟暂时将公司其他土地转让款等资金存在个人银行账户,并且账户资金往来公司财务部门及其他经理负责人均知情,且有证明。

刘大伟也和长城集团确定了融资计划,计划由春天集团以名下土地为抵押,从长城集团那里获得融资,尽量赶在证券交易所给春天集团下最后通牒之前重新复市。

与此同时,刘大伟查出资金缺口的幕后原因。因为当地官商盘根错节、纠缠不清,春天集团资金竟然被内部员工和部分神秘人员侵占达上亿元。春天集团亦被一股神奇的外来力量干预,故意做低股价评估,整个集团资金被恶意做空。

也就是在这时候，刘大伟才得知春天房地产公司背后的另一家持股公司汇海集团的真正控股人是长城集团，而长城集团的当家人正是沐清风。春天房地产公司出现资金链断裂的原因之一，就是汇海集团虚假出资。一直和刘大伟争夺控制权的刘大海正是在沐清风的扶持下，逐渐地步步高升。刘大伟气不过，向当地有关部门实名举报了这些人，包括一些掏空国有资产的干部。

但很快，刘大伟就被当地机关以职务侵占、合同诈骗为由采取了强制措施，顿时，春天集团再次陷入了混乱。刘大海出面主持了春天集团的工作，然而，因为涉及严重的经济问题，春天集团的办公大楼被查封。

因为春天集团公司的事件不断，长城集团终止了融资计划。刘大伟的案件也被快速推进，终审判决 18 年。

看完案情回顾，有没有觉得头大？

刘大伟、春天集团，长城集团，春天房地产公司，汇海集团，以及其他并未提到的人员，案件的复杂程度超乎想象。

刘大伟的案卷前前后后翻了多少遍，我已经记不清了。在庭审前 4 天，我把自己关在酒店，谁也不见，静静地再次看了几遍几十本厚厚的卷宗，直到开庭前的那一刻，还在修改调整辩护思路和策略。

但是，真到了庭审辩护的阶段，仿佛又一身的轻松。

二、无罪辩护思路策略

（一）厘清案件脉络

鉴于本案事实复杂，时间跨度大，为了使合议庭快速了解案情，将本案涉及的基本事实按时间顺利整理出来：

2001 年 5 月，春天集团因连续 3 年亏损，被暂停上市。

2001 年 11 月，上海某融资公司介入春天集团重组。

2002 年 3 月，刚入驻春天集团没多久的上海某融资公司沈氏父子因涉嫌巨额金融诈骗被立案侦查，卷款数亿元离境失踪。

2002 年 4 月 1 日，刘大伟以副总裁身份正式进入春天集团参与重组工作。

2002 年 5 月 17 日，春天集团某分公司被工商局吊销营业执照。

2002 年 5 月 29 日，春天集团被停止上市。

2002 年 7 月 1 日，王卫海因车祸去世，刘大伟开始全面主持春天集团工作。

2003 年 7 月 25 日，刘大伟以春天集团名义向省政府递交《紧急报告》，举报相关人员的违法犯罪行为。

2003 年 8 月 14 日，时任省委书记签批意见。当日，春天集团发布《关于召开临时股东大会的通知》。

2003 年 8 月 22 日，刘大伟向省纪委、监察厅递交《紧急报告》，同时举报相关人员的违法犯罪行为。

2003 年 9 月 15 日，汇海集团协助主持召开临时股东大会，由汇海集团选举刘大海等人组成新的董事会，罢免刘大伟副总裁一职。

2003 年 9 月 16 日，刘大伟举报汇海集团虚报注册资本、操纵股市。

2003 年 9 月 18 日，省政法委批转了春天集团《关于请求对刘大伟涉嫌妨害清算罪和职务侵占 300 万元的事实立案侦查的报告》。

2003 年 9 月 23 日，省公安厅以涉嫌职务侵占 300 万元对刘大伟立案侦查，案件来源注明：省委交办。

2003 年 12 月 5 日，刘大伟被刑事拘留。

2005 年 8 月 30 日，市中级人民法院以职务侵占、合同诈骗、虚报注册资本判处刘大伟有期徒刑 20 年。

2007 年 4 月 11 日，省高级人民法院以职务侵占、合同诈骗改判刘大伟有期徒刑 18 年。

2011 年 3 月 11 日，省高级人民法院裁定驳回刘大伟家属提出的申诉请求。

2014 年 3 月 9 日，最高人民法院决定再审。

在庭审中，由于时间跨度大，许多事件交集在一起，开庭时很费劲。有了案情发展时间表，一目了然，法官的思路会变得更清晰。

作为刑辩律师，应当把开庭前的准备做得尽量仔细，文案工作需要细致。我始终认为，律师水平没有高低之分，只有是否敬业之别。

(二)找到关键证人胡某并申请其出庭再审法庭

证人胡某是某著名证券公司高管,他对春天集团的上市及向大通公司借款非常清楚,能证明不能向大通公司及时还款的原因是资产重组失败,导致资金链出现问题,而不是春天集团或刘大伟故意不还。他还证明,是大通公司主动找的刘大伟,想借春天集团的壳上市。刘大伟向大通公司借款60万元的目的是解决公司临近春节的职工工资,在借款时刘大伟已经告知大通公司土地证已经部分抵押。

也就是说,胡某能证明刘大伟主观上并没有以非法占为己有为目的,无合同诈骗的主观故意。客观上也没有隐瞒涉案土地已经部分抵押的事实,更没有向大通公司虚构事实,60万元的借款主要用于解决年终职工工资。

为此,胡某在公证处的见证下,出具了一份证人证言。其证实:刘大伟当时是春天集团的负责人,其所在的证券公司是代办商,胡某是业务负责人。刘大伟当时的想法是公司能够恢复上市,证券公司提供财务顾问。大通公司想通过重组春天集团,借春天集团的壳上市。大通公司给春天集团借款60万元一事,是在证券公司总部谈的,当时有十几个人在场。刘大伟提出公司很困难,也快过春节了,想借钱给职工发工资。刘大伟提出他们在某市有地,部分已经作了抵押,用没有抵押的部分作担保。重组持续了好几个月,后来谈崩了,重组没有做成。

我及时向承办法官申请证人胡某出庭,得到准许。最终省高级人民法院采信了胡某的证人证言,主要理由是该证人证言经过了公证处见证,且胡某亲自出庭作证,与刘大伟的供述及其他客观证据能相互印证。胡某的证人证言最终对省高级人民法院否定合同诈骗起到了关键性作用。

(三)用刘大伟的其他公司及项目来证明其无犯罪故意

本案中,原一、二审认定刘大伟犯职务侵占和合同诈骗两罪都是对财产权的侵犯。也就是说,刘大伟犯罪的主观目的是得到钱,什么样的困境或诱惑使刘大伟冒着身陷囹圄18年的风险去侵占、诈骗不到200万元呢?可能有三个原因:一是缺钱;二是贪婪;三是对春天集团或大通公司心怀不满。

但实际上，刘大伟既不缺钱又没必要贪婪这200万元；其对春天集团和大通公司充满信心，心存感激，他相信春天集团一定能东山再起，他也相信大通公司是真心重组春天集团，他只有期待，没有不满。

去春天集团之前，刘大伟是四家注册资金分别为500万元、1168万元、150万元、500万元公司的法定代表人。其正在进行的投资有：

1. 某市热电厂项目，拟投资4.5亿元建立热电厂，该项目已经得到原某省计划委员会、当地市人民政府的批准，并得到中国银行某分行的筹款担保。

2. 某度假村项目，由国家光电子信息产业基地领导小组办公室批准立项，列为重点支持项目，享有优惠政策，投资总额初步拟定8000万元。

3. LRC－8型高速激光标刻机项目，由刘大伟主持完成研发，刘大伟因此于1996年获得某市科学技术进步奖一等奖的殊荣，并于2000年被评定为重点支持的高新项目，并获得立项。

由此可以看出，刘大伟是一个能力非常强的人，他拥有的产业总价值远远超过200万元。正是因为这一点，他才被王卫海选中为重组春天集团的“领导者”。刘大伟去春天集团是有明确目标的，绝不是所谓的200万元。

为证明以上事实，向法庭提供了刘大伟实际控制的四家公司的工商登记档案、刘大伟的科技进步一等奖获奖证书、三个项目的立项审批文件以及原省计划委员会、市政府、中国银行某分行的各种批文。足以证实，刘大伟不可能觊觎春天公司和大通公司的钱款。

（四）归纳控辩焦点

经过梳理案件材料，归纳出本案如下争议焦点：

1. 涉案土地使用权是否为春天集团所有？

2. 是职务侵占，还是正常财务资金往来？

3. 是为了资产重组，还是为了侵吞资产？

4. 土地使用证办在春天集团名下的真正原因是什么？

5. 刘大伟的行为是否构成合同诈骗罪；是一罪？还是两罪？

6. 刘大伟主观上是否有占用大通公司资金的故意？

7. 在签约时刘大伟是否隐瞒了土地已被抵押的事实？

8. 涉案60万元是借款还是参与资产重组的履约保证金?

9. 现有证据能否认定60万元被刘大伟私用或挪作他用?

10. 还款条件是否成就,大通公司报案是否缺乏正当性?

三、法庭无罪辩护意见

2014年11月5日,省高级人民法院在刘大伟服刑的监狱开庭。

庭审结束之后,把辩论观点整理成如下书面辩护意见:

(一)刘大伟不构成职务侵占罪

1. 刘大伟没有利用职务便利侵占春天集团的财产

职务侵占罪是指公司、企业或者其他单位的人员,利用职务上的便利,将本单位财物非法占为己有,数额较大的行为。本罪的构成必须满足:(1)主体是本单位人员;(2)利用职务上的便利;(3)侵占的是本单位财物;(4)数额较大。

原审认定刘大伟职务侵占春天集团155.8万元,而根据《司法会计鉴定书》,截至2003年9月,春天集团共欠刘大伟应付账款213万元,原一、二审均确认了该事实。但刘大伟从未向春天集团主张过任何债权,极其不合情理。唯一的解释是,刘大伟从未有过侵占春天集团财产的故意,更无侵占财产的行为。其所做的,都是为了春天集团能够重组。

必须强调的是,刘大伟出售春天房地产公司的土地使用权是王卫海生前就决定并已开始实施的,刘大伟并未擅作主张。转让所得也全部用于春天集团上市事宜和日常费用,或代为偿还债务。刘大伟无侵占春天集团财产的故意和行为,认定其构成职务侵占罪完全不成立。

2. 土地证办在春天集团名下并不代表就是其财产

认定刘大伟是否构成职务侵占罪的关键是涉案土地的归属,但涉案土地并不属于春天集团财产,其实际权利人是春天房地产公司。无论春天房地产公司的股权如何变动,都不能改变这一事实。同时,不能仅凭土地证登记在春天集团名下,就认定对其享有权利。

数个原因共同导致土地证错误办在了春天集团名下:一是时间紧迫;二是

春天房地产公司不具备办证条件；三是急需资金；四是刘大伟本人有过错；五是前任遗留下的习惯性认识；六是土地部门的疏忽。但是，土地证并不是土地使用权归属的唯一有效凭证，包括《土地管理法》在内的任何一部与土地有关的法律法规，均没有这样的规定。

《最高人民法院、最高人民检察院关于办理受贿刑事案件适用法律若干问题的意见》第 8 条第 1 款规定："国家工作人员利用职务上的便利为请托人谋取利益，收受请托人房屋、汽车等物品，未变更权属登记或者借用他人名义办理权属变更登记的，不影响受贿的认定。"可见，最高人民法院、最高人民检察院的观点是，不能仅凭登记确定权属。

土地证办在春天集团名下，并不代表春天集团就一定是该土地的合法使用权人，真正的权利人应是春天房地产公司。省高级人民法院据以认定土地使用权归春天集团的证据及刘大伟出示的证据共同证明了这样一个不争的事实。

春天集团取得该土地证没有合法原因，我国不承认物权无因性。"刘大伟侵占春天集团的土地款"这一认定从根本上不能成立。

3. 要求土地权转让款打入个人账户有特殊原因

将土地使用权转让款打入个人账户是基于以下原因：

(1) 春天集团、理想公司及其子公司均已濒临破产，运营瘫痪，只能依靠个人想方设法筹款维持。外部的债权人、内部职工都在要钱，重组复牌是当时最紧要的工作也是刘大伟的主要任务。

(2) 春天集团和理想公司及其子公司账户均已被查封、冻结，钱只能进不能出，转让土地使用权是为了取得周转资金，如果打入公司账户，就无法解决春天集团面临的现实困境。

(3) 刘大伟与邵某就如何收取款项商讨过，邵某说"一人为私，两人为公"，确定由刘大伟管钱，邵某管账。

(4) 土地款在王卫海生前就是打入王卫海的个人账户。所以，不能仅凭"钱款打入刘大伟个人账户"就认定刘大伟有侵占的故意和行为。

因为错误认识，刘大伟将本不属于春天集团的土地使用权错误地办在春天集团名下。但是，后来刘大伟发现该土地使用权属于春天房地产公司，而春天房地产公司已在春天集团重组时剥离到理想公司，他认为理想公司对春天房地产公司的资产享有权利,便采取了补救措施,将土地款实际给春天集团使用,但记在理想公司账上。

具体表现为三点:一是陈某厚签订的《抵押借款协议》及《土地转让合同》上加盖理想公司印章;二是土地平整费、规划费、办证费等均记入了理想公司的财务账;三是将土地款用在春天集团时,注明是对理想公司的欠款。足以证明刘大伟既无侵占故意,又无侵占行为。

4. 根据疑罪从无原则,疑点利益归于刘大伟

从唐某等人的证言及提供的证据中,可以看出,刘大伟细致谨慎、原则性强,他每次收到款项必写收据,且在收据中标明款项来源及性质。从二审据以认定事实的证据中,同样是交给刘大伟的土地款,唐某每次都能收到刘大伟出具的收据,而法院认定的陈某厚交给刘大伟的土地款,有些没有收据,在无其他任何证据予以印证的情况下,不能认定陈某厚说的“没有开收据”代表“收了钱没开收据”的真实性。

也就是说,在只有陈某厚的陈述,而无刘大伟收据的情况下,不能排除陈某厚所述非实的可能性。根据《刑事诉讼法》关于证据确实、充分和疑罪从无的基本原则,应当认定该48.3万元与土地款无关。

关于土地款是否计入理想公司和是否被刘大伟侵占,只要查清理想公司的账册,就会马上得到验证,但是二审法院采信“理想公司没有账”的证言。以下证据能证明理想公司是有账的:

(1)张某新的《情况说明》,“不知公司土地出售款是春天集团的,误记入理想公司账”。既然“无账”,又怎么发生“误记入”一个不存在的账?

(2)开给陈某厚的《收据》加盖的是理想公司的印章。

(3)理想公司股东虚假注资,做假账,操纵股市坑害股民,多位证人已经因为该事实被判处刑罚,即使“假账”也是账,如果无账,何来真假?

(4)理想公司作为春天集团这一上市公司的大股东,其财务信息属于应该公开披露的信息,不可能存在没有财务账的问题。

既然是有账可查的,并且只要查账,刘大伟所有的辩解就会变得“一文不值”。二审法院没有核查这些账款在理想公司的账册是否有反映就直接对刘大伟作出有罪认定,在定罪的关键问题上事实不清楚,不能排除刘大伟辩解的合

理性。

（二）刘大伟不构成合同诈骗

在大通公司与成都中汇对春天集团重组的合作中，如果重组成功，成都中汇将获得巨大利益，如果重组失败，成都中汇承担的损失极小。如此巨大的利益就在眼前，刘大伟却冒着巨大风险去诈骗合作伙伴的 60 万元？明显不合情理。

在签订《临时借款协议书》前，大通公司与成都中汇签订《春天集团重组的框架合作协议书》约定成都中汇的合作报酬为：(1)大通公司以汇升公司部分法人股作为报酬支付给成都中汇。(2)大通公司支付汇升公司法人股 3000 万元股给成都中汇，具体支付方式为：大通公司发起设立汇升公司，在实施增资扩股时代成都中汇缴 3000 万元股的出资额，换股完成后，大通公司应将所持春天集团的股份以 1 元的价格全部转让给成都中汇，由成都中汇对春天集团行使股东权利。

即使股权置换未能成功，成都中汇在汇升公司的股份无条件归还给大通公司，大通公司承诺将其所持的春天集团的股份全部出售，在扣除其为股权置换实际投入的成本后，多余的收益部分双方按照各自 50% 的比例进行分配，若大通公司转让春天集团股份可能出现亏损，则由其决定是否转让，转让产生的亏损由大通公司独自承担。

鉴于 H 省高级人民法院已经完全推翻了原检察机关指控的事实，重新以新的事实认定刘大伟犯合同诈骗罪，所以仅就 H 省高级人民法院的裁判理由提出辩护意见。

1. 刘大伟没有以非法占有为目的之犯罪故意

刘大伟以成都中汇名义向大通公司借款 60 万元是为了春天集团的事务，成都中汇与大通公司签订的《临时借款协议书》和某证券公司胡某的证言均可证明：一方面是为了体现双方重组春天集团的诚意，另一方面是为了解决春天集团员工的年终工资问题。

借款协议是双方完全自愿合意的结果，该 60 万元是借款兼履约保证金的性质，不存在以土地使用权作抵押诈骗 60 万元的问题。

在协议签订前，双方在某证券公司的撮合下，由某证券公司主持召开了十几次会议对重组春天集团和理想公司现状的评估会,三方主要负责人一起到中汇公司以及刘大伟的其他公司和项目进行了考察,经过反复多次协商才最终确定重组及重组方案。

60万元的借款是双方各取所需的合议结果:一方面,对刘大伟来讲,年关将近,刘大伟需要资金用于公司开支;重组还需要其他方面的支出,春天集团需要这笔借款。另一方面,从大通公司的角度考虑,它需要时间来筹集资金,要保证在这期间没有其他重组方与其竞争,于是乐意用这60万元换取排他重组权。

《临时借款协议书》开头就表明了该借款的初衷和目的:"为促进春天集团重组,尽快确保换股理想的实施。"第3条更是直截了当地表明了大通公司的借款条件"在借款关系存续期间,成都中汇不得与第三方就《春天集团重组的框架合作协议书》所涉及的内容进行谈判、操作。"

再者,该协议第1条约定:"在双方确认《春天集团重组的框架合作协议书》条款的基础上,成都中汇为操作前期收购理想公司所持春天集团股份事宜,向大通公司借款人民币60万元。该款项作为大通公司拟收购理想公司所持春天集团股份1641万元股的前期款项。"

表明大通公司完全不担心春天集团的还款能力,也就解释了其为什么要求担保,却只需要看看土地使用权证的复印件,且不要求办理抵押登记,借款协议中甚至没有约定如果重组失败该如何还款的问题,这些都是因为张某相信他有能力按照框架协议的约定完成对春天集团的重组,而这60万元将会作为股份收购的前期款项支付给理想公司。

也就是说,借60万元是双方共同的需要,是为达到共同的目的而进行的民事法律行为。要说陷入错误认识,也是张某对自己和自己所代表的大通公司的能力认识错误,因这种盲目自信而产生的商业风险属于民事纠纷,不应该利用刑事司法手段来解决。

2. 土地开始出售并不影响其为该60万元借款作保证

二审判决认定"现有证据不足以排除大通公司明知该土地已经抵押给他人的事实,且该土地价值确实超过两项抵押的总额"是中肯客观的认定。但是又以"刘大伟向大通抵押借款60万元时该抵押土地已经规划为宅基地并开始陆续售出的事实故意隐瞒”为由认定刘大伟诈骗,并不客观:“抵押”时,土地陆续出售且并不好卖,出售的土地价值并不大,剩余土地的价值也并不影响对大通公司的借款保证。

另外,从法律上来讲,直至该土地被转让,从未设定任何有效的抵押权,所说的“以土地担保”就是指用土地证证明春天集团的还款能力,而非以土地为特定的债务提供担保。

根据当时有效的《担保法》(1995 年)第 41 条、第 42 条的规定,以土地使用权作抵押的,应当办理抵押物登记,抵押合同自登记之日起生效。春天集团与大通公司约定涉案土地证对应的土地作担保,但在春天集团出具《担保承诺书》后大通公司并未要求办理抵押登记,抵押合同未生效,抵押权未设立。

既然抵押合同未生效,春天集团对其名下的土地仍然享有完全处分权,那么“陆续出售”系春天集团行使正当权利的行为,何罪之有?这种正当行为何以成为诈骗?另外,从对待抵押合同的态度上也可以看出,大通公司对本次抵押根本不在意,这也印证了刘大伟的辩解:抵押只是应某证券公司的要求而加进去的,抵押根本不是大通公司答应借款的条件。

原二审认定春天房地产公司对涉案土地不享有权利时用“没有登记就没有物权”的逻辑,而在本节事实的认定上,却采用完全相反的标准“没有登记也有物权”,明显采用不同的评判标准。

大通公司法定代表人张某的证言对上述问题予以强有力的佐证:“这部分钱是用于重组的前期工作之中用,所以钱打入他个人的太平洋卡中了。所以,他用什么名义来借,我们就不考虑了,以他个人名义也可以,以什么公司名义都行,我们认的是刘大伟这个人……”这段证言足以说明:张某完全清楚刘大伟借该 60 万元的用途是为了使重组春天集团的工作顺利进入正轨。

如陈某的证言:我们都知道土地不可能给我,这只是一种“保证”,我也没想要土地。与大通公司之间的借款保证也一样,谁都无意要土地,也没想着用土地作为特定债权的担保。

抵押权设立需要抵押权人与抵押人共同申请,并提交抵押权人的身份资料等,本次担保中,抵押权未有效设立,是双方的共同意志,并不是刘大伟隐瞒、虚构事实导致大通公司陷入错误认识才未办理抵押登记的,所以即使该土地证复印件在给大通公司时已经陆续出售,也不影响借款合同的合法性。

3. 刘大伟完全按照借款时说明的用途支出所借款项

这60万元的支出,原二审认定其中47万元用于偿还刘大伟个人对邵某的欠款,其余13万元用于挥霍。原二审据以认定该事实的证据只有邵某用传真发送给省公安厅的证言,而刘大伟对邵某的证词均提出正当理由予以否定,并辩解该60万元中47万元交给邵某要求转交给王卫海家属,其余10万元用于春天集团开支。

证据只有被查证属实,才可作为定案依据,本案中关于60万元的欠款去向,只有邵某的唯一证言,且该证言已被刘大伟提出的合理辩解所推翻,在这种情况下,还根据邵某的证言认定案件事实,违背了刑事诉讼"孤证不能定罪"的基本原则。

另外,根据原二审判决的逻辑,刘大伟诈骗60万元是为了用其中的50万元偿还其对邵某的个人欠款,但是诈骗是犯罪,赖账顶多是失信于人,趋利避害是人之本能,两害相权取其轻,诈骗不如赖账,而刘大伟却作出了完全相反的选择,明显不合常理。

至于其余的13万元,胡某的证言和刘大伟的供述能够相互印证:刘大伟将此款用于支付春天集团年终员工工资及水电费。

4. 向大通公司履行偿还借款的基础条件尚未成就

按照约定,该借款"作为大通公司收购春天法人股的首付款","在双方按《春天集团重组的框架合作协议书》实施、大通公司与理想公司签订股份收购协议书后,由成都中汇代甲方支付部分首期款人民币60万元",这只是对大通公司收购计划理想实施后还款时间及支付方式的约定。在该借款协议中,并没有约定如果大通公司重组失败,成都中汇应何时还钱?还多少钱?如何还钱?

如果没有约定还款时间,作为出借方的大通公司应当催告成都中汇还款并且给予其一定的宽限期,而本案中,大通公司从未主动放弃过其重组春天集团的计划,双方也未明确说明本计划已告失败;况且,大通公司从未向成都中汇或刘大伟主张过还款,更未给予其一定的宽限期,扣除违约责任后,谁欠谁的钱?还欠多少钱?应当何时还?这些问题都应该待双方协商确定后,才能最终明确责任及责任承担方式。

5. 大通公司为推卸违约责任而利用公检法迫害刘大伟

当大通公司无法依约完成重组时，为了推卸自己的违约责任，反说自己借款给刘大伟是因为陷入了“错误认识”。因为大通公司的违约行为导致春天集团错过了最佳的重组时机，刘大伟要求大通公司承担损害赔偿责任并要求用该借款部分抵偿，是根据《临时借款协议书》第 5 条行使其正当权利。在双方就“赔偿责任”未达成一致意见的情况下，刘大伟拒绝按大通公司的要求还款，并无不当。

这一点也可以从张某的证言中得到印证：“由于我们公司的公章都在外地某市，过春节回来后，经董事会研究决定同意后，我才在《框架协议》和《临时借款协议》上签字，并加盖集团公章。春节过后才把文件交给刘大伟，并开始重组春天集团。我们首先去找中国银行某分行资产保全处，要把质押在这里的股权解开，按刘大伟介绍，可分批解开。但保全处的处长李某明说，我们从未同意过，说过要办就一次性办，和刘大伟说分 3 次付清是可以的，这样就会因资金紧张而办不成。”

本案涉嫌公安机关个别办案人员介入借款合同纠纷，应当予以纠正，让民法调整的归民法，刑法调整的归刑法，不能错位。

6. 刘大伟没有将涉案 60 万元非法占为己有的主观故意

合同诈骗必须以“非法占有”为目的，刘大伟无此目的。借款协议是双方完全自愿合意的结果，60 万元是借款兼履约保证金的性质，不存在以土地使用权作抵押诈骗的问题。现有证据证明，大通公司在签约时已经知道土地使用权抵押。之后，大通公司没有要求对土地担保进行登记，土地抵押实际上并未生效。

长城公司法定代表人张某的证言对上述问题予以强有力的佐证：“这部分钱是用于重组的前期工作中，所以钱打入他个人的太平洋卡中了。他用什么名义来借，我们就不考虑了，以他个人或公司名义都行，我们认的是刘大伟这个人……”

这段证言足以说明：张某完全清楚刘大伟借该 60 万元的用途，是为了使重组春天集团的工作顺利进入正轨。

陈某证明：我们都知道土地不可能给我，这只是一种“保证”，我也没想要土地。与长城公司之间的借款保证也一样，谁都无意要土地，也没想着用土地作为特定债权的担保。

四、省检察院主张全案维持原判

在2014年11月5日的庭审中，针对我提出的辩护意见，省检察院出庭检察官发表了如下抗辩意见，要求全案维持原判，驳回申诉：

（一）申诉人刘大伟犯职务侵占罪的事实清楚、证据充分，申诉人的申诉理由和辩护人的辩护意见均不能成立

1. 关于申诉人刘大伟是否占有155.8万元

申诉人刘大伟在主持春天集团工作期间，利用职务便利，非法侵占他人交付的出让公司土地款119.8万元、以春天集团名义借款30万元、用春天集团轿车冲抵个人借款6万元，共计155.8万元占为己有。对于以上155.8万元已被刘大伟收取没有入春天集团账的事实，有相关证人证言、书证、鉴定意见佐证，足以认定。

2. 关于该土地使用权的归属问题

春天集团和理想公司在2001年确实有一个债务重组、资产剥离的协议，但并未明确原属于春天房地产分公司的位于八所的该158亩土地一并剥离至理想公司，也没有办理相关的转让登记手续，理想公司没有处置权。刘大伟主持工作后，办土地证、规划成宅基地出售、缴纳税费都是以春天集团名义进行的，种种迹象表明，该涉案土地并未真正剥离至理想公司，仍然是春天集团的资产，刘大伟收取售地款不入账，侵害了春天集团的合法权益。

3. 关于用事故车抵个人债务6万元

刘大伟借款在前，用事故车抵债在后，关某1证实刘大伟同意以该车抵偿个人债务，又有刘大伟以春天集团名义出具的请求某市人民检察院协助办理相关手续的书证，虽然没有过户，但仍凭此更换了车牌并一直使用，以上证据足以证明刘大伟以公司资产冲抵个人债务，并且该6万元没有上交公司。即使是报废车也应当按照相关程序处理，而不能由刘大伟个人决定抵债。

4. 关于交给公司现金及开支的性质问题

虽然刘大伟主持工作期间多次交给公司财务现金以及为公司开支费用，但

均是以借款形式入账，即交给公司的款项都意味着春天集团对其的欠款，是随时可以主张春天集团偿还的，所以二者不能等同。

(二)申诉人刘大伟犯合同诈骗罪的事实清楚、证据充分，申诉人的申诉理由和辩护人的辩护意见均不能成立

刘大伟与大通公司签订借款协议是在2003年1月29日，而之前在2002年10月4日，刘大伟就已经与陈某签订了抵押借款协议和土地转让协议，刘大伟在与大通公司签订借款协议和担保书时故意隐瞒了上述事实，并且在合同履行期间，该土地已经基本销售完毕，刘大伟未将此事告知大通公司，也未将收入归还大通公司。

由此，刘大伟在签订、履行合同过程中，故意隐瞒重要事实，以虚假的产权担保，骗取大通公司借款60万元，拒不归还，且在大通公司知道被骗后多次讨要欠款的情况下，刘大伟关闭手机、更换手机号码，直至被抓获，属于收受对方借款后逃匿。其行为符合我国《刑法》关于合同诈骗罪的构成要件。

综上，原二审判决认定的事实清楚，适用法律正确，量刑适当。申诉人刘大伟的申诉理由及其辩护人的辩护意见均不能成立，应当驳回申诉，全案维持原判。

此前，最高人民法院作出指令异地省高级人民法院再审决定后，异地省高级人民法院依法受理后，将本案相关案卷材料及新证据复印件移送对应的同级省检察院阅卷审查。省检察院曾于2014年9月9日作出×检函〔2014〕刑审监6号《关于原审被告人刘大伟职务侵占、合同诈骗一案的函》，要求省高级人民法院再审驳回申诉，维持原判。可见，省检察院出庭检察官此前的意见和当庭意见是完全一样的。

五、再审认定合同诈骗不成立

2016年10月12日，W省高级人民法院依法作出再审刑事判决，否定了量刑11年的合同诈骗罪，因为实际羁押期限已经超过判决期限，宣判后当庭释放。省高级人民法院从三个方面对刘大伟不构成合同诈骗罪进行了分析：

1. 大通公司知道或应当知道土地在借款时已经抵押

基于帮助大通公司收购理想公司所持有的春天集团法人股的前由，以中汇公司的名义于 2003 年 1 月 29 日向大通公司借款 60 万元。

该 60 万元借款以春天集团的土地作为抵押，而刘大伟于 2002 年 10 月 4 日以该土地向陈某厚抵押借款 52 万元，但该土地价值超过两项抵押的总额。同时该土地证复印件上有“此件复印自市土地局”字样，可以推定该土地已经抵押给他人。

证人胡某的证言亦可以证实大通公司明知该土地已经抵押给他人的事实，其后，大通公司也没有要求刘大伟对土地抵押进行登记。在借款合同签订后，中汇公司与大通公司之间仍通过函件多次进行了磋商，中汇公司有履行合同的行为。

2. 刘大伟未归还借款不能等同于合同诈骗

(1) 在签订借款协议后，大通公司没有要求对土地担保进行登记，土地抵押实际上并未生效。

(2) 借款用途没有发生变化，即用于处理公司的相关事宜。刘大伟以“过春节了，需要费用处理理想公司一些问题”为由借款，借款当日及其后，刘大伟分别向邵某汇款 40 万元、5 万元和 2 万元，其余钱款用于支付春天集团的员工工资等费用，在春天集团账上均记为该公司对刘大伟的借款。

邵某在本案侦查期间向侦查机关寄送的两份《说明》不能查明其来源的真实性，对邵某的询问笔录仅载有记录人而没有询问人，上述材料均不符合证据的形式要件，依法应不予采信。

同时，邵某提出刘大伟通过银行汇款的 47 万元系刘大伟归还所借的个人借款一节，仅有邵某一人的证言，没有借款时的取款或汇款等相关书证予以证实，亦无其他证人证言予以佐证，而刘大伟一直辩解该 47 万元是用于王卫海的后事。

邵某的证言单独作为证明刘大伟将 47 万元用于归还个人借款的证明力不足，且不能排除合理怀疑。因此，没有充分的证据证实刘大伟在借得上述 60 万元后改变了借款用途。

3. 刘大伟是否“属于收受对方借款后逃匿”的情形

在重组无法推进后，大通公司打电话找刘大伟索要借款，在打电话找不到刘大伟后，于 2003 年 7 月报警。虽然刘大伟在此期间更换了电话号码，但是在 2003 年 9 月 17 日，刘大伟还用其持有的公司印章通过律师发表声明，认为春天集团的临时股东大会和新的董事会组织及其决议均不合法，并以春天集团、理想公司名义，以理想公司新的工商变更登记违法为由向国家工商总局提起行政复议。

因此，单凭"刘大伟更换手机号码"这一事实，不足以推定刘大伟是为了逃避债务而隐匿，不符合《刑法》第 224 条第 4 项关于"收受财产后逃匿"的情形。另外，大通公司没有通过民事诉讼等方式向中汇公司或者春天集团要求偿还债务。

省高级人民法院再审认为，申诉人刘大伟在主持春天集团工作期间，利用职务便利，非法侵占他人交来的出让春天集团名下的土地款 119.8 万元、以春天集团名义借款 30 万元以及用春天集团小轿车冲抵个人借款 6 万元，以上款项共计 155.8 万元，其行为已构成职务侵占罪，且数额巨大。申诉人刘大伟及其辩护人提出刘大伟的行为不构成职务侵占罪的申诉理由和辩护意见不能成立，不予采纳。

对于申诉人刘大伟及其辩护人提出原判认定刘大伟犯合同诈骗罪的事实不清、证据不足的申诉理由和辩护意见成立，予以采纳。

综上所述，省高级人民法院判决撤销 H 省高级人民法院二审刑事判决和 H 市中级人民法院一审刑事判决。对申诉人刘大伟犯职务侵占罪，判处有期徒刑 11 年(刑期自 2003 年 12 月 5 日起至 2014 年 12 月 4 日止)。

六、H 省高级人民法院赔付近 20 万元国家赔偿金

再审改判后，2017 年 3 月 31 日刘大伟向原作出终审刑事判决的 H 省高级人民法院申请国家赔偿，要求赔偿超期羁押 678 天的人身自由赔偿金及损失抚慰金，并要求赔礼道歉，消除影响，恢复名誉。2017 年 5 月 12 日，H 省高级人民法院当面听取了律师和刘大伟的陈述意见。

H 省高级人民法院经审理认为，依照《国家赔偿法》第 17 条第 3 项和《最高人民法院、最高人民检察院关于办理刑事赔偿案件适用法律若干问题的解释》

第6条的规定，数罪并罚案件经再审改判部分罪名不成立，监禁期限超出再审判决确定的刑期公民对超期监禁可以申请国家赔偿。

W省高级人民法院刑事判决撤销了对刘大伟合同诈骗罪的定罪量刑，刘大伟依法有取得赔偿的权利，刘大伟向法院提出的超期监禁赔偿有事实根据和法律依据，应予以支持。

H省高级人民法院于2017年5月26日作出如下国家赔偿决定：向刘大伟支付侵犯人身自由权赔偿金164,279.4元和精神损害抚慰金30,000元，两项合计194,279.4元。

由于在作出国家赔偿决定之前，刘大伟已经与H省高级人民法院就赔偿相关事宜达成协议，不会向最高人民法院国家赔偿委员会继续申请作出赔偿决定，至此，该案画上句号。

七、办理此案的几点感想与思考

（一）公司高管应当时刻规范自己的经营行为

本案发生的背景是刘大伟向有关部门实名举报了其他利益相关主体的违规事件。因此，本案不排除存在打击报复的可能性。刘大伟主观上虽并不具备侵占公司财务之目的，但其客观的行为表现，比如，将公司业务往来的财务支出流向自己名下的银行账户；用公司的小轿车抵偿个人债务；为集团公司利益考虑将春天房地产公司所有的土地使用权登记到集团公司名下，等等，容易让办案机关认为其具有刑事犯罪之目的。

虽然其行为的初衷并不具备违法犯罪的目的，但是这些行为在法律上毕竟有些违规。实践中，在刑事追责中，公安机关很少主动去探索犯罪嫌疑人的主观真实动机或犯罪目的，而多是基于有罪推定的心理状态下，用客观行为推定主观心理态度。因此，如果刘大伟作为一个理性的商人，能够在任何情况下均坚持依法、依规处理公司事务，做到公司事务和个人主体的分离，就能很好地避免职务行为的风险性。

(二)辩护合同诈骗案否定主观犯罪故意很重要

在确定刘大伟是否构成合同诈骗罪的问题上,不能仅从刘大伟的行为表现去推定其主观的心理状态。合同诈骗罪是“以非法占有”为目的的财产性犯罪,其主观目的是通过隐瞒事实真相或虚构事实的方式骗取涉案财物的所有权。因此,构成此罪就需要行为人主观上具有非法占有的目的,而非法占有是指享有财物的处分权和完全的支配权,即民法中的所有权享有权益:占有、收益、支配、处分。

本案中,刘大伟无论是主观上还是事实上,均没有此目的,因而不构成本罪。律师在代理案件中,如在案卷材料多,案件事实复杂的情况下,最好先整理出一张时间脉络图,或者是采取画表格的方式,使本案的发展线索一目了然,或使逻辑关系清楚明了。这样既可以提高与法官的沟通效率,又能更好地让法官理解自己的办案思路。

(三)开庭之后与办案人员的持续沟通也很重要

再审开庭之后,我出差近 20 次,来到高级人民法院,目的就是与承办法官沟通,提出自己的辩护观点。法官平时很忙,不可能经常接待律师,这需要工作技巧,并掌握一些规律。一般来说,周一是法官最忙的一天,非紧急情况,一般不要预约。

多数法官上午需要开庭,相信大家都有体会,所以,一般情况下,上午不要见法官。有些法院,每周有一天下午有固定的业务学习,这个时间也不要预约。见到法官后,如果其很忙,尽量长话短说,辩护观点表述到位即可,有时一句能顶十句。

如果法官心情很好,又稍闲,就可以展开说,先聊轻松或有趣的话题,在愉快的沟通中慢慢切入正题。尽量莫给法官背法条,容易使法官抵触,也莫责备或暗示法官袒护对方,容易使法官反感,交流难以达到预期效果。

见法官,一定要提前预约,这也是一种礼貌,不宜突然“袭击”或“空降”。否则,即使能与法官见上面,效果也不会太好;见不上面,空跑一次的概率很高。可以换位思考,如果当事人突然到办公室,律师可能也会措手不及,如果在出差,则不可能见上面。

第十六章　通过民事诉讼主张债权却被“老赖”们以涉黑涉恶控告

——许建军被控敲诈勒索、诈骗、寻衅滋事、非法拘禁案

导读提示

许建军是某地级市多家企业的实际控制人，也是当地商会的副会长，经营的业务有房地产、小额贷款、服装加工、贸易等，因民事起诉债务人，遭恶意报案。当地扫黑办挂牌督办，公安机关立案侦查，对许建军等人实施抓捕，受牵连的还有许建军的其他家人。

在侦查阶段，我提出了本案“不涉黑”及不构成“敲诈勒索”的律师意见，在起诉阶段，我提出许建军不构成非法拘禁罪、寻衅滋事罪、诈骗罪三罪的法律意见，均被采纳。检察机关又以敲诈勒索罪予以公诉，并提出判处 13 年 6 个月的量刑建议。

经过开庭，我提出“无罪”兼“罪名异议”的辩护意见，后者被法院采纳。原一审法院经审判委员会讨论决定，作出一审判决，以非法拘禁罪判处许建军 1 年 5 个月。基于羁押期已届满，许建军被取保候审，恢复自由。

我曾极力建议许建军提起上诉，争取无罪，许建军放弃，但检察院提起了抗诉，市中级人民法院裁定撤销原判，发回重审。重一审阶段，检察院增加非法拘禁罪指控，要求与敲诈勒索罪两罪并罚。重一审仍然认定敲诈勒索罪不能成立，仅以非法拘禁罪判处许建军 1 年 5 个月，与原一审刑期一样。

一、本案的办案思路和全过程指引

(一)及时争取到会见,并申请转回本地羁押

许建军的家属联系上我时,许建军已经被羁押了3个多月,从被羁押开始,家属已经聘请了当地律师,家属说,当地律师申请会见许建军,侦查机关以该案涉黑为由向当地律师协会和司法局去函,要求律师不要干扰公安机关的“正常办案”。

接受委托后,我与侦查机关联系,提出会见申请,办案人员说,涉黑案件的律师会见,需要公安机关负责人批准。我向主管副局长申请后,其不同意会见,理由是案件涉黑。虽然不能安排会见,但是知道了许建军真实羁押在百余公里之外的某县看守所。

我向市公安局、市检察院、市政法委、市纪委、市人大、市扫黑办去函反映,希望让律师的会见权落到实处。几天之后,接到办案人员的电话,马上安排律师会见。在偏远山区的某县看守所见到许建军时,其一度情绪失控。

许建军感觉3个多月来,仿佛与世隔绝,没有任何家人的信息,也不知道家人是否知道自己羁押在此,见到我,他就明白家人已知道了他的下落,来自家人的关怀,让他不再感觉孤单和无助。

根据会见了解到的许建军本人的健康状况,我先后与办案机关和检察机关联系,申请取保候审和羁押必要性审查申请,但均无果。退而求其次,在多个部门之间奔走,申请办案机关将许建军转回其住所地的本市第一看守所。10余天后,办案人员通知,许建军已经转回本地看守所。

(二)通过大数据检索到对许建军有利的民事裁判

根据会见时许建军陈述的案情,涉案的所谓报案人或受害人都是欠债逾期不还的“老赖”,涉嫌恶人先告状。根据许建军提供的双方的姓名或名称,通过中国裁判文书网和其他大数据,检索到20余份与本案相关的裁判文书,这些裁判文书,都能直接证明许建军或许建军参股的公司与报案人、受害人之间的债

权债务真实存在，且得到了生效民事裁判法律文书的确认。

经过仔细比对这些民事裁判文书，我发现并不存在合同诈骗、套路贷、虚假诉讼等违法犯罪情形，对方多数只是认为约定的违约金过高，或者金额存在一定的“多与少”的分歧。可见，该案和一般的涉黑案中的通过套路贷等非法手段谋取不法利益有着本质性的不同。

我把这些检索到的民事裁判文书整理成册，作出标记，提交给了办案机关，用这些客观证据证明所谓的涉黑涉恶根本就不存在，该案只是“老赖”们为了达到欠债不还之目的，联合其他“老赖”集体对作为合法债权人的许建军或其参股公司的“围攻”，意图实现“众人推墙倒”的效果。

（三）检索出著名学者的观点作为辩护依据之一

针对本案，进一步检索到清华大学著名法学教授张明楷发表于《中国刑事法杂志》上的《不当讨债行为不可能成立寻衅滋事罪》一文，在该文中，张明楷教授指出：不少“老赖”就是在拒不执行或者不能执行民事判决的情况下，告发债权人构成寻衅滋事罪乃至属于黑恶势力的，司法机关对债权人的立案、侦查与审判，不仅使“老赖”逃避了债务，而且使刑法与刑事司法成为“老赖”恶意利用的工具。只要将债权人的行为认定为犯罪，债务人基本就逃避了债务。所以，如果将债权人实施的跟踪、纠缠、恐吓、辱骂等行为以寻衅滋事罪论处，不仅必然鼓励债务人逃避债务，而且会鼓励一些人实施借款诈骗行为。这不符合刑罚目的的做法，会使刑事司法丧失合理性、合法性。如果支持“老赖”先告状，就必然侵害债权人的合法权益、助长违法犯罪。

除张明楷教授的观点外，还检索到清华大学法学院博士生导师周光权教授在参加全国人大会议时的发言：在有的案件中，合法成立的经济组织在开展业务活动过程中，偶尔实施暴力、威胁等犯罪行为，或者有其他非暴力犯罪行为，也被作为黑社会性质组织或恶势力团伙处理。就以上问题，建议最高人民法院、最高人民检察院给予高度关注，督促、指导下级司法机关严格遵守罪刑法定原则，准确适用法律，确保对涉黑组织的犯罪一个不放过、一个不拔高。

(四)向侦查机关提出许建军不涉黑、不涉恶的法律意见

律师对侦查机关的法律服务,不能仅局限于传统的传达信息、获悉罪名、案情沟通、法律咨询、权利告知、心理辅导、安抚情绪等,而应充分发挥律师在侦查阶段的辩护作用,争取让案件中的错误定性或错误证据采信及时止步,有效避免公安机关在侦查终结后向检察机关移送错误的起诉意见。

根据掌握的基本案情和现有证据及法律规定,在律师事务所内部进行了多次集体讨论,并请教了高校的资深专家学者,及时向侦查机关提出了 10 余页关于许建军不涉黑、不涉恶的法律意见,并将该法律意见抄送给检察机关和省、市两级扫黑办。随后,又就刑事拘留和批准逮捕所涉及的罪名提出书面异议。

在上述法律意见中,将检索到的相关类似案例和专家学者的意见作了充分体现,力争事实有证据支撑、法律有法条依据、理论有学者意见、实务有案例参考,让法律意见尽量去影响侦查人员,促使其作出正确判断。辩护工作尽量前移,减轻后一阶段的辩护压力。

(五)申请检察院和法院责令侦查机关提供涉案合同

侦查机关向检察机关移送审查起诉后,当看到起诉意见时,我发现涉黑已经消失,质疑的罪名也销声匿迹,这说明侦查机关采纳了律师的部分辩护意见。但取而代之的是非法拘禁罪、寻衅滋事罪、诈骗罪三个罪名的指控。我在反复梳理证据和多次审阅案卷后,就许建军不构成上述三个罪名向检察机关办案人员及检委会全体成员提交了辩护意见。

经过退回补充侦查,检察机关向法院提起公诉,对许建军的指控罪名只有敲诈勒索罪一个,显然,检察机关采纳了许建军不构成非法拘禁罪、寻衅滋事罪、诈骗罪的辩护意见,这意味着这个案件已经辩护成功了一半以上。接下来最重要的就是否定敲诈勒索罪的指控,当然这是后话。

本案中,涉及谢卫国的部分,有一份《股权转让协议》,对案件性质的认定至关重要,因为《股权转让协议》能直接证明许建军参股的公司与谢卫国之间是合同关系,即便取得款项,也有合同依据。据家属讲,原件已经提交给了侦查机关,但是在审阅案卷时,未能见到。我当即向检察机关提出申请,要求检察机关

责令侦查机关提交,该证据对许建军极为有利,直接决定敲诈勒索罪能否成立。

之后催过多次,始终没有回复,直到案件被提起公诉,也没有回复意见。

但侦查机关在向检察机关移送案卷材料时,却有一份关于《股权转让协议》原件的扣押清单。

案件到法院后,我向法院提交了该份《股权转让协议》复印件,并申请法院责令检察机关或侦查机关提交该原件,理由就是案卷中有一份扣押《股权转让协议》的清单。在庭前会议上,我出示《股权转让协议》的复印件,并申请合议庭责令公诉人向侦查机关调取原件。合议庭同意了我的意见,让公诉人在一周的时间内核实原件下落,找到后立即提交给法庭,最后原件现身,为辩护奠定了坚实的基础。

(六)检索到有针对性的司法解释否定敲诈勒索

根据《起诉书》的指控,即便假定涉案的130万元属于不受法律保护的债务,也假定许建军确实指使他人对谢卫国实施了非法拘禁行为,也只能按非法拘禁罪追究刑事责任,而不能定敲诈勒索、绑架等。为支持上述意见,检索到《最高人民法院关于对为索取法律不予保护的债务非法拘禁他人行为如何定罪问题的解释》(法释〔2000〕19号)以及各地法院的类似案例。

该解释明确规定:"……现就为索取高利贷、赌债等法律不予保护的债务,非法拘禁他人行为如何定罪问题解释如下:行为人为索取高利贷、赌债等法律不予保护的债务,非法扣押、拘禁他人的,依照刑法第二百三十八条的规定定罪处罚。"故即便假定被告人许建军指使他人对谢卫国实施了非法拘禁行为追讨涉案的130万元,也只能勉强定性为非法拘禁罪。

非法拘禁罪与敲诈勒索罪的法定刑有天壤之别,前者的普通刑期是3年以下,后者因涉案金额达130万元是10年以上,所以,在为许建军作无罪辩护的同时,也为了稳妥起见,守住第二道防线,争取在无罪失败的情况下,希望能改变罪名,由罪重罪名改变为罪轻罪名。

根据后来的一审刑事判决,公诉机关指控的敲诈勒索罪并提出13年6个月的量刑建议最终被法院否定,用1年5个月的非法拘禁罪取而代之。这也是许建军及其家属都满意判决结果的重要原因,虽然始终认为许建军也不构成非法拘禁罪，应该彻底无罪。可见，检索到的最高人民法院该专项司法解释和同类型案例，对一审法院改变罪名起到了决定性作用。

（七）申请公检法机关解封许建军及其家属的合法财产

据家属介绍，因本案，不但许建军名下的房产、银行账户等被冻结，其家人名下的房产、银行账户等也被一并冻结。在侦查机关向检察机关移送审查起诉后，从《起诉意见书》看到“涉黑”已经被去掉，意味着如果《起诉意见书》中的诈骗罪也被否定，则许建军的个人财产不会被没收。为此，我向侦查机关申请解封与本案无关的许建军家属个人名下的房产和银行账户。

不久，许建军的家人告诉我，家属个人名下的房产和账户已经被解封，经济压力得到缓解。应当说，这不是辩护律师分内的工作，也不是委托合同中约定的事项，但我仍然做了。被告人或其家属在刑事案件中应享有的每一项权利，会合理合法、任劳任怨去争取，对损害被告人或其家属每一项权利的行为，会依法依规、力所能及去反映，这是辩护律师该有的样子。

在检察机关向法院提起公诉后，从《起诉书》的内容可以看出，原《起诉意见书》中被控可以被没收财产的诈骗罪被去掉，取而代之的罪名只有敲诈勒索罪一个，而该罪名只能并处罚金，不能没收财产。为此，我与侦查机关、检察机关、一审法院办案人员联系，建议解封对许建军名下的房产、银行账户等财产的冻结措施，为慎重起见，同时向办案人员通过 EMS 邮寄了《关于解封许建军个人名下财产的申请书》。

（八）及时发现笔录中的造假并申请证据排非

在仔细审阅案卷的过程中，我发现了一个常人无法轻易注意到的细节，那就是李江曾作出过的一份对许建军有利的讯问笔录神秘消失，这份讯问笔录之所以客观存在，并不是律师的主观猜测，而是从李江的前后多份讯问笔录的内容中可以反映出来。李江认为许建军与本案无关的说法与同案犯朱长平的讯问笔录中的内容相印证。

在案卷汇总的李江的多份讯问笔录中，唯独缺少该份李江所言“许建军与本案无关”的讯问笔录。通过案卷，还发现同一天对李江的讯问笔录，在随后休息几分钟之后的另一份讯问笔录中，却出现了逆转。而且没有监控视频能证明李江在这几分钟的时间里没有受到威逼利诱，我对许建军不利的讯问笔录申请了非法证据排除。

经过进一步阅卷，我又发现了一个细节，在一份对许建军的讯问笔录中记载，许建军回答称知道涉嫌非法拘禁罪，认罪认罚。但匪夷所思的是，在讯问笔录的结尾，许建军对这种记载拒绝签字。为何拒绝签字，办案人员没有作出具有说服力的说明，也没有提供审讯视频印证所谓“认罪认罚”具有真实性和合法性。

而在作出这份讯问笔录的几分钟之前，办案人员曾对许建军作过一份讯问笔录，许建军不认可谢卫国被所谓非法拘禁与自己有关。但是，临时休息几分钟后，重新作出的讯问笔录，突然就变成了对谢卫国的非法拘禁予以认可，并认罪认罚。在会见许建军时，许建军说，办案人员称非法拘禁算不上什么，认了可以取保候审。但之后觉得不妥，所以拒绝签字。

由此可见，许建军的讯问笔录在几分钟之内的突然变化，并不符合客观实际情况，均是受到了误导和欺骗。应当采用许建军作出的对自己有利的前一份讯问笔录，而对后一份没有签名的所谓认罪认罚的讯问笔录应当作出非法证据排除，为此，我也同样提出了排除非法证据申请。

（九）调取到报案人谢卫国出具的两张借条

在市第一看守所会见许建军时，他说谢卫国的违约金已经改成了借款，其曾经出具过两张借条。这是一个好的证据线索，经过查找，确实找到了谢卫国向永顶公司出具的两张金额共130万元的借条。通过这两张借条，再对照案卷中涉及谢卫国部分的记载，可以发现问题越来越清楚，不存在敲诈勒索的说法。

检察机关认为非法拘禁谢卫国发生在2011年3月13日，而借条的落款时间为2012年5月8日，谢卫国被非法拘禁与谢卫国出具借条的相距时间相差1年2个月之久。如果谢卫国受到了永顶公司或许建军的威逼、恐吓、要挟或非法拘禁，其完全可以选择在获得自由后报警，而不是在1年2个月之后再向永顶公司出具借条。

谢卫国作为久经商场的生意人，之所以出具借条，中间必然有就130万元违约金转为借款的友好协商、沟通、磋谈过程。在没有证据证明是永顶公司用刀、枪等逼着谢卫国的情况下，谢卫国向永顶公司出具借条的行为能证明不存在敲诈勒索，是谢卫国真实意思表示。

这两张借条，既属于书证，又是客观证据，该证据有力地否定了一些主观证据的证明内容，借条与《股权转让协议》加在一起，形成了完美牢固的证据链，对案件的事实真相能起到正本清源、拨乱反正、扭转乾坤的重要作用。作为对许建军有利的证据向法庭提交。事实上，在后来的一审判决中，这两张借条对否定敲诈勒索罪发挥了功不可没的重要作用。

二、在一审法庭质疑敲诈勒索罪指控

2021 年 10 月 25 日，一审法院对此案进行公开开庭，公诉人指控许建军构成敲诈勒索罪，建议量刑 13 年 6 个月。作为许建军的辩护人，我在法庭上有理有据地针对在案证据和已经查明的事实发表了辩护意见，否定敲诈勒索罪指控。其理由如下：

辩护人对于公安机关根据法律意见和在案证据去掉“涉黑”表示赞赏，也对检察机关根据案件材料和法律意见去掉《起诉意见书》中对许建军的寻衅滋事、非法拘禁、诈骗的指控表示感谢。

但现有指控仍然依据不足，定性不当。当前，形形色色的“老赖”欠债不还，甚嚣尘上，借扫黑除恶妄图黑掉正当债务的事例此起彼伏，践踏社会最基本的诚信，扰乱市场经济秩序，让交易安全没有保证。本案指控，背离初心，助长了歪风邪气，与中央保护民营企业家合法权益大政方针相悖。

辩护人认为，公诉机关指控被告人许建军构成敲诈勒索罪欠缺最基本的事实和法律依据。建议合议庭排除各种干扰，站在对证据和法律及历史负责的高度，公正裁判本案。具体辩护意见如下。

（一）许建军的行为不构成所谓的敲诈勒索罪

1. 涉案 130 万元是永顶公司有合同依据的收入

（1）许建军并无将涉案 130 万元非法占为已有之故意

犯罪主观构成要件是成立犯罪所必须具备的行为人对自己实施的危害社

会的行为及其结果所持的心理态度。敲诈勒索罪是指以非法占有为目的,对被害人使用恐吓、威胁或要挟的方法,非法占用被害人公私财物的行为。由此可见,敲诈勒索罪在主观上为直接故意,必须具有非法强索他人财物的目的。如果行为人不具有这种目的,或者索取财物的目的并不违法,则不构成敲诈勒索。

敲诈勒索罪属于财产型犯罪,以非法占有为目的是该罪名成立的至关重要的构成要件,非法占为已有是与合法占为已有相对应的法律概念,如果行为人主张的是合法权益,则不属于非法占为已有之目的。

在司法实践中,非法占为已有的动机和目的是指行为人不讲任何理由,不具任何前因,直接故意非法强索他人财物。本案中,涉案的130万元属于违约金性质,具有正当的合同依据,许建军没有非法占为已有的主观故意。

许建军及永顶公司其他股东并不认识谢卫国及福全公司其他股东,是因为福全公司资金困难,谢卫国才通过自己的朋友李海洋找到永顶公司融资。是谢卫国主动找永顶公司,不是永顶公司主动找谢卫国的。许建军和永顶公司并无预谋,而谢卫国对永顶公司资金觊觎已久,费尽心机。

(2)没有任何证据证明许建军收到了涉案的130万元

许建军个人是否收到所谓受害人谢卫国给付的涉案130万元是检察机关必须举证证明的对象,既需要有汇款单、收条等客观证据,又需要有证人证言、被告人口供、被害人害人陈述等主观证据,更需要有资金来源和去向的证据。本案中,仅有谢卫国称"给了许建军130万元",再无其他证据,明显属于孤证,且谢卫国与本案具有利害关系,其陈述不具有客观真实性。

谢卫国向永顶公司出具的两张金额分别为100万元和30万元,共计130万元的借条,充分证明谢卫国的陈述是信口雌黄,胡编乱造。在证据种类中,言辞类的主观证据效力最低,因为其根据不同的时间、站在不同的角度、所处的利害关系等因素,决定着言辞证据存在变幻莫测的极大可能。证据的核心是依据性、事实性、客观性、具体性,而谢卫国的陈述具有猜测性、想象性、推测性、抽象性。

(3)没有客观证据证明永顶公司收到了涉案的130万元

充分、确实的证据,既包括物证、书证、证人证言等,又包括被告人口供和被害人陈述。对各种证据都应当重视,尤其是物证和书证等客观证据,只有经过查证属实、符合客观实际的证据,才能作为定案依据。这一含义和要求的实质在于必须忠于客观事实,重要事实的指控必须以充分、确实的证据为依据。

本案中,唯一能证明永顶公司对公账号收到了谢卫国汇入的130万元的证据是余华的证言,显然属于孤证,没有银行转账凭证予以印证。在庭审中,面对辩护人提出的异议,公诉人已经明确承认确实找不到永顶公司曾收到谢卫国支付的130万元的转账记录。永顶公司是否收到涉案的130万元,对定案具有重要影响,只有言辞证据,而且是孤证,没有转账记录等客观证据,公诉机关所称的“永顶公司收到谢卫国130万元”的说法明显不能成立。

(4)涉案130万元属于永顶公司受保护的合法债权

敲诈勒索罪属于财产犯罪,而财产犯罪保护的法益是他人的合法财产所有权。本案中,谢卫国并没有财产所有权被侵占的事实,更没有合法财产上的损失。涉案的130万元是永顶公司依据其与谢卫国签订的涉案协议所拥有的合法债权,有充分的合同依据,不是谢卫国的合法财产所有权。敲诈勒索一般是结果犯,必须以合法财产被敲诈后为他人非法占为已有为构成要件。

另外,没有充分证据能证实永顶公司或许建军已经实际收到谢卫国支付的涉案130万元的违约金。公诉人所称的“谢卫国已经支付给永顶公司130万元”属于主观臆断,没有证据能够证实,尤其是客观证据,仅有余华一个人的证言是绝对不够的,而且余华与本案具有利害关系。即便假定永顶公司已实际收到谢卫国的涉案130万元,也是依据涉案协议产生的合法财产,没有侵犯谢卫国的财产所有权。

2. 许建军及永顶公司没有实施敲诈勒索行为

(1)没有直接证据能证明许建军指示他人拘禁谢卫国

案卷第28卷第61页,民警问许建军:“你是否指使朱长平和周尚银找谢卫国索债?”许建军答:“我没有指使他俩找谢卫国索债。”另在第28卷第66页,许建军再次强调:“谢卫国被绑这个事从前到后都与我无关。”

第1卷第11页,许建军的讯问笔录中记载,许建军回答称知道涉嫌非法拘禁罪,认罪认罚。但匪夷所思的是,在讯问笔录的结尾,许建军对这种记载拒绝签字。由此可见,对许建军认可非法拘禁的笔录记载,显然是作假的,应当依法排除。

第9卷第84页,李江供述自己曾看守了谢卫国10小时左右,但其否认此行为系基于许建军的指使。李江说:“许建军没有直接指挥我做事。”在第28卷第110页,李江供述:“我们把谢卫国绑了后,我只跟朱长平、周尚银打电话汇报这事。”李江的行为不能归因于许建军,许建军自始至终没有要求他实施非法拘禁。

第28卷第142页,余华供述:“我不知道许建军有没有请他人使用威胁、暴力手段找福全公司或者谢卫国索要违约金这个事。”假如许建军真的做过,永顶公司的法定代表人余华又怎会不知情?另根据第28卷第18页,谢卫国描述:“我只是分析是许建军派来的人。”

由此可知,一方面许建军和李江均否认非法拘禁系基于许建军的要求,另一方面谢卫国也只是推测可能是许建军所为。结合全案来看,本案目前只有少量口供,且口供之间存在前后矛盾,没有证据证明许建军指使他人对谢卫国实施非法拘禁行为。

第28卷第142页,余华供述:“当时确实是福全公司违约了,我记得我们双方公司都签了协议也都盖了公章。”这与谢卫国在讯问笔录中向警方自认的自己确有违约相印证。

第28卷第42页,谢卫国自述“2020年我组织材料向市长写了举报信”,之后许建军被调查。据第28卷第146页,当时,在许建军被羁押后,许天明接受警方讯问时曾描述,“谢卫国说:许建军给我造成了130万元的经济损失,你如果能把这130万元补偿给我,那我就愿意和你化解矛盾”。

(2)一年多之后向永顶公司出具借条说明并无敲诈

所谓的对谢卫国的非法拘禁行为发生在2011年3月13日,而谢卫国自愿同意将违约金变为借款并向永顶公司出具两张金额共计130万元借条的行为发生在2012年5月8日,两个时间节点的跨度长达1年2个月之久。按照正常逻辑和思维,如果谢卫国受到了威胁、要挟、恫吓的敲诈或非法拘禁,完全可以也应当报警,而谢卫国不但不报警,反而向永顶公司出具借条,足以证明该行为出自谢卫国本人的真实意愿,并没有违背其意志。

敲诈勒索虽然与抢劫有区别,不是马上取得对方的财物,但至少不会拖一年以上,而且是以出具书面借条的形式。公诉人没有证据证明在这1年2个月的时间里,谢卫国受到来自永顶公司或许建军的敲诈勒索或非法拘禁行为。从客观行为推断主观意愿，谢卫国向永顶公司出具借条的行为正好证明其同意并接受支付130万元违约金的处理方式。

(3)敲诈勒索罪的客观表现形式中并没有非法拘禁

敲诈勒索罪在客观方面表现为行为人采用威胁、要挟、恫吓等手段，迫使被害人交出财物。所谓威胁，是指以恶害相通告迫使被害人处分财产，即如果不按照行为人的要求处分财产，就会遭受恶害。所谓要挟，是指抓住被害人的某些把柄或者制造某种迫使其交付财物的借口，如以揭发贪污、盗窃等违法犯罪事实或生活作风腐败等相要挟。所谓恫吓，是指扬言灾祸或苦难就要来临，以此威胁受害人，虚张声势，予以恐吓。

由此可见，威胁、要挟、恫吓是敲诈勒索罪的三种主要表现形式，其中并不包含非法拘禁。非法拘禁是直接限制他人的人身自由，不会拐弯抹角地采用威胁、要挟、恫吓方式。正因如此，《刑法》第238条第3款作出了为索取债务，非法扣押、拘禁他人的，依照非法拘禁进行处罚之规定。即便假定存在非法拘禁行为，也只能定非法拘禁，而不是敲诈勒索。案卷材料记载，有一次李江到谢卫国的公司向其催要欠款，谢卫国邀约20余人将李江围困，充分证明谢卫国自认为欠债的是大爷，当然也不可能被敲诈。

3. 应准确区分刑事犯罪与民事纠纷

(1)许建军的签约行为是代表永顶公司的职务行为

许建军只是永顶公司的股东，并不是法定代表人或实际控制人。许建军在代表永顶公司与谢卫国签订《股权转让协议》时和在与福全公司法定代表人李林涛协商签字时及要求谢卫国依据约定承担违约责任时，永顶公司法定代表人余华及其他股东均在场，共同商讨决定，而且谢卫国的违约金转借款的凭证也指向永顶公司，许建军的行为属于典型的职务行为。

依据规定，企业法人对它的法定代表人和其他工作人员的经营活动，承担责任。法人或者其他组织的工作人员因职务行为或者授权行为发生的诉讼，该法人或其他组织为当事人。许建军为永顶公司的经营所为的行为，应由永顶公司承担法律责任，而不应由许建军个人承担法律责任。

(2)涉案《股权转让协议》对谢卫国是合法有效的

涉案协议的甲方虽是李林涛，但事实上也涉及谢卫国、曾文丽两个主体。

永顶公司与谢卫国在签约时,双方具有相应的行为能力,意思表示真实,协议内容不违反法律的禁止性规定,属于有效协议,依法受法律保护。并且永顶公司已经根据该协议第2条支付给甲方定金人民币300万元的定金。

虽然甲方李林涛没有在该协议上签字,但是永顶公司已经根据谢卫国的紧急请求提前向其支付了300万元的定金供福全公司用来交付土地使用权出让金。依据《合同法》第37条"采用合同书形式订立合同,在签字或者盖章之前,当事人一方已经履行主要义务,对方接受的,该合同成立"之规定,即便李林涛没有签字,该合同也已成立并生效,更何况合同一方主体谢卫国已经签字。

(3)谢卫国与永顶公司的纠纷可通过民事诉讼解决

由于谢卫国不履行涉案协议,永顶公司要求谢卫国依据《股权转让协议》第3条"如逾期超过15天,乙方有权要求解除合同,甲方向乙方支付合同总额20%的违约金"之约定承担违约责任。事后经双方充分协商,永顶公司放弃总额400万元的违约金,降为130万元,在谢卫国的要求下,将违约金130万元改为向永顶公司的借款。

如果谢卫国对涉案协议或违约金有任何异议,完全可以在法定的诉讼时效内向人民法院提起民事诉讼,谢卫国维护自己合法权益的诉讼权利并未受到限制。中央三令五申,不得利用刑事手段干预经济纠纷。公安机关对于本无争议的民事行为,越位干预;检察机关对于平等主体之间的纷争,主动介入,在当前经济受疫情影响不景气的情况下,无异于挑起和激化社会矛盾,不利于经济快速复苏。

(4)谢卫国在签订和履行涉案协议时具有欺诈行为

根据辩护人提供的福全公司的工商登记档案资料,在签订涉案协议时,谢卫国自己的股权只占福全公司的18.18%,他却要转让超过自己两倍的36.36%的股权,明显属于无处分权行为。按照谢卫国事前的说法,他负责协调李林涛和曾文丽签名,但事实上,经过与李林涛的见面沟通,李林涛根本就不同意,也不知情。也就是说,谢卫国蒙骗了永顶公司。当然也不排除李林涛、谢卫国等"唱双簧",搪塞敷衍永顶公司,为不承担或少承担违约责任寻找托辞和理由。

通过谢卫国的上述行为,可以看出,谢卫国在与永顶公司签订和履行涉案协议中,故意隐瞒了自己无权处分36.36%的股权及虚构可以让李林涛签名,骗得永顶公司支付的300万元的定金,该行为属于欺诈。所以,在本案中,谢卫国并非所谓的受害人,而是名副其实的违约方和欺诈方。公安机关明知永顶公司是守约方,却揪住许建军不放,涉嫌徇私枉法。

4. 公诉机关指控许建军构成敲诈勒索与法相悖

(1)几个人的同一行为不可能构成两个不同的罪名

共同犯罪行为是指各共同犯罪人的行为都指向同一犯罪事实,彼此联系,互相配合,都与犯罪结果之间存在因果关系。本案中,即便假定许建军指示他人对谢卫国实施了非法拘禁行为,其他人也与许建军属于共同犯罪。而不能就同一非法拘禁行为指控谢卫国构成敲诈勒索罪,而指控朱长平、周尚银、李江、柯世明构成非法拘禁罪,这样的指控明显没有法律依据。

要么都是敲诈勒索罪,要么都是非法拘禁罪,应一视同仁,不能厚此薄彼。公安机关和检察机关进行一轻一重的指控,无非就是予以恩惠,让朱长平、周尚银、李江、柯世明共同"围殴"许建军,实现在法庭"合围"许建军的效果和目的。公诉人对许建军提出的所谓13年6个月而对朱长平等提出不足1年的量刑建议,就是最好的证明。

(2)即便是索取非法债务拘禁他人也只能定非法拘禁

本案中,即便假定涉案的130万元属于不受法律保护的债务,假定许建军确实指使他人对谢卫国实施了非法拘禁行为,也只能按非法拘禁罪追究刑事责任,而不能定敲诈勒索、绑架等。《最高人民法院关于对为索取法律不予保护的债务,非法拘禁他人行为如何定罪问题的解释》规定:"为了正确适用刑法,现就为索取高利贷、赌债等法律不予保护的债务,非法拘禁他人行为如何定罪问题解释如下:行为人为索取高利贷、赌债等法律不予保护的债务,非法扣押、拘禁他人的,依刑法第二百三十八条的规定定罪处罚。"故即便假定被告人许建军为追讨涉案的130万元指使他人对谢卫国实施了非法拘禁行为,也只能勉强定性为非法拘禁罪。

(3)《起诉书》关于敲诈描述与涉案协议的内容相悖

《起诉书》第4页第4行记载"双方约定,如福全公司在15日内筹到2000万元,则不需要许建军等人投资入股,若未筹到2000万元,许建军投入2000万元取得福全公司法定代表人李林涛36%的股权。随后,许建军便向谢卫国账户汇入

300万元意向金”。而涉案协议并无该项约定,作为2000万元之巨额的合同,不可能在合同之外还有其他约定,永顶公司及许建军也不认可这种毫无依据的说法。

公诉人所称的“先内后外”的约定根本不存在,纯属杜撰。涉案协议是书面证据,也是客观证据,任何言辞证据都不能否定其效力和记载的客观内容。另外,涉案协议约定的是36.36%的股权,而不是《起诉书》所称的36%,涉案协议约定的300万元是定金,而不是《起诉书》所称的300万元是意向金。这也是辩护人为何一直坚持要求侦查机关提供涉案《股权转让协议》原件的真实原因。

(4)公诉人称涉案协议是无效的说法没有任何依据

确认合同无效的机构具有法定性,合同效力的确认,事关合同当事人订立合同的目的能否实现,以及当事人合法权益能否得到保护的问题。因此,法律规定,无效合同的确认归人民法院和仲裁机构,其他组织和个人均无此项权利。涉案协议并不属于《合同法》第52条所规定的无效合同的情形,谢卫国也没有在一年内因为其他原因行使撤销权,涉案协议已依法成立并生效,受法律保护。

依法成立的合同,对当事人具有法律约束力。当事人应当按照约定履行自己的义务,不得擅自变更或者解除合同。依法成立的合同,受法律保护。确认合同无效或不生效的法定机关是人民法院或协议依法约定的仲裁机构,涉案协议在没有被人民法院或仲裁机构确认无效之前,公诉人无权对涉案协议的效力作出判定,否则属于越位。

(二)本案是“老赖”们利用刑案之名对合法债权人的围殴

1.本案来源缺乏正当性,幕后推手刘立是“老赖”

(1)本案幕后推手刘立是法院裁判已经认定的“老赖”

在第8卷第10页,2020年6月23日的《涉黑涉恶线索催办通知书》显示,本案“系市领导批示线索,2019年2月18日、11月27日市扫黑办两次交办,仍未办结”。另外根据同卷的线索材料可知,这起市领导批示的案件报案人为市人大代表刘立,被控告人为雄康等。

经查中国裁判文书网,刘立与雄康两位平等的民事主体之间的经济纠纷,自2017年至今,已经过区法院、市中级人民法院作出一审、二审、再审裁判以及执行裁定,上述裁判中,市、区两级法院和多个不同的合议庭人员,均裁判刘立或其控制的公司需偿还相关借款。本案中,刘立控告的主要主体为雄康,但事实上殃及了无辜的许建军。另通过《督办通知书》可知,本案系在市扫黑除恶办相关领导批示下,才由市公安局指令区公安分局推进的。

……

(2)刘立诬告陷害的主要原因是认为民事裁判不公

需要指出的是,2020年8月5日的《督办通知书》中所附的报案材料中,报案人刘立、邹广祥等均为聚同公司的股东和高管,该次报案,其实质依然为一起民事经济纠纷。刘立等人为逃避债务,采取虚假报案,试图通过作为人大代表的话语权和相关领导的私人关系,以启动刑事程序而逃避债务。

辩护人经查中国裁判文书网,上述举报人中刘立、朱相文等,与众多人员存在借贷纠纷。其中,在省市某区法院的民事判决书中,法院已在对聚同公司与许建军之子许文的相关借贷纠纷进行了认定。辩护人合理怀疑本案为市领导意志强加于法律之上,且极有可能存在相关人员与相关公职人员相互寻租,而对许建军恶意迫害。

……

综上,检察机关指控许建军构成敲诈勒索罪欠缺最基本的事实和法律依据。

三、一审采纳辩护意见，否定敲诈勒索罪

2021年12月31日,区法院就许建军被控敲诈勒索罪一案作出一审判决,否定检察机关提出的量刑建议13年6个月的敲诈勒索罪指控,变更罪名为非法拘禁罪,判处1年5个月。因实际羁押时间届满,许建军被取保候审,恢复自由。

一审法院对律师的辩护意见作了如下评判:

关于许建军辩护人提出许建军并无将涉案130万元非法占为已有之故意及涉案的130万元属于永顶公司受保护的合法债权的辩护意见,经查:《股权转让协议》甲方为李林涛,乙方为永顶公司;甲方意将36.36%的股权作价2000万元转让给乙方,在与曾丽、谢卫国订立合同后第二日乙方支付300万元,余额一次性付清;甲方如违约,向乙方支付合同总金额20%的违约金;签字部分,甲方处写"谢卫国代"。涉案的130万元是永顶公司依据上述协议经过多次协商取

得的，该辩护意见予以采纳。

关于辩护人提出没有任何证据证明许建军收到了涉案的130万元和没有客观证据证明永顶公司收到涉案的130万元的辩护意见，经查：涉案证据能够证实永顶公司收到130万元的只有余华的证言，而无其他证据印证，系孤证，该辩护意见予以采纳。

关于辩护人提出一年多后向永顶公司出具借条说明并无敲诈目的的辩护意见，经查：对谢卫国非法拘禁发生在2011年3月13日，而谢卫国向永顶公司出具130万元借条的行为发生在2012年5月8日，时间长达1年2个月。谢卫国如果受到威胁、要挟、恫吓，应当报警。但谢卫国非但未报警，反而向永顶公司出具借条，足以说明系其真实意愿，该辩护意见予以采纳。

关于辩护人提出敲诈勒索罪的客观表现形式没有非法拘禁的辩护意见，经查：敲诈勒索罪在客观方面表现为行为人采取威胁、要挟、恫吓等手段，迫使被害人交出财物的行为，该辩护意见予以采纳。

关于辩护人提出涉案《股权转让协议》对谢卫国是合法有效的辩护意见，经查：虽然李某未在《股权转让协议》上签字，但是永顶公司已向谢卫国支付了300万元的定金，故该协议已生效，该辩护意见予以采纳。

关于辩护人提出谢卫国在签订和履行涉案协议时具有欺诈行为的辩护意见，经查：根据会计师事务所提供的验资报告，截至2011年3月24日，福全公司已收到曾丽投入的1000万元、谢卫国投入的400万元。故福全公司在15日内未筹得双方约定的人民币2000万元，该辩护意见予以采纳。

关于辩护人提出假定许建军指使他人对谢卫国实施了非法拘禁行为，也只能按非法拘禁罪追究刑事责任，而不能定敲诈勒索罪的辩护意见，经查：现有证据不足以认定许建军构成敲诈勒索罪，但其指使他人对谢卫国实施非法拘禁行为，从而实现债权的取得，符合非法拘禁罪的犯罪构成，该辩护意见予以采纳。

……

被告人许建军、朱长平、周尚银、李江、柯世明非法剥夺他人人身自由，其行为均已构成非法拘禁罪。公诉机关指控被告人朱长平、周尚银、李江、柯世明的罪名成立。但指控被告人许建军犯敲诈勒索罪的罪名不当，应予纠正。

该判决对控辩双方的证据进行了足够的评述，对律师辩护意见采纳与否也进行了充分的论证,这与多数刑事裁判中对律师辩护意见仅以"蜻蜓点水"的一句话或几句话简单一带而过有着重大进步,彰显了承办法官过硬的法律功底和合议庭成员内心的法治信仰。

四、检察机关不服一审判决，提起抗诉

因不服一审刑事判决,2022 年 1 月 7 日检察机关依法提出抗诉,区检察院认为,许建军的行为构成敲诈勒索罪,但是一审判决认定许建军的行为构成非法拘禁罪,属于认定事实错误、适用法律错误,导致重罪轻判。

区检察院的理由是:许建军和被害人谢卫国之间按照约定,许建军未在规定期限内筹集到 2000 万元资金,谢卫国无须支付违约金,但是许建军罔顾该事实,仍指使周尚银、朱长平等人通过言语威胁、非法拘禁等手段向谢卫国索要上述 2000 万元产生的违约金。谢卫国出于恐惧,被迫向许建军支付了 135 万元,该事实有谢卫国的陈述,与证人余华、朱某的证言相印证,许建军在公安机关的供述也认可收到了谢卫国 130 万元本金和利息。

故许建军主观上具有非法占有故意,客观上指使他人对被害人实施了威胁、非法拘禁等恐吓行为,迫使被害人交出财物,其行为符合敲诈勒索罪的构成要件,且犯罪数额特别巨大,法定刑为 10 年以上有期徒刑,并处罚金。一审判决采纳了辩护人关于许建军未收到 135 万元、无非法占有故意等辩护意见,只对许建军敲诈勒索的手段行为进行评价,从而认定为非法拘禁罪,对许建军判处有期徒刑 1 年 5 个月,属于认定事实错误、定性错误,导致重罪轻判。

五、重一审后，仍认定不构成敲诈勒索罪

二审经过开庭,撤销原判,发回重审。重一审中,检察院增加起诉,认为许建军既构成非法拘禁罪,同时又构成敲诈勒索罪。

重一审经过开庭,于 2023 年 3 月 7 日作出重一审判决,认定敲诈勒索罪名不能成立,仍以非法拘禁罪判处许建军 1 年 5 个月,与原一审刑期及结果一样。重一审的裁判观点如下:

被告人许建军、朱长平、周尚银、李江、柯世明非法剥夺他人人身自由，其行为均已构成非法拘禁罪，公诉机关指控5名被告人非法拘禁罪的罪名成立，但指控被告人许建军犯敲诈勒索罪不能成立。

首先，本案系融资协议引起的，股权转让协议的主体是李某和永顶公司，案涉金额转账亦发生在福全公司和永顶公司之间，没有充分的证据证明与许建军个人有关联性，故不能认定许建军个人敲诈勒索。

其次，在股权转让协议未获得李某追认的情况下，谢卫国作为无权代理人与永顶公司对违约金产生纠纷，案涉130万元是平等民事主体之间协商一致的结果，现有证据不足以认定被告人许建军主观上具有非法占有他人财物的目的。

再次，案涉130万元借条的出具时间与谢卫国被非法拘禁的时间相隔1年2个月，无法认定谢卫国是在出于心理恐惧且被精神控制的状态下出具借条。

最后，关于本案130万元是否实际支付仅有证人证言证实，无转账凭证或其他证据佐证，无法确定存在敲诈勒索财物的实际损失。公诉机关指控被告人许建军犯敲诈勒索罪事实不清、证据不足，不予认定。

经合议庭评议，审判委员会讨论决定，判决确认被告人许建军不构成敲诈勒索罪，被告人许建军犯非法拘禁罪，判处有期徒刑1年5个月。同时，本案其他被告人的刑期与原一审相比也没有变化，且都因取保候审而恢复自由。

在法定期限内，检察院没有抗诉，本案重一审判决生效，案件画上了句号，许建军给我来电，对结果表示满意。

六、辩护该案件的几点思考和感想

（一）如何正确理解认罪认罚制度

为了落实宽严相济、坦白从宽、罪责刑相适应原则，确保刑事司法公正，缓解司法机关案多人少的矛盾，有效节约司法资源和成本，杜绝刑讯逼供和非法暴力取证，体现刑事司法文明，增强司法机关公信力，2018年《刑事诉讼法》确立了认罪认罚从宽制度。

认罪认罚制度能让事实清楚、证据确凿的刑事案件得到快速处理，优化司法资源配置，提高刑事诉讼效果，使得《刑法》和《刑事诉讼法》在社会综合治理中能及时发挥重要作用，通过有效惩治各种刑事犯罪，能修复被破坏的社会关系，有力维护社会和谐稳定。

但认罪认罚制度在实施中，出现了一些变味，少数办案人员把它当成了工具，在所谓的共同犯罪中，用威逼方式，以认罪认罚从宽或取保候审为诱饵，引导同案犯栽赃或诬陷其他无辜的“同案犯”，再对配合办案的同案犯予以取保候审或从轻发落，或永久性地“另案处理”，让无辜的其他“同案犯”有口难辩，有冤难申，有苦难说，有怨难诉。本案中，就有许多对许建军作出不利供述的“嫌疑人”最终被取保候审，未被公诉，值得深思。

对一些本是无罪或存疑的案件，办案人员有时可能用认罪认罚从轻、拒不认罪从重进行误导，使处于弱势一方的嫌疑人或被告人陷入错误认识或为了息事宁人，违背自己的真实意思，委曲求全，忍辱负重，逆来顺受，勉强迁就，而使本可以通过法庭控辩制衡而纠正的案件，最终酿成新的冤假错案。有时，无原则地认罪认罚，让幡然悔悟或司法环境好转之后的被告人的申诉如同登天之难，在司法实践中，刑事申诉成功的案件多是证据存疑、零口供，或定性存在重大争议的案件，几乎难见认罪认罚的案件。

本案在审查起诉阶段，检察官无视律师提出的无罪意见，到看守所劝说许建军认罪认罚，检察官提出如果认了敲诈勒索罪名，可以向法院提出 11 年 6 个月的“从轻”量刑建议。事后一审法院的判决结果证明当初检察官向许建军提出的对敲诈勒索认罪认罚是明显不当和错误的。

所以，对于认罪认罚案件，需要进一步加强监督制约，确保该制度落到实处，发挥应有作用，防止滥用。认罪认罚制度给予了司法办案人员一定的自由裁量权，也可能诱发刑事办案中“权权交易、权钱交易、人情交易”的司法腐败现象，让重罪轻判、实刑判缓、认罪免处，最终架空罪责刑相适应原则，让真正的重罪的被告人得不到应有的处罚，给社会留下隐患。

（二）如何阅卷才符合律师执业精神

接受刑事案件委托，必须第一时间到检察机关或法院复制全部案卷材料，不能遗漏任何一页，哪怕是卷宗目录、法律文书、银行数据、身份信息等，侥幸偷懒和敷衍塞责，是律师的大忌，曾国藩曾说“天下百病，均源于一个懒字”，强调的其实就是任何工作，都不能因懒而偷工减料，否则会酿成严重的工作失误。律师办理刑事案件，事关嫌疑人或被告人及其家人的身家性命，办的不是案子，可能是他人的人生。

任何办案人员自认为“铁证如山”的案子，在浩如烟海、包罗万象、文山书海的案卷中往往隐藏着对己方被告人极为有利而被办案人员所忽视的关键情节或证据，有些可能直接决定案件的罪与非罪、此罪与彼罪。一丝不苟、谨小慎微、精益求精的工作习惯对案卷的查阅、梳理、归纳显得尤为重要，这是律师在法庭上笃定自如、能言善辩的前提和基础。

对于共同犯罪案件，先整体阅卷，再重点查阅自己辩护的被告人的相关材料。对于前后矛盾的询问、讯问笔录的语句，作出标记、标签、笔记，方便查找和对比，归纳、梳理、过滤出案件主观证据和客观证据，判断是否存在犯罪或罪行轻重。细节不但决定成败，而且细节能成就完美，只有见微知著，抽丝剥茧，才能达到辩护的极致。

简单的案件，仔细阅卷至少应在 2 次以上，复杂、共同、多罪名案件，阅卷至少应在 5 次以上，才能动笔草拟辩护意见。对有争议的案件事实、时间顺序、财务数据、人物关系、因果关系，应当列出时间节点，制成表格，画出图表，把厚厚的案卷材料要反映的案件事实化整为零，化繁为简，高度提炼，只有这样，才能在法庭上应对自如，有的放矢。

作为律师，需要有认真负责、勤勉尽职、独立思考、坚守正义、恪尽职守的执业精神，用一丝不苟地办案态度，让律师的执业精神在法庭上熠熠生辉。正所谓“台上一分钟，台下十年功”，法庭上的即兴演讲，滔滔不绝，来源于律师对案卷的熟悉程度。只有对案情做到胸有成竹，才能从容不迫地在法庭上发出有理有据的声音。

（三）如何看待家属在法庭外的努力

虽然本案最初涉黑涉恶，但根据掌握的基本材料和相关证据，所有的罪名指控都是不成立的，包括其他的同案犯。在和家属第一次见面时，我感觉家属内部之间就是否需要聘请外地律师支援似有分歧，有家属担心，聘请外地律师会激怒当地办案机关，让事态不可控或复杂化。而我当初手上案子较多，实话实说，对此案并不感兴趣，也就简单应付，让家属再慎重考虑一周。

在介绍人的撮合下，一个星期之后，我和家属又见了一面，在告知风险后，我希望家属能够配合律师工作，方便我为许建军提供有效辩护，家属也答应，建立了委托关系。介入案件后，我认为所有的指控都不能成立，庭前、庭中、庭后都提出无罪意见。事后得知，家属为了息事宁人，与所谓的报案人、受害人沟通和协商，希望取得谅解。

所谓受害人谅解书，只有在案件构成犯罪的情况下，才能作为酌情从轻处罚的证据材料，而我准备作的是无罪辩护，这些谅解书显然有些多此一举，画蛇添足，弄巧成拙。因为本案中的所谓报案人或受害人事实上都是欠债恶意不还的“老赖”，向“老赖”的妥协其实就是对自己的残忍，在一定程度上助长了“老赖”的嚣张气焰。

本案中，许建军一直不认罪，基本上属于零口供，而家属对无罪辩护表现出明显的信心不足，这也是我做律师以来很少碰到的。作为委托人的家属的意见律师需要给予必要尊重，但作为辩护律师，也应当有独立的思考，如何在被告人、被告人家属、当地律师之间取得平衡，尽量处理好关系，是一个技术活。既要提出自己认为是对的辩护意见，又不能影响到大家之间的关系。

有时，隐隐约约感觉家属想通过各种关系为案件说情，我极力劝阻。近几年的扫黑除恶，大快人心，让一些国家机关中公职人员充当“保护伞”的违法犯罪行为得到追究，一时间风声鹤唳，草木皆兵，使得一些蠢蠢欲动者有所收敛。在这种背景下，基本不会再有公职人员为了一个正在办理的刑事案件而去铤而走险“说情”或“打招呼”。所以，迷信通过关系捞人，最终容易受骗。

第十七章　因为起诉索要货款，货款落空还成“偷税人”

——项阳被控销售伪劣商品、偷税案

导读提示

为推动新农村建设，让更多农民都能享受到改革开放的发展成果，某县政府在辖区大力推行改厕、建池等民心工程。如何让有限的资金发挥最大作用，县政府决定对外公开招标，项阳经营的建材门市部凭借价格优势和良好的业内口碑获得为该项目供应瓷砖的机会。

本以为和政府机关做生意稳赚不赔，万万没想到，最后不但34万元的货款没要回，自己还背上了偷税和销售伪劣商品的罪名。接受委托，我为该案作无罪辩护，法院采纳了部分辩护意见，认为偷税罪不成立，但仍以销售伪劣商品罪判决其缓刑，项阳恢复自由。

一、“大生意”带来了“大危机”

项阳原是县建筑安装公司的一名普通职工，上级主管单位的一纸改制通知，让他成了下岗工人。为谋生路，项阳向亲朋好友四处借钱，凭借自己多年的工作经验，在县里开了一家建材门市部，做起了建材生意。

多年苦心经营没有白费，凭借良好口碑，生意越来越红火。而此时，一单“大生意”正在走来。2003 年 6 月，县政府响应市政府的统一部署，决定投资改造部分农村沼气池，提高农民的生活质量。为了使有限的资金发挥最大作用，县政府采购办决定对外公开招标。

同年7月，县采购办通过当地电视、报刊等多种方式发布采购瓷砖等物资的公告。后因听说项阳经营的建材门市部信誉好，质量也信得过，县采购办派专人到店里送来应标邀请，并再三叮嘱该店销售人员：“一定要通知项老板参加投标。”

项阳当即把这一好消息告诉了瓷砖生产厂家，厂方即刻派代表赶到该县，经过和县采购办主任洽谈，厂方决定以低于市场销售最优惠的价位支持项阳参加投标。

2003年7月28日上午，县财政局二楼会议室开标现场，项阳的样品和价位引起与会人员的极大关注。一切都在意料之中，次日，县采购办派专人将《中标通知书》送到项阳店中。8月11日，正式签约，合同总价57万余元，以应标样品为质量验收标准，货到随机抽样验收。

项阳一直想回报养育自己的家乡。中标后，不管寒暑，下雨天晴，忍饥挨饿，按时送货。即使多年的慢性肾病病情加重，他还是一次又一次推迟去北京治疗的时间，就是为了很好地履行合同。

然而事与愿违，项阳虽保质保量完成了合同供货任务，但县里却还是拖欠了他数万元的货款，始终没有结清的迹象。

2003年9月下旬，县采购办要求按照第一份合同的价格和数量再次签订同样的《瓷砖采购合同》。由于第一次合作货款还不能按约定及时到位，让他在瓷砖厂家那里受了不少委屈，项阳不愿再合作。

后经多次协商，并经主管该项目的副县长签字同意，在原合同的价款基础之上再加价6万元，双方才在2003年10月1日再次合作，并签订第二份《瓷砖采购合同》，项阳同样按约完成供货任务。

供货全部完成，所有瓷砖验收合格，县采购办累计拖欠货款34万余元。在项阳的多次催要下，2004年1月11日，县采购办给项阳出具了一张金额为34万元的欠条，承诺春节后立即付清。

本以为有欠条在手，货款慢慢讨总能讨回来，没想到，项阳“讨”回来的却是一张《税务稽查通知书》。

二、被控犯两项罪名，收集证据进行反击

一场“好戏”就此上演……

若非亲眼所见、亲耳听闻，无法想象项阳竟有如此离奇的遭遇。

原来，就在项阳拿到欠条没多久，县采购办的部分农村改造专项资金被挪用一案东窗事发，项阳终于明白，县采购办承诺的所谓“等春节过后政府资金到位立即付清”不过是拖延的借口。

不仅如此，县领导竟怀疑项阳之前获得供货资格涉嫌行贿，并要求县纪委调查核实。县检察院多次传讯项阳及其爱人，要求其交代行贿事实，最终查明行贿纯属无中生有。

经历了这么多，本以为这下该付钱了，项阳多次持欠条去县采购办要钱，县采购办负责人以“资金不到位”为由继续推延。钱没要到，却等来 2004 年 5 月 10 日地税局的传询通知单。

这时项阳因肾病发作，到省城和北京等地治疗，时隔几天，县公安局开始电话传讯项阳，告知其涉嫌偷税，要求配合调查。同时，县质监局以产品质量检查为由查封了建材门市部的仓库。项阳以国家法律规定流通领域的商品质量问题应由工商部门查处为由提出异议，但质监局不予理会。

2004 年 5 月，县质监局委托市质检所检验，部分瓷砖数据不达标，判定为不合格产品。2004 年 8 月，县副县长召开专题会议，就瓷砖问题作出处理意见，其中决定：

1. 拒付货款，并要求县能源局起诉项阳；

2. 解封经检验不合格的瓷砖发给农户使用。

2004 年 12 月 23 日，县公安局对项阳采取强制措施。2005 年 4 月，县检察院以项阳构成偷税罪、销售伪劣商品罪向县法院起诉。

打官司就是打证据，证据对行为定性至关重要，所以，接受委托后我马不停蹄开始收集各种证据。

（一）用录音、拍照等证据证明定税的事实抗辩偷税罪

项阳的家人告诉我，建材门市部属于个体工商户的性质，采用的是定税。

为此,我到辖区税务所,找到税务专管员调查,核实项阳家人所称建材门市部为定税是否属实。

税收专管员虽同情项阳,但不方便在我作的《调查笔录》上签名,能够理解。最终我们采用了“录音”这一个双方都认为可接受的方式,如果上级怪罪,可以推说是律师私自录音的,并不是有意帮项阳。而录音这种证据,也可以防止检察院或公安机关对律师发难。

又赶到县地税局,在厚厚的全县定税个体户名单中找到了项阳的名字。我要复印一份,工作人员说要请示领导,按做律师的经验判断,只要请示领导,大多是“拒绝”的代名词。

我想办法支走工作人员,快速用随身携带的相机拍了下来。律师执业环境不好,正常的调查取证,竟然弄得像做小偷一样,如今想起来,仍觉心酸。

(二)用间接证据证明瓷砖是合格产品,质疑销售伪劣商品罪

在乱得如同垃圾场的建材门市部里,我又找到县质监局和县工商局给项阳颁发的产品质量信得过商户、消费者满意经营户两张《荣誉证书》以及一张《市消费者协会理事单位证书》。

这些证据,让我无法将项阳和偷税、销售伪劣商品的犯罪行为联系到一起。

根据获得的上述证据,我向检察机关提出关于项阳不构成偷税罪及销售伪劣商品罪的辩护意见,也与检察官反复沟通,并指出,即便构成犯罪,只能是一罪,而不是两罪,偷税罪和销售伪劣商品罪两个罪名的涉案事实是相悖的,不可能同时构成两罪。

如果构成偷税罪,必定就是合法收入,既然是合法收入,则不可能成立销售伪劣商品罪。如果构成销售伪劣商品罪,则货款收入属于非法所得,应予追缴,违法所得不可能交税。我的上述辩护意见,收效甚微,检察官不知是固执还是敬业,坚决认为两个罪名都能成立,应当两罪并罚。

三、遭至偷税和销售伪劣商品两罪指控

县检察院于2005年4月18日向县法院提起公诉。

县检察院认为，2003年8月11日项阳与县农村新县采购办公室主任胡某签订了县“五改三建”工程的第一期瓷砖采购合同，为县采购办提供4000套瓷砖、便盆，合计人民币572,160元。同年8月15日交货800套、8月25日交货3200套。2003年10月1日，县采购办再次与项阳签订4000套瓷砖、便盆的采购合同，总计人民币632,160元（项阳在签二期合同前反映原材料及运费上涨，加上运输途中有消耗，故要求加价60,000元，经采购办同意，将合同金额增至632,160元）。

经市产品质量监督检验所鉴定，项阳销售的50cm×50cm普通地面砖、25cm×25cm防滑地面砖、20cm×30cm墙面砖均系不合格产品，销售金额达人民币1,092,320元。

项阳在“五改三建”过程中，履行两期合同期间，用厂家的销售发票及运输发票，直接到政府采购办报账，绕开了县税务机关的监管，隐瞒销售业务和收入，不如实申报纳税，达到偷税的目的。采用发票违章和隐瞒收入不申报的方法，偷税72,387.84元。

县检察院还认为，项阳在县“五改三建”工程销售瓷砖过程中，以次充好、以不合格产品冒充合格产品，销售没有达到质量标准约50cm×50cm普通地面砖36,000块、25cm×25cm防滑地面砖48,000块、20cm×30cm墙面砖200,000块，销售金额达1,092,320元，其行为构成销售伪劣商品罪。

项阳在“五改三建”过程中，采用发票违章和隐瞒收入不申报的方法使税收流失74,388.86元，其行为构成偷税罪。

四、归纳辩护重点，出示无罪证据

（一）归纳出本案的控辩争议焦点问题

经过充分的前期准备，归纳出本案争议的焦点问题：

1. 偷税罪和销售伪劣商品罪能否同时成立，是否有矛盾？

2. 如果构成销售伪劣商品罪，“犯罪所得”是否需要纳税？

3. 指控的销售伪劣商品罪起诉前没有任何告知，是否程序违法？

4. 瓷砖封存了样品，按样品验收，是否已经认可了质量参数？

5. 生产厂家提供了质检报告，按约定抽检验收是否构成犯罪？

6. 项阳主观上是否明知瓷砖有质量问题，是否有犯罪故意？

7. 主观上是否有偷税的故意，客观上是否有偷税行为？

8. 项阳执行的是定税，认定偷税 74,388.86 元是否有依据？

9. 本案是否属于动用司法公权力干预经济纠纷？

指控的两罪名前后矛盾，既然是销售伪劣商品罪，销售收入就是违法所得，违法所得就不存在纳税的问题，纳税的前提条件不存在，何谈偷税？反之，如偷税罪成立，那么销售收入理应合法，销售伪劣商品罪就不能成立。

（二）就两个被控罪名准备无罪证据

就不构成偷税罪，我向法院提交了以下 7 份证据：

1. 定期定额纳税本：证明税务机关对被告人是“定税”，且已照章纳税；

2. 地税完税凭证：证明缴纳个人所得税 16,000 元；

3. 国税完税凭证：证明已按缴纳国税 46,012 元及滞纳金 3450.9 元；

4. 国税计算单：证明税务机关确定的国税就是 46,012 元及滞纳金 3450.9 元；

5. 地税局证明：证明已经依法申报了个人所得税 16,000 元；

6. 核定定额通知书：证明被告人为定时定额纳税户；

7. 县能源局 34 万元欠款凭证：证明 34 万元不应成为所得税计税依据。

就不构成销售伪劣商品罪，我向法院提交了以下 14 份证据：

1. 检验报告：证明销售的瓷砖均为合格产品，不存在伪劣一说；

2. 厂家企业法人营业执照：证明销售的瓷砖是正规厂家生产；

3. 组织机构代码证：证明厂家是合法正规的瓷砖生产商；

4. 厂家的情况说明：证明出售给被告人的瓷砖是合格产品；

5. 证人陈豪的证言：证明瓷砖都是经抽验的合格产品；

6. 生产厂家销售商名录：证明在本县并非仅被告人在销售该厂瓷砖；

7. 产品质检合格证：证明出售给被告人的瓷砖都是合格产品；

8. 中标通知书：证明买卖关系是公开的，不存在所谓的“暗箱操作”；

9. 市政府复函：证明技术监督局无权插手流通领域的产品质量问题；

10. 国务院办公厅文件：证明内容同上；

11. 省委办公厅文件：证明内容同上；

12. 县专题会议纪要：证明当地故意给农民不合格瓷砖，以及该瓷砖价格高于被告人给出的价格；

13. 县57号文件：证明每一个使用瓷砖的乡镇都有专人负责质量问题；

14. 县纪委20号决定：被告人已提交样品和检验报告，没有检验和保存样品的责任是县采购办，被告人按约定的样品供货，并无过错。

五、提出无罪辩护意见，对指控进行反驳

根据以上证据，针对公诉机关的指控，我向法庭提出了如下辩护意见：

辩护人认为，县检察院指控被告人项阳犯偷税罪和销售伪劣商品罪欠缺事实和法律依据，被告人的行为不构成犯罪。

（一）起诉书中的指控自相矛盾，漏洞百出

1. 同时指控偷税罪和销售伪劣商品罪属自相矛盾

起诉书中称："被告人项阳隐瞒销售业务和收入109万余元，采用隐瞒收入不报的方法，偷税72,387.84元。"众所周知，任何税种的应税所得额必须是合法收入，违法所得只能没收，不存在征税的问题。

本案中，公诉机关指控被告人项阳销售109万元瓷砖构成销售伪劣商品罪，既然犯罪，109万元的销售收入理应全部属非法所得，对非法所得何谈偷税！就好似对赌博所得以及贩毒所得等非法所得只能没收，不能要求纳税一样。

被指控的偷税罪和销售伪劣商品罪涉及的同为两批瓷砖，如果构成两罪中的任一罪，那么就意味着否定了另一罪的指控。显然，起诉书同时指控两罪是自相矛盾的。

2. 县检察院公诉两罪程序错误

根据《刑事诉讼法》及其司法解释的规定，公诉机关收到公安机关移送审查起诉的案件材料后，应告知犯罪嫌疑人所涉罪名及有权委托辩护人，并应就涉

嫌罪名讯问嫌疑人,公诉机关没有履行上述法定程序。

从被告人项阳收到的程序性的法律文书可以看出,县公安局是以偷税罪移送审查起诉的,公诉机关也是以偷税罪告知被告人有权委托辩护人,而被告人收到起诉书时才知道自己不但被指控偷税罪,还莫名其妙地被加上一个销售伪劣商品罪。

公诉机关仅就“偷税罪”讯问了被告人,而突然冒出的销售伪劣商品罪在公诉之前根本就没有讯问被告人,显然,公诉机关剥夺了被告人在审查起诉阶段依法辩解的权利,属程序错误。

(二)被告人项阳不构成偷税罪

1. 被告人主观上没有偷税的犯罪故意

被告人根本没有犯罪的故意,从辩护人向法庭提交的证据可以清楚地看出,被告人是地税局确定的定时定额纳税户,每月已依法足额缴纳了应缴税款,不存在偷税的主观故意。

“五改三建”工程材料招标是公开的,两次合同的交易额众所周知,不存在起诉书中的“隐瞒业务收入”一说。同时,当税务机关通知被告人就税务问题接受询问时,被告人积极配合。

地税局的税务稽查报告中记载“本次检查中,纳税人项阳能积极配合,主动提供纳税资料”。当税务机关要求补税时,被告人更是积极申报缴纳。所有这些均表明被告人项阳主观上没有偷税的故意。

2. 被告人客观上没有偷税的犯罪事实

《最高人民法院关于审理偷税抗税刑事案件具体应用法律若干问题的解释》第1条规定:纳税人实施下列行为之一,不缴或少缴应纳税款,偷税数额占应纳税额10%以上且偷税数额在1万元以上的,应依照偷税罪处罚:(1)伪造、变造、隐匿、擅自销毁记账凭证;(2)在账簿上多列开支或不列、少列收入;(3)经税务机关通知申报而拒不申报的;(4)进行虚假的纳税申报;(5)缴纳税款后又骗取所缴税款。

面对辩护人质问被告人项阳的行为符合上述哪一种情况时,公诉人称:“符合第(3)项”,即“经税务机关通知申报而拒不申报的”。本案中,税务机关从未通知被告人项阳申报,公诉人对“税务机关已通知申报”应予举证。

同时,本案也不存在“拒不申报纳税”的问题,县地税局的证明已证实项阳主动申报纳税16,000元。另外,国税局的完税单也证实被告人已依法缴纳46,012元税款和滞纳金3450元。

3. 指控“偷税金额74,388.86元”无依据

公诉机关据以认定偷税金额74,388.86元的依据恐怕就是“龙检会技鉴字(2004)第9号”司法会计鉴定。辩护人认为,该鉴定不但形式违法,而且内容错误。鉴定书上鉴定人的名字是打印体,没有鉴定人亲笔签名。另外,县检察院是否具有会计技术鉴定资格?鉴定书后面没有依法附注资质证明,公诉人也不能举证证明该院具有司法会计技术鉴定资格。

从该鉴定第2页、第3页可以看出,该鉴定是依县采购办两次实付被告人项阳572,160元、640,160元合计1,212,320元为应税所得额进行司法会计技术鉴定的,辩护人提供给法庭的“欠条”和“民事答辩状”证实被告人项阳的实收款金额为86万余元,尚欠34万余元,并且欠款方已经决定拒付。

依《个人所得税法》的规定,有实际所得才能征收个人所得税,本案中的个人所得税的应纳税所得额为86万元,34万元在未收回之前不应计征个人所得税。由此可见,司法会计鉴定不但形式违法,而且鉴定基数错误,不具有证据效力,74,388.86元的偷税额明显无依据。

(三)被告人项阳不构成销售伪劣商品罪

检察机关指控被告人犯销售伪劣商品罪,并且涉案金额为1,092,320元。辩护人认为,这一指控实在令人费解,暂且无论瓷砖是否有质量问题,即便有质量问题,理应属民事合同纠纷,无论如何也上升不到刑事犯罪的高度。

县政府采购办2003年在报刊、电视等媒体上公开发布招标公告,征集“五改三建”工程材料供应商,因被告人经营的建材门市部规模大、信誉好,采购办亲自派人送应标邀请函到建材门市部,再三叮嘱务必参加投标。

因属政府扶贫工程,被告人本着为家乡父老做点实事的初衷积极参与,并与厂家联系,要求厂家给最低价支持这项工程,很快厂家派专人来与县采购办等部门联系。在开标的当天,又向采购办提供了实物样品和报价单,随后,采购办通知被告人中标。

2003 年 8 月 11 日签订《瓷砖采购合同》，约定按样品抽样验收，签订合同后，被告人积极组织货源，提供了厂家所在地质监局的《质检报告》，履行了供货义务。同年 10 月 1 日被告人应采购办要求再签第二份合同，被告人同样按约完成采购任务。

从整个过程来看，被告人项阳主观上无销售伪劣商品的犯罪故意，客观上也没有实施销售伪劣商品的犯罪行为。

公诉机关据以指控被告人犯罪的证据有三大类：(1)证人证言证实瓷砖有质量问题；(2)质检报告证实瓷砖不合格；(3)损失价格认定证明所有瓷砖仅值 20 万余元。为全面剖析本案性质，特分别论证三类证据的效力。

1. 证人证言不具证据效力

公诉机关提供的证人全部是各乡镇的农技中心负责人，内容基本上是听农民反映贴瓷砖时有裂断现象，我们暂且不谈其是否属传来证据，单从证明的内容来看，抽象笼统，含混不清。瓷砖本身就是易损品，轻微破损属正常现象。既然发现了瓷砖有问题，为何继续使用？

2. 检验报告不具合法性

该报告是受质监局的委托检验的，大家都知道，流通领域的商品质量管理和检验属工商行政管理局的职权范围，质监局只能管理生产环节的商品质量，该局违法查封进入流通领域的瓷砖后，委托市质检所检验，属超越滥用职权，该检验报告当然不具法律效力。

另外，即便该检验报告有效，也只能证明 2004 年购买的该批瓷砖不合格，而不能据此推断两次合同范围内的瓷砖都不合格。最后，既然是抽检，公诉机关有义务举证各乡镇“如何抽检”的证据。

3. 价格认定的形式内容均违法

根据规定，估价报告必须由注册估价师签名、盖章并加盖估价机构公章才具有法律效力，未经评估机构法定代表人和两名以上的注册估价师签名并盖章的估价报告为无效报告。

而本案所涉估价认定遗漏了这些至关重要的法定内容，且估价认定后面没有附注必备的估价师资格证明、估价机构资质证明和工商执照。

(四)为赖账而用司法公权力打击合法债权人

1. 项阳提起民事诉讼引发公检法适时介入

项阳原是县建筑安装公司的一名普通职工，上级主管单位的一纸改制通知，让他成了下岗工人。为谋生路，项阳向亲朋好友四处借钱，凭借自己多年的工作经验，在县里开了一家建材门市部，做起了建材生意。

多年苦心经营没有白费，凭借良好口碑，生意越来越红火。2003 年 6 月，县响应市政府的统一部署，决定投资改造部分农村沼气池，提高农民的生活质量。为了使有限的资金发挥最大作用，县政府采购办决定对外公开招标。

看到县采购办主动送过来的招标文件，项阳决定参与，想用自己的资源为家乡建设作一些贡献。项阳中标后，依合同约定供货，但是货款一直被拖欠，在反复交涉无果后，才想到通过民事诉讼解决。正是项阳的“民告官”行为，激起了当地政府机关的不满，动用公检法对项阳动手。

我们试想，如果项阳自认倒霉，不要剩余货款，当地公检法会追究项阳吗？辩护人认为，这样赤裸裸地用司法公权力来对抗合法债权，让赖账行为昭然若揭。刑事诉讼的目的是惩治犯罪，维护正常的社会和经济秩序。否则，损害的是法治。

2. 刑事司法不应当沦为恶意赖账的工具

民法中的诚实信用原则应当在社会生活和经营活动中得到遵守，如果动不动就使用刑事侦查等手段非法介入正常的经济纠纷，让失信的债务人对合法的债权人“恶人先告状”，违法违规侦查、起诉、审判，会让《刑法》和《刑事诉讼法》成为赖账者的工具和手段，刑事诉讼的合理性、合法性、正当性必将丧失殆尽。

行政机关的失信比百姓的失信危害更甚。如果行政机关用公检法对付给行政机关提供商品或服务的商家，达到赖账的目的，以后就不会有商户愿意向行政机关销售商品或提供服务，最终受害的是行政机关。

诚信既是立身之本，又是立国之基础，人无诚信而不立，国无诚信则不旺，诚实守信既是民法的重要原则，也是中华民族的传统美德，政府的诚信，是其公信力的基础，也是行政相对人对于政府机关的认同，是社会信用体系的核心，对于社会的稳定、繁荣与发展有着重要的作用。

本案中，用刑事手段对作为合法债权人的项阳进行刑事追诉，是对行政机关公信力的践踏，是对私权利的侵犯，是对社会良知的拷问。如果不依法宣告项阳无罪，还借刑事之名对项阳进行打击，必将助长“老赖”行为，导致社会诚信体系崩溃。

3. 中央三令五申禁止刑事侦查干预经济纠纷

公安部曾先后出台《关于严禁越权干预经济纠纷的通知》《关于严禁公安机关插手经济纠纷违法抓人的通知》《关于公安机关不得非法越权干预经济纠纷案件处理的通知》三项通知，三令五申强调严禁插手经济纠纷，纠正办理经济案件中的各种违法行为和不正之风。公安部要求：

必须划清经济犯罪和经济纠纷的界限，严格依法办事。要注意划清经济犯罪和经济纠纷的界限，决不能把经济纠纷当作诈骗等经济犯罪来处理。切不可轻易采取限制人身自由的强制措施。严禁非法干预经济纠纷问题的处理，对经济纠纷问题，应由仲裁机关和人民法院依法处理。不得随意超越职权范围，以查案为名，干预经济纠纷。

除此之外，最高人民法院、最高人民检察院、司法部等中央最高司法机关也先后出台了许多禁止司法干预经济纠纷的新规，建议合议庭在评议本案时，需要慎重考虑这些新政的具体规定，不能逆潮流而为之，而作出经不起时间检验的错误判决。

综上，被告人主观上没有偷税和销售伪劣商品的犯罪故意，客观上也没有实施上述犯罪行为，公诉机关的指控缺乏基本的事实和法律依据，请法庭依法宣判被告人无罪！

最终，县法院采纳了项阳不构成偷税罪的辩护意见，但仍认为其构成销售伪劣商品罪判处其缓刑。

当庭宣判后，项阳恢复了自由，与家人相拥而泣。我建议项阳再接再厉，提起上诉，经过思考，项阳及其家人决定放弃上诉。作为辩护律师，我只能表示理解和尊重。

六、涉税案件背后的法律问题和思考

（一）“偷税罪”已改为了“逃税罪”

根据2006年《刑法》第201条第1款的规定，纳税人采取伪造、变造、隐匿、擅自销毁账簿、记账凭证，在账簿上多列支出或者不列、少列收入，经税务机关通知申报而拒不申报或者进行虚假的纳税申报的手段，不缴或者少缴应纳税款，偷税数额占应纳税额的10%以上不满30%并且偷税数额在1万元以上不满10万元的，或者因偷税被税务机关给予两次行政处罚又偷税的，处3年以下有期徒刑或者拘役，并处偷税数额1倍以上5倍以下罚金。偷税数额占应纳税额的30%以上并且偷税数额在10万元以上的，处3年以上7年以下有期徒刑，并处偷税数额1倍以上5倍以下罚金。

2009年2月28日，第十一届全国人大常委会第七次会议审议通过了《刑法修正案（七）》。该修正案对2006年《刑法》第201条偷税罪作了重大修改，修改后的内容为：

1. 纳税人采取欺骗、隐瞒手段进行虚假纳税申报或者不申报，逃避缴纳税款数额较大并且占应纳税额10%以上的，处3年以下有期徒刑或者拘役，并处罚金；数额巨大并且占应纳税额30%以上的，处3年以上7年以下有期徒刑，并处罚金。

2. 扣缴义务人采取前款所列手段，不缴或者少缴已扣、已收税款，数额较大的，依照前款的规定处罚。

3. 对多次实施前两款行为，未经处理的，按照累计数额计算。

4. 有第1款行为，经税务机关依法下达追缴通知后，补缴应纳税款，缴纳滞纳金，已受行政处罚的，不予追究刑事责任，但是，5年内因逃避缴纳税款受过刑事处罚或者被税务机关给予两次以上行政处罚的除外。

偷税二字，平时听起来怪怪的，有点像小偷一样。按常理，偷窃一般是指神不知鬼不觉将他人的合法财产改变所有权，据为己有。显然，“偷税”这个概念，不符合中文文义，因为事实上没有发生偷窃行为，只是没有交税，应缴税款本来就是纳税人的合法财产。刑事立法中罪名的变化更接地气。

《刑法修正案（七）》将罪名由“偷税罪”改为“逃税罪”，用“逃避缴纳税款”取代“偷税”，并将“逃避缴纳税款”的行为规定为“纳税人采取欺骗、隐瞒手段进行虚假纳税申报或者不申报”，此概括性描述显然比旧的规定更加宽泛，更具有“口袋”性质，将更有利于对犯罪行为的认定。

最大的立法进步是，去掉“偷”，只要是“偷”，不管事后如何纠正，一律要追究。而逃税则人性化，必须是下达追究通知，仍拒不缴纳税款、滞纳金、罚款，则启动刑事追责程序。更多地考虑行为人的改正程度和态度，不一棒子打死，留有余地。这样的立法修正，更能体现刑事司法文明，是立法进步。

（二）怎样的证据才有证明力

本案强调了证据的收集与应用。证据是证明事实的材料，证据问题是诉讼的核心问题。没有证据，所有辩论都是空中阁楼。依据《刑事诉讼法》的规定，证据种类包括：物证；书证；证人证言；被害人陈述；犯罪嫌疑人、被告人供述和辩解；鉴定意见；勘验笔录；视听资料、电子数据。本案主要涉及证人证言以及鉴定意见。

1. 证人证言

证人证言必须在法庭上经过公诉人、被害人和被告人、辩护人双方质证并且查实以后，才能作为定案的根据。出庭作证的证人应当客观陈述其亲身感知的事实。证人为聋哑人的，可以其他表达方式作证。证人作证时，不得使用猜测、推断或者评论性的语言。

本案中，公诉机关提供的证人证言是各乡镇农技中心负责人听农民反映有瓷砖断裂现象。从程序上，该证言未经证人出庭质证，真实性可疑；从内容上，该证言对被告人定罪量刑有重要影响，且证言并没有具体细节和事件的描述，非常模糊、抽象，依法不能作为定案的根据。

2. 鉴定意见

鉴定意见是专家对专门性问题出具的意见，具有专业性。鉴定人进行鉴定后，应当写出鉴定意见，并且签名。鉴定人故意作虚假鉴定的，应当承担法律责任。侦查机关应当将用作证据的鉴定意见告知犯罪嫌疑人、被害人。如果犯罪嫌疑人、被害人提出申请,可以补充鉴定或者重新鉴定。

本案中,公诉机关认定偷税金额的司法会计鉴定上没有鉴定人亲笔签名,鉴定书后面没有依法附注资质证明,检察院不能证明其具有司法会计技术鉴定资格,因此该鉴定意见不能作为定案的根据。

实践中,对鉴定意见的质证,一般主要从程序性的规定着手。如果律师对相关专业知识比较了解,或者咨询过专家人士的意见,或申请专家证人出庭,也可以从鉴定材料和鉴定结果之间的因果关系、充分性上进行质证。此外,在程序上辩护律师也可以重新申请鉴定,或申请专家证人出庭质证。

(三)律师该怎样调查取证

律师拥有调查取证权,受委托的律师根据案情的需要,可以申请人民检察院、人民法院收集、调取证据或者申请人民法院通知证人出庭作证。律师自行调查取证的,凭律师执业证书和律师事务所证明,可以向有关单位或者个人调查与承办法律事务有关的情况。

律师收集对委托人有利的证据有利于增强抗辩能力,在诉讼过程中能更好地维护当事人利益。如何收集更多、更有利的证据也是律师执业能力的一种考验。

实践中,为减少律师执业风险,建议慎重从事取证工作。确有必要,可以申请检察院和法院依职权调取证据,或者申请有关公证机构进行公证。在不得不取证的情况下,建议由两个执业律师共同取证,并增加见证人,对取证过程进行录音录像,涉及证人证言的,要制作笔录,并由证人核实后签字。

第十八章　从一审被判10年6个月到二审改判2年6个月的转折

——马建国被控拒不执行判决裁定、职务侵占案

简要案情

为了应付上级检查，让财务报表“耐看”，县农商银行要求马建国所控制的万源公司承接一笔不良贷款。因为万源公司本身还有几千万元的贷款，不想再增加额外负债，马建国婉拒了县农商银行的请求，本来很正常的一件事，却给马建国埋下了“祸根”。

因万源公司的银行贷款逾期，县农商银行以马建国涉嫌“贷款诈骗”为由向县公安局报案，因贷款有充足的资产抵押，“贷款诈骗”不能成立，县公安局又以马建国涉嫌拒不执行人民法院判决、裁定（以下简称拒不执行判决裁定）为由继续侦查。其后，县法院一审以拒不执行判决裁定罪和职务侵占罪判处马建国10年6个月。

我接手二审辩护，提出马建国无罪的辩护意见，建议市中级人民法院撤销原判，改判无罪或发回重审。二审经过开庭，市中级人民法院采纳辩护意见，裁定撤销原判，发回重审。案件回到县法院，在重一审开庭后第三天，法院决定取保候审，马建国恢复自由。

两个月后，县法院再次作出与原一审基本一样的重一审判决，仍然认为马建国构成拒不执行判决裁定罪和职务侵占罪，应两罪并罚。再次上诉，市中级人民法院采纳主要辩护意见，认定职务侵占罪不能成立，因已被实际羁押2年6个月，宣判当日，当庭释放。

马建国千里迢迢赶到北京，送来“为正义而无罪辩护　从重刑到打开手铐”

的锦旗。

一、县法院一审判处马建国 10 年 6 个月

(一) 县检察院指控两罪名

1. 拒不执行判决裁定罪

县检察院指控称:2016 年 5 月 9 日,省城某区法院判决万源公司返还省粮油集团 1876 万元。在区法院启动执行程序中,万源公司与三丰公司签订租赁合同,将万源公司 2.1 万平方米的仓库租给三丰公司,每年租金 282 万元。马建国为逃避执行,以万源公司名义分 4 次委托三丰公司将 2016 年 10 月至 2018 年 8 月的租赁费 590 万元汇入由马建国实际控制的中贸公司账户,之后全部取现。马建国采取隐匿、转移公司资产的方式,有能力执行判决裁定而拒不执行。

2. 职务侵占罪

县检察院指控称:万源公司对县农商银行的 1700 万元贷款用 8135 吨稻谷质押,为防止稻谷变质,马建国与县农商银行协商,由万源公司将稻谷加工成大米,销售款汇入监管账户,用于归还银行贷款。马建国指使他人开立个人银行账户,要求一部分客户将大米款共计 613.53 万元汇入该账户,马建国取现后隐匿、转移,将本应归还县农商银行的公司资产占为己有。2017 年 12 月,马建国还利用自己是董事长兼出纳的职务便利,将两份金额分别为 65.32 万元、63 万元的发票在万源公司作为不同支出重复报账,侵占 128.32 万元。

县检察院认为,马建国隐匿、转移万源公司资产,有能力执行生效判决而拒不执行,情节严重,触犯了《刑法》第 313 条,犯罪事实清楚,证据确实、充分,应以拒不执行判决裁定罪追究刑事责任。马建国利用职务上的便利和处置银行贷款质押物的机会,指使他人开银行账户,将万源公司资产转移至账外,将本应归还县农商银行的资产占为己有,其行为触犯了《刑法》第 271 条,犯罪事实清楚,证据确实、充分,应以职务侵占罪追究刑事责任。马建国一人犯数罪,应当数罪并罚。

（二）法院认定上述指控罪名成立

县法院对该案进行了多次开庭，虽然聘请的省城律师从证据、法理、逻辑等各方面在法庭上据理力争，但县法院最终认可了县检察院《起诉书》中的指控，认定马建国构成拒不执行判决裁定罪和职务侵占罪，以拒不执行判决裁定罪判处其2年6个月，以职务侵占罪判处其9年，两罪并罚，判处10年6个月。

二、介入本案后的辩护思路

（一）发现万源公司是实质上的“一人公司”

接受委托后，我调阅出万源公司从成立以来的工商登记档案，发现万源公司是马建国与妻子张娟创办的夫妻公司，当初各出资30万元和20万元，分别占比60%和40%，后来，又变更为马建国100%持股的自然人独资公司。为了响应当地关于将企业发展壮大、准备上市的号召，才决定变更为股份有限公司。目前，万源公司的股份占比为马建国99.005596%、张娟0.994404%，张娟是替马建国代持。

由此可见，改制后的万源公司名为夫妻公司，但实为马建国的一人公司。也就是说，万源公司就是马建国，马建国就是万源公司，作为万源公司的唯一出资人和实际控制人，万源公司的财产如何支配、使用、处分、调度、出借，是私法领域正当合法的商务活动，应不受刑事公法约束。

（二）找出“夫妻公司”不成立职务侵占的案例

虽然我国不是判例法，但相同或相类似案例的裁判观点对法官裁判具有重要影响，最高人民法院还专门不定期公布指导性案例。在中国裁判文书网上，查到该省高级人民法院对一起职务侵占案的再审无罪刑事判决，法院认为：某胜公司是由张某和其妻苟某以夫妻共同财产出资设立的，张某任公司法定代表人并由其实际经营和管理，股东只有张某和苟某夫妻二人。

原判认定申诉人张某采取收入不上账的手段支配某胜公司货款34.7万元的事实清楚，证据充分，但张某的行为没有损害某胜公司的根本利益，亦未损害其他股东的利益，张某的行为不应认定为犯罪行为。原判适用法律错误，法院予以纠正，并撤销原一、二审裁判，改判张某无罪。这个案例与本案相似，可以作为参考案例。

（三）查到马建国将房产无偿过户给万源公司的凭证

通过查询房产档案资料，发现马建国名下没有任何房产，在2008年6月17日，马建国曾分别将其名下466.24平方米、169.12平方米、278平方米、260平方米、201.60平方米、516.26平方米的共6套总建筑面积1891.22平方米的房屋过户至万源公司名下，而查询万源公司会计账本，并没有支付对价。

经过进一步查询，发现在万源公司成立的17年时间里，万源公司从未向马建国支付工资，而且有多笔资金从马建国的个人账户进入万源公司账户，但并没有作为借款列入万源公司的会计科目。可见，马建国的个人财产与万源公司的公司财产发生了事实上混同。

（四）马建国对于已经质押的8135吨稻谷无处置权

根据进一步阅卷，发现用于质押的8135吨稻谷的所有权虽然属于万源公司，但马建国或万源公司在质押期间并没有处置权，而是由县农商银行和第三方公司依据协议对稻谷进行监管，也就是说，万源公司把稻谷所有权的四项权能中的“占有”暂时让渡给了县农商银行，马建国或万源公司并不能单方支配、出卖、处置稻谷。

马建国不可能利用职务上的便利将稻谷加工成大米后的销售款占为己有，职务侵占罪的最主要表现形式就是利用职务便利将公司财产据为己有。在马建国对出质的稻谷并没有控制权和处分权的情况下，原审认定马建国擅自处分质押稻谷并将销售款项据为己有，明显依据不足。

（五）用办理其他类似案件的专家意见影响法官

为了证明“财产混同”和“一人公司”不构成职务侵占罪，把办理的其他类似案件中的一份专家意见书在本案中进行使用，该案被告人曾被一审法院以职务侵占罪为由判处10年，上诉后市中级人民法院发回重审，重审后检察院撤诉,并作出不起诉决定,正式无罪。

在该专家意见书上签名的是全国刑事法律专业的顶尖级的专家学者、博士生导师,陈兴良、张明楷、赵秉志等分别担任北京大学、清华大学、中国人民大学法学专业刑事诉讼法和刑法类教科书的主编,戴长林教授还曾任最高人民法院审判委员会委员兼刑事审判第三庭庭长,其观点和意见对本案具有重要的参考价值。

(六)被职务侵占的资金来源和去向没有查清

在职务侵占案中,必须查明资金的来源和去向,这是侦查和公诉机关的法定举证义务,否则,属于案件基本事实不清,证据不足。既然认定马建国职务侵占,那就应证明涉案款项已进入了马建国的私人口袋或其指定的第三人的口袋以及马建国职务侵占的款项用于了何方?

根据执行法院的一份报告,除万源公司之外,马建国名下无任何房产、银行存款、股票证券等财产,可谓"上无片瓦遮身,下无立锥之地"。指控的涉案款项都用于了万源公司的房屋维修、设备更新、购置车辆等,目的是保证万源公司的正常运转,但县司法机关忽视了该事实。

三、争取到二审开庭的机会

一审判决马建国10年6个月后,其家人在亲戚的推荐下与我联系,希望我能接手二审辩护。根据平时的辩护经验判断,在刑事案件中,二审驳回上诉,维持原判的概率在90%以上,我把这一风险如实告诉了马建国的家人,希望其再慎重考虑。虽然有一些成功的无罪案例,但是也有不少失败的案例,二审刑事案件委托律师,多数情况下可能是"人财两空"。

此案历经接受报案、预侦查、正式立案、公检法协调、刑事拘留、批准逮捕、继续侦查、查封、扣押、侦查结案、移送起诉、退回补侦、提起公诉、再次补证、数次开庭、一审判决。应当说,每一个环节经手过的每一位办案人员,都应当对每一个法律关系或案件事实从各自不同的角度或出发点有着不同的认识和判断,对马建国的行为究竟该适用哪一个法律条款以及如何定性,在案件的长时间运行中，各种认知链条被不断更新，才有了最后的一审被判10年6个月的结果。

基于此，作为律师，必须如实向被告人家属告知风险，诚信是律师的立身之本。一些律师为承诺业务，在刑事案件接受委托前拍胸脯，虚假承诺，都是不可取的。律师行业要想长远发展，诚信必须放在首位，对被告人家属不能有所隐瞒或虚构。

接受委托后，在上诉期即将届满的最后三天，我在县看守所会见了马建国，同时向法院提交了刑事上诉状。案件到二审法院的第二天，我联系上承办法官，复制全部案卷，提出二审公开开庭、关键证人出庭、排除非法证据、调取监控视频、取保候审、调取书证物证、重新会计技术鉴定等申请。

为了便于合议庭全面了解案件和辩护思路，我提前向合议庭提前提交了2万余字、30余页的辩护意见，并再次强调本案二审开庭的必要性、重要性、急迫性。

根据规定，刑事案件二审的审理期限只有两个月，对于复杂的本案，两个月的审限远远不够用，我建议承办法官加班加点和以疫情为由向省高级人民法院申请延期。

二审合议庭经过阅卷，决定对此案开庭审理，在当地疫情刚刚结束，二审法院的法官借用县法院的大法庭，对此案进行了开庭审理。市检察院的出庭检察官认为，原判认定事实清楚，证据确实、充分，定性准确，程序合法，应当全案维持原判。而辩护意见是，原审认定和原检察机关指控，欠缺最基本的事实和法律依据。

四、二审中的无罪辩护意见

针对市检察院出庭检察官的出庭意见，我提出了如下辩护意见：

（一）本案的立案来源不具有正当合法性

1. 原审对拒不执行判决裁定案没有刑事管辖权

原判认定马建国犯拒不执行判决裁定的依据是其拒不执行省城某区法院作出的执行裁定。而根据《最高人民法院关于审理拒不执行判决、裁定刑事案件适用法律若干问题的解释》(以下简称《拒执司法解释》)第5条的规定,拒不执行判决、裁定刑事案件,一般由执行法院所在地人民法院管辖。即使要将马建国入罪,也应当由省城某区法院管辖。

刑事管辖权是刑事案件诉讼活动首先要解决的前提问题,是公正处理案件的基础,管辖权作为法院处理特定诉讼案件的资格,是法院对案件进行正当审判和公正裁决的重要依据。如果法院管辖不当,必将导致程序严重违法,严重损害被告人的诉讼权利。

2. 本案是侦查机关违法介入,先抓人再取证

刑事案件的侦查,一旦错误立案,如同机械设备中的齿轮,不停运转,一步错,必将步步错。根据《拒执司法解释》第8条的规定,人民法院在执行判决裁定过程中,对拒不执行判决裁定情节严重的人,可以先行司法拘留。认为拒不执行判决、裁定人的行为已构成犯罪的,应当将案件移送行为发生地的公安机关立案查处。

但注意到,根据本案案卷材料中第1卷第6页的《省城某区法院函》中的内容可以看到,执行法院发给侦查机关的函中第一句话就是:"你局来函已收悉"。由此可见,本案的启动程序,是侦查机关违反该罪的立案程序主动启动的。

3. 拒执案应退至有管辖权的办案机关

根据规定,如果二审法院发现一审法院在审理案件时有违反法定诉讼程序并可能影响公正审判的,应当裁定撤销原判,发回一审法院重新审判。如果一审法院认为管辖有问题,应当将案件退回检察机关。

二审法院对本案的正确做法应是直接裁定撤销原判,发回重审。发回重审后,原审法院应责令检察机关撤回对拒不执行判决裁定的起诉,也可以由原审法院逐级呈报省高级人民法院,由省高级人民法院对拒不执行判决裁定指定管辖。如果省高级人民法院认为可以并案处理,原审法院才能并案处理,否则,属于程序不当。

(二)马建国不构成拒不执行判决裁定罪

1. 马建国无拒不执行判决裁定的主观故意

拒不执行判决裁定罪属于明知故犯,明知故犯的认定标准应是明知人民法

院的判决裁定已经发生法律效力,在自己有完全执行能力的情况下,故意拒不执行,甚至想方设法阻碍人民法院的执行工作。在原公诉机关并没有提供充足的证据证明马建国明知故犯的情况下,原审仍草率地作出拒不执行判决裁定的有罪判决,是错误的。

在以往,刑事诉讼证明标准要求做到“案件事实清楚,证据确实充分”,2018年《刑事诉讼法》更是将这种标准提高到了“排除合理怀疑”的程度,不能仅是“高度盖然性”。刑事诉讼对主观故意的认定应更为谨慎,标准更高,这是由刑事处罚是涉及人身自由的最严厉的处罚方式的性质决定的。

2. 马建国处理租赁费用得到了执行法官认可

马建国作为万源公司的实际控制人,在该公司被执行过程中一直积极配合,如实报告财产状况,主动上报涉案租金收入情况,并说明万源公司支出和现有资产状况。也就是说,万源公司已依法如实向执行法院汇报了财产状况,故不存在拒绝执行一说。

在执行过程中,马建国对涉案收入的变通处理,已得到了执行法官的认可,并不存在恶意隐藏、转移、变卖万源公司资产来对抗法院执行,其本意在于先解决万源公司的实际困难,避免停产停业,是为维持万源公司正常运转的一种应急行为,从而更有利于相关债务的偿还,这种执行法官同意的处理方式对申请执行人无疑有利,可实现执行利益最大化。

3. 马建国的行为不符合拒执的客观构成要件

《拒执司法解释》第2条规定:“负有执行义务的人有能力执行而实施下列行为之一的,应当认定为全国人民代表大会常务委员会关于刑法第三百一十三条的解释中规定的‘其他有能力执行而拒不执行,情节严重的情形’……”而《全国人民代表大会常务委员会关于〈中华人民共和国刑法〉第三百一十三条的解释》明确了5种“有能力执行而拒不执行,情节严重”的情形。

依上述规定,构成拒不执行判决裁定罪,行为人必须有符合特定条件的行为且该行为达到情节严重的程度,即以发生法定的可以看得见、摸得着的危害结果作为犯罪构成的必要要件。根据辩护人向二审提供一起涉及万源公司的民事案件中的评估鉴定结论,即便在缩小范围的基础上,万源公司仅土地和房屋的价值就有1.15亿元,足以证明,申请执行人的债权是有保障的。

4. 原审对涉案关键事实的认定存在明显错误

根据侦查机关于2020年4月28日出具的《补充侦查报告书》,2018年12月21日县农商银行、万源公司以确保国家储备粮食安全为由,向县法院申请解封万源公司租赁费,县人民法院解封后,2019年1月18日三丰公司给万源公司支付179.96万元租赁费,此笔租赁费应当扣减,但上述事实被一审法院忽略。

同时,经阅卷后发现,在此基础上,还至少有94.71万元入库服务费(也就是收粮食的劳务费、小工钱),三丰公司并没有支付给马建国,故即便假定马建国构成拒不执行判决裁定罪,也不能将该部分纳入涉案金额中。

5. 原判认定和现有证据相悖,依法不能成立

即便假定马建国构成拒不执行判决裁定罪,原审法院也存在明显的事实认定不清,证据不足。根据《刑事诉讼法》第236条的规定,二审法院对不服一审判决的上诉、抗诉案件,经过审理后,应当按照下列情形分别处理……(三)原判决事实不清楚或者证据不足的,可以在查清事实后改判;也可以裁定撤销原判,发回原审人民法院重新审判。所以,本案既可以直接改判,又可以发回重审。

除上述应当扣除的金额没有扣除外,马建国还偿还了原审法院作出的《民事调解书》中欠付饶某的340万元。其间,万源公司账户被冻结的情况下还支付了1500万余元的其他开支,这些支出的来源和去向原审并没有查明。这就决定了原审判决属于"以偏概全,以管窥豹,只知其然不知其所以然,首尾难顾"。

6. 马建国一直保持着与执行法院的良好沟通

执行法官曾让马建国去一下法院,当时正处于粮食的收购、处理的关键时期,为了确保粮食安全,马建国与执行法官商议:"等忙完粮食收储的关键时期,马上去法院。"马建国言而有信,既是这么说,也是这么做的,在粮食收储告一段落后,主动去执行法院,配合执行工作。

马建国这种配合法院执行工作不仅停留于此,在以往的时间里,马建国始终与执行法官保持着较为良好而顺畅的沟通、交流、协商,并没有避而不见,玩失踪,而是正视问题,对所欠省粮油集团的款项,一直在积极寻求解决办法和偿付方案。万源公司有足够的资产作为抵押被法院查封,省粮油集团的债权能有保障。

7."放水养鱼"是化解执行案件的一种方式

因万源公司的粮食烘干项目工程当时正在建设中,该工程一旦完工,就会扩大万源公司的经营范围,增加营收,带来持续性的可期待收入。所以,经马建国与执行法官沟通,执行法官表示同意万源公司在保证公司正常运行和工程项目建设的情况下,再用多余的收入偿还债务。执行法官的做法,无疑是一种良性的"放水养鱼"式的化解债务的办法。

正因为执行法官的人性化执行方式,所以,马建国更积极地与执行法官保持经常性的沟通和联系,希望促成烘干项目的早日投产使用,盘活企业资产,逐渐化解公司债务。以上情况,马建国写过一些自书材料,但侦查机关并没有向执行法官进行调查核实,这与侦查机关应当客观全面收集被告人有罪、无罪及罪轻证据的职责是背离的。

8.收取的租赁费用于万源公司的正常开支

租赁费最终用于万源公司的正常开支,包括仓储建设、干燥工程、粮食保存等。如仓库建设、翻新、维修,添置电机、通风设施、输送设施、货车等,添加消防、防水、门房等设置建设,支出设备保养、水电费、劳务费等,马建国并没有私自挪用或侵占。

作为拒不执行判决裁定案,以上事实必须查清,并用完整的财务会计资料进行司法会计技术鉴定。我注意到,侦查机关扣押了万源公司的财务会计账本等资料,只是笼统地开具了扣押清单,并没有详细记名账册的具体名称、页码、页数等完整内容,不排除侦查机关为"三长会议"希望给马建国定罪而故意销毁了对马建国有利的财务会计账本。

(三)马建国的行为不构成职务侵占罪

1.马建国没有非法占有故意和侵占行为

以非法占有为目的是职务侵占罪成立的前提条件,将公司财产利用职务便利占为己有是职务侵占的基础条件。没有任何证据能证明马建国有非法占有万源公司财产的主观故意,更没有证据能证明马建国将万源公司的财产装进了私人口袋。

马建国将自己的房产都无偿过户给了万源公司,他有侵占的必要吗?无论是在被控的涉案时间段,还是现在,马建国名下都没有任何银行存款和不动产及其他私人财产,这是证明马建国无罪的最有说服力的理由。

2. 万源公司名为股份有限公司实为马建国的一人公司

实质重于形式是刑事审判的基本出发点,透过现象看本质在刑事裁判中非常重要。虽然万源公司在工商登记中显示是只有马建国和其妻子张娟两位股东的股份有限公司,但实质上只是马建国早年一人出资成立的一人公司,工商登记档案中已有记载。据马建国当庭所述,万源公司之所以从一人公司改制为股份有限公司,是根据县相关领导关于准备以后上市的建议而为之。

整个万源公司都是马建国的,马建国没有必要将自己的钱从左口袋装到右口袋。即便有这样多余的行为,马建国也没有侵占其他股东及债权人的利益。《刑法》规定职务侵占罪的立法本意是要保护其他股东及潜在债权人的利益不受损害。根据市中级人民法院委托作出的评估报告,目前万源公司的资产为1.15亿元,偿还县农商银行和省粮油集团的债务绰绰有余。

3. 马建国个人与万源公司发生财产混同

马建国将自己的6套房产直接无偿过户给了万源公司,所有积蓄也投入万源公司,其没有从万源公司领取分红和工资。在马建国的心里,万源公司就是马建国,马建国就是万源公司,相互之间已经发生事实上的财产混同。在万源公司与马建国发生财产混同的情况下,马建国的行为不具备成立职务侵占罪的前提条件。

发生财产混同的情况下公司不具有独立的财产权,在万源公司不具备独立财产权的情况下,也就无法区分万源公司财产和马建国个人财产,进而无法认定马建国的行为侵害了公司财产权。同时,在万源公司不具有独立财产权的情况下,更无法认定马建国在主观上具有非法占有万源公司财产的目的,“非法占有为目的”之主观故意不能成立。

4. 涉案资金来源和去向没有依法查明

证据确实、充分,应当符合以下条件:一是定罪量刑的事实都有证据证明;二是据以定案的证据均经法定程序查证属实;三是综合全案证据,对所认定事实已排除合理怀疑。上述规定强调的就是仅有口供等主观证据不行,必须要有客观证据相互佐证。

在拒不执行判决裁定和职务侵占案中，必须要查明资金的来源和去向。既然认定马建国职务侵占，那就应证明涉案款项已进入了马建国的私人口袋或其指定的第三人的口袋，或者是马建国将该款用于其他消费，即便假定马建国将该款用于赌博、炒股、挥霍等，也应当进一步查明，否则不能定罪。

5. 涉案的司法审计报告不能作为定案依据

马建国称公安机关在扣押万源公司财务会计资料时，无第三方在场见证，也没有进行页码、页数、类别等清点，既存在遗失的可能，又存在隐匿、销毁对其有利的财务会计凭证的可能。涉案《司法审计报告》是根据不完整的财务会计资料作出的，必定导致其丧失客观性、公正性、合理性、合法性。尤为重要的是，《司法审计报告》并没有作肯定性结论，审计报告中均提到了审计报告客观性需要具备一些“大前提”，但这些“大前提”目前均无法满足，正所谓“皮之不存，毛将焉附”。

6. 相近似案例和专家意见证明马建国无罪

二审开庭前，辩护人向法庭出示了各地法院的 7 份相类似生效裁判及一份其他案件的专家意见。这些案例有两个是高级人民法院作出的，其中包括本省高级人民法院的一份无罪判决。专家意见虽不是针对本案，但其对一人公司及财产混同下是否构成职务侵占罪进行了分析判断。

7 份案例的裁判意见均认为一人公司或夫妻公司的股东是公司的最终受益人，没有侵犯其他股东利益，进而不成立职务侵占罪。同时，专家意见认为在公司和股东发生财产混同的情况下也不可能发生职务侵占。根据《最高人民法院关于统一法律适用加强类案检索的指导意见（试行）》第 4 条之规定，以上案例裁判意见在本案中应予参考。

7. 不应用刑事手段介入正常的民事纠纷

在公司财产与个人财产发生混同或者股东为逃避债务实施侵害公司债权人利益的情况下，股东必须对公司的债务承担无限连带清偿责任。这就意味着，无论公司财产是在万源公司还是马建国个人名下，均需要用来对外承担责任。即便假定马建国滥用公司独立人格侵害了作为外部债权人的县农商银行及省粮油集团利益，也可通过民事诉讼解决，刑事手段不应介入。

综上，马建国的行为不构成拒不执行判决裁定罪及职务侵占罪，建议二审撤销原判，改判无罪或发回重审。

五、二审撤销原判，发回重审，重审开庭后取保候审

2021年11月9日，市中级人民法院就此案作出裁定，裁定本案撤销原判，发回重审。案件发回到县法院后，检察院申请补充侦查，我向县法院对原公诉人沈某提出了回避申请，回避的理由：一是公诉人的妻子在报案人的县农商银行担任中层干部；二是公诉人曾推荐其朋友承接万源公司的基建工程，遭马建国婉拒；三是公诉人在提审马建国时明确表示要让其将牢底坐穿。重审合议庭很重视，并将律师的意见转给了县检察院，最终，县检察院更换了公诉人。

重一审开庭前，我向法庭提交了近10份能直接证明马建军不构成拒不执行判决裁定罪和职务侵占罪的书面证据。在两次的重一审开庭中，就罪与非罪问题，与更换后的公诉人进行了针锋相对的辩论。除以前在市中级人民法院开庭的辩护意见外，补充了另外几点：

1. 银行卡上流水是滚动的，无法区分每一笔

公诉人认为银行卡上的流水就可以证明涉案金额，属于主观臆断，银行流水只是数字，且一直在滚动，不是一个确定数。每一笔款项也没有注明"用途"或"性质"，无法区分哪些是万源公司自营业务收入，哪些是所谓的质押物的"货款"。依据刑诉证据规则，证据必须具有唯一性，得出的结论不能有第二种解释，是严格证明责任，而不是大致、差不多、基本、推测等高度盖然性标准。如果公诉人不能拿出具有说服力的证据证明银行流水中的每一笔款项的性质，则银行卡里的流水不能作为本案定案依据。

2. 审计报告不能作为拒不执行判决裁定及职务侵占定案依据

该审计报告是受侦查机关委托并针对马建国所谓骗取贷款诈骗所作出的，与本案被控的拒不执行判决裁定及职务侵占不具有针对性。审计内容中关于资金交易发生的时间、资金性质、资金去向等核心要素与公诉机关指控的拒不执行判决裁定及职务侵占事实的发生时间不一致。在该审计报告第15页明确记载"本审计报告仅供县公安局查明'万源公司涉嫌骗取贷款'为参考依据使用"。另外，该份审计报告是依据万源公司自己做的账本和银行流水作出的，而

万源公司财务账目并不完整，会计凭证极不规范，没有原始凭证相对应。

3. 处置抵押物的银行卡密码、U 盾由农商银行控制

销售质押稻谷的银行卡及网银 U 盾一直由县农商银行的工作人员控制，密码也只有这些工作人员知道。但是，该银行卡中有 500 万余元神秘失踪，涉嫌有人浑水摸鱼，侵占县农商银行的资产，属于严重的犯罪行为。这也是县农商银行要利用司法公权力把马建国往死里整的另一个重要原因。办案民警和县农商银行工作人员涉嫌为了各自的目的，形成了利益共同体，相互寻租，对无辜的马建国进行迫害，建议法庭将犯罪线索移交监察机关调查。

4. 马建国的实际刑事拘留的时间起点故意造假

马建国一再坚称其是 2019 年 10 月 19 日在千公里之外的某省被县公安局民警限制人身自由的，而《起诉书》及原一审《刑事判决书》却写成 2019 年 10 月 22 日。马建国认为其根本原因就是公安民警为了掩盖其利用办案之机盗窃马建国的几万元现金及车上的几条软中华香烟，而故意将前三天的刑事拘留期间抹掉，也正是为了达到“灭口”的目的，故意徇私枉法，滥用职务，将无罪的马建国往死里整，只要马建国判了重刑，实施了盗窃行为的办案民警就自认为安全了。建议法庭责令办案民警出示 2019 年 10 月 19 日的执法记录仪，看看究竟是马建国在撒谎，还是确有其事。

5. 所谓马建国用两张发票重复报账无任何依据

对于所谓重复报账的问题，外聘会计的证言和说法与基本事实不符。马建国作为万源公司的实际控制人，支出或报账完全可以自行决定，没有必要此地无银三百两地留下把柄在外聘会计手上。对万源公司的审计报告中，只汇集罗列收入，对合理开支闭口不提，而公诉人也不认可万源公司有合理开支。那么问题来了，既然两张发票不在审计报告里，为何就成了职务侵占的金额？既然不认可万源公司有合理开支，那么两张发票为何又成为职务侵占的依据？明显前后矛盾。

综上，重一审应宣判马建国无罪，尽快为此案画上句号，因为涉及万源公司的债务处理及员工的就业问题，不宜久拖不决。

在结束庭审后的第三天，县法院给马建国办理了取保候审手续，马建国恢复自由，而此时，其已被羁押 2 年 6 个月。但两个月之后，县法院作出与原一审

基本相同的重一审判决,再次认定马建国构成拒不执行判决裁定罪和职务侵占罪,两罪并罚,判处10年6个月。

六、重二审认定职务侵占不成立

对于重一审的判决结果,马建国当然不服,再次向市中级人民法院提起上诉。市中级人民法院经过审理,撤销重一审判决,认定曾经量刑9年的职务侵占罪不能成立,以拒不执行判决裁定罪改判马建国有期徒刑2年6个月。因马建国已被实际羁押2年6个月,市中级人民法院在作出二审判决后,当庭释放,并解除了之前的取保候审。市中级人民法院的裁判意见如下。

1. 一审对如何利用职务便利侵占证据不足

根据一审查明的事实,万源公司销售质押物的实际操作流程是严谨周密的,质押物销售从价格的确定到最后运出万源公司,全程在县农商行的监管下进行,马建国并无侵占质押物销售款的便利条件,马建国采取何种手段,在货款未进入监管账户的情况下将大米从厂区运出,是本案的基本事实,一审判决对此未予认定,原公诉机关亦未提供充分证据证明。

2. 一审认定马建国职务侵占的数额事实不清

马建国辩称汇入员工账户的资金来自公司自有库存稻谷,非质押物销售款,并提交了《万源米业销货单》等证据证明,而一审审查相关证据后确认谷穗香公司在处置案涉质押物的同时,亦处置了该公司自有的库存稻谷。该认定一定程度上支持了马建国的辩解理由,说明不能排除汇入员工个人账户的613.53万元中有部分资金来自公司自有库存稻谷的可能。因员工的供述与一审已采信的证据相互矛盾,且部分商户的证言亦不能证明打入员工账户的资金均为质押物销售款,故仅根据员工的陈述认定侵占数额为613.53万元的证据不足。

3. 一审认定转入员工账户的资金去向不清

一审时,马建国及辩护人辩称该款全部用于了公司经营,未占为己有,为支持其辩解理由,其辩护人当庭提交了审计报告、证人证言、资产评估报告、补仓库称重单等多组证据,拟证明万源公司在销售质押稻谷期间及之后,在公司账户被冻结无收入来源的情况下,对外支出了1000万余元用于公司收购稻谷、给供应商返现补助、补仓、偿还公司贷款、支付工资等。

一审判决一方面采信上述用以证明马建国将转入员工账户内资金全部用于万源公司经营的证据，另一方面又认定马建国安排员工分多次将账户内资金全部取现后隐匿、转移，且没有任何说理，事实认定和证据的采信存在明显矛盾。原公诉人仅在庭审质证环节对辩方提交的上述证据的关联性、真实性提出异议，但未说明异议的具体理由，亦未提交相关证据推翻马建国的辩解理由。

综上，一审认定上诉人马建国犯职务侵占罪的事实不清，证据不足，应当撤销对马建国犯职务侵占罪的定罪量刑。至于上诉人马建国的辩护人提出万源公司是夫妻公司抑或一人独资公司且存在资产混同，以及侵占对象系公司已出质的稻谷，认定马建国构成职务侵占罪的主体不适格的理由是否成立，涉及法律适用问题，应当在查明事实的基础上分析认定，鉴于本案职务侵占的事实不清，证据不足，依法不能定罪，对相关问题法院不作进一步评价。

二审改判后，马建国千里迢迢赶到北京，送来“为正义而无罪辩护　从重刑到打开手铐”的锦旗。

七、辩护该案的几点思考与感想

（一）刑事公权力与民事私权利之间应有必要界限

刑事诉讼与民事诉讼有不同的目的，前者是为了打击犯罪，保障刑事诉讼程序依法进行，而后者是为保护合法的民事权利而设定的一种诉讼制度。当依法应当通过民事诉讼解决的经济纠纷，刑事侦查手段不应介入，为此，中央三令五申，不得使用刑事手段干预正常的经济纠纷，这其实就是要把刑事公权力“关进制度的笼子里”，不让其对私权利造成伤害。

经济纠纷本身很复杂，刑事公权力的违法介入，容易让矛盾更加复杂化，偏离正常解决轨道，破坏了法治，损害了司法机关的公信力，让营商环境的改善变得越发艰难。本案中，万源公司与县农商银行的贷款纠纷，本来可以通过民事诉讼解决，因为有财产抵押，县农商银行的债权完全有保障。动用刑事公权力介入，有可能会让万源公司陷入万劫不复之地，导致员工失业，影响局部社会稳定，形成连锁负面反映。

（二）律师在法庭上进行辩护时应当用证据说话

打官司其实就是打证据，对有争议的案件事实，应当用证据说话，不能仅凭想象。虽然在刑事诉讼中，对被告人或嫌疑人是否构成犯罪应当由侦查或检察机关承担举证责任，但这并不意味着辩护律师可以高枕无忧，可以不用提供证据。对一些能直接证明被告人无罪的证据应当努力收集并及时提供给法庭。如被告人没有作案时间、犯罪行为是其他人实施的、被告人属于不负刑事责任的未成年人或精神病人等。证据是认定事实的依据，也是整个刑事案件的核心所在。

本案中，为证明万源公司具有履行法院生效判决裁定的能力，依法向法庭提交了市中级人民法院在一起民事案件中对万源公司资产做的评估报告，评估结论证明万源公司资产超过负债。另外提供的一些工商登记档案、入库单、凭证、房产过户档案等能直接证明马建国的个人财产与万源公司的公司财产发生混同，万源公司是名为股份有限公司实为一人公司的事实。这些证据能直接证明马建国的行为不构成犯罪。

第十九章　促使原判3年实刑的交通肇事案改判缓刑

——周明凯被控交通肇事案

简要案情

一起交通事故,致受害人死亡,交警大队划定同等责任,双方和解,并赔付到位。两年后,交警大队有人向省某巡视组匿名举报,交警大队重新调查,在基本事实没有变化的情况下,认定属于肇事逃逸,推定司机负主要责任,启动刑事追诉程序。

一审中,家属聘请的当地和省城律师共同辩护,认为构成犯罪,但建议判处缓刑。法院未采纳律师辩护意见,认为交通肇事虽是过失犯罪,但逃逸是故意行为,主观恶性大,应予惩处,判处实刑3年。

二审中,家属更换辩护人,我提出了与原辩护律师相反的辩护意见,认为不构成犯罪。二审撤销原判,发回重审。重一审中,我改变策略,作无罪兼从轻辩护,最终被判处缓刑,恢复自由。

一、两年前的交通事故被法院认定为交通肇事罪

(一)驾车撞人致人死亡,双方同等责任最终和解

周明凯原是某市环卫局局长,去某乡镇参加一个聚会,在朋友的一番起哄和激将之下,喝了几小杯酒。大家一哄而散,周明凯却犯了难,自己的车怎么回市区?试着呼叫代驾,但偏僻的乡镇始终没有司机接单。

因为第二天需要用车，想了想，觉得自己很清醒，开回市区没有问题。晚上20时许，车开到城乡接合部的建设大道好客酒店门前路段时，正常步行的被害人沈静突然由东向西加速横穿公路，由南向北正常行驶的周明凯避让不及，虽猛踩刹车，仍发生了碰撞，沈静受伤倒地。

周明凯赶紧下车，拨打"120"呼叫救护车，同时报警，并在路人的帮助下将受害人抱到自己车上，希望尽量减少其痛苦。约15分钟后，救护车鸣笛而至，周明凯连忙协助医护人员将受害人抬进救护车，并留下了自己的联系方式。

而此时，周明凯自己的胸口开始隐隐作痛，此前，他曾经因为心脏病住过院，第一次发生撞人的交通事故，让他大脑一片空白，心脏也是不堪重负，可是药物此时不在身边。一面为了服药，一面为了筹款，他强忍病痛，将车留在现场，叫出租车回家服药，并给亲友打电话筹款。

很快，4.9万元的医疗费分两次送到医院，周明凯让朋友留在手术室外，便于随时联系，自己于次日9时，主动到交警大队协助调查，陈述了交通事故发生的过程。经过血液测试，周明凯的血液样本中未检测出乙醇。最终，医院虽全力抢救，但受害人仍然不幸离世。

经市交警大队调查认定：周明凯驾驶小轿车由南向北行驶至事发处时，与由东向西突然加速横穿公路的行人沈静相撞，造成其受伤经抢救无效死亡、小轿车车损的道路交通事故，双方各负同等责任。

经过协商，受害人家属表示谅解，与周明凯就赔偿问题达成了一致。下葬当天，周明凯家人到受害人家，协助亲属将受害人送上山，使其入土为安。

（二）两年后案件逆转，司机被指控交通肇事罪

没想到近两年之后，因为交警大队内部人事调动，有人借机质疑此案，并向省巡视组匿名举报，打压原办案负责人。没有见到案卷的省巡视组为慎重起见，责令复查此案，并要求函告处理结果。

很快，处理结果出来了，案件走向发生逆转，交警大队重新调查此案，在基本事实没有变化的情况下，认为周明凯弃车离开现场属于肇事逃逸，由此推定周明凯主责，受害人次责。

由此，市公安局启动刑事调查程序，以周明凯涉嫌交通肇事罪对其立案侦

查，并于2019年4月26日采取刑事拘留措施，2019年5月5日批准逮捕。2019年7月3日，市检察院提起公诉。

市检察院认为：2017年7月23日20时许，周明凯饮酒后驾驶小轿车由南向北行驶至建设大道好客酒店门前路段时，与由东向西横穿公路的被害人沈静相撞，造成沈静受伤经抢救无效死亡、小轿车车损的道路交通事故。事故发生后，周明凯为逃避法律追究，弃车逃离事故现场，且当晚拒不到交警大队接受调查处理，次日才主动投案，经血液检测，其血液样本中未检测出乙醇。

案发后，经市公安司法鉴定中心鉴定，被害人沈静符合交通事故致脑功能障碍死亡；经交警大队调查认定，被告人周明凯驾驶机动车发生交通事故后逃逸，负此次事故的主要责任。

市检察院认为周明凯违反交通运输管理法规，发生重大事故，致人死亡，且事故发生后，周明凯为逃避法律追究，弃车离开事故现场，系交通肇事后逃逸，其行为构成交通肇事罪，建议在有期徒刑3年至4年之间量刑。

（三）一审认定交通肇事罪成立，判决3年实刑

2019年8月9日，一审法院作出有罪判决，判处被告人周明凯有期徒刑3年。一审法院认为，周明凯违反交通运输管理法规，发生重大交通事故致人死亡，且事故发生后，弃车离开事故现场，其行为构成交通肇事罪，属交通肇事后逃逸，公诉机关的指控成立，予以支持。被告人周明凯积极赔偿被害人亲属损失，取得了被害人亲属的谅解，可以从轻处罚。

在案证人樊某、张某、章某、张某某、何某于2017年7月23日中餐、晚餐与被告人同桌就餐，均证实被告人中餐、晚餐饮酒，证人胡某亦证实被告人晚餐饮酒，上述证人的证言能相互印证，足以证明事发当日被告人周明凯中餐、晚餐均饮酒的事实。次日提取血样的检验结果不能证明前一日是否饮酒，非事发后立即提取血样的检验并无实际意义，对被告人及其辩护人非酒后驾驶辩护辩解意见不予采纳。

事故发生后，被告人弃车逃离事故现场，在办案民警多方联系下，当晚仍拒不到案接受调查处理，虽于次日主动投案，但被告人直至开庭审理也拒不承认酒后驾驶事实，其行为不符合自首的法定条件，不构成自首，对辩护人关于构成

自首的辩护意见不予采纳。

2019年4月15日，上级公安机关发现市公安局在办理周明凯交通事故案件中存在“应当受案、立案而不受案、立案等不当处置”的情形后，要求市公安局整改，市公安局于2019年4月19日撤销原事故认定，重新作出第201902012号道路交通事故认定，符合法律规定。

（四）两次婉拒后最终接受委托介入案件

家属一边委托原辩护律师启动上诉程序，一边开始重新寻找二审律师。此时，一起成功的无罪辩护案件，一传十，十传百，在当地产生反响，周明凯的妻子在中间人的推荐下联系上我，并发来全部案件材料。因为是一起普通的交通肇事案，不符合我的接案标准，加上改判的概率微乎其微，我最初选择了婉拒，有限的精力需要用在更复杂的案件上。

但周明凯的妻子似乎并没有放弃，不断联系，并通过中间人找到我，希望我能出马。稍稍空闲，抽了一天时间，静下来认真看案件材料，发现这起改判微乎其微的案件，其实有一些辩护空间。

在提示风险后，我启程飞往当地，接受此案委托，准备介入此案。但周明凯的家人内部又发生了分歧，有人坚决不同意更换律师。“一朝被蛇咬，十年怕井绳”，因为前期一些律师的行为以及社会上信誓旦旦的“能人”让他们伤透了脑筋，并为此付出了许多费用，但均前功尽弃，他们不想再受到伤害。

我能理解家属的心情，并建议再仔细考虑一下，我先回北京。在离开当地的时候，我内心已经放弃了该案。过了几天，周明凯的妻子再次电话联系我，我再次婉拒了该案。

中间人对我说道：“如果这个案件有问题，而你作为律师放弃，如同医生见死不救，你以后想起这个案件都会愧疚，内心难安的。你可以试着争取，如果仍然是维持原判，家属不会埋怨你的，大不了律师费我个人来承担。”

中间人把话说到这份上，我只好接受建议，开始介入案件。

二、对本案进行无罪辩护的思路与策略

（一）约见到审理本案的市中级人民法院常务副院长

接受委托后，我到市中级人民法院与承办法官联系，承办法官犯难："这个案件基本已经结案了，结果没有实质性的变化，且家属已经委托两位辩护律师，马上就打印刑事裁定书了。"二审没有开庭，绝大多数情况，是维持原判，驳回上诉。

我不想放弃，让承办法官先收下委托手续，并强调这个案子存在明显的法律适用上的问题，如果简单维持原判，最终可能需要重审，我拿出从中国裁判文书网上下载的同类案例，支持我的观点。承办法官看了案例后，收下了委托手续，并说道："审判长是本院的常务副院长，你要想办法让你的律师意见被院长知道和重视，兴许还有转机，作为承办法官，我也不想出现错案。"

当日，正好是该院例行院长接待日，排队到下午，我见到了值班院长，简要介绍了案情，我说道："我的目的只有一个，我想约见担任审判长的常务副院长，只占用半小时。"我的语速明显加快，院长很热情，让秘书给我倒水，让我慢慢讲，最后告诉我，一定把意见反馈给常务副院长。

出来后，我手写了一份简要意见，在市中级人民法院附近的邮局寄给了副院长，我说这一周都在本市，希望能给半小时的时间当面陈述意见。第三天下午，承办法官来电："常务副院长准备下午和你见面，听取律师意见。"我连声道谢。

到了约定的时间，我如约而至，见面的两个小时一晃而过，已超过下班时间一个多小时，与承办法官及常务副院长就具体的事实认定和法律适用进行了充分的交流。在主动起身告辞之前，我提出了对本案公开开庭审理的建议。常务副院长和承办法官说我的意见很中肯，会慎重考虑。

（二）指出原一审判决违反禁止双重评价原则

本案因逃逸推定主责，进而成为入罪条件，但这一定性存在分歧：逃逸不能

既作为入罪条件，同时又作为加重情节。一行为不能重复评价两次，在定罪量刑时，禁止对同一犯罪构成事实予以两次或两次以上的法律评价。所以，一审违反了禁止双重评价原则。

肇事逃逸推定主责，是出于行政效力和交通管理的需要，在事故责任无法划清的情况下，推定逃逸者承担全责或主责，以体现对非逃逸者的保护和对逃逸者的惩治。这样的推定用来追究行政或民事责任尚可，但作为追究刑责的依据，则违反罪责刑相适应及罪刑法定原则。

交通肇事罪的定罪客观要件是交通事故的实际过错及其危害后果，指向是既往已经发生的交通事故的实际过错本身，而不是行为人的事后自首、逃逸等行为或态度，尤其是不能以事后推定的状态来作为定罪依据，则与罪责刑相适应和罪刑法定原则不符。

2017 年 7 月 28 日已经认定为同等责任，近两年之后，又被推定负主要责任，追究刑事责任。一审的这种使得罪与非罪不再取决于交通事故发生时的行为客观过错，而取决于肇事后的所谓逃逸行为，这与“行为是定罪的客观依据、事后态度只影响量刑不影响定罪”的基本法理不符。

（三）用行政法思维分析重新认定责任没有依据

就同一交通事故，交警大队 2017 年 7 月 28 日与 2019 年 4 月 19 日作出的《交通事故认定书》认定的事故发生的整个过程基本一致，唯一不同的是，后一份《交通事故认定书》多出了“事发后，周明凯弃车逃逸”10 个字。正是因为这 10 个字的不同，责任划分从双方的同等责任变成了周明凯的主要责任。同一级交警部门在事实没有变化的情况下，自行撤销事故认定，重新认定，于法无据。

上级机关可以对下级机关的执法活动进行监督，发现其作出的处理或者决定有错误的，应当予以撤销或者变更，也就是说，只有上级公安机关才能撤销下级公安机关错误的处理或决定。

本案中，交警大队于两年前作出的《交通事故认定书》当时已经生效，产生的信赖受到法律保护，非经法定程序及职权不得撤销。行政机关作出的行政行为，应当具有相对的稳定性，非特殊理由或原因，不能朝令夕改，反复无常，否则会让行政相对人或被执法对象无所适从，不知所措。

(四)用相类似的案例去最大限度地影响法官

在网上检索到两个与本案基本一致的指导性案例提交合议庭作为本案参考:

第一个是2017年第6期的《最高人民法院公报》公布的“安徽省颍上县检察院诉龚德田交通肇事案”的指导性案例,其核心裁判观点为“在交通事故中,已经作为入罪构成要件的逃逸行为,不能作为对被告人加重处罚的量刑情节而予以重复评价”。一审法院既以“肇事逃逸”作为入罪构成要件,又以“肇事逃逸”作为加重情节,对被告人龚德田判三缓四。阜阳市中级人民法院二审认为,龚德田弃车离开现场是其行为构成交通肇事罪的构成要件。因此,原判认定龚德田构成交通肇事罪,且系交通肇事逃逸,显然是对其逃逸行为的重复评价,属于适用法律错误,应依法予以纠正。为此,撤销原判,改判1年,缓刑2年。

第二个是北京法院2号参阅案例“(2013)朝刑初字第316号”,即李某某交通肇事案。该案的核心裁判观点为“被告人因‘肇事后逃逸’情节被公安交管部门认定负主要或全部责任,并因此认定为交通肇事罪,该‘肇事后逃逸’行为不应再作为加重处罚的情节”。北京市朝阳区人民法院最终认为,该案公安交管部门认定被告人李某某在事故发生后具有逃逸行为,故推定其负全部责任。公诉机关据此指控李某某的行为构成交通肇事罪,已将逃逸行为作为入罪情节加以考量,如再将该行为作为量刑加重情节,则有违刑法禁止重复评价原则,判处被告人李某某有期徒刑1年。

(五)劝说周明凯尊重事实不要隐瞒饮酒情节

因为证明饮酒的证人和周明凯关系非同一般,有些是至亲,但周明凯始终不承认自己饮酒,我很纳闷。一天在会见中,让周明凯告诉我实情,案发之前是否饮酒?周明凯点点头,我心里明白了一切。周明凯说道:“他周围的朋友及原来律师都说不能承认喝酒,否则会判得很重,所以就一直没有承认!”

我说道:“作为辩护律师,不能睁着眼睛在法庭上胡说八道,一派胡言,尊重基本事实是律师竭尽全力辩护的前提,拒不承认饮酒,是一个认识问题,证据已经锁定死,站在法官角度考虑,如果这个最基本的事实不能承认,法官在内心中会产生价值判断,显然是不利的。”

周明凯听取了我的建议,也觉得继续隐瞒不合适。饮酒在认定本案罪与非罪之间,并不能起决定性作用,但是,如果连饮酒的事实都没有勇气承认,那自称不存在“肇事逃逸”中的关键情节又怎么能让法官相信?确实不能再犯本末倒置、买椟还珠的错误。

再次会见时,周明凯给了我一份“饮酒的情况说明”,让我转交法院。

三、有理有据地向二审提出无罪辩护意见

本案交通事故,如果所谓的“肇事逃逸”不能成立,哪怕致一人死亡,也属不应追究刑责的同等责任。可见,“肇事逃逸”是本案的入罪条件。辩护人对周明凯及原辩护律师先前关于不存在“肇事逃逸”的陈述及辩护意见认同。正因为所谓“肇事逃逸”,才推定周明凯主责。而根据现有证据,“肇事逃逸”不能成立。既然入罪条件不存在,缺乏犯罪必要构成要件,那么周明凯的行为也就不构成交通肇事罪。

我提出了如下无罪辩护意见。

(一)原判认定周明凯存在肇事逃逸与事实不符

1. 周明凯的行为不属于“交通肇事后逃逸”

根据现有证据材料,周明凯在发生交通肇事后确实具有弃车离开肇事现场之事实,该行为确有不妥,但事出有因,虽然此前少量饮酒,但并不必然就是肇事逃逸的主观动机。肇事逃逸主观上必须是为了逃避法律责任,故意掩盖肇事行为。交通肇事后逃逸是指发生交通事故后,为逃避法律追究而逃跑的行为。

本案中,周明凯不具备肇事逃逸的客观条件,其驾驶的小轿车车主是自己的儿子,不是无牌车或套牌车,正所谓“跑了和尚跑不了庙”,周明凯不可能不知道“掩耳盗铃”的道理。自身患有严重心脑血管疾病及肝肾疾病(有病历等为证)的周明凯,在发生事故后因受到严重惊吓导致浑身瘫软,自身也有生命危险,在将受害人送上救护车后离开,一是为伤者紧急筹集医药费,二是自己急需吃药。一清二楚、一目了然,周明凯暂时离开事故现场不是为了逃避法律责任,

故意隐瞒肇事行为,而是事出有因。

事故发生后,周明凯第一时间实施了对被害人的积极抢救。先是在现场用电话呼叫“120”急救车,在等待的过程中,又在路人的帮助下把被害人抬上自己驾驶的车辆,减轻其痛苦。“120”急救车到达现场后,又与救护人员一起将被害人抬上救护车,并安排亲属和朋友到医院协助抢救。随后又积极找亲友筹借救治费用,并在事发当晚及次日凌晨,先后两次派人将筹借到的1.9万元及3万元送到救治被害人的市中心医院。充分证明周明凯主观上并没有逃避法律责任及救治义务之目的,客观上具有积极救治被害人的行为。

事故发生后,周明凯在央求路人报警后,为进一步落实报警,又安排亲友报警并到交警部门接受处理,充分证明其主观上没有逃避法律责任的故意。且事发后次日上午9时主动到交警部门接受调查和处理,明显是主动接受法律追究。弃车离开现场的时间,既不是在事发后立即离开,又非意识到事态严重而逃避,拒不到案。

2. 两次《交通事故认定书》的事实基本一致

市交通警察大队(以下简称交警大队)2017年7月28日作出的“第201702032号”《交通事故认定书》认定的交通事故事实为“周明凯驾驶小轿车由南向北行驶至事发处时,与由东向西临近突然加速横穿公路的行人沈静相撞,造成沈静受伤经抢救无效死亡、小轿车车损的道路交通事故”。

就同一交通事故,2019年4月19日作出的“第201902012号”《交通事故认定书》认定的交通事故事实为“周明凯驾驶小轿车由南向北行驶至市建设大道‘好客’门前路段时,与由东向西横过公路的行人沈静相撞,造成沈静受伤经医院抢救无效死亡、小轿车车损的道路交通事故。事发后,周明凯弃车逃逸”。

不难看出,两份《交通事故认定书》认定的事故发生的整个过程基本一致,周明凯驾车由南向北行驶,受害人沈静由东向西横过马路,由于相撞,车损人亡。唯一不同的是,后一份《交通事故认定书》多出了“事发后,周明凯弃车逃逸”10个字。而正是这10个字,使得责任的划分发生逆转,同等责任变成了可以入刑的主次责任。

3. 重作的《交通事故认定书》是推定主要责任

《道路交通安全法实施条例》第92条第1款规定:“发生交通事故后当事人

逃逸的，逃逸的当事人承担全部责任。但是，有证据证明对方当事人也有过错的，可以减轻责任。”此规定的立法本意是为了快速处理交通事故，提高行政效率而设定的一种行政推定条款。只要存在肇事逃逸，就推定逃逸者承担全部责任，如果对方有过错，则减轻逃逸者的适当责任。

本案中，交警大队重新作出的《交通事故认定书》认定“周明凯驾驶机动车发生交通事故后逃逸，其行为依据《道路交通安全法实施条例》第九十二条第一款之规定，负此次事故的主要责任”。显而易见，周明凯正是因为所谓的“肇事逃逸”，才从同等责任被推定为主要责任，但公诉机关指控的肇事逃逸不存在。既然入罪要件不能成立，交通肇事罪也就无从谈起。

（二）重新作出的《交通事故认定书》于法无据

1.《交通事故认定书》不能绝对地作为定案依据

《道路交通安全法》第73条规定：“公安机关交通管理部门应当根据交通事故现场勘查、检查、调查情况和有关的检验、鉴定结论，及时制作交通事故认定书，作为处理交通事故的证据。”由此可见，《交通事故认定书》不再是一种具有特定法律效力的行政确认，而是具有技术鉴定性质的证据。

既然是具有技术鉴定性质的证据，就会受各种主客观因素的影响，存在变数。尤其是在本案中，交警大队是根据肇事逃逸推定出的主要责任。在刑事司法实践中，不能轻易采信交警部门通过推定而作出的《交通事故认定书》来作为定案依据。

这一点，以往已经有明确规定。1992年12月1日，最高人民法院与公安部曾联合作出的《关于处理道路交通事故案件有关问题的通知》第4条明确指出：“……人民法院审理交通肇事刑事案件时，人民法院经审查认为公安机关所作出的责任认定、伤残评定确属不妥，则不予采用，以人民法院审理认定的案件事实作为定案的依据。”

由此可见，《交通事故认定书》并非铁板一块，不可撼动。尤其是《交通事故认定书》在作为刑事案件定案依据时，更应慎之又慎，要根据现有证据所反映的客观事实，排除《交通事故认定书》在刑事审判中的适用。

2.交警大队自行撤销《交通事故认定书》于法无据

交警大队于2017年7月28日作出《交通事故认定书》，时隔近两年，再次就同一交通事故作出结论不同的《交通事故认定书》，违反法定程序，超越法定职权。依据规定，上级机关对下级机关的执法活动进行监督，发现其作出的处理或者决定有错误的，应当予以撤销或者变更。只有上级公安机关才能撤销下级公安机关错误的处理或决定。本案中，交警大队于2017年7月28日作出《交通事故认定书》，双方均没有提出复核，已经正式生效，双方基于该《交通事故认定书》而产生的信赖受到法律保护，非经法定程序及职权，不得撤销。

交警大队在上级交管部门并没有作出撤销原《交通事故认定书》决定以及交通事故事实认定也没有发生实质性变化的情况下，仅凭所谓的肇事逃逸推定主责，作出新的《交通事故认定书》，明显属于超越职权，违反法定程序，不具有法定效力，二审不应采信。

3. 以推定主责追刑责违反罪刑法定及罪责刑相适应原则

罪刑法定原则的基本含义是“法无明文规定不为罪”和“法无明文规定不处罚”。犯罪行为的界定、种类、构成条件和刑罚处罚的种类、幅度，均事先由法律加以规定，对于《刑法》条文没有明文规定为犯罪的行为，不得定罪处罚。

罪责刑相适应原则的要求是，刑罚既要与犯罪性质相适应，又要与犯罪情节相适应，还要与犯罪人的人身危险性相适应，没有危害性或过错的，不能定罪处罚。交警大队及原审法院以所谓肇事逃逸推定主要责任，课以刑罚，与上述基本原则不符。

《道路交通安全法实施条例》第92条第1款关于“肇事逃逸推定主责”的规定，是出于行政效力和交通管理的需要，但作为追究刑责的依据，则违反罪责刑及罪刑法定原则。交通肇事罪的定罪客观要件是交通事故的实际过错及其危害后果，指向的是既往已经发生的交通事故的实际过错本身，而不是行为人的事后自首、逃逸等行为或态度，尤其是不能以事后推定的状态来作为定罪依据，否则与罪责刑相适应和罪刑法定原则不符。

本案交通事故，根据现有证据，在2017年7月28日已经认定为同等责任，近两年后，又以《道路交通安全法实施条例》第92条第1款之规定被推定负主要责任，追究刑事责任。上述做法使得罪与非罪不再取决于交通事故发生时的行为客观过错，而取决于肇事后的所谓逃逸行为，这与“行为是定罪的客观依据、事后态度只影响量刑不影响定罪”的基本法理不符。

综上,周明凯的行为不构成交通肇事罪,请二审依法改判无罪或发回重审。

四、二审裁定撤销原判,发回重审

2019年10月22日,市中级人民法院作出如下刑事裁定,撤销原判,发回重审,理由是"原判认定事实不清"。

在绝大多数人认为此案二审会维持原判的情况下,案件发生转机,给下级法院留点面子,让其自行纠错,是我对这份刑事裁定的第一感觉。虽是一起普通的刑事案件,周明凯的妻子却为此案找过北京著名高校的法学教授,也联系过各地的一些知名律师,给出的初步判断,曾一度险些让其丧失最后一点信心。

案件发回重审是一个好的开端,然而委托合同约定的阶段已经完成了。周明凯的妻子希望我继续辩护,在中间人的游说下,我继续辩护重一审。

五、重一审继续作无罪辩护,判处缓刑

2019年12月10日,市法院对此案公开开庭,旁听席座无虚席。当庭,周明凯认罪认罚,希望给自己一个机会,从轻判决或适用缓刑。我首先对指控的罪名进行了全方位的否定。公诉人不同意我的辩护意见,双方进行了针锋相对的辩论。

庭审后,我将法庭上的发言拟定成如下辩护词:

(一)公诉机关指控周明凯存在肇事逃逸与事实不符

1.被告人周明凯的行为不属于交通肇事后逃逸

根据现有证据材料,周明凯在发生交通肇事后确实具有离开肇事现场之事实,但事出有因,虽然此前少量饮酒,但并不必然就是肇事逃逸的主观动机。肇事逃逸主观上必须是为了逃避法律责任,故意掩盖肇事行为,客观上实施了逃离现场的行为,导致事故责任无法认定,并造成严重后果。主观故意、客观行为、严重后果必须同时具备,否则,不能认定逃逸。

本案中,周明凯不具备肇事逃逸的客观条件,其驾驶的小轿车车主是自己

的儿子,不是无牌车或套牌车,正所谓"跑了和尚跑不了庙",周明凯不可能不知道"掩耳盗铃"的道理。自身患有严重心脑血管疾病及肝肾疾病的周明凯,在发生事故后因受到严重惊吓导致浑身瘫软,自身也有生命危险,在将受害人送上救护车后离开,一是为伤者紧急筹集医药费,二是自己急需吃药。

周明凯暂时离开事故现场绝不是为了逃避法律责任,故意隐瞒肇事行为,而是事出有因。暂时离开事故现场的目的在于及时筹款抢救受害人,而非逃跑、藏匿、破坏事故现场等逃避不利后果。因此,周明凯暂时离开事故现场的行为不属于"肇事逃逸"。

事故发生后,周明凯第一时间实施了对被害人的积极抢救。先是在路人的帮助下呼叫"120"急救车和拨打"110",在等待的过程中,又在路人的帮助下把被害人抱上自己驾驶的车辆,减轻其痛苦。"120"急救车到达现场后,又与救护人员一起将被害人抬上救护车,并安排亲属和朋友到医院协助抢救。随后积极找亲友筹借救治费用,并在事发当晚及次日凌晨,先后两次按照交警大队工作人员要求派人将筹借到的1.9万元及3万元送到救治被害人的孝感市中心医院。充分证明周明凯主观上并没有逃避法律责任及救治义务之目的,客观上具有积极救治被害人的行为,并自愿将自己置于办案机关的管理之下。

事故发生后,周明凯在央求路人报警后,为进一步落实报警,又安排亲友报警并到交警部门接受处理,充分证明其主观上没有逃避法律责任的故意。且事发后次日上午9时主动到交警部门接受调查和处理,明显是主动接受法律追究。弃车离开现场的时间,既不是在事发后立即离开,又非意识到事态严重而逃避,拒不到案。

2.公诉机关指控肇事逃逸却没有尽到举证义务

根据规定,公诉案件中被告人有罪的举证责任由人民检察院承担。换言之,公诉机关在追诉被告人构成犯罪时,需要承担全部举证责任,包括犯罪构成最重要的主观方面。如果事实不明,则不能认定被告人有罪,被告人虽然有权提供事实和证据,但无须承担证明自己无罪的证明责任。正是这种举证责任的倒置,才能有效地实现国家公诉权与弱小的被告个人之间的实质平衡。

本案是否属于肇事逃逸,周明凯主观上是否具有以逃避法律责任为目的,这些都是公诉机关的举证义务,但公诉机关的现有证据就此问题根本达不到事实清楚、证据确凿的程度。周明凯及本辩护人对肇事逃逸不能成立并不负有举证义务，正常的否定性辩护，并不意味着举证责任的转移，公诉机关的举证责任也不因此而减少或免除。

另外，公诉人一再强调当天交警大队的工作人员曾经多次致电周明凯，首先无论通话的内容是否属实以及是否为一面之词，至少公诉人应提供当天周明凯或拨打周明凯电话的交警的通话清单，印证是否曾有通话的事实。如果公诉人不能提供通话清单，应对所谓“多次致电周明凯”这一可能是主观想象的事实予以排除。

主观性的言辞证据基于特殊需要可以造假，但通话清单作为客观性的书证或物证则不可能胡编乱造。另外，本案仅次于交通事故责任认定的事故现场勘查报告，公诉人也承认，由于交警工作失误，目前已无法取得。这么核心的证据欠缺，公诉人凭什么认为“即便撇开交通事故责任认定也可以根据现有证据认定周明凯主责”！

肇事逃逸指的是为逃避不利于自己的事故现场而离开，在主观上具备逃避不利后果及法律追究的目的。因此，判断肇事司机离开事故现场的行为是否属于“逃逸”，必须结合主观目的判定其离开事故现场的性质。如果离开现场是为了逃跑、隐匿、破坏事故现场或销毁罪证等，让本来可以根据现有证据分清责任的事故无法认定，则构成“逃逸”。

如果肇事司机离开现场的主观目的是筹集医疗费、救助被害人、疾病发作等特殊情况，即便当时离开了事故现场，也不能认定其属于“逃逸”。对于以上事实，尤其是周明凯主观上是否以逃避法律责任为目的，公诉机关没有尽到最基本的举证义务。

公诉人称“当天交警队办案人员曾到周明凯家里去，但无人开门”。必须要说明，周明凯居住的小区是封闭式小区，工作人员在没有物业公司或社区居委会的指引或带领之下，是怎么进入的小区？这个事实对本案定性至关重要，公诉机关为何不提供有第三方见证的情况说明？

而且公诉机关没有提供小区的监控视频，来印证交警大队工作人员的上述说辞的真实性。这起案件是“翻烧饼”的案件，对影响定性的关键情节不能仅依据工作人员的所谓情况说明来轻易判断，必须有第三方签字的情况说明或小区监控视频等物证或书证来相互印证。

3. 两次《交通事故认定书》认定事实基本无变化

交警大队2017年7月28日作出的"第201702032号"《交通事故认定书》认定的交通事故事实为"周明凯驾驶小轿车由南向北行驶至事发处时,与由东向西临近突然加速横穿公路的行人沈静相撞,造成沈静受伤经抢救无效死亡、小轿车车损的道路交通事故"。

就同一交通事故,2019年4月19日作出的"第201902012号"《交通事故认定书》认定的交通事故事实为"周明凯驾驶小轿车由南向北行驶至市建设大道'好客'门前路段时,与由东向西横过公路的行人沈静相撞,造成沈静受伤经医院抢救无效死亡、小轿车车损的道路交通事故。事发后,周明凯弃车逃逸"。

不难看出,两份《交通事故认定书》认定的事故发生的整个过程基本一致,周明凯驾车由南向北行驶,受害人沈静由东向西横穿马路,由于相撞,车损人亡。唯一不同的是,后一份《交通事故认定书》多出了"事发后,周明凯弃车逃逸"10个字。而正是这10个字,使得责任的划分发生逆转,同等责任变成了可以入刑的主次责任。

4. 重新作出的《交通事故认定书》是推定主责

发生交通事故后当事人逃逸的,逃逸的当事人承担全部责任。但是,有证据证明对方当事人也有过错的,可以减轻责任。其立法本意是为了快速处理交通事故,提高行政效率而设定的一种行政推定条款。只要存在肇事逃逸,在责任无法划定的情况下,就推定逃逸者承担全部责任,如果对方有过错,则减轻逃逸者的适当责任。

本案中,交警大队重新作出的《交通事故认定书》认定"周明凯驾驶机动车发生交通事故后逃逸,其行为依据《道路交通安全法实施条例》第九十二条第一款之规定,负此次事故的主要责任"。显而易见,周明凯正是因为所谓的"肇事逃逸",才从同等责任被推定为主要责任,但公诉机关指控的肇事逃逸不存在。既然入罪要件不能成立,交通肇事罪也就无从谈起。

(二)重新作出的《交通事故认定书》于法无据

1.《交通事故认定书》不能绝对地作为定案依据

公安机关交通管理部门应当根据交通事故现场勘查、检查、调查情况和有关的检验、鉴定结论,及时制作《交通事故认定书》,作为处理交通事故的证据。《交通事故认定书》不是一种具有特定法律效力的行政确认,而是具有技术鉴定性质的证据。既然是具有技术鉴定性质的证据,就会受各种主客观因素的影响,存在变数。尤其是在本案中,交警大队是根据肇事逃逸推定出的主要责任。在刑事司法实践中,不能轻易采信交警部门通过推定而作出的《交通事故认定书》来作为定案依据。

这一点,以往已经有明确规定。1992 年 12 月 1 日,最高人民法院与公安部联合作出的《关于处理道路交通事故案件有关问题的通知》第 4 条明确指出:"……人民法院审理交通肇事刑事案件时,人民法院经审查认为公安机关所作出的责任认定、伤残评定确属不妥,则不予采用,以人民法院审理认定的案件事实作为定案的依据。"由此可见,《交通事故认定书》并非铁板一块,不可撼动。尤其是《交通事故认定书》在作为刑事案件定案依据时,更应慎之又慎,要根据现有证据所反映的客观事实,排除《交通事故认定书》在刑事审判中的适用。

辩护人当庭提交了一份北京市朝阳区人民法院的"(2016)京 0105 刑初 149 号"刑事判决,该判决中的裁判观点被北京市第三中级人民法院"(2016)京 03 刑终 527 号"二审生效刑事裁定所认同。其中一个重要裁判观点是"交管部门在事故责任认定中认定行为人具有逃逸情节,不必然导致行为人构成交通肇事罪……交通事故责任认定书只是刑事审判的证据之一,但不是确定罪与非罪的绝对标准。人民法院应当结合其他证据,从刑事角度客观认定被告人的行为是否属于刑法规定的逃逸。从刑法角度判断是否逃逸,要看行为人是否违反了肇事后的基本义务,如救治被害人、向公安机关报告、保护现场等"。

提请合议庭注意的是,针对辩护人就第二次交通事故责任认定的效力、瑕疵、错误等问题的质疑,公诉人当庭也明确表示,第二次交通事故责任认定实体及程序确实存在错误,同时,公诉人认为第一次交通事故责任认定也是错误的。既然公诉人也同意辩护人的意见,否定了第一次和第二次的交通事故责任认定,本案的核心证据也就不存在,指控周明凯犯交通肇事罪当然不能成立,至少应该根据疑罪从无的原则,宣告周明凯无罪。

2. 交警大队自行撤销《交通事故认定书》于法无据

辩护人注意到,针对辩护人关于同级交警大队无权自行撤销同级交警大队的交通事故责任认定的辩护意见,公诉人以“交通事故复核程序中规定了上级交管部门可以撤销下级交管部门的错误责任认定,并责成其重做”作为交警大队可以自行撤销错误责任认定的理由。辩护人认为,交警大队在作出第一次交通事故责任之后,双方并没有申请复核,孝感交警支队就本案也从来未作出撤销结论,并责令交警大队重新认定。公诉人的观点明显没有任何依据,与客观事实不符,让人匪夷所思。

交警大队于2017年7月28日作出《交通事故认定书》,时隔近两年,再次就同一交通事故作出结论不同的《交通事故认定书》,违反法定程序,超越法定职权。上级机关可以对下级机关的执法活动进行监督,发现其作出的处理或者决定有错误的,应当予以撤销或者变更,只有上级公安机关才能撤销下级公安机关错误的处理或决定。本案中,交警大队于2017年7月28日作出《交通事故认定书》,双方均没有提出复核,已经正式生效,双方基于该《交通事故认定书》而产生的信赖受到法律保护,非经法定程序及职权,不得撤销。

交警大队在上级交管部门并没有作出撤销原《交通事故认定书》决定以及交通事故事实认定也没有发生实质性变化的情况下,仅凭所谓的肇事逃逸推定主责,作出新的《交通事故认定书》,明显属于超越职权,违反法定程序,不具有法定效力,不应采信。

3. 以推定主责追刑责违反罪刑法定及罪责刑相适应原则

犯罪行为的界定、种类、构成条件和刑罚处罚的种类、幅度,均事先由法律加以规定,对于《刑法》条文没有明文规定为犯罪的行为,不得定罪处罚。罪责刑相适应原则的要求是,刑罚既要与犯罪性质相适应,又要与犯罪情节相适应,还要与犯罪人的人身危险性相适应,没有危害性或过错的,不能定罪处罚。交警大队以所谓的肇事逃逸推定主要责任,课以刑罚,与上述基本原则不符。

肇事逃逸推定主责,是出于行政效力和交通管理的需要,在事故责任无法划清责任的情况下,推定逃逸者承担全责或主责,以体现对非逃逸者的保护和对逃逸者的惩治。这样的推定用来追究行政或民事责任尚可,但作为追究刑责的依据,则违反罪责刑相适应及罪刑法定原则。

交通肇事罪的定罪客观要件是交通事故的实际过错及其危害后果,指向的是既往已经发生的交通事故的实际过错本身,而不是行为人的事后自首、逃逸等行为或态度,尤其是不能以事后推定的状态来作为定罪依据,否则与罪责刑相适应和罪刑法定原则不符。

本案交通事故,根据现有证据,在2017年7月28日已经认定为同等责任,近两年后,又以《道路交通安全法实施条例》第92条第1款之规定被推定负主要责任,追究刑事责任。上述做法使得罪与非罪不再取决于交通事故发生时的行为客观过错,而取决于肇事后的所谓逃逸行为,这与"行为是定罪的客观依据、事后态度只影响量刑不影响定罪"的基本法理不符。

(三)即便假定罪名成立,原判量刑也存在明显错误

1. 公诉人的当庭提出的量刑建议没有法律依据

(1)公诉人的量刑建议违反了上诉不加刑原则

二审法院审理被告人或者他的法定代理人、辩护人、近亲属上诉的案件,不得加重被告人的刑罚。二审法院发回原审法院重新审判的案件,除有新的犯罪事实,人民检察院补充起诉的以外,原审法院也不得加重被告人的刑罚,这是上诉不加刑原则的重要内容。

作为法律专业人士,公诉人不可能不知道这个规定。本案中,周明凯并没有新的犯罪事实,自始至终仅被指控交通肇事,公诉机关也没有补充起诉,在原一审已经判处周明凯3年有期徒刑的情况下,市中级人民法院发回重审,公诉人却给出比原一审更重的量刑建议,纯属无稽之谈。请合议庭不予采纳公诉人所谓的量刑建议,如本案构成犯罪,应当在3年以下量刑。

(2)即便罪名成立,先前行政拘留时间应扣除

有期徒刑的刑期,从判决执行之日起计算;判决执行以前先行羁押的,羁押一日折抵刑期一日。行政违法行为构成犯罪,人民法院判处拘役或者有期徒刑时,行政机关已经给予当事人行政拘留的,应当依法折抵相应刑期。《最高人民法院关于行政拘留日期应否折抵刑期等问题的批复》规定:"如果被告人被判处刑罚的犯罪行为和以前受行政拘留处分的行为系同一行为,其被拘留的日期,应予折抵刑期;如果被判处刑罚的是另一犯罪行为,则其被拘留的日期当然不应折抵刑期。"

本案中,周明凯因为涉案的同一交通事故,2017年7月24日,市公安局曾经作出"〔2017〕940号"行政处罚决定,对周明凯给予行政拘留10日的行政处

罚,该行政处罚已实际执行。即便假定交通肇事罪名成立,该羁押日期应折抵刑期。行政处罚决定是生效法律文书,所认定的事实具有拘束力,其他法律文书认定的事实不得与其相悖。本案中,公诉人如果想推翻第一次交通事故责任认定并对周明凯课以刑罚,首先必须依法撤销该生效行政处罚,否则,就不能对周明凯进行交通肇事罪指控。

2. 肇事逃逸已作入罪要件,不能再作加重情节

(1)肇事逃逸既属于定罪情节又属于量刑情节

本案交通事故,本属同等责任,正是由于认定了所谓肇事逃逸,使得交警大队重新作出的《交通事故认定书》推定周明凯承担主要责任。可见,肇事逃逸是本案的入罪构成要件。而一审称"交通肇事犯罪是过失犯罪,但肇事后的逃逸是故意行为,其主观恶性较大,应予惩处",可见,对肇事逃逸又作为加重量刑情节,进行双重评价,违反了《刑法》的禁止重复评价原则。

虽然认定周明凯负主要责任,但在交通事故发生过程中,被害人沈静在临近公路没有仔细观察并在确保安全的情况下加速横穿,存在一定过错。故依据《道路交通安全法实施条例》第 92 条第 1 款"有证据证明对方当事人也有过错的,可以减轻责任"之规定,认定周明凯负主要责任。由此可见,肇事逃逸是周明凯承担交通事故主要责任的全部原因。

根据《最高人民法院关于审理交通肇事刑事案件具体应用法律若干问题的解释》(以下简称《交通肇事司法解释》)第 2 条的规定,行为人负交通事故主要或全部责任,并导致一人死亡,构成交通肇事罪。本案中,即便假定周明凯肇事逃逸成立,推定主责,由此构成交通肇事罪。对于已经作为入罪情节的肇事逃逸,在量刑时应当根据刑法公平正义原理和罪责刑相适应的基本原则,适用禁止重复评价原则。故即便假定周明凯的行为能够认定为肇事逃逸,但不属于"交通肇事后逃逸"的加重情节,应在"三年以下有期徒刑或拘役"的法定幅度内量刑,否则就是量刑错误,应予纠正。

(2)相同案例支持上述意见,应予参考

2017 年第 6 期的《最高人民法院公报》公布了一起"安徽省颍上县检察院诉龚德田交通肇事案"的指导性案例,其核心裁判观点为"在交通事故中,已经作为入罪构成要件的逃逸行为,不能作为对被告人加重处罚的量刑情节而予以

重复评价”。一审法院既以“肇事逃逸”作为入罪构成要件,又以“肇事逃逸”作为加重情节,对被告人龚德田判三缓四。龚德田不服,提起上诉。

阜阳市中级人民法院二审认为,根据2011年《刑法》第133条[1]、《交通肇事司法解释》第2条第1款的规定,交通肇事致一人死亡的,需要同时具备负事故主要或全部责任,才能构成交通肇事罪。就该案而言,交警部门正是根据龚德田超速行驶并弃车离开现场认定其对事故负主要责任。

龚德田弃车离开现场是其行为构成交通肇事罪的构成要件。因此,该案原判适用《交通肇事司法解释》第3条的规定,认定龚德田构成交通肇事罪,且系交通肇事逃逸,显然是对其逃逸行为重复评价,属于适用法律错误,应依法予以纠正。为此,撤销原判,改判1年,缓刑2年。

另外,辩护人同时提供了一份北京法院2号参阅案例,即李某某交通肇事案,案号为“(2013)朝刑初字第316号”。该案的核心裁判观点为“被告人因‘肇事后逃逸’情节被公安交管部门认定负主要或全部责任,并因此认定为交通肇事罪,该‘肇事后逃逸’行为不应再作为加重处罚的情节”。

北京市朝阳区人民法院最终认为,本案公安交管部门认定被告人李某某在事故发生后具有逃逸行为,故推定其负全部责任。鉴于被害人樊某某未按照驾驶证载明的准驾车型驾驶机动车,存在一定过错,最终认定李某某负主要责任。公诉机关据此指控李某某的行为构成交通肇事罪,已将逃逸行为作为入罪情节加以考量,如再将该行为作为量刑加重情节,则有违《刑法》禁止重复评价原则。故本案被告人李某某肇事后具有逃逸行为,但不属于2011年《刑法》第133条规定的“交通肇事后逃逸”的情形。为此,判处被告人李某某有期徒刑1年。

(3)最高人民法院公布的指导性案例应当参照适用

最高人民法院曾召开新闻发布会,最高人民法院研究室有关负责人表示:“全国各级法院法官在审理和裁判案件的时候,一是要查明所需要适用的法律;二是要阐明所需要适用的司法解释;三是要查找和对比指导性案例。”其又强调:“凡是在审判案件的时候,发现与指导性案例在基本案情和法律适用方面相类似的案件,就要参照适用我们已经发布的指导性案例,否则会被二审、再审

[1] 对应2023年《刑法》第133条。

改判。”

发布会提到,全国法院、法官对于指导性案例及其作用的认识每年都在不断地进步,在审判类似案件时,积极参与指导性案例的情况也是逐年呈上升趋势,特别是涉及一些消费者、劳动者权益,涉及公共安全、社会秩序、社会风尚的一些案例参照适用的情况比较高,有个别案件已经达到参照适用上千次。辩护人提供的第一个案例,是《最高人民法院公报》2017年第6期公布的指导性案例,与本案情形基本一致,应依法参照适用。

综上,周明凯的行为不符合肇事逃逸构成要件,不构成交通肇事罪,应宣告无罪,公诉人的所谓判处3年实刑的量刑建议欠缺最基本的事实和法律依据。即便假定周明凯构成犯罪,也应当改判缓刑,让其恢复自由。

庭审之后,我又三次去当地进一步与法官沟通。考虑到是监察委督办的案件,虽然是普通的交通肇事案,但有一些复杂,特定问题的专业性较强。我建议合议庭:“如有压力,应当及时将案件提交审判委员会讨论。”相对于合议庭,审判委员会的抗压能力稍强。

一天,法官告诉我,同意我的建议,案件将提交审判委员会。得到这一消息,第一时间安排助理给法院审判委员会的每一位成员提供装订成册的案情简况及辩护意见。

2020年7月7日,市法院作出重一审判决,以“周明凯犯罪情节较轻,已经赔偿受害人,对其判处非监禁刑不致再危害社会,符合刑法规定的缓刑适用条件,依法可对其宣告缓刑”为由,判处3年有期徒刑,缓期4年执行。宣判当日,周明凯恢复自由。

我极力建议周明凯提起上诉,继续向无罪方向努力,但是周明凯放弃了,作为辩护律师,也只能尊重周明凯的选择。

六、本案评析、办案感想及辩护总结

(一)辩护律师能否先无罪辩护后提出量刑建议

2018年1月1日施行的《人民法院办理刑事案件第一审普通程序法庭调查

规程(试行)》第44条规定:"被告人当庭不认罪或者辩护人作无罪辩护的,法庭对定罪事实进行调查后,可以对与量刑有关的事实、证据进行调查。被告人及其辩护人可以当庭发表质证意见,出示证明被告人罪轻或者无罪的证据。被告人及其辩护人参加量刑事实、证据的调查,不影响无罪辩解或者辩护。"

2020年11月5日,最高人民法院、最高人民检察院、公安部、国家安全部、司法部印发《关于规范量刑程序若干问题的意见》的通知,该意见第15条第2款明确"在法庭辩论阶段,审判人员引导控辩双方先辩论定罪问题。在定罪辩论结束后,审判人员告知控辩双方可以围绕量刑问题进行辩论,发表量刑建议或者意见,并说明依据和理由。被告人及其辩护人参加量刑问题的调查的,不影响作无罪辩解或者辩护"。

本案中,在二审中提出的纯粹的无罪辩护,但在案件发回重审后,被告人及其家属想争取从轻,当然最大的希望是缓刑,作为辩护人,虽然有独立的辩护权,但被告人及其家属的意见,也不能无视。所以,在二审中,我虽然也是用大篇幅论证无罪,但是在最后,也提出了即便既定罪名成立,公诉人在重审庭审中的量刑建议欠缺正当性、合法性。

(二)被告人与律师关于罪与非罪观点不一致该如何处理

1. 被告人不认罪律师不能轻易作罪轻辩护

在被告人不认罪的情况下,律师不能轻易作无罪辩护,如果律师认为构成犯罪,只是罪行轻重问题,这时辩护律师的稳妥做法是依法与被告人及其家属协商,辞去委托,退出本案的辩护。在原湖北首富兰世立的合同诈骗案中,被广州市中级人民法院一审宣判无罪后,兰世立在新闻发布会上说,他始终认为自己无罪,但他先后聘请的13位律师中有12位认为他构成犯罪,也就是说,只有出庭的律师为他作了无罪辩护。

在刑事法庭的控辩中,律师的职责是提出无罪或罪轻的意见,如果被告人认为自己无罪,律师作罪轻辩护,相当于指控被告人,有第二公诉人的嫌疑,有悖律师职业伦理。在曾辩护的几起共同犯罪案件,被告人已经当庭声明自己不构成犯罪,但其辩护律师视而不见,仍按部就班地公式化地念着"认罪态度较好,没有犯罪前科,社会危害较轻",把"形式辩护"发挥得淋漓尽致。

这样的辩护无疑让律师职业蒙羞，使得律师的公信力减弱。

2. 被告人虽不认罪但律师可以作无罪辩护

辩护律师参与刑事诉讼活动，源于被告人及其家属的委托，维护被告人的合法利益应放在首位，但是，对于明显无罪而被告人认罪认罚的案件，律师应当与被告人及其家属沟通，分析利弊，获得被告人的同意和家属的认可，不能不顾被告人及其家属的意见，只图自己高兴而在法庭上天马行空、口若悬河、挥洒自如地慷慨陈词，这会引发被告人及其家属的不满，而损害律师的声誉。

如果被告人及其家属坚持认为自己有罪，而事实和证据显示不构成犯罪，正确的做法应当是提前与公诉人、法官沟通，并把这一情况向律师协会报备，可以在法庭上基于律师的独立辩护权而提出无罪辩护意见，只要是善意的，是为被告人的利益考虑，不扰乱法庭秩序，不但无可非议，还恰恰证明了律师的执业精神。

第二十章　最高人民检察院督办的“万亩毁林案”以缓刑结束

——李明辉被控滥用职权案

简要案情

李明辉是新疆某林场场长，根据上级指示，搞活经济，发包林间空地，因承包户的过度违规开垦，使胡杨林遭受破坏。案发后，最高人民检察院和国家林业局高度重视，专门督办此案。经鉴定，造成经济损失达1.59亿元。

此案引起中央电视台、新华社、《中国青年报》、原《法制日报》等许多全国性媒体高度关注，李明辉被以滥用职权罪提起公诉，因之前涉及此案的承包户共被行政处罚达1.2亿元，我正代理果农的行政诉讼案，对这起毁林案比较熟悉，李明辉家人希望我能为李明辉辩护。

一审被判4年，不服上诉，该案被新疆某地区中级人民法院发回重审。重审后再次被判处4年，上诉后，李明辉最终被改判3年缓刑。宣判后，李明辉走出看守所，开始了新生活。此前代理承包户的1.2亿元的行政处罚案也被新疆维吾尔自治区高级人民法院撤销。

一、万亩毁林案的背景

某林场场长李明辉根据上级统一部署，将林场空地、盐碱地、撂荒地等承包出去，导致林场内天然保护林被毁林开荒，损失惨重。李明辉是有大学文化水平的人，他有一腔原下乡知青的热情，想要为林场的老百姓做些实事儿。当地位于新疆边陲，而当地多是农牧民，对外交通并不方便。

增加当地农牧民的年收入，是让他颇为头疼的事情。尤其是到了冬天，新疆容易有暴雪，一旦下雪，基本上就是封山封路，这让原本就靠天吃饭的人们生活更加艰难。

“大漠沙如雪，燕山月似钩。”看得见的是风景，需要深刻体会的是荒凉。行走在茫茫戈壁，车过处卷起滚滚沙尘。在路上的几小时里，沿途几乎看不到一个人和一片绿洲，除却那偶然一抹绿的芨芨草。

辽阔的土地，因为土质的恶劣和严重缺水却无法耕种。彼时，看风景的心情早已转为对即将到达目的地的深深忧虑。

新疆，不管是报道里还是电视里，既有载歌载舞、葡萄美酒、哈密瓜等美好景象，又有欠发达地区。虽然国家对新疆贫困地区一直在大力扶持，但局部的经济落后仍客观存在。李明辉想要改变现状，不能只靠国家救济，自己也要努力带农牧民脱贫致富。

可是，这条路该怎么走？

等正式文件审批下来了再开始？那时间耗得太久，能否拿到正规的审批手续还不一定。要不就先跟上头透个话，边干边等待审批。

于是，李明辉就和林场书记阿布卡一起在县里的一次会议上报告了这事，当时主管农林业的胡副县长口头同意了。回去后，李明辉就以林场的名义将林间的空地、盐碱地、撂荒地等承包了出去。

生活有了盼头，大家都充满了干劲儿。开荒、种植、种果树、收棉花和玉米，几乎成为大家的奋斗目标，都在为未来的美好生活努力着、耕耘着。

但是事态的发展却有些超出预期。

大家干得正起劲儿，早就把护林的事情忘到了九霄云外。而李明辉看大家情绪热烈、气氛高涨，也忽略了局部的开荒毁林行为。

不久，在上级部门通过卫星图片发现胡杨林被毁坏之后，直接上报到国家有关部门，最高人民法院和国家林业局直接介入，进行督办。很快，李明辉和阿布卡被立案侦查。

二、道不尽的无奈

李明辉的家人找到我,希望我能为李明辉辩护,我觉得这个案子被否定的可能性不大,因为事前对这个案子也有所了解。

基于之前办案的经验,其实对李明辉是有一点不理解的。在还未了解这个案件的时候,和大多数人的第一反应就是,这个场长真可“恨”,为了林场的局部利益,放任开荒毁林,破坏环境,让珍贵的胡杨林消失在大家的视野。

而很不巧的是,这次却要为李明辉做辩护。为弄清案件的基本情况,我专门查阅了大量的资料来了解当地的情况。先来看一组数据。

林场所在的县地处天山南麓,塔里木盆地和塔克拉玛干沙漠边缘。农业经济占主导地位的新疆,自然环境对农民收入的影响很明显,新疆人类生产生活的活动局限于被沙漠戈壁分隔的占地面积4.3%的绿洲范围内,绿洲平均距离间隔百公里以上,是中国荒漠化土地面积最大、分布最广的。风沙、干旱、荒漠化、盐渍化、水土流失等生态问题长期制约着经济社会的发展。

新疆沙漠化土地面积正不断扩展,有30个贫困县处于风沙区。农民人均耕地面积由1994年的3.81亩减少到2005年的2.14亩。虽然开垦耕地数量逐年增加,但是,增加的耕地集中在少数种植大户手中,少的百亩,多的千亩,贫困农村人口增加而人均耕地下滑。

新疆农村贫困人口分布结构从地域上看,主要集中在资源匮乏、地域偏远的荒漠区、高寒山区。到2003年年底,全疆剩余的52.75万贫困人口中,有92.5%分布在南疆4地州,其中和田地区占63.3%,喀什地区占20.1%,克州占4.9%,阿克苏地区占4.2%。

从调查中得出的结论,新疆的经济发展南北失衡、东西失衡。在搜索该县相关资料的时候,看到该县的新闻“本县正争取用约十年摘掉贫困县的帽子”。那么10年前,该县的经济水平是怎样的一幅场景,想必心里会有一个大概的预估。

在这一刻,对李明辉的初衷,有了些许的理解:他也有诸多的无奈。

公安局在办理另外几起非职务性毁林犯罪案件中,对李明辉有一个问询笔录,有如下一段对话,看完之后,心里很不是滋味。

警方问李明辉:"你作为林场场长,你的觉悟、思想认识等同于普通的群众吗?你们给党和政府造成重大的损失和恶劣影响,还不认识到自己问题的严重性,还不好好反思?"

李明辉低头,长时间沉默不语。

"国家重点公益林保护管理条例规定,在林间空地经过批准可以补种树木,你是清楚的?"

李明辉:"知道。经过批准,不改变林地性质,还能得到资金补偿。但我们错就错在提前开始实施了。主要是考虑到正式的批准过程太长,边干边待批。"

警方问:"补种,就是一定要把地开垦后才种吗?"

李明辉:"规定里说的不明确,但没有说开垦补种。"

警方问:"开垦零星土地补种是可以理解的,但大面积开垦补种是对植被的破坏,是对生态毁灭性的破坏,这一点你是清楚的吧?"

李明辉:"这些我是清楚的,考虑到灌溉等成本,采取大面积开垦补种,实际上也是违背规定精神的,这样做也是对原始植被的生态和环境毁灭性破坏。"

警方:"正确的做法是什么?"

李明辉:"应该是有多大能力办多大事儿,种上一片果树,成活后再选种,应该是个逐步的过程。林业厅也是这么要求的,就是贪大了。"

警方:"你现在对事件的认识是怎样的?"

李明辉:"我觉得想法是好的,但操作中出现了大问题。大的方面说,影响到国家对新疆公益林资金的分配问题,造成林业工作的被动,给国家造成了重大损失。"

警方:"你个人行为的性质是一般性错误吗?"

李明辉:"不是一般性错误。"

警方:"你认为你个人行为发展到什么性质?是否上升到犯罪性质?"

李明辉:"不知道,但心里觉得委屈。"

警方:"国家为何对公益林保护得严格,这个原因你是否清楚?"

李明辉:"清楚。"

警方：“重点公益林开一亩都要批准，你是否清楚？”

李明辉：“清楚。”

警方：“请你深刻认识自己行为的危害性，如实交代问题，你今天说的问题都是实话吗？”

李明辉：“是实话。”

久久不能释怀的，是那句“你作为场长，你的觉悟、思想认识等同于普通的群众吗？”李明辉是错了，错在用错了方法，他的初衷，更多的应该是理解。因为李明辉自己没在农场承包，更没有拿承包户一丝一毫的利益。

所以，在面对检察机关对李明辉的指控的时候，有了更多的应对观点。

三、无罪辩护思路与策略

（一）找到能直接证明李明辉不是滥用职权的证据

接受委托后，作为辩护律师，首先要做的就是寻找和固定证据。在看守所会见时，李明辉说：“当初是县政府动员各林地招商引资，优化经济机构，还在全县大会上表扬，发了一个‘招商引资先进个人’《荣誉证书》。其次，县林业局有一个批复，同意林场利用林间空地发展林果业。”

这段话，让我仿佛看到了一线光亮，让李明辉的家人赶紧将林场办公室和家里的所有资料仔细翻阅一次。

很快，传来喜讯，在李明辉的办公室找到了许多县政府的文件，都是要求各林场根据实际情况发展林果业。最重要的是发现了一份县林业局同意李明辉所在林场利用林间空地发展林果业的批复，竟然还是原件。

但是《荣誉证书》只有复印件，是在一摞资料中无意发现的，拿着该《荣誉证书》的复印件，我向颁发机关县政府申请政府信息公开，要求公开2006年度获得“招商引资先进个人”《荣誉证书》的名单，名单中，确实有李明辉。同时，李明辉的几位同事也出具了证明，证实该《荣誉证书》是真实的。

李明辉利用林场林间空地发展林果业，并负责招商，因成绩突出还获得县里的“招商引资先进个人”《荣誉证书》。另外，县林业局的“关于同意利用林场林间空地发展林果业”的批复，这两份证据可以证实，李明辉的行为是根据上级统一部署所实施的，不是个人头脑发热，急功近利，滥用或超越职权。

（二）检索到主管林业的胡副县长被查的新闻报道

在网络上搜索，发现主管林业的副县长胡某因渎职被新疆维吾尔自治区人民检察院立案侦查的报道。

一篇是当地媒体的报道：原副县长胡某在分管农业、畜牧业、林业工作期间以发展经济和响应政策为名，越权擅自批准毁林开垦土地，并对当时林场场长、党支部书记、副场长擅自将国家重点公益林地转包给个人毁林开垦的行为予以认可，对所辖各乡（镇、场）长时间、大面积、持续性毁林开垦事件严重失查，在接到举报后仍然纵容和支持毁林开垦行为。

另一篇是新华网的报道：最高人民检察院 2009 年 2 月 27 日通报“犯罪嫌疑人胡某在 2001 年至 2006 年任副县长期间，分管农业、林业等工作，系该县国家重点公益林管护的第一责任人。2005 年年底，林场原场长李明辉等人以发展林果业为名，将林场林间空地和弃耕地对外签订 39 份承包合同承包给他人开垦，导致大面积国家重点公益林被毁承包商毁林开地期间，犯罪嫌疑人胡某自行或在李明辉等人的陪同下多次到开地现场视察工作，认可该林场的上述做法，还亲自批准开垦土地面积达 3800 亩”。

上述报道，进一步印证了李明辉发包林间空地发展林果业，并非个人行为，而是得到了上级领导的许可。更重要的是，利用林间空地发展林果业，遍及多个乡镇。同时，还找到几张胡副县长在林场林地里指导、观摩、视察果农栽树和垦荒的照片。

（三）指出滥用职权与依法履职是有一定边界的

滥用职权罪是指国家机关工作人员超越职权，违法决定、处理其无权决定、处理的事项，或者违反规定处理公务，致使公共财产、国家和人民利益遭受重大损失的行为。由于履职合法与履职结果正当并没有必然的因果关系，实践中不乏依法履职或依法决策的行为依然造成巨大损失的现象。因此，对于依法履职的概念,法律只从形式和程序上进行了界定。

相应地,对于滥用职权的界定,也是仅从法律形式和法律手续上进行规制和约束的。只要国家机关工作人员违反法定程序、违反法律规定、超越职权处理事务即构成滥用职权。但是否入罪受刑事法律的约束,还要看其有没有造成一定的损失。故滥用职权罪的构成既要特定主体实施违反法定程序的职务行为,又要造成一定的损害后果。

本案中现有证据可以证明,李明辉在林场发包前曾得到主管全县林业工作的胡副县长的口头认可,并获得县林业局的批复。其本人也因此获得招商引资先进个人的荣誉称号。由此可知,李明辉的履职程序和内容得到了上级领导的认可,在性质上不属于违法履职。故李明辉即便具有构成滥用职权罪的主体资格,但从现有证据来看,认定其构成滥用职权的依据仍然不足。

(四)通过政府信息公开获得县政府两份重要文件

一份是 2007 年 2 月 23 日《县政府关于进一步加强公益林保护和管理的实施意见》(政发〔2007〕25 号),该办法明确规定:“凡在有灌溉条件的公益林宜林地发展林果业的,必须在两年内定植经济林。”

另一份是 2007 年 2 月 21 日《县政府关于新疆电视台所报道的胡杨林场“毁林开荒”问题的调查报告》(政发〔2007〕26 号),该报告中县政府的态度非常鲜明:县有公益林 449.87 万亩,其中有林地 121.68 万亩,宜林地 63.24 万亩,利用林间空地发展林果业是为了改善当地的自然生态和经济状况。

这两份文件证实李明辉的行为是按照县政府的统一部署所实施的,利用林间空地和宜林地发展经济林涉及全县所有的乡镇,并非李明辉所任职的林场,且按照县政府的文件精神,利用林间空地和宜林地发展林果业有利于改变树种结构,减少病虫害,具有生态、经济和社会效益。

(五)质疑李明辉的干部身份和鉴定意见的合法性

林场属事业单位性质,李明辉系法定代表人,其既不是国家机关工作人员,也不是准国家机关工作人员。在案卷中发现的干部任免通知、行政执法证登记表、情况说明。行政执法证登记表是李明辉被采取强制措施后临时补得的虚假材料，该表上的负责人虽然是李明辉的签名，但并非出自本人笔迹，是伪造的。

鉴定机构的鉴定意见鉴定的是面积勘测，但最后却鉴定出经济损失大小，更为离谱的是没有司法会计技术鉴定资格的鉴定机构却计算出经济损失 1.59 亿元。鉴定机构没有司法鉴定的主体资格，鉴定意见中的表述存在许多矛盾之处，没有鉴定人的签名 1.59 亿元的鉴定意见欠缺依据。

滥用职权罪的犯罪主体是国家机关工作人员，只具有事业编制的李明辉不是该罪名的适格主体，抓住犯罪主体不适进行辩护、质疑，这也是辩护的一个点。另外，滥用职权是结果犯，只有给国家造成严重的经济损失，才能追究刑事责任，而对鉴定意见的质疑，也是辩护的方向之一。多管齐下，才能实现最佳辩护预期。

四、检方指控意见

最高人民法院和最高人民检察院共同发函，确定由某市检察院和某市法院管辖本案。

市检察院指控的事实如下：

李明辉担任林场场长、党总支副书记、林场公益林管理领导小组组长，被告人阿布卡担任该场党总支书记、副场长、林场公益林管理领导小组副组长，其职责除管理好公益林及护林防火外，还受委托行使林业行政管理等处罚权。

2005 年年底，李明辉、阿布卡先后召开职工大会和场领导班子会议，擅自决定以林场名义将林场所属的国有林地对外及分给部分林场职工承包开发。会后，未经上级有关林业主管部门批准，李明辉以林场法定代表人身份，先后与土地承包商数十人签订土地承包合同 39 份，承包面积共计 21,552 亩。

合同的主要内容：(1)利用林间空地、弃耕地，改变种植结构、发展经济林；(2)林场作为承包甲方，将若干林场内的土地承包给乙方，承包期限为 3 ~ 30 年不等；(3)由林场收取每年每亩 20 元的国土使用费，并按阶段收取土地承包费。另外，经李明辉口头允诺，刘某等人在林场内开垦林地 300 余亩。

此后，李明辉、阿布卡先后到现场未经测量评估，给部分土地承包人划定开垦地点和范围。在开垦过程中，李明辉多次接到辖区护林员等人的阻止报告，其均以林场同意为由责令护林员放行。

其间,阿布卡得到护林员阻止报告后,对有合同或场长同意的也予以认可放行。土地承包人从2005年至2007年将林场管护一队、管护二队范围内的国家重点公益林地毁损开垦,用于种植棉花和果树。

经测算,毁损开垦国家重点公益林地面积合计17,013.74亩;林地内天然胡杨、怪柳、灌木、沙漠植被严重破坏。林场毁损林地的经济损失达15,901.072万元。

检察机关认为,李明辉、阿布卡身为国家工作人员,在受委托行使林业行政管理职权的组织中从事公务,严重违反法律规定,故意逾越职权,违法处理其无权决定的事项,擅自将已划定为国家重点公益林地的有林地、疏林地和灌木林地作为“林间空地”和“弃耕地”承包给他人开垦种植。致使国家重点公益林地被大面积毁损,给国家造成特别重大的经济损失,其行为已构成滥用职权罪,应当从重处罚。

五、一审无罪辩护意见

本案争议焦点:

1. 李明辉的行为是滥用职权,还是得到上级批准同意?

2. 招商引资发展林果业是否为县政府的统一行动?

3. 县政府颁发给李明辉的招商引资先进个人荣誉称号能否证明无罪?

4. 县林业局的《营造林规划项目》能否证明李明辉只是执行上级决定?

5. 县政府的两份文件能否直接证明李明辉无罪?

6. 时任主管林业工作的副县长是否同意发展经济林计划?

7. 据以定案的估价报告是否能作为定案依据?

8. 李明辉作为林场场长是否属于国家工作人员身份?

本案也有一个障碍,作为同案犯的林场副场长为了获得取保候审,从轻处罚,对犯罪事实“供认不讳”,在一定程度上给辩护造成了困惑和诸多无奈。

根据掌握的证据,针对检方的指控,我提出了如下辩护意见:

（一）县林业局对营造经济林项目规划进行了批复

2005年12月16日，林场编制出《营造林规划项目》，报县林业局批准。该局于2009年12月28日签发"某林字〔2005〕9号"批复，意见非常明确"你场申报的《营造林规划项目》我局已收到，根据《森林法》等有关法律法规和公益林建设的有关要求及《县重点公益林建设总体规划》，我局组织有关单位和专家进行了评审，认为该项目符合我县生态环境建设及公益林建设的要求，可以实施"。

清楚证实了林场在向承租人发包林地之前已获得县林业主管部门的同意和认可。

（二）招商引资发展林果业是县政府的统一部署

在庭审中，辩护人向法庭提交了两份县政府的文件：一份是"政发〔2007〕25号"办法，其明确规定："凡在有灌溉条件的公益林宜林地发展林果业的，必须在两年内定植经济林。"

另一份是"政发〔2007〕26号"调查报告，该报告态度同样写明："我县在有条件适宜的公益林中的宜林地或林中空地发展经济林的目的，就是要逐步改善树种结构，把生态公益林建设成树种多样、结构合理、功能齐全、经济效益、生态效益和社会效益长期稳定的森林生态体系。"

这两份文件充分证明了林场发包闲置的林间空地和弃耕地的行为是按照县政府的统一部署所实施的。发展利用林间空地和宜林地发展经济林涉及全县所有的乡镇和林场。

（三）时任县主管领导认可林场的发包行为

最高人民检察院2009年2月27日通报"犯罪嫌疑人胡某在2001年至2006年任副县长期间，分管农业、林业等工作，系该县国家重点公益林管护的第一责任人。2005年年底，林场原场长李明辉等人以发展林果业为名，将林场林间空地和弃耕地对外签订39份承包合同承包给他人开垦，导致大面积国家重点公益林被毁承包商毁林开地期间，犯罪嫌疑人胡某自行或在李明辉等人的陪同下多次到开地现场视察工作，认可该林场的上述做法，还亲自批准开垦土地面积达3800亩"。

胡副县长的行为功过与非目前已有初步结论，充分证明林场的发包行为得到了县政府时任领导的认可。

(四)李明辉非国家机关工作人员,非本案犯罪主体

《刑法》第397条第1款规定:“国家机关工作人员滥用职权或者玩忽职守,致使公共财产、国家和人民利益遭受重大损失的,处三年以下有期徒刑或者拘役;情节特别严重的,处三年以上七年以下有期徒刑。”显然,滥用职权罪的犯罪主体应是国家机关工作人员。

2002年12月28日,第九届全国人大常委会第三十一次会议对渎职罪的主体作出了扩大规定,不外乎以下几种:

1. 基本型。在国家机关中从事公务的人员,包括在国家权力机关、行政机关、审判机关、检察机关、军事机关等国家机关中从事公务的人员。

2. 授权型。在依照法律、法规规定行使国家行政管理职权的组织中从事公务的人员。

3. 委托型。受国家机关委托代表国家机关行使职权的组织中从事公务的人员。

4. 聘用型。虽未列入国家机关人员编制,但在国家机关中从事公务的人员。

被告李明辉只是林场场长,不是国家机关工作人员,也没有法律法规授权,更没有接受国家机关的委托或聘用在国家机关中从事公务。所以,其不属于滥用职权罪的犯罪主体。

(五)据以定案的估价报告不能作为定案依据

2005年《全国人民代表大会常务委员会关于司法鉴定管理问题的决定》第2条第1款规定:“国家对从事下列司法鉴定业务的鉴定人和鉴定机构实行登记管理制度:(一)法医类鉴定;(二)物证类鉴定;(三)声像资料鉴定;(四)根据诉讼需要由国务院司法行政部门商最高人民法院、最高人民检察院确定的其他应当对鉴定人和鉴定机构实行登记管理的鉴定事项。”第3条规定:“国务院司法行政部门主管全国鉴定人和鉴定机构的登记管理工作。省级人民政府司法行政部门依照本决定的规定,负责对鉴定人和鉴定机构的登记、名册编制和公告。”

本案中,作出据以定案的估价报告的单位是一家林业勘察设计院,并未持

有司法行政主管机关颁发的《司法鉴定执业证书》，其作出的估价报告不具有法律效力，不能作为本案的定案依据。

综上，李明辉的行为得到了上级的认可，不属于超越滥用行政职权，指控其构成"滥用职权罪"没有事实和法律依据。

六、一审以滥用职权罪判4年

之后，我又去过新疆多次，与法官沟通，希望其能听取辩护意见中的观点。

2009年3月8日这一天，市法院作出一审判决，李明辉、阿布卡犯滥用职权罪，各被判处有期徒刑4年和3年。

市法院认为，李明辉、阿布卡作为国家工作人员，在受委托行使林业行政管理职权从事公务活动过程中违反法律规定，滥用职权，违法处理无权决定的事项，擅自将已划定为国家重点公益林地的有林地、疏林地和灌木林地承包他人开垦种植，致使国家重点公益林地被大面积毁损，给国家造成重大经济损失，情节特别严重，李明辉、阿布卡的行为均构成滥用职权罪，公诉机关指控成立。

从多位护林员、护林队长的证词、土地承包户的土地承包合同及鉴定书等证据，均可相互印证被告人李明辉、阿布卡明知在无国家林业主管部门批准的情况下不能对国家重点公益林进行开垦，擅自将大量公益林区内的土地对外承包开荒，使国家遭受特别重大损失。

面对这样的判决，我和李明辉及其家人无法接受，提起上诉。

第二被告人一直处于取保候审状态，人身自由没有受到限制，所以，在侦查阶段，作了一些对李明辉不利的供述，并认为自己构成犯罪，希望能够得到从轻处罚，最好是免予刑事处罚或判处缓刑。

他没有想到，自己的"示弱"，得到的也是3年实刑，宣判后收监羁押。他也委托律师开始反击，澄清一些案件事实。可见，在二审中，多了一位"同盟军"，就案件而言，这可是重大利好。在一审法庭中，双方可有点像敌我矛盾。

七、二审继续无罪辩护

地区中级人民法院二审开庭时，我再次从北京飞往乌鲁木齐。中级人民法院的开庭，更加严谨，地区检察院派员出庭，原市检察院公诉人变为“配角”。

就原判的定性和法律适用，控辩双方进行了激烈的辩论，我发表了如下二审辩护意见：

依据《刑事诉讼法》及《律师法》之规定，受所在律师事务所指派，我作为李明辉的二审辩护人参与本案诉讼。由于此前参与了本案一审，已详细查阅全部案卷，对事实基本清楚。

本案经中央电视台、新华社、新疆电视台、原《法制日报》、《中国青年报》、《新疆法制报》、《新疆都市报》等媒体报道后，在当地家喻户晓，社会影响较大，最高人民检察院也在原审判决作出之前对全国进行了通报，让本案变得更加敏感。

新闻报道不等于司法审判，舆论传播不等于事实本身，本案的法律关系并不复杂，案值虽 1.59 亿元，但通过查明的事实，辩护人认为，原审判决认定李明辉犯滥用职权罪欠缺最基本的事实和法律依据，理应依法撤销，改判李明辉无罪或裁定撤销原判，发回重审。具体辩护意见如下。

（一）林场发展林果业的工作已获得县林业局书面同意

2005 年 11 月，中共新疆自治区委王书记到阿克苏考察林果业发展时，认为阿克苏做得比较成功，回乌鲁木齐后作出了发展林果业的重要讲话，当地随即展开宣传和贯彻实施。发展林果业的职工大会和领导班子会议正是在这种特殊背景下召开的，会后编制营造林规划，并报县林业局，林业局予以批准。

原审中辩护人已向一审法院提交了林场 2005 年 12 月 16 日编制的林场营造林规划项目和县林业局关于对胡杨林营造林规划项目的批复，该批复上的意见非常明确“××林场：你场申报的胡杨林场营造林规划项目我局已收到，根据《森林法》等有关法律法规和公益林建设的有关要求及地区重点公益林建设总体规划，我局组织有关单位和专家进行了评审，认为该项目我县生态环境建设及公益林建设的要求,可以实施。县林业局,2005 年 12 月 28 日,抄报:地区林业局、县委办公室、县政府办公室”。

这份县林业局李局长亲自以文件形式签发的批复,清楚证实了李明辉在此案中没有任何失职行为,更不存在检方在起诉书中所指控的“未经上级林业主管部门的批准……”李明辉的所有工作完全遵循了组织汇报原则和民主集中制原则,如果营造经济林的行为违反了森林管理法律法规,责任主体不应当是李明辉。

另外,检方指控的大面积“毁林”行为并不存在。2007 年 2 月 14 日地区林业局发布的关于林场公益林毁林开荒现场调查情况的报告中说得比较清楚:“根据局领导的部署,对林场公益林毁林开荒的情况进行了调查,根据新疆自治区林业勘察设计院公益林区划界报告,该现场为宜林地。经现场勘察了解。该处属 20 世纪 90 年代以前的弃耕地,地表植被主要是骆驼刺等其他野生植物,该现场没有发生毁林开荒行为,属于恢复弃耕地。”发展经济林,不排除个别素质和法律意识较差的承包户存在损害胡杨林的事情发生,但毕竟是个别现象,大面积“毁林”的指控值得商榷。

县林业局李局长亲自以文件的形式签发的批复是本案非常重要的证据,能直接证明李明辉的所有发展林果业的行为系以授权所实施的,根本不存在滥用职权的行为,但原审法院对此关键证据不作任何认定和评判,显属程序严重违法,导致判决明显不公。

(二)李明辉的行为是依县政府的部署所实施的,得到认可

1. 利用林间空地发展林果业是县政府的统一部署

辩护人向法庭提交了两份县政府的文件:一份是 2007 年 2 月 23 日《县人民政府关于进一步加强公益林保护和管理的实施意见》(政发〔2007〕25 号),另一份是 2007 年 2 月 21 日《县政府关于新疆电视台所报道的胡杨林场“毁林开荒”问题的调查报告》(政发〔2007〕26 号)。

这两份文件充分证实李明辉的行为是按照县政府的统一部署所实施的,发展利用林间空地和宜林地发展经济林涉及全县所有的乡镇,并非李明辉所任职的林场一家。此两份文件是否可以作为证据以及证据的效力如何,原审法院避而不谈,是什么原因令其对辩护人在一审中提供的这两份重要证据置之不理,

辩护人不得而知。

同时，由于李明辉贯彻执行县政府发展林果业精神成绩突出，2006年还获得了县政府颁发的“招商引资先进个人”《荣誉证书》。所有这些，能证实李明辉是按县政府的精神在从事自己的工作，且得到县政府的充分肯定。

2. 原胡副县长认可李明辉的工作

通过检方提交的证据来看，主管林业的胡副县长无数次到林场经济林现场检查工作，还曾带领上级政府机关的领导到经济林观摩，作为县发展林果业的范例进行推广。在林场发展林果业中曾发生过一些冲突，胡副县长也曾亲自到现场办公，协调处理，证人证言中有非常多这方面的表述。

在实施发展经济林的过程中，胡副县长有10余份亲笔批条，直接指导林果业的发展，另外，许多承办的农户手上还有其大量批条，现该主管副县长已被涉嫌滥用职权罪被公诉，所有这些足以证明李明辉没有逾越职权，否则，主管副县长就不会被公诉，这应是一个非常简单的道理。

3. 土地承包收入如实上交了县财政

林场原属自收自支的单位，后来被改为收入统一进入县财政，再由财政拨款支付工资等费用。林场2008年6月26日向检方提供的林场2006年、2007年收入情况说明清楚证实2007年和2008年林场收到的各承包户交纳的土地承包费200万余元，上交到了县财政局，这一客观事实无可辩驳。

根据规定，每年财政依法审计后必须报送同级政府领导审阅，最终提交同级人大审议后实施。也就是说，县政府领导和县人大对林场开发林果业完全知情，并未提出不同意见，审议通过了财政收支方案，从侧面说明县领导是支持鼓励在林场发展林果业的。由此也证实了在林场发展林果业并非李明辉独断专行的个人越权行为。

（三）鉴定机构作出的鉴定意见不能作为定案依据

1. 本案鉴定机构没有司法鉴定的主体资格

依法律规定，司法鉴定机构应具备司法行政主管机关颁发的司法鉴定许可证，而本案鉴定报告的鉴定机构没有在鉴定意见中附注其具有相应鉴定资质的证明材料，其中有一份另一单位新疆自治区林业勘察设计院的林业调查规划设计证书，单位名称：新疆自治区林业勘察设计院，资质等级：甲A级，证书编号：

林资字甲A016号,发证机关:国家林业局,发证时间:2001年1月1日。而两名工程师又是新疆自治区林业规划设计院的工作人员,故鉴定机构的主体资格存在重大瑕疵。

2. 鉴定报告中的表述存在许多矛盾之处

鉴定意见应明确具体,但本案鉴定表述:“本次鉴定只能对是否属于林地及开垦地块边界及面积进行勘测,其他林地特征需参照重点公益林区划界定成果及周边保留林地的特征来推测。”可以看出,鉴定能做的就是面积的勘测,但最后却鉴定出了经济损失的大小,竟然计算出来的经济损失高达1.59亿元。

3. 鉴定意见没有鉴定人的签名

为了查明案情,需要解决案件中某些专门性问题的时候,应当指派、聘请有专门知识的人进行鉴定。鉴定人进行鉴定后,应当写出鉴定意见,并且签名。本案中,鉴定意见标注的所谓专家成员较多,但没有一个人的签名,无法判断结论的作出是否代表参加人员的真实意见,故该鉴定意见依法不应采信。

4. 1.59亿元的鉴定意见欠缺依据

根据规定,损失大小的鉴定只能由物价局的物价认证中心或具有相应资质的估价事务所作出,鉴定机构没有此资质。同时,按该鉴定意见,所谓的经济损失由林地补偿费和森林植被恢复费组成,而这两项均属行政性收费,根据相对应的收费文件的规定,这两项收费是在为工程建设等需要依法征用林地并获批准的情况下,使用林地的单位或个人应按标准一次性缴纳的费用,前提是占用林地合法,按检方的指控,土地承包者占用林地违法,既然违法就无所谓缴费的问题。

(四)李明辉非国家机关工作人员,非适格犯罪主体

国家机关工作人员滥用职权或玩忽职守,致使公共财产、国家和人民利益遭受重大损失的,处3年以下有期徒刑。由此可见,滥用职权罪属特殊犯罪主体,只有国家机关工作人员构成此罪。

李明辉的身份是否属于国家机关工作人员,是其是否构成滥用职权罪的关键所在。辩护人在原审中详细查阅了检方关于确定被告人国家机关工作人员身份的一系列证据。辩护人认为,李明辉在案发时,非国家机关工作人员身份,故其不能构成滥用职权罪。

根据原审中检方提供的证据,林场属事业单位性质,李明辉系法定代表人,其既不是国家机关工作人员,又不是准国家机关工作人员。为了证实所谓的李明辉系国家机关工作人员,检方提交了一系列证据,包括干部任免通知、行政执法证登记表、情况说明。

辩护人认为,行政执法证登记表是李明辉被采取强制措施后临时补得的虚假材料,该表上的负责人李明辉的签名,并非出自本人笔迹。故行政执法证登记表是虚假的,不能作为定案依据。

县林业局的情况说明不真实,根据规定,领取执法证件,由本人亲自领取,在登记本上签名,如果说李明辉领取了行政执法证,理应提交李明辉签字的登记本,仅用情况说明无法证明李明辉持有行政执法证,同时,情况说明也不属于《刑事诉讼法》所规定的证据种类,仅靠一些临时补充的虚假证据来给李明辉套个国家机关工作人员的身份是毫无依据的。

行政执法人员是指在行政机关中享有行政执法职责的工作人员,法律、法规授权组织中负有行政执法职责的工作人员,以及依照法律、法规、规章的规定,由行政机关委托行政执法组织中负有行政执法任务的工作人员。

按照行政执法证登记表上填写的内容来看,执法主体的性质为“得到授权的组织”,事实上没有哪一个法律或法规授权林场具有行政执法主体资格,故李明辉的身份既不是国家机关工作人员,也不是准国家机关工作人员,只是一个事业单位的法定代表人。

综上,李明辉的所有工作得到了主管机关和领导的书面及口头的批准,不存在滥用超越职权的行为,工作得到了上级的肯定和奖励,仅凭无效的鉴定报告来断定致国家损失1.59亿元毫无根据,且李明辉并非国家机关工作人员。

故原判认定事实不清,证据不足,程序违法,应予撤销,上诉人李明辉的行为不构成犯罪,理应宣告无罪释放或裁定撤销原判,发回重审。

八、发回重审仍是老结果，再次上诉，二审改判缓刑

经过审理,2009年6月2日,地区中级人民法院“以事实不清、证据不足”为由作出刑事裁定,撤销原判,发回重审。市法院另行组成合议庭,进行重审,结

果又是判处李明辉4年有期徒刑,与原一审判内容几乎一样,只得再次上诉。

二审法官曾建议,劝当事人认罪,调整辩护思路,可以考虑缓刑,放人回家,我没有同意。几个来回下来,控辩双方已是剑拔弩张,但我对该案有自己的自信。

地区中级人民法院于2009年9月10日作出二审判决,维持罪名不变,但对量刑进行改判,李明辉从原判4年改为3年,缓期5年执行,阿布卡从原判3年改为3年,缓期2年执行。

地区中级人民法院认为,李明辉、阿布卡身为林场场长、副场长、党总支副书记和书记、林场公益林管理领导小组正副组长,并受委托行使本林场辖区的林业行政管理等职能,对辖区内国家重点公益林负有维护管理等职责。

在履行工作职责过程中,不能正确理解国家开展公益林保护的重要意义,为追求县域内片面的经济开发效益,不惜越权决定自身无权决定的事项,以毁坏当地脆弱的生态环境为代价,致使在二人职责范围内的应当受到保护的国家重点公益林受到非法开垦、毁坏,进而发展林果业及棉花种植等。

影响到该地公益林的保护以及生态水土保持,使我国西部生态脆弱区出现毁损、开垦、复垦的土地涉及国家重点公益林区17,013.74亩的范围,毁损林地的经济损失达15,901.072万元,致使国家公益林区范围遭受重大经济及生态损失,属情节特别严重。其二人的行为均已构成滥用职权罪,应当依法惩处。

李明辉、阿布卡两人到案后,虽然对自身行为的性质认识上存在不同,但均能供述所犯罪行,均属认罪态度较好。

李明辉关于受政府统一安排实施、不符合滥用职权罪的主体及鉴定部门没有司法鉴定资格不符合法律规定等上诉意见。经查,李明辉、阿布卡是在具有独立法人资格的单位任职,独立实行法律赋予的职权,虽有部分毁坏土地经主管县领导的批示,但李明辉、阿布卡在履行职务过程中,对上谎称公益林为"荒地",不恰当行使权力仍属于滥用职权的行为。

阿布卡关于没有实施滥用职权的行为及没有该方面的职权的上诉意见,属于其本人对自身工作职责的误解。由于二人是在工作中对在"发展林果业"的政策没有正确的理解,李明辉、阿布卡到案后均能主动认罪,配合侦查机关及相关部门对此案的查处,对自身行为所造成的重大损失最终都有较清楚的认识,确有悔罪表示，对两被告人依法从轻处罚，并结合案件的实际情况对两被告人处以缓刑。

九、办理本案的思考

一个案件是否需要作无罪辩护，需要看被告人是否认罪，如果是不认罪的零口供的案件，律师应当尊重当事人的意愿作无罪辩护。如果根据在案证据，被告人的行为确实构成犯罪，应当向被告人及其家属开诚布公，阐述利弊，不要错过了认罪认罚、自首、立功等从轻或减轻处罚的机会。

如果案件中，只是一些无关紧要的程序性瑕疵，或机械地理解法律规定，不存在非法证据需要排除的，律师不宜作无罪辩护。因为不痛不痒的无罪辩护可能迎合了被告人及其家属的想法，但最终注定徒劳。在无罪判决概率约为1‱的当下，希望侥幸得到无罪判决结果，不现实。

是否应当作无罪辩护，要理性分析在案证据，客观评价案件基本事实，了解案件的外部环境，判断法官裁判的可能性，预测检察机关还会突袭哪些证据，能否在是否有作案时间、是否超过追诉时效、是否主体错误、是否具有刑事责任能力等方面一剑锁喉，作出科学决策，切合实际，采取对被告人最有用的辩护策略，无罪辩护不是唯一选择。

本案之所以坚定地作无罪辩护，是因为被告人李明辉自始至终都不认可滥用职权这个罪名，而且获得的证据能直接证明其是根据上级的统一安排依法履职。被告人的决心和家属的信念，就决定着本案适合作无罪辩护。根据与被告人及其家属的沟通中，感觉到他们的期望值是，最好无罪，其次缓刑回家，最坏4年以下，而最终争取到“缓刑回家”是相对好的结果。